Ullstein Sachbuch

ÜBER DAS BUCH:

»Das vorliegende Buch möchte ein unvoreingenommenes Bild Friedrichs zeichnen. Es stützt sich auf eigene Aussagen des Königs in seinen historischen, politischen, philosophischen Werken wie in seinen Briefen und Randbemerkungen. Es verwertet schriftliche Berichte über ihn und bezieht Anekdoten ein, die sich um ihn in besonderer Fülle ranken. Daraus ist eine Darstellung erwachsen, die anschaulich schildern und nicht werten will.« (Winfried Hofmann)

DER AUTOR:

Prof. Dr. Winfried Hofmann, geboren 1931 in Essen/Ruhr, Studium der Germanistik, Anglistik, Volkskunde, Geschichte, Philosophie und Pädagogik. Promotion 1958. Zehn Jahre lang Tätigkeit an der Universität Bonn, seit 1971 Professor an der Katholischen Fachhochschule Nordrhein-Westfalen, Abt. Paderborn, für Medienpädagogik im Bereich der verbalen Kommunikation.

Weitere Veröffentlichungen (u. a.):
Das rheinische Sagewort (1959); *Unsere Heiligen als Schutzpatrone* (1987)
Als Herausgeber u. a.: Georg Büchmann: *Geflügelte Worte* (1986).

Winfried Hofmann

Der Alte Fritz in Anekdoten

Ullstein Sachbuch

Ullstein Sachbuch
Ullstein Buch Nr. 34887
im Verlag Ullstein GmbH,
Frankfurt/M – Berlin
Ursprünglicher Titel der Originalausgabe:
»Flegels haben Wir
genung im lande«

Ungekürzte Ausgabe
Mit 15 Abbildungen

Umschlagentwurf:
Volker Noth Grafik-Design
Unter Verwendung einer Abbildung
vom Archiv für Kunst und Geschichte,
Berlin
(Farbdruck von Carl Röchling. Aus:
Der Alte Fritz in 50 Bildern, 1895)

Printed in Germany 1992
Druck und Verarbeitung:
Ebner Ulm
ISBN 3 548 34887 4

Juni 1992

Die Deutsche Bibliothek –
CIP-Einheitsaufnahme

Hofmann, Winfried:
Der Alte Fritz in Anekdoten / Winfried
Hofmann. – Ungekürzte Ausg. –
Frankfurt/M; Berlin: Ullstein, 1992
(Ullstein-Buch; 34887:
Ullstein-Sachbuch)
Frühere Ausg. u. d. T.: Hofmann,
Winfried: Flegels haben Wir genung im
lande
ISBN 3-548-34887-4
NE: GT

Meiner Frau in Dankbarkeit

Inhalt

Von der Parteien Gunst und Haß verwirrt
Schwankt sein Charakterbild in der Geschichte
Schiller, Prolog zu *Wallensteins Lager*

Zur Einführung

Kein Herrscher in der Geschichte unseres Volkes hat die Gemüter der Menschen so stark beschäftigt und entzweit wie Friedrich II. von Preußen, der Große. Vielgeliebt, bewundert, vergottet von den einen; gehaßt, verabscheut, verteufelt von den anderen.

Er wird als Einiger Deutschlands gepriesen und als Zerstörer des Deutschen Reiches verdammt; er ist für seine Bewunderer der aufgeklärte Philosoph auf dem Königsthron, für seine Gegner der keinen Widerspruch duldende Despot und der Begründer des preußischen Militarismus, dessen Politik geradeswegs in die Katastrophe des Zweiten Weltkrieges mündete.

Die kontroverse Beurteilung Friedrichs findet ihre Entsprechung in seiner eigenen, widersprüchlichen Persönlichkeit. Er war ein ungewöhnlicher, begabter Mensch, intellektuell hochstehend, selbstkritisch, phantasiebegabt, religiös tolerant, geistig aufgeschlossen und den Ideen der Aufklärung verpflichtet. Das führte ihn fort vom Bewußtsein des Gottesgnadentums zu der Erkenntnis, *le premier domestique,* der erste Diener seines Staates zu sein. Er war ein treusorgender Landesvater, der sich im Dienst für seine Untertanen aufrieb und sich nach 1763 ganz der *Staatsmaschine* hingab. Er war ein Staatsmann, der Preußen in die Reihe der europäischen Großmächte führte. Er war ein außergewöhnlich tapferer Soldat und großer Feldherr. Er war ebenso ein musischer Mensch. Er spielte meisterlich Flöte und komponierte; er dichtete und sagte 1763 nach dem Ende des Siebenjährigen Krieges, er hätte lieber die *Athalie* von Racine geschrieben als den ganzen Krieg geführt. Er schrieb philosophische, politische und historische Werke.

Friedrich war aber auch kleinlich, besserwisserisch, launisch und nachtragend. Er begegnete den Menschen, je älter er wurde, mit wachsendem menschenverachtenden Zynismus und verletzte sie in ihren Gefühlen, auch und gerade in ihren religiösen. Er war ein kalter Zyniker, dem wenig heilig war.

Er verbannte die Frauen, allen voran die eigene, aus seinem Leben und ließ seinen Lieblingshund in seinem Bett schlafen. Er übte äußerste Sparsamkeit und gab in zwei Jahren 195 500 Taler für Tabaksdosen aus, die billigste für 1500 Taler, die teuerste für 12 000 – eine Summe, die gereicht hätte, einhundert Dorfschullehrer für ein Jahr zu besolden. Er war der Herrscher eines deutschen Landes und sprach und schrieb französisch; die Amtssprache Deutsch beherrschte er nach eigenem Geständnis »wie ein Kutscher«. 1739 schrieb er den *Antimachiavell,* in dem er eine ehrenhafte Politik verlangte, und fiel ein Jahr später mit fadenscheiniger Begründung in Schlesien ein.

Gerade dieses Widersprüchliche in Friedrich hat die Menschen fasziniert, angezogen oder abgestoßen, und zu zahllosen, einander widersprechenden Deutungen seines Wesens und seines Werkes gereizt.

Das vorliegende Buch möchte ein unvoreingenommenes Bild Friedrichs zeichnen. Es stützt sich auf eigene Aussagen des Königs in seinen historischen, politischen, philosophischen Werken wie in seinen Briefen und Randbemerkungen. Es verwertet schriftliche Berichte über ihn und bezieht Anekdoten ein, die sich um ihn in besonderer Fülle ranken. Daraus ist eine Darstellung erwachsen, die anschaulich schildern und nicht werten will.

Kindheit und Jugend

Sonntags Morgens nach der Predigt, da man eben in der Predigt um eine glückliche Genesung der Kronprinzessin wegen herangenahter Geburtsstunde gebeten, genas sie zwischen 11 und 12 Uhr ihres dritten Prinzen. S. M. [Seine Majestät; Friedrich I.] *hatten sich eben in ihrem Gemache an die Tafel gesetzet, aber weilen kurz darauf der Königliche Leibmedicus, der Herr Hofrat Gundelsheim, die fröhliche Zeitung von der Geburt eines Sohnes gebracht, wurde S. M. vor Freuden so sehr darüber alterirt, daß sie mit Tränen in den Augen sich alsbald zur Kronprinzessin herübertragen ließen und hernachmals nichts essen konnten. Die Glocken wurden alsbald geläutet und alle Stücke* [Kanonen] *auf den Wällen gelöset. Auf den Abend ward bei Sr. K. H. dem Kronprinzen eine kleine Réjouissance* [Freudenfest] *angestellet.*

Mit diesem feierlichen Eintrag gab der Oberhofzeremonienmeister Johann von Besser in den *Ceremonialacta und Journal des Königlichen Preußischen Hofes* die Geburt Friedrichs am 24. Januar 1712 bekannt.

Besonders glücklich war der Großvater, der regierende preußische König Friedrich I., daß er doch noch die Geburt eines männlichen Erben erleben durfte, nachdem die zwei ersten Söhne des Kronprinzen (Friedrich Ludwig und Friedrich Wilhelm) beide bereits im ersten Lebensjahr am Zahnen gestorben waren.

Das Kind sollte nach dem Großvater genannt werden: *Sie wissen,* schrieb er, *daß dieser Name meinem Hause glückbringend gewesen ist.*

Eine Woche nach der Geburt, am 31. Januar, fand die feierliche Taufe statt. Die Glocken läuteten eine ganze Stunde lang. Der Weg von den Gemächern des Kronprinzen zur Schloßkapelle wurde von einer Doppelreihe von Schweizern und Gardisten gesäumt. Der Täufling hatte eine kleine Krone über dem Haupt und war in ein silbergewirktes, brillantenbesetztes Taufkleid gehüllt, dessen Schleppe sechs Gräfinnen trugen. So wurde er unter einem karmesinroten, von einer Markgräfin und zwei Markgrafen getragenen Himmel zur Kapelle gebracht, wo der König, seine Gemahlin, der Kronprinz, Fürst Leopold von Anhalt-Dessau und ein großes Gefolge warteten. Der König stand unter einem mit Gold bestickten Baldachin, dessen vier Stangen von vier Kämmerern getragen und dessen vier Seidenquasten von vier Rittern des Schwarzen-Adler-Ordens gehalten wurden. Er übernahm den Täufling, der vom Bischof von Bär getauft wurde, der ihn selbst 1701 in Königsberg gekrönt hatte.

Paten und Patinnen, die ihre Vertreter geschickt hatten, waren neben anderen Kaiser Karl VI., Zar Peter I., der Große, Kurfürst Georg Ludwig von Hannover, die Kaiserin-Witwe Wilhelmine Amalie, die Kurfürstin Sophie-Dorothea und die Kurfürstin-Mutter Sophie von Hannover, die Herzogin-Witwe Eleonore von Braunschweig-Bevern und die Herzogin-Witwe Christine von Mecklenburg.

Die Geschütze auf den Wällen Berlins wurden dreimal abgefeuert, die Glocken erschollen aufs neue, und glänzende Festlichkeiten am Hof wie in der Stadt beschlossen den Tag.

Im Gegensatz zu seinen verstorbenen Brüdern besaß Friedrich eine zähere Natur. Der stolze Großvater schildert ihn als *fet und frisch,* als ein *rechtes . . . gesundes Kind,* das brav an seiner Amme saugt, und vermeldet am 30. August 1712 nach Hannover, *daß Fritz nunmehro 6 Zähne hat und ohne die geringste Incommodität. Daraus kann man auch die Prädestination sehen, daß alle seine Brüder daran haben sterben müssen, dieser aber bekömmet sie ohne Mühe . . .*

Ein weiteres glückliches Vorzeichen sah man allgemein auch darin, daß einige Monate nach der Geburt des Prinzen, im Frühjahr und Sommer 1712 im königlichen Lustgarten in Köpenick eine »amerikanische Aloe« erblühte, die dort schon 44 Jahre blütenlos gestanden hatte. Man zählte an dem fast zehn Meter hohen Blütenstamm 7277 Blüten. Von nah und fern strömten Tausende herbei, das Naturwunder zu bestaunen, das in zahllosen Schriften, Gedichten und Kupferstichen verherrlicht wurde. Man bemerkte aber auch, daß die Pflanze selbst abstarb, und deutete dies auf den baldigen Tod des Königs, der dann auch wirklich am 25. Februar 1713 an einer Lungenkrankheit starb.

Nachfolger wurde Friedrichs Vater, Friedrich Wilhelm I., mit dem sich schlagartig das Leben am preußischen Hof änderte. Unmittelbar nach der Beerdigung des Vaters löste er den Hofstaat auf. Es mußten gehen Schloßhauptmann, Hofmarschall, Oberschenk, sechzehn Kämmerer, zweiunddreißig Kammerjunker, sieben Hofjunker, vierundzwanzig Pagen, Hofküchenmeister mit einem Speisemeister, fünf Hof- und Reiseküchenschreiber, fünf Mundköche, acht Meisterköche, drei Brettmeister, sieben Topfknechte, fünf Hof- und Reiseschlächter, zwei Fischwärter, ein Hühnermeister, dazu zahllose Hofkammer- und Hofstaatsbediente bis herunter zu Heiducken, Kammerdienern und Stallbedienten. Es blieben ein Trompeter, zwei Pagen und vier Offiziere, die zusammen mit einem Dutzen Lakaien und Ordonnanzen den gesamten Hofstaat des neuen Souveräns ausmachten.

Friedrich Wilhelm war ein widersprüchlicher Charakter: brutal, despotisch, pedantisch genau, voller Menschenverachtung, aber auch rechtschaffen, aufrichtig und weichherzig; unmäßig im Jähzorn wie in seiner Zerknirschung darüber; rational planend wie von Emotionen beherrscht. Über alles ging ihm die Liebe zu seinem Land, für das er sich in unermüdlicher Arbeit aufrieb.

Mit seinem Regierungsantritt begann Preußen, sich zum Militärstaat zu entwickeln. Im Rangreglement vom 21. April 1713 trat der Generalfeldmarschall an die erste Stelle, die bis dahin der Oberkämmerer einnahm, der Grandmaître wurde hinter dem Generalleutnant eingestuft, der Schloßhauptmann hinter den Generalmajoren, und ähnlich kletterten alle Militärs in der Rangpyramide nach oben. Die Armee wurde von 40 000 auf zuletzt 80 000 Mann Stärke verdoppelt und verschlang mehr als zwei Drittel der Staatseinnahmen – gegenüber einem Prozent des Hofstaates. Dennoch sorgte der König mit seiner staatlich gelenkten Wirtschaft dafür, daß er seinem Nachfolger einen Staatsschatz in Höhe von acht Millionen Talern hinterließ.

Der kleine Fritz war, verglichen mit seinem Vater, von zarter, fast schwächlicher Konstitution. Er war ruhig und verschlossen und wirkte schwermütig und abweisend. Seine Schwester Wilhelmine berichtet, er habe nur langsam gelernt, was andere jedoch bestreiten und als Ausdruck einer frühen Unzufriedenheit deuten. Zweifellos reagierte er schon in sehr jungen Jahren verletzt und abwehrend auf die Derbheit seiner Umwelt am väterlichen Hof.

Völlig unbeschwert scheinen nur die ersten Lebensjahre des Kronprinzen gewesen zu sein, die er meist zusammen mit seiner drei Jahre älteren Schwester Wilhelmine verlebte. In diese Zeit fällt die Szene, die der Hofmaler Antoine Pesne im Bild festgehalten hat. Friedrich hatte eine kleine Trommel geschenkt bekommen, die er mit Hingabe und Ausdauer bearbeitete. Die Schwester bat ihn, doch mit dem ohrenbetäubenden Lärm aufzuhören, ihr beim Ziehen des Puppenwagens zu helfen oder mit ihren Blumen zu spielen. Er aber erwiderte ernsthaft: *Gut trommeln ist mir nützlicher als spielen und lieber als Blumen.* Schleunigst wurden dem König diese Worte zugetragen; und in seiner Begeisterung über so viel offensichtlich in seinem Sohn schlummernde Liebe für das Militärische beauftragte er sogleich Pesne, das Ereignis auf die Leinwand zu bannen.

Die Erziehung des kleinen Prinzen lag in den ersten Jahren weniger bei seiner Mutter als bei seiner Gouvernante Madame Marte du Vale de Rocoulle, die schon den Vater erzogen hatte. Sie war nach der Aufhebung des Edikts von Nantes (1685) aus Frankreich emigriert und sprach, obwohl sie damals über drei Jahrzehnte in Preußen lebte, kein einziges Wort Deutsch. Friedrich hing sehr an ihr und nannte sie bis zu ihrem Tod stets *la chère bonne maman.*

1716 bestellte der König als Erzieher daneben noch Jacques Egide Duhan de Jandun, ebenfalls ein Refugié, der Friedrich Wilhelm 1715 durch seine Kühnheit bei der Belagerung von Stralsund imponiert hatte und den er deshalb sofort als *Informator* verpflichtete. Duhan jedoch war viel weniger Soldat als ein gebildeter Verehrer von Kunst und Wissenschaft, namentlich auch der Antike.

1718 entzog der König seinen Sohn endgültig dem *Weiberregiment* und legte die militärische Erziehung bis 1729 in die Hände zweier hoher Offiziere, Graf Albrecht Konrad Finck von Finckenstein und Oberst Christoph Wilhelm von Kalckstein. Sowohl der fast sechzigjährige *Gouverneur* und Oberhofmeister von Finckenstein, der 1706 als Brautführer die Mutter des Prinzen aus ihrer hannoverschen Heimat geholt hatte, als auch der sechsunddreißigjährige *Sousgouverneur* von Kalckstein, ein kenntnisreicher Jesuitenschüler, waren keine engstirnigen Militärs, doch hat Friedrich zu ihnen kein engeres Verhältnis gewonnen.

Als Friedrich in sein siebtes Lebensjahr trat, übergab Friedrich Wilhelm den beiden Gouverneuren als Grundlage für die künftige Erziehung des Kronprinzen eine Instruktion, die sein Vater, unter dem Einfluß von Leibnizschem Ideengut, für seine eigene Erziehung aufgestellt hatte und die er in pietistischem Geiste weiterführte.

Friedrich sollte ein frommer Christ, ein *guter Wirt* und ein tapferer Soldat werden.

An erster Stelle wurde die Gottesfurcht *bei großen Fürsten, welche kein menschliches Gericht Strafe und Belohnung erkennen,* genannt. Zur religiösen Erziehung zählte praktizierte persönliche Frömmigkeit und ein Gott wohlgefälliger Lebenswandel, wozu auch der Verzicht auf *Opern, Comödien und andere weltliche Eitelkeiten* zählte. Betont wurde das Bewahren der Rechtgläubigkeit und die Abwehr *aller zum argen Verderben abzielenden Irrungen und Secten, als die Atheist-Arrian-Socianische, und imgleichen ... auch vor die katholische Religion.* Ein besonderes, persönliches Anliegen des Königs war das absolute Verbot, den Prinzen mit der Prädestinationslehre, dem *Partikularismus,* bekannt zu machen. Er selbst hatte in seiner Jugend unter der quälenden Furcht gelitten, nicht zu den Erwählten Gottes zu zählen. Als daher der Hofprediger Johann Ernst Andreä dem Prinzen 1725 die Prädestinationslehre nahebrachte, wurde er sofort vom König entlassen.

Das zweite Erziehungsziel war die Ausbildung zum Soldaten und General: *Die Erzieher haben sich angelegen sein zu lassen, Meinem Sohne die wahre Liebe zum Soldatenstande einzuprägen, und ihm zu imprimieren, daß gleichwie nichts in der Welt, was einem Prinzen Ruhm und Ehre zu geben vermag, als der Degen, er vor der Welt ein verachteter Mensch sein würde, wenn er solchen nicht gleichfalls liebte und die einzige Glorie in demselben suchte.*

Dazu diente neben anderem die körperliche Ertüchtigung, die hart sein, aber den Knaben nicht überfordern dürfe. Fechten und Exerzieren sollten vielmehr spielerisch erlernt werden.

Endlich sollte er ein *guter Wirt* und zu *Menage* [Haushalt; Wirtschaft], *Sparsamkeit und Demut* erzogen werden, denn schon damals wollte der König bei seinem sechsjährigen Sohn *den aufgeblasenen Stolz und die Neigung zu Depensen* [Ausgaben] wahrgenommen haben.

Neben diesen Erziehungszielen treten die eigentlichen Lehrfächer in der Instruktion gegenüber der Fassung von 1695 wie der vergleichbarer anderer Fürstenspiegel oder Erziehungsschriften, die das Leitbild des *honnête homme* zum Ziel hatten, zurück. *Was die lateinische Sprache anbelangt, so soll Mein Sohn solche nicht lernen.* Ebenso streicht der König die griechische und römische Geschichte als *zu nichts gut.* Die ältere deutsche Geschichte ist nur *überhin* zu lehren. Konzentrieren sollte sich der Unterricht auf die genaue Kenntnis der letzten anderhalb Jahrhunderte; zugrunde gelegt wurde das damals schon auf 17 Folianten angeschwollene *Theatrum Europaeum,* das in seiner trostlosen Formlosigkeit selbst für Erwachsene ungenießbar war.

Im Deutschen und Französischen wurde die Aneignung einer eleganten Schreibart und eines gewandten mündlichen Ausdrucks verlangt.

Besonderes Gewicht kam, im Hinblick auf die unmittelbare Verwendbarkeit, Fächern wie Mathematik, Artilleriewissenschaft, Ökonomie, Geographie und Staatskunde zu.

Aber auch diese jedes Einfühlungsvermögen vermissen lassende Instruktion genügte dem König noch nicht, seinen Sohn nach seinen Idealen zu prägen. Deshalb ergänzte er sie 1725 durch einen minutiösen Zeitplan, in dem Tag für Tag und Stunde für Stunde reglementiert werden.

An den Wochentagen muß Friedrich um sechs Uhr aufstehen, niederknien und beten: *Herr Gott, heiliger Vater! Ich danke Dir von Herzen, daß Du mich diese Nacht so gnädlich bewahret hast; mache mich geschickt zu Deinem heiligen Willen und daß ich nichts möge heute, auch alle meine Lebetage tun, was mich von Dir scheiden kann, um unseres Herrn Jesu, meines Seligmachers, Willen, Amen!*

Nach dem Gebet folgen Waschen, Anziehen und Kämmen in bestimmter Ordnung, Tee- oder Kaffeetrinken. Um halb sieben kommen Lehrer und Bediente ins Zimmer; es folgen Bibellektüre, großes Gebet und Kirchenlied. Um sieben bis ein Viertel vor elf ist Zeit für den Unterricht. Von elf bis vierzehn Uhr ist er beim Vater und nimmt mit ihm das Mittagessen ein. Von vierzehn bis siebzehn Uhr folgen erneut Unterrichtsstunden. Danach bleibt ihm die Zeit bis zum Schlafengehen zu seiner freien Verfügung. Dann wünscht er dem Vater eine gute Nacht, wäscht Hände und Gesicht, betet, singt ein frommes Lied und geht um halb elf ins Bett. Der Gouverneur, der im gleichen Zimmer schläft, hat dann sofort das Licht zu löschen.

Am Sonnabend soll des Morgens bis halb elf in der Historie, im Schreiben und Rechnen alles repetirt werden, was Er die ganze Woche gelernt hat, auch in der Moral desgleichen, um zu sehen, ob Er profitirt hat. Und es soll der General Graf von Finkenstein und der Obrist von Kalkstein mit dabei sein. Hat Er profitirt, so ist der Nachmittag vor Fritzen. Hat Er aber nicht profitirt, so soll Er von zwei bis sechs Uhr Alles repetiren, was Er in den vorigen Tagen vergessen hat.

Am Sonntag darf Friedrich eine Stunde später aufstehen und braucht nicht zu lernen, doch ist der Vormittag mit Lektüre und Erklärung des Evangeliums, Abhören des Katechismus und dem Gottesdienst ausgefüllt.

Es kann den heutigen Betrachter nur verwundern, wenn der König seiner Instruktion die Worte zufügt: *Gleichwie aber die allzu große Furcht nichts anderes als knechtische Liebe und sklavische Effekten hervorbringen kann, so soll sowohl der Oberhofmeister, als der Sousgouverneur dahin arbeiten und ihr möglichstes anwenden, Meinem Sohne wohl begreiflich zu machen, daß er keine solche Furcht, sondern nur eine wahre Liebe und vollkommen Vertrauen vor Mich haben und in Mich setzen müsse, da er dann finden und erfahren solle, daß Ihm mit gleicher Liebe und Vertrauen begegnet wurde.*

Zum Glück besaßen die Erzieher des Prinzen eine größere Menschenkenntnis als ihr Herrscher, und dank ihrer Einsicht wurden manche Bestimmungen gemildert und erträglicher gemacht. Namentlich Duhan kommt das Verdienst zu, Friedrich in das Reich des Geistes, der Geschichte und der Literatur eingeführt zu haben.

Auch Lateinunterricht bekam Friedrich, trotz des ausdrücklichen Verbots des Vaters. Als dieser eines Tages unerwartet in das Zimmer sah, ertappte er Duhan dabei, wie er den Prinzen aus der *Goldenen Bulle* übersetzen ließ. *Du Schurke,* fuhr er ihn an, *was machst Du mit meinem Sohn?*

Ihro Majestät, ich explicire dem Prinzen auream bullam.

Ich werde Dich Schurken auream bullam, schrie der König aufgebracht und jagte ihn mit Stockschlägen und Fußtritten aus dem Zimmer.

Doch trotz solcher Zwischenfälle vermittelte Duhan Friedrich auch danach verbotenes oder vom König nicht erwünschtes Wissen und hat ihn ohne Zweifel stark gefördert und geprägt. Als er 1727 auf Befehl des Königs gehen mußte, schrieb sein fünfzehnjähriger Zögling am 20. Juni 1727: *Mein lieber Duhan! Ich verspreche Ihnen, daß, wenn ich mein eigenes Geld in Händen haben werde, ich Ihnen jährlich 2400 Taler geben und Sie noch mehr lieben werde als jetzt, wenn das möglich ist.*

Wirkungsvollste Gegenspielerin des Königs bei der Erziehung des Kronprinzen war jedoch seine Gemahlin Sophie Dorothea. Sie entstammte dem hannoverschen Welfengeschlecht, dessen Frauen nach einem Wort Kosers *an Kräften des Geistes wie des Gemütes schon seit Generationen die Männer weit überragt* hatten. Ihre Großmutter Sophie von Braunschweig, Stammutter des englischen wie des preußischen Königshauses, war die Autorin kulturgeschichtlich bedeutsamer Memoiren und Briefe; deren Tochter, Sophie Charlotte, Gemahlin Friedrichs I., des Großvaters Friedrichs, war eine Schülerin des Philosophen Leibniz. Die Urgroßmutter war die bekannte Elisabeth von der Pfalz, Gemahlin des Winterkönigs und Tochter Jakobs I. von England, des Sohnes der Maria Stuart.

Sophie Dorothea war eine feinsinnige Frau, der Friedrich die Schärfe des Verstandes und die Aufgeschlossenheit für Literatur und Kunst verdankt. Aber sie vermißte seit dem Regierungsantritt ihres Gemahls den äußeren Glanz, den sie für ihr Wohlbefinden brauchte.

Sie war dem König, dem sie vierzehn Kinder schenkte, sicher eine treue Gemahlin, doch mißfiel ihr sein grobes und derbes Wesen, und sie zeigte ihre Geringschätzung und ihren Abscheu vor des *Bettlerkönigs* gesamter Lebensweise immer offener und führte, so weit es ging, ihr eigenes Leben in ihrem Schlößchen Monbijou. Vor allem ihre beiden ältesten Kinder, Wilhelmine und Friedrich, machte sie zu Verbündeten gegen den Vater. Das und ihre Verstrickung in allerlei Hofintrigen trugen erheblich zum Unfrieden in der königlichen Familie bei.

Der König wehrte sich gegen den zu großen Einfluß seiner Gemahlin auf Friedrich und wies dessen Erzieher an: *Und müssen sie ihn mit der Königin allezeit schrecken mit Mir aber niemahlen.*

Verständlicherweise bewirkte dieser Bruch, daß Friedrich sich noch mehr an seine Mutter, aber auch an seine Lieblingsschwester Wilhelmine anschloß.

Aber nicht allein der Einfluß anderer, sondern auch die eigene Veranlagung hinderte Friedrich daran, im Sinne des Vaters ohne Einschränkung ein guter Wirt, ein frommer Christ und ein tapferer Soldat zu werden.

Die *Neigung zu Depensen* konnte der Vater bei den jährlichen Fahrten der Familie nach Hannover beobachten, wenn man den Vater der Königin besuchte. Seit seinem dritten Lebensjahr wurde auch Friedrich mitgenommen. Einmal stieg der Kleine bei dem üblichen Halt in Tangermünde aus, ließ sich zu einem Bäcker führen, schüttete diesem sein Erspartes in die Hände und kaufte Semmeln, Brezeln und Zwieback dafür. Diese verteilte er unter dem Jubel der großen Schar der Zuschauer, die ihm gefolgt waren, an Kinder und alte Menschen. Das wiederholte er jährlich bis zu seinem zwölften Lebensjahr, und legte jeweils einige Zeit vor der Abreise einen Teil seines knappen Taschengeldes zurück.

Noch weniger als dieses Werk der Nächstenliebe gefiel dem König bei anderer Gelegenheit eine Äußerung seines Sohnes. Dieser schritt eines Tages mit einem Gefolge von Offizieren hinter dem König her. Als man zu den Palisaden kam, die vor dem Schloß an der Stelle sind, wo der Kriegsschatz verwahrt wurde, schlug er mit seinem Stöckchen gegen das Gitter und meinte altklug: *Wie froh wird dieser Gefangene sein, wenn man ihn einst befreien wird.*

Die begleitenden Offiziere lachten so laut, daß der König sich umwandte und nach dem Grund fragte. Man zögerte, doch als Friedrich Wilhelm heftig drängte, gab man ihm Friedrichs Äußerung wieder. Der König reagierte sehr ungnädig, weil er – wohl zu Recht – die Sprache anderer aus den Worten des Sohnes herauszuhören glaubte.

Bei den Inspektionsreisen der Jahre 1725 und 1726, auf denen der Kronprinz den König begleitete, lehnte er sogar, um den Vater zu ärgern, die Dukaten, die ihm der Magistrat als Willkommensgruß anbot, ab und befahl, sie unter den Armen zu verteilen. Als ihn der König darauf zwang, die Goldstücke anzunehmen, erwiderte er ihm ins Gesicht, er werde sie bis zur Thronbesteigung behalten und dann den von den Steuern gepreßten Bürgern zurückgeben.

Gar keine Freude konnte dem Vater die religiöse Erziehung seines Sohnes machen, ohne daß er zu spüren imstande war, was der von ihm angeordnete pedantische Unterricht bewirkte. Friedrich mußte stumpfsinnig lernen und ganze Stücke aus der Bibel abschreiben, bis er sie auswendig konnte. Auf Befehl des Vaters mußte er, wenn er sich auch nur eines kleinen Vergehens schuldig gemacht hatte, zur Strafe ein Stück des Katechismus oder der Psalmen auswendig lernen.

Ausfluß dieses »Unterrichts« scheint der in französischer Sprache geschriebene Aufsatz *Lebensweise eines Prinzen von hoher Geburt* aus dem Jahre 1720 zu sein, in dem der Achtjährige unter anderem schreibt: *Man muß das Herz auf dem rechten Fleck haben, und die reformierte Religion haben, muß Gott fürchten, nicht auf eine Weise wie die Leute, die es für Geld tun, nicht für diese Welt. Man muß seinen Vater und seine Mutter lieben. Man muß dankbar sein. Man muß Gott von ganzem Herzen lieben, denn wenn man ihn liebt, tut man alles, um ihm Freude zu bereiten ... Man darf eine Sache nicht zu sehr lieben, man muß gefällig und höflich sein, mit allen Leuten reden. Wenn man weiß, was richtig ist und tut es nicht, so ist es eine Sünde. Man muß tun, wie in den zehn Geboten steht: nicht stehlen, sich nicht schmutzig machen und immer denken, alles Gute, was ich tue, kommt von Gott.*

Man muß immer an nichts Böses denken, alles Böse, was uns in den Sinn kommt, das kommt vom Teufel. Man muß an eine Stelle aus der Heiligen Schrift denken, die heißt: »Seid nüchtern und wachet; denn euer Widersacher, der Teufel, gehet umher wie ein brüllender Löwe, und suchet, welchen er verschlinge. Dem widerstehet, fest im Glauben.«

Wenn von Kalckstein dem König auch beteuert, daß Friedrich den Text selbständig verfaßt hat, so gibt dieser doch wohl nur das passiv Rezipierte wieder. Langsam aber wuchs Friedrichs religiöse Gleichgültigkeit, und als der König Neujahr 1727 anordnete, daß der Kronprinz am Karfreitag konfirmiert werden sollte, mußten die Gouverneure ihm am 5. Januar melden, daß die Glaubensunterweisung des Prinzen seit acht Monaten so gut wie keine Fortschritte gemacht habe. Friedrich Wilhelm reagierte damit, daß der Hofprediger Johann Arnold Noltenius die Vorbereitungsstunden verdoppelte, und am 4. April wurde Friedrich dann im Dom zu Berlin nach öffentlicher Prüfung konfirmiert.

Aber langsam gab er die Bindung zur Religion auf, und es ist kein Zufall, daß er wenig später einen Brief an seine Schwester mit *Frédéric le philosophe* unterschrieb. Das bedeutet eine Hinwendung zur Vernunftreligion der Aufklärung, die er durch Duhan in den Schriften von Fénelon und Bayle kennengelernt hatte.

Am ehesten schien dem König noch die Erziehung seines Sohnes zum Soldaten und General zu gelingen. Von klein auf waren seine Spielsachen Pistolen, kleine Kanonen, Bleisoldaten und anderes Kriegsspielzeug. Als der Vater 1715 an der Belagerung Stralsunds teilnimmt, schreibt ihm die Mutter: *Fritz sagt, daß er mit der großen Kanone, die im Zeughaus ist, dem Papa nachreisen und ihm helfen will, den König von Schweden zu töten.*

Kanonen werden abgefeuert, damit der Kleine sich an ihren Lärm gewöhnt. Er selbst lernt, eine Pistole abzufeuern, deren Knall ihn anfangs erschreckte. Mit vier fängt er an, die vierundfünfzig Bewegungen des preußischen Exerzierreglements zu lernen. Mit sechs Jahren stellt der Vater für ihn eine eigene *Kronprinzliche Kadettenkompanie* aus einhunderteinunddreißig ausgesuchten jungen Männern auf, die er nach kurzer Zeit selbständig kommandiert und erfolgreich sowohl

Zar Peter wie seinem Großvater, dem englischen König, vorführen darf. Schieder will nicht ausschließen, daß mit dieser frühen Soldatenspielerei *die spätere Neigung zu soldatischen Lebensformen* grundgelegt wurde.

Mit der militärischen Ausbildung war verbunden, daß Friedrich früh die Kinderkleider mit der Uniform vertauschen mußte. Wenn er sich auch zunächst dagegen noch nicht sträubte, so wollte er jedoch nicht sein schönes Haar, das er in langen, flatternden Locken trug, dem militärischen Haarschnitt opfern. Doch der Vater befahl dem *Hofchirurgus* Sternemann, die Seitenhaare zu stutzen. Mit Tränen in den Augen setzte sich Friedrich auf einen Stuhl und ergab sich in sein Schicksal. Der Friseur jedoch, der seinen Kummer bemerkte und Mitleid mit ihm hatte, kämmte die Haare nach hinten, schnippelte etwas ab und machte so viel daher, daß dem König entging, daß Friedrich den Großteil seiner Lockenpracht behielt.

Die überaus strenge Erziehung am Königshof fiel allen Gästen auf, und Johann Freiherr von Loen, der Großonkel Goethes, der 1717/18 in Berlin war und später Regierungspräsident der Grafschaft Tecklenburg wurde, schrieb: *Der König sowohl als die Königin halten im übrigen diesen Prinzen unter einen scharfen Zucht, und es sind wohl wenig Königskinder in der Welt, denen so durch den Sinn gefahren und der jugendliche Wille gebeuget wird.*

So konnte es nicht ausbleiben, daß Friedrich sich früh dem Vater entfremdete, eine Entwicklung, die ebenso in seinem eigenen Wesen wie in der Anregung von Mutter, Wilhelmine und namentlich Duhan wurzelt. Dieser vermittelt ihm trotz königlichen Verbotes einen persönlichen Zugang zur alten Geschichte und vor allem zur Literatur.

Der Neunjährige liest Fénelons für den jungen Herzog von Bourbon, den Enkel Ludwigs XIV., geschriebenen Bildungsroman *Les aventures de Télémaque,* wobei ihm zunächst sicher weniger die moralische Intention als die bewegte und fesselnde Schilderung einer fremdartig bunten und faszinierenden Welt in ihren Bann schlägt.

Angeregt auch durch seine Schwester, beginnt Friedrich, so oft und so viel zu lesen wie möglich. Später berichtet er darüber: *Man wollte mir das Lesen verbieten, ich tat es heimlich. Mein Bett stand zwischen dem des Generals Finck, meines Gouverneurs, und dem meines Kammerdieners. Sobald sie beide fest schliefen, stieg ich über das Bett des Dieners hinweg und begab mich in ein anderes Gemach, wo ich auf dem Kamin eine Lampe fand. Dort hockte ich mich nieder und las. Aber eines Nachts bekam der Marschall einen Hustenanfall. Er hört mich nicht neben sich atmen, tastet im Dunkeln nach mir, findet mich nicht und ruft. Schnell kam ich gelaufen. Ich sagte, daß ich irgendein Bedürfnis gehabt hätte. Ich versteckte mein Buch und ließ mich nicht wieder erwischen. »Nehmen Sie sich in acht, mein Prinz!« sagte der Marschall, und ich nahm mich in acht.*

Langsam schuf Friedrich sich eine eigene Welt, in der statt Drill und Alltag Dichtung, Musik und Philosophie regierten. Symbol für diese Welt war eine eigene Bibliothek, die er sich heimlich mit Hilfe von Duhan aufbaute und die nach wenigen Jahren über 3000 Bände umfaßte. Sie war im Hause des Geheimen Finanzrats Julius von Pehnen nahe dem Schloß untergebracht und enthielt, neben Wörterbüchern und Grammatiken der französischen, englischen, italienischen und spanischen Sprachen, Zeitschriften, mathematischen und naturwissenschaftlichen Werken Lehrbücher der Poetik, Konversation und Stilkunst, Ausgaben antiker Dichter in französischer Sprache, zahlreiche Werke der französischen Dichtung von Rabelais bis Voltaire und endlich wichtige politische und philosophische Werke von Machiavelli, Thomas Morus, Descartes, Pierre Bayle und John Locke.

Friedrich hat eigenhändig einen Katalog seiner Bibliothek geschrieben. Sicher kann er nicht alle Werke, deren Auswahl der Geist Duhans prägte, gelesen haben, aber die Lektüre führte ihn aus der eher noch barocken Welt des Vaters in die der Aufklärung.

Außer in der Lektüre lebte er auf in der Gesellschaft von Mutter und Schwester Wilhelmine, die ihn beide, jede auf ihre Art, innig liebten. In ihrem Schlößchen Monbijou hielt die Königin in Abwesenheit ihres Gemahls Hof, veranstaltete Konzerte und Bälle, und hier lernte der Kronprinz eine andere Lebensart als die des Vaters kennen und lieben.

Dem König konnte diese Entwicklung seines Sohnes nicht verborgen bleiben. Bei einem Besuch im Hause des Vizepräsidenten des Generaldirektoriums, des Generals Friedrich Wilhelm von Grumbkow, im Frühjahr 1724, sagte er plötzlich, auf den Kronprinzen deutend: *»Ich möchte wohl wissen, was in diesem kleinen Kopf vorgeht. Ich weiß, daß er nicht so denkt wie ich; es gibt Leute, die ihm andere Gesinnungen beibringen und ihn veranlassen, alles zu tadeln; das sind Schufte.« Und nachdem er dies letzte Wort wiederholt hatte, fuhr er fort: »Fritz, denke an das, was ich dir sage. Halte immer eine gute und große Armee, du kannst keinen besseren Freund finden und dich ohne sie nicht halten. Unsere Nachbarn wünschen nichts mehr, als uns über den Haufen zu werfen, ich kenne ihre Absichten, du wirst sie auch noch kennen lernen. Glaube mir, denke nicht an die Eitelkeit, sondern halte dich an das Reelle. Halte immer auf eine gute Armee und auf Geld; darin besteht die Ruhe und die Sicherheit eines Fürsten.« Der König hatte seine Worte mit leichten Schlägen auf die Wange des Prinzen begleitet, die aber immer stärker wurden und schließlich in Ohrfeigen ausarteten.*

Bereits hier kündigt sich das künftige Zerwürfnis zwischen Vater und Sohn an. Das Mißtrauen des Königs war geweckt, und er mußte immer mehr einsehen, daß Friedrich niemals das erwünschte Abbild des Vaters werden würde.

Mit Strenge versuchte er, die Entwicklung noch einmal in seinem Sinne zu lenken. Am 1. Mai 1725 ernennt er den Dreizehnjährigen zum Hauptmann des Königlichen Leibregiments in Potsdam und ersetzt den Schulunterricht weitgehend durch militärische Ausbildung. Mit vierzehn Jahren wird Friedrich Major und mit sechzehn Oberstleutnant. Um ihn näher an sich zu binden, mußte Friedrich so viel wie möglich beim Vater sein und ihn auch auf den meisten Reisen begleiten.

Ohne Rücksicht auf dessen schwächliche Konstitution überforderte er seinen Sohn, so daß ein auswärtiger Diplomat besorgt feststellte: *Ob ihn schon der König herzlich liebt, so fatiguieret* [ermüdet] *er ihn mit Frühaufstehen und Strapazen den ganzen Tag dennoch dergestalt, daß er bei jungen Jahren so ältlich und steif aussiehet, als ob er schon viele Kampagnen getan hätte.* Bei der Generalrevue der Berliner

Garnison sitzt der Kronprinz ab morgens um zwei Uhr im Sattel, und der Dienst geht bis spät in die Nacht. In den Jahren 1725 und 1726 begleitet er den König nach Magdeburg, Preußen und Westfalen, auf Reisen, die stets in größter Eile durchgeführt werden.

Friedrich gehorcht, aber sein Verhalten läßt manchmal den vom Vater gewünschten Ernst vermissen.

In Wesel war er 1726 mit dem König beim Festungskommandanten Konrad Heinrich von der Mosel zum Mittagessen geladen, und der Gastgeber hatte seinen erlauchten Gästen zu Ehren das Glas etwas zu häufig gehoben. Als man dann zur gemeinsamen Jagd aufbrach, gelang es dem Offizier nicht, in den Sattel zu kommen, weil Friedrich ihm die Steigbügel zu kurz hatte schnallen lassen. Friedrich sah lachend zu, wie ihr Gastgeber es nicht schaffte, auf den Rücken seines Pferdes zu gelangen, während der König erzürnt über das Benehmen seines Sohnes war.

Die innere Auflehnung Friedrichs zeigte sich auch sonst. Einmal hatte Friedrich Wilhelm ihm befohlen, dem Hofmaler Huber zu sitzen, damit dieses Bild neben anderen der königlichen Familie das Haus zieren sollte, das der König dem sogenannten Kaminrat Ekkart geschenkt hatte.

Friedrich hatte zwar keine Lust, mußte aber dem väterlichen Befehl gehorchen. So ging er zu Huber, setzte sich hin, zog seine Flöte hervor und spielte etwas darauf herum. Dann stand er auf mit den Worten: *Nun sage er meinem Vater, ich habe gesessen* – und ging weg.

Immer wieder aufs neue bemüht sich Friedrich Wilhelm, seinen Sohn an sich zu binden und in seinem Sinne zu formen. Er nimmt ihn mit auf die Jagd, er läßt ihn an der sogenannten *Abendgesellschaft,* besser bekannt als das Tabakkollegium, teilnehmen.

Aber Friedrich haßt diese biertrinkende, billigen Knaster qualmende Männerrunde mit ihren derben Späßen und schmutzigen Witzen, die Gefallen daran findet, daß der König Gelehrte wie den ehemaligen Präsidenten der Akademie der Wissenschaften und jetzigen Hofrat Jakob Paul Freiherrn von Gundling zu Hofnarren macht und erniedrigenden Demütigungen aussetzt.

Friedrich Wilhelm sieht seine Erziehungsarbeit scheitern. Friedrich ist kein guter Soldat geworden. Er schießt schlecht, hockt krumm im Sattel und fällt bei einer Parade in Gegenwart der Generale vom Pferd. Er ist faul und kommt seinen Verpflichtungen nicht nach. Er wäscht sich nicht, dafür trägt er Spitzen, kräuselt sein Haar und ist völlig verweichlicht. Er spöttelt über Personen und Sachen, die der Vater hochschätzt. Er liest und spielt Flöte. *Fritz ist ein Querpfeifer und Poet,* ruft der Vater mißmutig aus, *er macht sich nichts aus den Soldaten und wird mir meine ganze Arbeit verderben!*

Doch statt mit Verständnis versuchte es der Vater, hilflos, ohnmächtig, mit größerer Strenge. 1727, nach der Konfirmation des Kronprinzen, entließ er Duhan. An seine Stelle setzte er Major Johann von Senning, der Friedrich nur noch in den Kriegswissenschaften unterrichtete. Diesem ordnete er wenig später vier junge Offiziere als Gefährten und zugleich Aufsichtspersonen zu, die den Kronprinzen auf Schritt und Tritt zu begleiten hatten und die er mit ihren Köpfen dafür verantwortlich machte, jede Verfehlung des Kronprinzen zu verhindern oder wenigstens dem König zu melden.

Diese demütigenden Anweisungen gab er vor den Augen seines Sohnes, wie er ihn überhaupt häufig vor Offizieren und Lakaien beschimpfte und schlug.

Auch jetzt wieder gelang es Friedrich, seine Bewacher für sich einzunehmen, besonders einen der vier Offiziere, Leutnant Friedrich Ludwig Felix von Borcke, mit dem ihn bald eine enge Freundschaft verband. Dennoch bedrückte ihn seine Lage zutiefst, und er fühlte sich äußerst niedergeschlagen.

Wie sonst weilte auch 1727 im Herbst die königliche Familie in Wusterhausen, wohin Friedrich nur widerstrebend mitfuhr, weil ihm das einfache, eher ländliche Leben mit seinen primitiven Jagdvergnügen zuwider war. Von Borcke hatte krankheitshalber in Potsdam bleiben müssen, und Friedrich schrieb ihm am 29. August, *statt andere aufzuheitern, habe ich selbst der Aufheiterung vonnöten, um meine Melancholie zu zerstreuen.*

Diese Melancholie fiel auch anderen auf, so den auf Einladung des Königs in Wusterhausen weilenden Pastoren Johann Anastasius Freylinghausen, der im September, und Gotthilf August Francke, der im

Oktober für einige Tage kam. Der erstere war der Schwiegersohn, der letztere der Sohn August Hermann Franckes, des Begründers der Halleschen Waisenanstalten. Beide führten Tagebuch über ihre Besuche, und Francke notierte, der Kronprinz *ist eines sehr stillen Wesens, bedachtsam und gar merklich temperamenti melancholici.*

Bei den zwei Stunden dauernden Mahlzeiten spricht Friedrich in Anwesenheit des Vaters tatsächlich kein Wort. Am 9. Oktober allerdings ist der Vater den ganzen Tag auf der Jagd, und Friedrich ist wie umgewandelt. Er ist ausgelassen, mokiert sich über Francke und sagt laut zu dem jungen Markgrafen von Schwedt: *Der glaubt Gespenster.* Am Abend fragt er den gläubigen Schloßkastellan, wem er Licht bringe und meint, nachdem er den Namen Francke gehört hatte: *Da kömmt ein Pharisäer zum anderen, der ist ebenso Pharisäer wie Ihr.* Schon beim Besuch Freylinghausens, der den Prinzen öffentlich examinieren mußte, hatte Friedrich den Unwillen des Vaters erregt, weil er nur sehr ausweichend geantwortet und seine wahre Einstellung verborgen gehalten hatte. Hinzu kam, daß Friedrich Wilhelm selbst im Winter 1727/28 in tiefste Schwermut und bigotte Frömmelei verfiel und ernstlich beabsichtigte, das Zepter niederzulegen, seinem Sohn die Herrschaft zu übertragen und selbst mit einer Pension von 10 000 Talern in Wusterhausen zurückgezogen den Acker zu bestellen und Gott zu dienen.

Gegen diese Anwandlung half ein Besuch, den der König Anfang des Jahres 1728 in Dresden August II., dem Starken, Kurfürst von Sachsen und König von Polen, abstattete. Weil der Dresdner Hof nicht nur der prunkvollste, sondern auch der sittenloseste war und eher einem Serail als einem deutschen Fürstenhof glich, wollte der König seinen Sohn nicht mitnehmen. Aber Wilhelmine drängte den sächsischen Gesandten in Berlin, Ulrich Friedrich von Suhm, so lange, bis dieser seinen Herrn veranlaßte, persönlich auf dem Mitkommen Friedrichs zu bestehen.

In Dresden eröffnete sich Friedrich eine neue, betörende und berauschende Welt. Opern- und Theaterbesuche, Ballettvorführungen und immer wieder glänzende Feste und Bälle lösten einander ab. Er taumelte von einem Vergnügen in das andere, war, zum ersten

Male eigentlich, ein geachteter Prinz. Er trat öffentlich als Flötenspieler auf und wurde mit Beifall bedacht. *Fritz,* stellte der Vater mißbilligend fest, *ich fürchte, daß es Dir hier zu sehr gefällt.*

Der König selbst vergnügte sich auch während dieser vier Wochen: *Ich bin in Dressen und springe und tantze, ich bin mehr fatiguirt als wenn ich alle Tage zwei Hirsche tot hetze.* Aber er wird auch unfreiwillig zur komischen Figur, als ihm die Ballhose platzt und, weil es die einzige ist, die er in seiner Sparsamkeit mitgenommen hat, einen Boten nach Berlin schicken muß, um Ersatz zu beschaffen.

Der Gastgeber gab sich alle Mühe, seinen Gästen den Besuch so angenehm wie möglich zu gestalten. Eines Abends führte er sie durch das prachtvoll eingerichtete Schloß bis in ein besonders geschmackvoll möbliertes Zimmer. Plötzlich hob sich eine Tapetenwand, und den Gästen bot sich nach Wilhelmines Schilderung folgender Anblick: *Es war dies ein Mädchen in dem Zustande unserer ersten Eltern, nachlässig auf einem Ruhebette hingestreckt. Dieses Geschöpf war schöner als man Venus und die Grazien malt: sie bot dem Blicke einen Körper von Elfenbein dar, weißer als der Schnee und schöner geformt als der der schönen Statue der mediceischen Venus in Florenz. Das Cabinet, welches diesen Schatz einschloß, war von so vielen Kerzen erleuchtet, daß ihr Glanz blendete und der Schönheit dieser Göttin einen neuen Schimmer verlieh. Die Erfinder dieses Schauspiels zweifelten nicht daran, daß der Gegenstand Eindruck auf das Herz des Königs machen werde, aber es kam ganz anders.*

Denn kaum hatte der sittenstrenge Vater die ausgestreckte Schöne gesehen, als er schon den Hut vom Kopf riß, ihn seinem Sohn vor das Gesicht hielt und ihn aus dem Zimmer drängte. Es war aber schon zu spät, denn Friedrich war von der Erscheinung der Gräfin Orczelska, der Tochter und Geliebten Augusts des Starken wie Geliebten seines Sohnes, so hingerissen, daß sie, wie Wilhelmine behauptet, seine erste Geliebte wurde. Sie schreibt sogar, Friedrich habe von der Reise nach Dresden eine Geschlechtskrankheit mitgebracht.

Nach der Rückkehr aus Dresden verfiel Friedrich in eine schwere, lebensbedrohende Krankheit, so daß der tiefbesorgte König am 25. April 1728 an den Fürsten Leopold von Anhalt-Dessau schreibt:

... Mein ältester Sohn ist sehr krank und wie eine Abzehrung. Sie können sich einbilden, wie mir zumute dazu ist. Ich will bis Montag abwarten; wo es dann nit besser wird, ein Konsilium aller Doctor halten; denn sie nit sagen können, wo es ihm sitzet, und er so mager als ein Schatten wird, doch nit hustet. Also Gott sei anbefohlen; dem müssen wir uns alle unterwerfen. Aber indessen gehet es sehr hart, da ich soll itzo von die Früchte genießen, da er anfenget, raisonnabel zu werden, und müßte ihn in seiner Blüte einbüßen. Enfin ist es Gottes Wille, der machet Alles recht; er hat es gegeben, er kann es nehmen, auch wiedergeben. Sein Will gescheh im Himmel als auf Erden. Meine beste Konsolation ist: wir müssen alle dahin, also einer frühe, der ander spät, da ist kein Kraut vor gewachsen. Ich wünsche Euer Liebden von Herzen, daß Sie der liebe Gott möge vor alle Unglücke und solche Chagrin [Kummer] *bewahren. Wenn die Kinder gesund sein, dann weiß man nit, daß man sie lieb hat...*

Erst Mitte Mai kann der Prinz, der am 14. März 1728 das Oberstleutnantpatent erhalten hatte, seinen militärischen Dienst wiederaufnehmen. Aber er ist noch nicht so weit hergestellt, daß ihn der König nach dem Gegenbesuch Augusts des Starken im Mai/Juni auf seine Inspektionsreisen mitnehmen kann.

Während der Abwesenheit des Vaters darf der Prinz wieder aufatmen. Er kann lesen und mit Wilhelmine musizieren. Täglich finden in Monbijou Konzerte statt, denn August hatte der Königin sein Kammerorchester und den Flötisten Johann Joachim Quantz ausgeliehen.

Aber es war nur eine vorübergehende Atempause. Der König kehrte zurück und fuhr mit der Familie nach Wusterhausen. Das Klima zwischen Vater und Sohn war inzwischen so vergiftet, daß es immer wieder zu heftigen Szenen kam.

Am 10. September endlich wandte sich Friedrich, da er den Vater nicht mehr anzusprechen wagte, in einem Brief an ihn: *Mein lieber Papa, ich habe mich lange nicht unternehmen mögen zu meinem lieben Papa zu kommen, teils weil es mir abgeraten, vornehmlich aber weil ich mich noch einen schlechteren Empfang als den ordinairen sollte vermuten sein; und aus Furcht, meinen lieben Papa mehr mit meinem gegenwärtigen Bitten zu verdrießen, habe es lieber schriftlich tun wollen. Ich bitte also meinen lieben Papa, mir gnädig zu sein, und kann hierbei versichern, daß, nach langem Nachdenken, mein Gewissen mir nicht das mindeste gezeiget hat, worin ich mir etwas zu reprochiren haben sollte; hätte ich aber wider mein Wissen und Willen getan, das meinen lieben Papa verdrossen habe, so bitte ich hiermit untertänigst um Vergebung und hoffe, daß mein lieber Papa den grausamen Haß, den ich aus allem Seinen Tun genug habe wahrnehmen können, werde fahren lassen; ich könnte mich sonst gar nicht darein schicken, da ich sonsten immer gedacht habe, einen gnädigen Vater zu haben, und ich nun das Contraire sehen sollte. Ich fasse dann das beste Vertrauen, und hoffe, daß mein lieber Papa dieses Alles nachdenken und mir wieder gnädig sein wird . . .*

Unversöhnt klingt die umgehende schriftliche Antwort des Vaters: *Sein eigensinniger, böser Kopf, der nicht seinen Vater liebet; denn wenn man nun Alles tut, absonderlich seinen Vater liebet, so tut man, was er haben will, nicht wenn er dabei steht, sondern wenn er nicht Alles sieht. Zum Andern weiß er wohl, daß ich keinen effeminirten Kerl leiden kann, der keine männliche Inclinationen hat, der sich nicht schämt, weder reiten noch schießen zu können, und dabei malpropre an seinem Leibe, seine Haare wie ein Narr sich frisiret und nicht verschneidet, und ich Alles dieses tausendmal reprimandiret, aber Alles umsonst und keine Besserung in Nichts ist. Zum Andern hoffärtig, recht bauernstolz ist, mit keinem Menschen spricht, als mit Welschen, und nicht populär und affable* [freundlich, leutselig] *ist, und mit dem Gesichte Grimassen macht, als wenn er ein Narr wäre, und in nichts meinen Willen tut, als mit der Force angehalten; nichts aus Liebe, und er Alles dazu nichts Lust hat, als seinem eigenen Kopf folgen, sonsten Alles nichts nütze ist.*

Da unternimmt Friedrich wenige Wochen später einen weiteren Versuch zur Aussöhnung mit dem Vater, über den der sächsische Gesandte von Suhm berichtet. Bei einem Essen am Hubertusfest saß der Kronprinz dem Vater gegenüber an der Tafel. Er hatte beim Trinken mit dem König mitgehalten, der Wein löste ihm die Zunge, er beklagte immer heftiger sein Schicksal und endete jeden Satz, indem er auf den Vater zeigte, mit den Worten: *Und doch habe ich ihn lieb!*

Der König wurde aufmerksam und fragte: *Was sagt er?*

Von Suhm beeilte sich zu versichern, der Prinz sei betrunken, doch der König erwiderte: *Oh, er stellt sich nur so. Aber was sagt er denn?*

Nun, sagte von Suhm, *der Prinz sagt, obwohl der König ihn zwinge, zuviel zu trinken, habe er ihn doch lieb.*

Der König bleibt dabei, daß er alles für Verstellung halte. Die Königin, der der Vorfall peinlich ist, erhebt sich, die Gäste wollen folgen, aber der König gebietet, man solle sich wieder setzen.

Von Suhm will den Prinzen, der sich kaum noch aufrecht halten kann, zu Bett geleiten, doch der schreit, zuerst wolle er dem König die Hand küssen. Der König lacht, reicht ihm eine Hand, Friedrich nimmt auch die andere und küßt sie abwechselnd. Er beteuert, er liebe den Vater von Herzen und umarmt ihn. *Es lebe der Kronprinz,* rufen die Anwesenden, Friedrich aber wirft sich vor dem Vater auf die Knie. Gerührt sagt dieser: *Nun, es ist schon gut, werde Du nur ein ehrlicher Kerl, sei nur ehrlich.*

Man bringt den Prinzen zu Bett, der König ist am Abend sehr froh. Doch bald verfliegt diese Freude, als die Feinde des Prinzen am Hof ihn überzeugen können, daß sein Sohn ihm nur eine Komödie vorgespielt habe.

Das Verhältnis zwischen Vater und Sohn wurde immer unerträglicher, so daß die Gouverneure Finckenstein und Kalckstein um ihre Ablösung baten, die sie jedoch erst im Frühjahr 1729 erhielten.

Friedrich Wilhelm ersetzte sie durch zwei andere Offiziere, den ernsten Oberstleutnant Friedrich Wilhelm von Rochow und den *alerten* Leutnant Dietrich Freiherr von Keyserlingk. Und wieder soll eine neuerliche Instruktion des Vaters die Erziehung unterstützen. Rochow soll Friedrich beibringen, *daß alle effiminierte, lascive, weibliche Occupationes einem Manne höchst unanständig wären;* so etwas sei für die Gecken, die Damoiseaux; *ein Damoiseau aber ist ein Lump und ein schurkischer Kerl, der zu nichts nutz in der Welt, als zu Nasenstübern.* Der Vater tadelt, daß der Prinz *in seinem Gehen, Lachen, Sprechen allemal grimassiret, und wenn er reitet, isset oder gehet, sich allezeit krumm und schief hält.* Wer aber *den Kopf zwischen den Ohren hangen läßt und schlotterig ist, der ist ein Lumpenkerl.* Rochow soll dem Prinzen *die Schlafmütze auf dem Kopp vertreiben, daß er mehr Vivacität bekommt.* Endlich soll der Prinz gegen alle Leute höflich und *obligeant* (verbindlich) ein, bei regelmäßigem Gebet und beim Lesen der Bibel bleiben, gern und willig gehorchen, und nicht mehr mit mürrischem Gesicht – *denn was mit mürrischem Gesicht geschieht, ist so gut wie nicht getan.* So könne aus Friedrich doch noch ein honnête-homme und ein guter Offizier werden. *Will es dann nicht anschlagen, so ist es ein Unglück.*

Aber eben dieses Unglück war nicht mehr aufzuhalten, denn auch Rochow vermochte keine Wende herbeizuführen. Die Zusammenstöße zwischen Vater und Sohn häuften sich, und Wilhelmine berichtet von manchmal unglaublichen Szenen. So hatte Friedrich Wilhelm seinen Ältesten verboten, sich in den Gemächern der Mutter aufzuhalten, so daß sie sich nur heimlich beim Nachmittagsspaziergang des Vaters dorthin stehlen konnten. Dann wurden Wachen aufgestellt, die rechtzeitig die Rückkehr des Vaters melden mußten. An einem Sommertag in Wusterhausen waren sie jedoch nicht aufmerksam genug gewesen, und plötzlich hörte man den wohlbekannten schweren Schritt des Königs auf dem Gang. Das Zimmer der Königin hatte keinen zweiten Ausgang; also versteckte sich Wilhelmine unter dem Bett, und Friedrich schlüpfte in den Wandschrank, der den Nachttopf der Mutter enthielt. Der König aber, von der Hitze und dem Spaziergang ermüdet, ließ sich in einen Sessel fallen und schlief ein. Und die angsterfüllten Kinder mußten zwei Stunden lang in ihren engen Gefängnissen hocken und durften sich nicht rühren, um den Vater nicht zu wecken.

Immer weiter entfremdete sich Friedrich seinem Vater und dessen Welt. Er schuf sich eine eigene, die nicht nur von Literatur und Musik, sondern auch von einer Zuwendung zu einem besseren, von Genüssen bestimmten Leben geprägt war. Da er sich ein solches Leben von seiner kärglichen Apanage jedoch nicht leisten konnte, machte er Schulden, von denen der Vater durch die Forderung eines Berliner Bankiers erfuhr, dem Friedrich 7000 Taler schuldete, eine stolze Summe für den mit 600 Talern jährlich knapp gehaltenen Kronprinzen.

Wider Erwarten geriet der König nicht in Wut, sondern sagte nur zu seinem Sohn: *Ich bezahle es mit Pläsir, denn am Gelde fehlet es mir nicht; wofern Ihr Eure Conduite und Aufführung nur ändert und ein honnettes Herz bekommt.*

Gleichwohl erließ er ein Edikt *wider das Geldleihen an Minderjährige,* in dem es hieß, daß, wer einem Mitglied der königlichen Familie Geld leihe, zu Zwangsarbeit verurteilt und sogar mit dem Tode bestraft werden sollte.

Das Leben Friedrichs wurde ständig stärker von Heimlichkeiten gegenüber dem Vater geprägt, der auch nichts wissen durfte von dem Flötenunterricht, den Quantz seinem Sohn gab. Dieser war erstmals im Mai 1728 in Begleitung Augusts des Starken nach Berlin gekommen. Er trat vor der Königin auf, die ihn bat, in ihre Dienste zu treten, was er jedoch abschlagen mußte, weil August ihn nicht gehen lassen wollte. Dieser erteilte ihm wohl die Erlaubnis, jährlich zweimal nach Berlin zu reisen, um Friedrich im Flötenspiel zu unterrichten. Also kam Quantz in der Folge heimlich und unterrichtete den Prinzen, manchmal in der Frühe um sechs, meist jedoch am Nachmittag. So auch im Sommer des Jahres 1730, kurz vor der Reise nach Wesel, als der Konflikt zwischen Vater und Sohn dem Höhepunkt zustrebte.

Friedrich hatte wie meist beim Musizieren den *Sterbekittel,* wie er die verhaßte Uniform verächtlich nannte, abgelegt und war in einen bequemen Schlafrock aus Goldbrokat geschlüpft. Den Zopf hatte er ebenfalls abgelegt, die Haare nach der neuesten Mode aufgelöst und in einen bequemen Haarbeutel gesteckt. Plötzlich stürzte Leutnant von Katte, der Freund des Kronprinzen, herein und meldete, daß der König, der anscheinend etwas bemerkt hatte, komme, wohl um seinen Sohn zu überraschen.

Von Katte raffte eiligst Flöten und Noten zusammen, griff Quantz bei der Hand und flüchtete mit ihm in ein angrenzendes, zum Heizen der Öfen bestimmtes Kämmerchen. Hier mußten sie über eine Stunde ausharren, Quantz am ganzen Leibe zitternd; zu allem anderen auch, weil er einen roten Rock trug, eine Farbe, die der König nicht ausstehen konnte.

Der Kronprinz hatte zwar noch den Schlafrock gegen die Uniform tauschen, nicht aber mehr den Haarbeutel verschwinden lassen können. Der König untersuchte nun das ganze Zimmer und entdeckte hinter Tapeten verborgene Schränke voll mit Büchern und Schlafröcken. Letztere wurden auf der Stelle verbrannt, und die Bücher gab er dem Buchhändler Haude zum Verkauf. Dieser jedoch hielt sie weiter zu des Kronprinzen Verfügung, der sie einzeln auslieh, bis er später die ganze Bibliothek wieder zurückerhielt.

Quantz aber verhielt sich bei seinen weiteren Aufenthalten in Berlin noch vorsichtiger; vor allem trug er niemals wieder einen roten, sondern nur noch einen grauen oder blauen Rock.

Zu diesem Zeitpunkt war die tiefe Kluft zwischen Vater und Sohn bereits unüberbrückbar geworden. Seit dem denkwürdigen Herbst 1728 in Wusterhausen nahmen die häßlichen Szenen an Zahl und Heftigkeit zu. Vorübergehend degradierte der König seinen Sohn vom Obersten zum Fähnrich; immer häufiger mißhandelte er seine beiden ältesten Kinder. Wilhelmine erzählt, wie er mit Tellern nach ihnen warf, in die Schüsseln spuckte, die man ihnen servierte, und sie zwang, Speisen zu sich zu nehmen, vor denen es sie ekelte, *was sie oftmals zwang, in seiner Gegenwart alles, was sie im Leibe hatte, von sich zu geben.*

Vor allem aber Friedrich hatte unter der unglaublichen Grausamkeit des Vaters zu leiden. Dieser prügelte seinen Sohn immer häufiger und immer brutaler, meist vor den Augen der Gesellschaft wie der Dienerschaft. Eines Tages im Dezember 1729, als Friedrich eintrat, schlug der König ihn mit seinem Stock, packte ihn an der Gurgel, warf ihn zu Boden und zwang ihn, ihm die Stiefel zu küssen und um Verzeihung zu bitten. Dazu verhöhnte er ihn mit den Worten: *Wenn mein Vater mich so behandelt hätte, hätte ich mich längst totgeschossen. Aber du bist bloß ein feiger Schurke und läßt dir alles gefallen!*

Selbst dies schien ihm noch nicht genug an Demütigungen, die sich noch häuften und mit der Androhung weiterer, härterer Strafen verbunden waren: *Und Ihr wisset, daß ich mein Wort halte.*

Hier ging es nicht mehr um Erziehungsmaßnahmen, sondern um Haßausbrüche, die den Prinzen moralisch vernichten sollten (Schieder). Aber Friedrichs Selbsterhaltungstrieb war zu stark, als daß ihn der Vater zur Selbstaufgabe hätte bringen können. Er gab weder sich noch seine Rechte auf. Der Vater wollte ihn dazu treiben, auf den Thron zu verzichten zugunsten seines zehn Jahre jüngeren Bruders August Wilhelm. Friedrich erwiderte, eher wolle er sich den Kopf abschlagen lassen, als auf sein Recht zu verzichten. Schließlich willigte er – scheinbar – ein, doch nur unter der Bedingung, der König müsse in einem Manifest öffentlich erklären, die Ausschließung von der Thronfolge sei darin begründet, daß Friedrich nicht des Königs leiblicher und ehelicher Sohn sei – eine für den sittenstrengen Friedrich Wilhelm selbstverständlich unannehmbare Forderung.

Unaufhaltsam führte die Entwicklung zur Katastrophe. Wilhelmine berichtet, wie Friedrich ihr sagte: *Ihr bin der unglücklichste aller Menschen, von Morgens bis Abends von Spionen umgeben, die allen meinen Worten und Handlungen eine schlechte Auslegung geben. Man verbietet mir die unschuldigsten Erholungen, ich wage nicht zu lesen, die Musik ist mir untersagt und ich genieße diese Vergnügungen nur verstohlen und zitternd. Was mich aber vollends zur Verzweiflung gebracht hat, ist der Vorfall, der mir zuletzt in Potsdam begegnet ist, und den ich der Königin nicht habe erzählen wollen, um sie nicht zu beunruhigen. Als ich eines Morgens in des Königs Zimmer trat, ergriff er mich sogleich bei den Haaren und warf mich zu Boden, wo er dann, nachdem er die Kraft seiner Arme an meinem armen Leibe geübt, mich trotz meines Widerstandes zu einem nahen Fenster schleppte. Er hatte im Sinne, das Handwerk der Stummen im Serail auszuüben, denn er nahm dort die Vorhangsschnure und schlang sie mir um den Hals. Ich hatte zum Glücke für mich noch Zeit genug aufzustehen, ergriff seine beiden Hände und fing an zu schreien. Ein Kammerdiener kam mir sogleich zu Hilfe und riß mich aus seinen Händen. Täglich bin ich nun ähnlichen Gefahren ausgesetzt und mein Elend ist so grenzenlos, daß es nur durch gewaltsame Mittel geendet werden kann.*

Dieses letzte *gewaltsame Mittel,* das Friedrich noch zu bleiben schien, war die Flucht.

Fluchtversuch und Prozess

Die folgenden Ereignisse sind nicht zu verstehen, ohne die politischen Aspekte zu berücksichtigen, die den Vater-Sohn-Konflikt verschärften und entscheidend zu der sich anbahnenden Katastrophe beitrugen.

Seit langem waren die Häuser von England-Hannover und Preußen übereingekommen, ihre engen verwandtschaftlichen Beziehungen weiter zu festigen. Prinzessin Wilhelmine sollte ihren Vetter, den Herzog Friedrich Ludwig von Glocester, den ältesten Sohn des Prinzen von Wales und Enkel Georgs I., heiraten, während Friedrich Prinzessin Amalie, die Schwester des Herzogs von Glocester, ehelichen sollte. Besonders die Mütter verfolgten den Plan mit großem Eifer, und die Kinder tauschten Briefe und kleine Geschenke miteinander aus.

Aber die Verbindung der beiden Herrschaftshäuser bedeutete nicht nur eine Familienangelegenheit, sondern war von großer politischer Tragweite. Denn bei der damaligen Machtkonstellation in Europa bedeutete die erstrebte Doppelheirat eine Bindung Preußens an England und Frankreich und richtete sich gegen den Kaiser und Spanien.

Zunächst schien die Verwirklichung des Heiratsplans in greifbare Nähe gerückt, als Preußen mit England und Frankreich am 3. September 1725 das Bündnis von Herrenhausen schloß. Aber Georg I. zögerte mit der Begründung, vorher die Genehmigung seines Parlaments einholen zu müssen, eine schriftliche Abmachung hinaus. Dies wiederum nutzte die kaiserliche Seite, Friedrich Wilhelm zu einem Frontwechsel zu bewegen und mit dem Kaiser gegen dessen Versprechen, Preußens Ansprüche auf das Herzogtum Berg zu unterstützen, am 12. Oktober 1726 den Vertrag von Wusterhausen zu schließen.

Dieses Umschwenken des Königs, der mit seinem sprunghaften

Wesen und seiner außenpolitischen Unfähigkeit in der ganzen Angelegenheit eine höchst unglückliche Rolle spielte, war das Werk einer sehr aktiven Gruppe am preußischen Hof, die um jeden Preis die Bindung Preußens an England zu verhindern suchte. An ihrer Spitze stand der General Graf Friedrich Heinrich von Seckendorff, der Vertreter des Kaisers am preußischen Hof. Kriegskamerad des Königs 1709 in Flandern und 1715 in Pommern, lebte er, ohne offizieller Vertreter Wiens zu sein, seit 1726 auf Wunsch Friedrich Wilhelms, der ihn als Freund schätzte, ständig in Berlin. Er wußte sich dem König unentbehrlich zu machen, lieferte ihm *lange Kerls,* übernahm sich, um es seiner Majestät gleichzutun, ebenso im Essen wie im Trinken, war ständiger Gast im Tabakskollegium und gewann einen immer stärkeren Einfluß auf den König. Zustatten kam ihm, daß am preußischen Hof eigentlich jedermann bestechlich war. So ermittelte er einfach die von Frankreich oder England gezahlten Bestechungssummen und teilte sie dem Kaiser mit, so daß dieser sie überbieten konnte. Als wichtigsten Verbündeten gewann Seckendorff den Minister General Friedrich Wilhelm von Grumbkow, nach Lavisse *einer der Durchtriebensten, die in den europäischen Kabinetten saßen.* Er erhielt jährlich 1000 Dukaten und die Zusicherung einer Prämie von 40000 Gulden für die Verhinderung der Doppelheirat. Um sicher zu gehen, nicht eines Tages als Hochverräter gehängt zu werden, trug Grumbkow stets die Ernennung zum österreichischen Feldmarschall bei sich.

Da Grumbkow als Friedrich Wilhelms Günstling alle Geheimnisse des Königs kannte, war seine Hilfe für Seckendorff von unschätzbarem Wert. Um aber keine Möglichkeit auszulassen, bestach er den einflußreichen Kammerdiener des Königs, Rudolf Wilhelm Eversmann, und Professor Gundling, der als Hofnarr dem König manches einflüstern konnte.

In seiner Gründlichkeit versäumte es Grumbkow auch nicht, den preußischen Gesandten in London, Benjamin Friedrich von Reichenbach, zu bestechen. Dieser meldete daraufhin seinem König, die für Friedrich bestimmte Prinzessin Amalie werde von Tag zu Tag häßlicher und der für Wilhelmine bestimmte Prinz von Wales durch ein ausschweifendes Leben immer geschwächter; im übrigen betreibe

London die Doppelhochzeit nur, um so Einfluß auf Preußen zu gewinnen. Auf der anderen Seite schilderte er dem Prinzen von Wales Wilhelmine als abstoßend häßlich und stumpfsinnig dazu.

Um über die Pläne der Gegenseite informiert zu sein, ließ Grumbkow eine Kammerfrau der Königin bestechen, über die der Wiener Hof über alle Schritte der Kronprinzenmutter auf dem laufenden gehalten wurde. Diese betrieb mit großem persönlichem Ehrgeiz den englischen Heiratsplan, um sich für die vielfältigen Demütigungen an dem von ihr verachteten Berliner Hof zu rächen, aber auch, um ihren beiden ältesten Kindern gegen den Vater zu helfen.

Die zahllosen Intrigen und Bestechungen um die geplante Doppelhochzeit machten nach Lavisse den Berliner Hof *zum Schlachtfelde der Diplomatie* und führten zu einer sich ständig vergrößernden Polarisierung innerhalb der preußischen Königsfamilie.

Der König selbst wünschte im Grunde die Heirat, doch fürchtete er die sich daraus ergebenden politischen Komplikationen. *Er möchte gern fischen,* charakterisierte ihn Peter der Große, *doch ohne sich die Füße naßzumachen.* Allerdings schätzte Friedrich Wilhelm das Haus Hannover nicht, und er wurde in seiner Abneigung bestärkt, als 1727 Georg I. starb. Dessen Nachfolger wurde Georg II., ein hannoverscher Prinz und sein Vetter und Schwager, den er noch nie hatte leiden können. Als Knabe hatte er Georg verprügelt, der später seine Jugendliebe Karoline von Ansbach geheiratet hatte. Geringschätzig nannte Friedrich Wilhelm ihn einen *petit maître,* einen *Komödianten* oder, wegen seiner roten Uniform, den *Rotkohl.*

So war er hin und her gerissen. Auf der einen Seite fühlte er sich geschmeichelt, auf der anderen fürchtete er neben den außenpolitischen Schwierigkeiten, eine anspruchsvolle Schwiegertochter an seinen Hof zu ziehen und die Kontrolle über seinen Sohn zu verlieren: *Ich will keine Schwiegertochter haben,* sagte er zu seiner Gemahlin, *die sich großartig vorkommt und meinen Hof wie Sie mit Intrigen erfüllt. Ihrem Sohn, diesem Rotzjungen, werde ich eher die Peitsche geben als ihn verheiraten. Er ist mir ein Greuel, aber ich werde ihn schon zur Raison bringen. Der Teufel soll mich holen, wenn ich ihn nicht zu seinem Vorteil umkremple. Ich werde ihn auf eine Weise traktieren, auf die er nicht gefaßt ist.* Bei anderer Gelegenheit schrie er sie an: *Wenn du und deine englische Familie todkrank wären, ich gäbe dir meinen Arzt nicht.*

Mit seinem Verhalten brachte Friedrich Wilhelm die Königin dazu, sich um so intensiver um das Gelingen der Doppelhochzeit zu bemühen, und seit 1727 mischte auch Friedrich persönlich mit.

Man setzte sich mit den Gesandten Englands und Frankreichs, Charles Du Bourguay und Graf Konrad Alexander von Rottembourg, in Verbindung, um hinter dem Rücken des Königs eine eigene diplomatische Tätigkeit zu entfalten.

Während des Jahres 1729 kam es zu einem schweren Grenzzwischenfall zwischen Preußen und Hannover. Preußische Werber hatten mit Gewalt Hannoveraner Bauernburschen entführt, worauf England preußische Soldaten gefangennahm und als Geiseln zurückbehielt. Friedrich Wilhelm mobilisierte vierzigtausend Mann, ein Krieg schien unabwendbar, als Friedrich *ganz insgeheim* den König von England und den Prinzen von Wales seiner Freundschaft versicherte und seine Vermittlung anbot. Da England die Doppelheirat, Preußen jedoch nur die Wilhelmines anstrebte, sollte man sich in London zunächst mit letzterer zufrieden geben. Dafür gab er sein Ehrenwort, keine andere zu heiraten als Amalie.

Der Streit wegen der Werber wurde im März 1730 beigelegt, und auf Bitten Sophie Dorotheas wurde Sir Charles Hotham als außerordentlicher Gesandter an den preußischen Hof gesandt. Sir Charles, ein angesehener Adliger und Oberst der berittenen Grenadiere seiner Britischen Majestät, dessen Besuch Friedrich Wilhelm sehr schmeichelte, war mit weitreichenden Vollmachten ausgestattet. Er war sogar ermächtigt, einem Aufschub der Vermählung zwischen Friedrich und Amalie zuzustimmen, freilich unter der Bedingung, daß das Verlöbnis öffentlich verkündigt und der Ehevertrag aufgesetzt würde. Im weiteren Verlauf der Verhandlungen erhielt er dazu die Erlaubnis, Amalie eine Mitgift von einhunderttausend Pfund Sterling und dem neuvermählten Paar bis zur Thronbesteigung Friedrichs die Statthalterschaft in Hannover zuzusichern. Friedrich Wilhelm gab zwar am 4. April, zwei Tage nach der Ankunft von Sir Charles, bei der Hoftafel zur Verblüffung aller die Verlobung Wilhelmines mit dem Prinzen von Wales bekannt, doch konnte er sich nicht zu einer Zustimmung zur Heirat seines Sohnes mit Amalie durchringen. In pausenlosen Beratungen mit seinen Vertrauten suchte er zu einem Entschluß zu kommen, und diese, an ihrer Spitze Seckendorff und Grumbkow, wußten ihm nur zu gut ihre Argumente gegen die Heirat nahe zu bringen. Sie bedienten sich vor allem der Hilfe Reichenbachs, der von London berichtete, Amalie sei eine Intrigantin und König Georgs Herrschaft durch die Stuarts gefährdet. Ausschlaggebend aber wurde die Enthüllung von Friedrichs ehrenwörtlichem Versprechen, keine andere als Amalie zu heiraten.

Damit war der Plan einer Doppelhochzeit für Friedrich Wilhelm wohl endgültig gescheitert. Friedrich selbst versuchte zwar in den folgenden Tagen zweimal, Sir Charles schriftlich umzustimmen, doch ohne Erfolg. Auch die letzten Versuche einer Einigung im sächsischen Mühlberg scheiterten. Dorthin hatte sich der preußische Hof im Juni auf Einladung Augusts des Starken begeben, der eine große Heerschau abhielt. Manöver wurden veranstaltet, die Elbflotte illuminiert, Paraden abgehalten und für die Teilnehmer ein Riesenfestmahl mit dreißigtausend Gedecken gegeben. Die Krönung bildete ein Kuchen, zwölf Meter lang, fünf Meter breit und einen halben Meter hoch, dessen Herstellung fünftausend Eier, sechstausend Pfund Mehl und zweitausend Pfund Butter gekostet hatte. Die Könige ritten zwischen den Tischen hin und her, sechzig Kanonen wurden bei ihren Trinksprüchen abgefeuert.

In diesem Rummel fanden die letzten Verhandlungen zwischen Friedrich Wilhelm und Hotham statt. Der König verzichtete für seinen Sohn auf die Statthalterschaft in Hannover und willigte in eine Heirat seines Sohnes ein, sobald er achtundzwanzig Jahre sei, also nach zehn Jahren. Das aber war für die Gegenseite unannehmbar.

Die Atmosphäre war gereizt, und wie immer ließ der König seine Wut an seiner Familie und besonders an seinem Sohn aus. Eines Tages verprügelte er ihn wieder einmal in aller Öffentlichkeit, warf ihn zu Boden, riß ihn an den Haaren und brachte ihn völlig derangiert zu einer Parade mit.

Hotham sah seine Mission als beendet an, doch wollte er noch einen letzten Trumpf ausspielen. Den Engländern war es gelungen, einen der Briefe Grumbkows an Reichenbach abzufangen, der die ganze Schurkerei der beiden bewies. Bei der Abschiedsaudienz überreichte Sir Charles Friedrich Wilhelm den Brief. Der blickte kurz darauf, erkannte Grumbkows Schrift, lief rot an und warf das Schreiben zu Boden: *Ich habe genug von dem Zeug,* rief er und ließ den Gesandten stehen.

Sir Charles war empört, weil er als Vertreter Georgs II. gehandelt hatte und diese Beleidigung seinen König traf. Friedrich Wilhelm versuchte zwar einzulenken und schickte zweimal seinen Kabinettsminister Graf Adrian Bernhard von Borcke zu Hotham, um seine Entschuldigung zu übermitteln. Doch der blieb unversöhnlich und reiste am 12. Juli 1730 ab.

Damit blieb für Friedrich kein anderer Ausweg mehr als die Flucht, die nach Schieder *vom Kronprinzen mit jener Mischung von weitausschauender Berechnung und unvorsichtiger Verwegenheit vorbereitet* [wurde], *die auch für seine späteren Aktionen charakteristisch sein sollte.* Einen ersten Versuch bereitete er Ende des Jahres 1729 vor mit Hilfe des von ihm innig geliebten Pagen Peter Christoph von Keith, doch bestand der Plan lediglich in der Bestellung eines Wagens und zweier Koffer mit Hilfe des Leutnants Freiherr Alexander Schweder von Spaen. Als Keith dann vom König, dem das Verhältnis Keiths zu seinem Sohn zu eng schien, nach Wesel versetzt wurde, fand Friedrich bald einen neuen Vertrauten. Es war der fünfundzwanzigjährige Leutnant Hans Hermann von Katte, Sohn des Generalmajors Hans Heinrich von Katte und Enkel des Generalfeldmarschalls Alexander Hermann Reichsgraf von Wartensleben. Pockennarbig, mit zusammengewachsenen, dunklen Augenbrauen, die ihm ein düsteres Aussehen verliehen, war er äußerlich wenig anziehend, doch ein belesener, geistreicher, freidenkerischer, eleganter Mann mit guten Umgangsformen, der Flöte und Klavier spielte, zeichnete, malte, ein ausgezeichnetes Französisch sprach und Friedrich aufopferungsvoll liebte und ihm völlig ergeben war.

Am Abend des 30. Mai 1730 eröffnete Friedrich Katte im Lager von

Mühlberg zum ersten Mal seinen Fluchtplan; dieser erschrak zutiefst, doch wollte er seinem Herrn und Freund helfen. Friedrich selbst bat den sächsischen Minister Graf Adolf Magnus von Hoym, ihm Postpferde zu verschaffen, doch lehnte dieser nach Rücksprache mit seinem König, der zu Recht diplomatische Verwicklungen befürchtete, ab. Darauf wandte Friedrich sich in einem geheimen Schreiben, das der englische Gesandtschaftsattaché Guy Dickens überbrachte, an den englischen König. Er legte dem königlichen Oheim dar, daß er die unwürdige Behandlung durch den Vater nicht länger ertragen könne und deshalb auf einer geplanten Reise des Vaters nach Ansbach (wo seine Schwester Friederike Luise lebte, die ein Jahr zuvor den Markgrafen Karl Wilhelm Friedrich von Ansbach geheiratet hatte), Stuttgart und Kleve fliehen werde. Er wolle über Straßburg nach Frankreich, wo er sich sechs bis acht Wochen aufhalten werde, und von dort nach London.

Die Antwort König Georgs traf am 9. Juli in Berlin ein und wurde Friedrich von Guy Dickens abends unter dem Portal des Schlosses an der Stechbahn überreicht. Der Onkel versicherte Friedrich zwar ausdrücklich seines Mitgefühls, riet jedoch im Hinblick auf die zu befürchtenden internationalen politischen Verwicklungen ab. Zugleich bot er jedoch an, Friedrichs Schulden zu bezahlen. Obwohl sich deren Höhe auf »nur« siebentausend Taler belief, gab Friedrich ungerührt fünfzehntausend Taler an.

Friedrichs Lage wurde immer bedrohlicher, da das Gerücht von seiner bevorstehenden Flucht das Tagesgespräch in diplomatischen Kreisen war und längst auch zum Vater gedrungen war. Aus der dänischen wie der französischen Gesandtschaft kamen ihm Warnungen zu, und der besorgte Rochow bat ihn, doch nichts zu unternehmen, was er früher oder später bitter bereuen würde.

Aber Friedrich war jetzt fest entschlossen zu fliehen. In der Nacht vom 14. zum 15. Juli traf er sich mit Katte im Garten des Schlosses von Potsdam. Nach erneuten Prügeln durch den Vater fürchtete er um sein Leben. Er verabredete mit dem Freund, der ihm noch einmal vergeblich von seinem Plan abriet, daß dieser ihn in Wesel treffen solle, weil er nicht mit nach Ansbach abkommandiert worden war und erst um

Urlaub einkommen mußte. Bis dahin wollten sie brieflich über einen Vetter Kattes in Verbindung bleiben, Rittmeister Johann Friedrich von Katte, der in Franken als Werbeoffizier tätig war. Finanzieren wollten sie die Flucht mit dreitausend Talern aus dem Verkauf von Brillanten aus einem polnischen Orden Friedrichs sowie Geld, das Katte von seinen Kameraden geliehen hatte.

Am folgenden Morgen brach der König zu seiner Reise auf und nahm Friedrich mit, um ihn besser bewachen zu können. Oberst von Rochow, Generalmajor Wilhelm Dietrich von Buddenbrock und Oberst Arnold Christoph von Waldow mußten mit dem Kronprinzen in einem Wagen reisen und durften ihn nicht aus den Augen lassen.

Nach einem kurzen Aufenthalt auf dem Gut Seckendorffs in Meuselwitz kam die Reisegesellschaft am 20. Juli in Ansbach an, wo der König eine Woche blieb. Friedrich war beunruhigt, weil er nichts von Katte hörte; endlich erhielt er über dessen Vetter, den Rittmeister, einen Brief. Katte hatte keinen Urlaub bekommen und daher nicht kommen können. Friedrich schrieb umgehend zurück, voller Zuversicht, daß die Flucht auch so gelingen werde:

In zwei Tagen bin ich frei, ich habe Geld, Kleider, Pferde, meine Flucht wird unfehlbar gelingen, und sollte ich verfolgt werden, so will ich in einem Kloster mir eine Freistatt suchen, wo man unter Skapulier und Kutte den argen Ketzer nicht herausfinden soll. Du wirst mir sogleich nachfolgen mit dem, was ich dir anvertraut habe, und wenn wir uns auch erst jenseits des Meeres wiederfänden: nimm deinen Weg über Leipzig und Wesel nach Holland, dort wirst du von mir hören.

Dann bat er Kattes Vetter, ihn auf eine Reise zu begleiten. Dieser wußte wohl, worum es sich dabei handelte, und beschwor den Kronprinzen, vernünftig zu bleiben. Außerdem bat er Rochow, ohne Genaueres zu verraten, gut auf seinen *hohen Untergebenen* acht zu geben.

Am 29. Juli schrieb Friedrich an Katte, sich nach Den Haag zu begeben, wo er selbst als Comte d'Alberville Unterschlupf finden werde. In den nächsten Tagen ging die Reise über Augsburg nach Ludwigsburg, wo Friedrich sich für die Flucht, als wenn er auf einen Ball führe, einen roten Reiserock anfertigen ließ. Am 4. August verließ die Reisegesellschaft bei Heilbronn das Neckartal, um die Richtung zum Rhein einzuschlagen. Man wollte an diesem Tag bis nach Sinsheim gelangen, fuhr aber nur bis zu dem wenige Kilometer östlich gelegenen Steinsfurt.

In dieser Nacht wollte Friedrich seinen Fluchtplan in die Tat umsetzen. Er bestellte den jüngeren, aber etwas einfältigen Bruder Keiths, einen königlichen Pagen, für drei Uhr morgens mit Pferden zu der Scheune, in der er übernachtete. Doch dieser verspätete sich. Inzwischen hatte der mißtrauisch gewordene Kammerdiener Carl Gummersbach Rochow wecken lassen, der in Uniform geschlafen hatte und sogleich zur Stelle war. Der Oberst wünschte ihm freundlich einen Guten Morgen, und der Kronprinz mußte einsehen, daß sein Fluchtplan gescheitert war und ging in die Scheune zurück. In diesem Augenblick kam Keith mit den Pferden und antwortete auf Rochows Frage, was das zu bedeuten habe, dies seien Pagenpferde. *Scheren Sie sich zum Teufel!* brüllte Rochow ihn an, aber er schwieg gegenüber dem König.

Verzweifelt hatte Friedrich in der Zwischenzeit seinen roten Rock ausgezogen. Doch er wollte noch nicht aufgeben und befahl Keith, für die kommende Nacht Pferde zu besorgen. Doch war dieser einer solchen nervlichen Belastung nicht mehr gewachsen. Am folgenden Tag, dem 6. August, warf er sich in Mannheim dem König nach dem sonntäglichen Gottesdienst zu Füßen und gestand alles. Friedrich Wilhelm beherrschte sich, weil er gerade zur kurfürstlichen Tafel gehen wollte, aber nur mit äußerster Mühe. Er winkte Rochow heran; er und die beiden anderen Begleiter des Kronprinzen hafteten mit ihren Köpfen dafür, daß Friedrich in das preußische Wesel gebracht würde. Denn noch mußte die Gesellschaft durch drei ausländische Staaten – Hessen-Darmstadt, Frankfurt, Köln – reisen.

Nach außen ließ der König sich nichts anmerken, doch konnte er sich nicht enthalten, in Darmstadt spöttisch zu Friedrich zu sagen: *Ich wundere mich, Ihn hier noch zu sehen. Ich glaubte, Er sei schon in Paris.* Worauf Friedrich, der noch nicht ahnte, daß er verraten worden war, keß erwiderte: *Wenn ich gewollt hätte, wäre ich es auch.*

In Frankfurt erst erlangte der König definitiv Kenntnis von der geplanten und versuchten Flucht des Sohnes. Sofort befahl er, ihn auf einem der bestellten Schiffe in Gewahrsam zu nehmen. Als er selbst am folgenden Tag das Schiff betrat, ließ er seinem Jähzorn freien Lauf, fiel über Friedrich her und schlug ihm mit seinem Stock das Gesicht blutig. Schmerzerfüllt rief der Prinz: *Nie hat ein brandenburgisches Gesicht solche Schmach erlitten!* Die anwesenden Offiziere bewahrten Friedrich vor weiteren Mißhandlungen und bewogen den König, den Sohn auf einem anderen Schiff reisen zu lassen. Der Prinz wurde wie ein Staatsgefangener behandelt; man nahm ihm Degen und Papiere.

Es war ihm aber noch gelungen, Keith einen Zettel zuzustecken: *Es steht schlecht um uns; rette dich!* Keith entkommt zu Pferd nach Holland. Der König läßt ihn bis nach Den Haag verfolgen, doch schafft er es, mit einem Fischerboot nach England überzusetzen. Von dort aus ging er später nach Portugal in Kriegsdienste.

Von Frankfurt ging die Fahrt zu Schiff weiter nach Bonn. Am 10. August fand ein Empfang beim Kurfürsten Clemens August von Wittelsbach, dem Erzbischof von Köln, statt, bei dem der Kronprinz nicht fehlen durfte. Doch beim Verlassen des Schiffes befahl Friedrich Wilhelm mit donnernder Stimme, Friedrich keinen Augenblick aus den Augen zu lassen und ihn lebendig oder tot wieder an Bord zu bringen.

Sobald man am 12. August in Wesel preußischen Boden erreichte, wurde Friedrich verhaftet und vom König selbst einem ersten Verhör unterworfen.

Warum habt Ihr fliehen wollen?

Weil Sie mich nicht wie Ihren Sohn, sondern wie einen Sklaven behandelt haben!

Du bist also nichts als ein feiger Deserteur ohne Ehre!

Ich habe so viel Ehre wie Sie und nur das getan, was Sie, wie Sie mir selbst mehr als hundertmal gesagt haben, an meiner Stelle schon längst getan haben würden!

Diese Worte bringen den König zur Raserei. Wutentbrannt zieht er den Degen und stürzt sich auf Friedrich, doch wirft sich der Festungskommandant Konrad Heinrich von der Mosel dazwischen und ruft: *Wenn Sie Blut sehen wollen, Sire, dann nehmen Sie meines; aber schonen Sie Ihres Sohnes!*

Der König ist überzeugt, daß er es nicht bloß mit einer Desertion zu tun hat. Er wittert eine Verschwörung, die sich gegen den Thron, ja, gegen sein Leben richtet. Doch Friedrich entzieht sich geschickt jeder klaren Antwort.

Auch im zweiten Verhör am folgenden Tag durch den Oberstleutnant Reinhold von Derschau mit vom König vorgegebenen Fragen verhielt sich Friedrich wie im ersten: beherrscht, fast empfindungslos, wortkarg oder unverschämt, stets jedoch ohne ein Gefühl der Reue zu zeigen. Am 19. August schrieb er sogar an den Vater: *Mein lieber Papa, ich nehme mihr noch mahlen die freiheit meinen lieben Papa zu schreiben und ihm hierbei aller unterthänigst umb erlassung meines arests zu bitten, versichernde das alles was ich meinen lieben Papa gesaget oder sagen lassen wahr sei, wohr ferner noch soupsons* [Verdacht] *gegen mihr sein so wird die tzeit weisen das solche nicht gegründet sein, und versichere das ich eine solche böse intentziohn wie gemeinet wird nimer gehabt habe, ich bitte also meinen lieben Papa umb seine gnade und verbleibe zeit lähbens mit unterthänigsten respect Meines lieben Papas Gehorsamster Diener und Sohn Friedrich.*

Ohne ihn einer Antwort zu würdigen, befahl der König General von Buddenbrock, den Kronprinzen in die Festung Küstrin zu bringen und legte in einer genauen Instruktion alle Einzelheiten des Transports fest. Friedrich sollte mit Buddenbrock, Rochow und Waldow in einem Wagen fahren, dem ein zweiter mit einem Major und drei Hauptleuten, alle mit Pistolen und Degen bewaffnet, in kurzem Abstand folgen mußte. Hessisches und hannoversches Gebiet war zu meiden. Es mußte Proviant für die ganze Fahrt mitgenommen werden; bis Halle, der ersten preußischen Garnison, mußte ohne Pause gefahren und im Wagen gegessen und geschlafen werden. *Auf der Reise sollet ihr alle menschmögliche praecautiones nehmen, daß der Prinz nicht echapiret; und sollt Ihn nicht aus dem Wagen steigen lassen, in ein Haus zu gehen. Hat er seine Nothdurft zu verrichten, so muß solches auf freiem Felde geschehen, woselbst man sich weit umher sehen kann und da keine Hecken noch Sträucher sind.*

Buddenbrock müsse den Prinzen tot oder lebendig nach Küstrin bringen; im Falle eines Befreiungsversuches durch einen zahlenmäßig überlegenen Gegner müsse er dafür sorgen, daß den Angreifern nur ein Leichnam in die Hände fiele.

Trotz schärfster Bewachung wäre Friedrich jedoch in Wesel beinahe entkommen. Da ihm von allen Seiten Sympathie entgegenschlug, hatte man ihm Bauernkleider und eine Strickleiter in seine Zelle geschmuggelt, um ihm die Flucht zu ermöglichen. Schon war er in der Nacht vor seinem Abtransport verkleidet aus dem Fenster gestiegen, als eine unter seinem Fenster postierte Schildwache ihn bemerkte und anrief. Darauf gab er diesen und jeden weiteren Fluchtplan auf.

In der Zwischenzeit hatte Katte am 15. August Urlaub bewilligt bekommen, war dann aber am folgenden Tage verhaftet worden. An diesem Tage kamen auch zwei Briefe des Königs am Hofe an, ein verloren gegangener an die Königin, ein zweiter an die Oberhofmeisterin von Kamecke: *Meine liebe Madame de Kamke, ich habe leider das Unglück, daß mein Sohn hat desertiren wollen mit den pagen Keut, ich habe ihn aretiren lassen, ich habe meine Frau geschrieben, sie mus ihr von weiten vohrbringen, wan es auch ein par tage tauern sollte, das sie nicht von krank wird, der ich stehts ihr ergebener Freund bin.*

Die Königin und Wilhelmine standen furchtbare Ängste aus, weil sie nicht wußten, was alles verraten worden war. Glück im Unglück hatten sie insofern, als eine in Kattes Besitz befindliche Kassette nebst Schlüssel und Petschaft in ihre Hände gelangten. Darin fanden sie zahllose den Kronprinzen wie sie in den Augen des Königs kompromittierende Briefe, die sie umgehend verbrannten und durch rückdatierte neu geschriebene harmloseren Inhalts ersetzten.

Am 27. August kam Friedrich Wilhelm heim und begrüßte seine Frau mit den Worten: *Ihr unwürdiger Sohn ist tot!* Schreckensbleich fragte sie: *Sie waren so unmenschlich, ihn töten zu lassen?* Er bejahte, prüfte als erstes enttäuscht den Inhalt der Kassette und ließ dann seine Wut an der Familie aus; vor allem Wilhelmine traktierte er mit Faustschlägen, so daß die Königin, die jüngeren Geschwister und die Oberhofmeisterin sich schützend vor sie stellen mußten.

Dann ließ der König sofort Katte vorführen, den er in übelster

Weise mißhandelte. Er erwog sogar die Anwendung der Folter bei Katte und Friedrich. Katte beantwortete offen und standhaft alle Fragen und schrieb am 27./28. August ein ausführliches Geständnis. Er schilderte darin alle Vorkommnisse seit dem Mai, wie er versucht habe, Friedrich von seinem Plan abzubringen; wie er überzeugt gewesen sei, der Kronprinz werde ohne ihn, der ja das Fluchtgeld in Händen gehabt habe, niemals fliehen. Vor allem aber betonte er, sie hätten niemals einen Anschlag gegen den Staat oder den König geplant.

Derweil wurde Friedrich in Küstrin in strenger Haft gehalten, die der König selbst bis in alle Einzelheiten geregelt hatte: Der Arrestant durfte nur Talglichter, doch keine Wachslichter erhalten; jedes Gespräch, jede Lektüre war verboten, ebenso Feder und Tinte; einzige Gesellschafter waren Bibel und Psalter. Morgens um acht Uhr wurde die Tür geöffnet und zwei Offiziere kontrollierten, ob alles in Ordnung sei. In ihrer Gegenwart brachte ein Soldat dem Häftling das Waschwasser, ein Becken und eine Kleinigkeit zu essen. Die Ordonnanz säuberte das Zimmer und trug das Geschirr vom Vortag hinaus. Nach dieser wenige Minuten dauernden schweigend vollzogenen Prozedur verließen die Offiziere den Raum, schlossen die Tür ab und schoben die beiden Riegel vor. Am Mittag kamen sie erneut, öffneten, die Ordonnanz brachte das Mittagessen und trug das Frühstücksgeschirr hinaus. Das Fleisch wurde vorgeschnitten, weil der König den Gebrauch von Messer und Gabel verboten hatte, so daß Friedrich mit dem Löffel essen mußte. Das gleiche wiederholte sich am Abend. *Also daß des Tages dreimal die Thüre aufgeschlossen wird, und jedesmal nicht länger auf bleiben muß als vier Minuten und allemal zwei Capitains bei dem Auf- und Zuschließen sein sollen, was die Schildwachen anlangt, sollen Sie so viel setzen als nöthig ist, denn Sie davor responsable sein sollen. Die beiden Capitains, die auf- und zuschließen lassen, sollen bei größester Ungnade mit dem Gefangenen nicht sprechen, wenn Er Ihnen was fräget, was hier und dort passiret, was Neues wäre in der Welt sollen Sie Ihm nicht antworten, und dieses ist meine stricte Ordre, da Sie sich beiderseits sollen nach conformiren, und mit Ihren Köpfen responsable sein.*

Friedrich litt unter diesen strengen Haftbedingungen, doch war er sich des Ernstes seiner Lage noch nicht bewußt, wie sich beim ersten Verhör in Küstrin zeigte. Er gab sich gelassen bis dreist und bot den Mitgliedern der Untersuchungskommission neue Enthüllungen an. Um den Vater milder zu stimmen, vielleicht auch nur, um Abwechslung in das ihn bedrückende Schweigen zu bringen, bat er, zum Abendmahl gehen zu dürfen. Die rätselhaft drohende Antwort des Königs: *Es ist jetzo noch keine Zeit, es muß erstlich das Krieges-Recht ausgemachet sein, so dann ist schon Zeit.*

Zu der vom König eingesetzten Untersuchungskommission zählten der Generalleutnant und Staatsminister Friedrich Wilhelm von Grumbkow, der Generalauditeur Geheimer Justizrat Christian Otto Mylius, der Protokollführer Geheimer Justizrat Gustav Friedrich Gerbet, der Generalmajor Kaspar Otto von Glasenapp und Oberst Ägidius Ehrentreich von Sydow. Sie hatten Haftbefehl gegen zwei weitere Offiziere erlassen, nämlich Leutnant Freiherrn Alexander Schweder von Spaen, der den ursprünglich für die Flucht gedachten Wagen in Leipzig gekauft hatte, ferner Leutnant Johann Ludwig von Ingersleben, der während der nächtlichen Unterredung Friedrichs mit Katte im Potsdamer Schloßgarten das Pferd Kattes gehalten hatte. Sie verhörten neben den vier Gefangenen die Diener Kattes, Oberstleutnant von Rochow, Rittmeister Johann Friedrich von Katte und Friedrichs Kammerdiener Carl Gummersbach.

Das entscheidende Verhör Friedrichs fand am 16. September durch den Generalauditeur Mylius statt. Dem Gefangenen wurden wie in einem Inquisitionsverfahren einhundertfünfundachtzig Fragen vorgelegt, die der König entweder genehmigt oder selbst formuliert hatte.

1. *Wer ist sein Vater?*
2. *Wer ist sein Landesherr?*
3. *Wer ist sein Kriegsherr?*
4. *Weiß Er sich zu erinnern, daß Se. Königliche Majestät in Preußen als sein Vater und Landesherr Ihm in seiner Jugend alle Liebe erwiesen?*

So gehen die Fragen, chronologisch aufgebaut, weiter und dienen dem

Zweck, zu belegen, daß Friedrich an seinem Schicksal von klein auf selbst schuld war und den guten Absichten seines gütigen und großmütigen Vaters stets zuwidergehandelt hat. Aber die Fragen einhundertneunundsiebzig bis einhundertfünfundachtzig gehen über das Moralische ins Politische über und laufen nach Schieder auf *die Erpressung einer Selbstbezichtigung* hinaus. Deshalb hatte Mylius, ein aus dem Kreise August Hermann Franckes stammender Pietist, sich zunächst geweigert, sie in das Verhör einzubeziehen, weil *ich solches aus den Akten und mir bewußten Umständen nicht habe formieren können.* Doch Friedrich Wilhelm bestand auf diesen Artikeln, gestand allerdings ein, daß die *auf meine Verantwortung an den Prinzen zu richten* seien. Daher wurden sie beim Verhör mit einer sich vom Vorhergehenden absetzenden Bemerkung eingeleitet: *Hierauf seiendt auf Sr. Königl. Majestät Spezial-Befehl die von Sr. Majestät mit folgenden Worten vorgeschriebenen Fragen dem Kronprinzen vorgehalten.*

Die sieben Fragen des Königs und die Antworten Friedrichs lauten:

179. *Was er meritire und für eine Strafe gewärtig sei?*
Ich unterwerfe mich des Königs Gnade und Wille.

180. *Was ein Mensche, der seine Ehre bricht und zur Desertion complot macht, was der meritiret?*
Ich habe meine Ehre nicht gebrochen, nach meiner Meinung.

181. *Ob er leider nicht Exempel genug gesehen bei dem Regiment, da er gestanden?*
Ja.

182. *Ob er meritire sein Tage mehr mit ehrlichen Leuten umzugehen?*
Was ich getan, ist mir sehr leid, aber auf solche Art habe ich die Sache nicht angesehen.

183. *Ob er meritire, Landesherr zu werden?*
Ich kann mein Richter nicht sein.

184. *Ob er sein Leben wolle geschenkt haben oder nicht?*
Ich submittire mich des Königs Gnade und Wille.

185. *Dieweil er sich der Succession unfähig gemacht hätte, durch Brechung seiner Ehre, sein Leben zu behalten, ob er wolle die*

Succession abtreten und renunciiren, daß es vom ganzen Römischen Reiche confirmiret werde, um sein Leben zu behalten? Mein Leben ist mir so lieb nicht, aber Se. Königl. Majestät werden so sehr ungnädig auf mich nicht sein.

Die Fragen des Königs zeigen, daß er durchaus die Todesstrafe für seinen Sohn ins Auge faßte, zumindest aber seinen Thronverzicht erzwingen wollte. Friedrichs Antworten verraten sowohl seine Schlagfertigkeit wie sein politisches Geschick, Entscheidendes ausweichend zu beantworten. Dafür gab er zusätzlich zu Protokoll, *daß er wohl erkenne, ganz und gar und in allen Stücken unrecht zu haben; am meisten beklage er, daß Seine Königliche Majestät Chagrin* [Kummer] *darum hätten, bäthe Dieselbe aber, zu glauben, daß seine Intention niemals criminel gewesen, noch er gesuchet, Sr. Königlichen Majestät das geringste zu leide zu thun; er submittire* [unterwerfe] *sich in allem des Königs Willen und Gnade, Se. Majestät möchten es mit ihm machen, wie Sie es gut finden würden, und bäthe Dieselbe um Vergebung.*

Wutentbrannt riß Friedrich Wilhelm dieses Zusatzprotokoll zur Hälfte entzwei und befahl, die Haft zu verschärfen. *Wann dieser Coquin* [Hanswurst] *fragt, wie es mir geht und meiner Frau und meinen Kindern, so muß ihm gesagt werden, daß niemand mehr an ihn denkt, daß meine Frau nicht von ihm reden hören will; seine Schwester säße in Berlin eingesperrt.*

Des Königs Gedanken müssen in diesen Septemberwochen von Wut und Haß geprägt gewesen sein, so daß der niederländische Gesandte Reinhard Baron van Reede tot Ginckel nach einem Besuch im Tabakskollegium gesteht, er habe es nicht für möglich gehalten, daß ein Mensch sich *mit so abscheulichen und gottlosen Absichten tragen könne.* Und weiter: *Wenn der König in dieser Gesinnung verharrt, so werden wir die blutigsten Szenen erleben, die sich seit Beginn der Welt begeben haben.*

Da die Häftlinge seinem unmittelbaren Zorn entzogen waren, wütete er gegen andere, in seinen Augen Mitschuldige. Die Vernehmungen hatten einen harmlosen Flirt Friedrichs mit Dorothea Elisabeth (Doris) Ritter, der Tochter eines Potsdamer Kantors, bekannt werden lassen, die er eines Abends auf einem Spaziergang mit Leutnant von Ingersleben zufällig kennengelernt hatte. Später hatte er sie einige Male in Abwesenheit ihrer Eltern besucht, mit ihr musiziert und ihr einige kleinere Geschenke gemacht, einen Schlafrock, ein Hauskleid, zwei Armreifen und etwas Band. Sofort schickte Friedrich Wilhelm einen Wundarzt und eine Hebamme zu ihr, die jedoch ihre Unberührtheit feststellten. Dennoch ergeht am 6. September die überzogen grausame Order: *S. K. M.* [Seine Königliche Majestät] *befehlen den Hof-Rath Klinte, daß er morgen die in Arrest allhier sitzende Cantors-Tochter soll auspeitschen lassen, und soll dieselbe alsdann auf ewig nach Spandau in das Spinnhaus gebracht werden. Erstlich soll dieselbe vor dem Rat-Hause gepeitschet werden, hernach vor des Vaters Hause, und denn auf allen Ecken der Stadt.* Drei Jahre mußte die bei ihrer Verurteilung Siebzehnjährige im Spandauer Spinnhaus, dem Frauengefängnis, zubringen, ehe sie im Juli 1723 auf Bitten ihres Vaters entlassen wurde.

Die Untersuchungen hatten auch ergeben, daß die von Duhan zusammengestellte Bibliothek Friedrichs, die der König einst hatte verkaufen lassen, immer noch existierte. Sie wurde beschlagnahmt, die Bücher in Körbe verpackt und zum Verkauf nach Hamburg geschafft. Der vom Kronprinzen mit der Verwaltung beauftragte Bibliothekar wurde vom König persönlich anderthalb Stunden verhört, wobei nur seine geringe Bezahlung von zwanzig Hellern in der Woche ihn vor härterer Strafe schützte. So wurde er mit Duhan nur nach Memel verbannt. Gleichzeitig entließ der König Friedrichs Diener, verkaufte seine Pferde und übergab das Regiment, dessen Oberst Friedrich war, Friedrichs Bruder August Wilhelm.

Bitter beklagt er sich am 11. September in einem Brief an den Fürsten Leopold von Anhalt-Dessau: *Was die inquisicio anla*[n]*gt die gehet fordt. Katte ist fertig. Des Böhsen Friderich seine müssen sie noch nach Kustrin hin zu verhöhren, alsden über gesprochen kan werden. Indessen ist gewis das Engeland von allen gewußt aber die desercion abgerathen. Der Böhs Mensch* [hat] *an könig von Enge*[land] *geschrieben sich über mir beschwehret das er so übell und nit* [nach] *sein karacter gehalten würde... Der könig* [hat] *Ihn angerathen nit zu Desertiren... Gott bewahre aller erl*[ichen] *leutte vor ungerahtene kinder. Es ist ein grohs chagrin doch ich habe vor Gott* [und] *vor der weldt ein reines gewissen. Ich habe vermahnet, ich habe gest*[r]*affet mit guthes und mit quat* [Bösem]: *es hat alles nits geholfen.*

Allmählich geriet Friedrich Wilhelm selbst in politische Schwierigkeiten. Hartnäckig wurde vielmals behauptet, ein Grund für die geplante Flucht Friedrichs sei gewesen, daß er zur katholischen Kirche habe übertreten und die österreichische Thronfolgerin Maria Theresia heiraten wollen. Der Fall hatte in ganz Europa Aufsehen erregt und dem Kronprinzen viel Sympathie eingebracht. Die Niederlande, Schweden und England setzten sich im Namen der evangelischen Religion für den Gefangenen ein; ebenso intervenierten der Kurfürst von Sachsen und König von Polen wie der russische Hof in St. Petersburg. Von großer Bedeutung war auch ein Schreiben des Kaisers, weil Friedrich Wilhelm ja nicht nur König in Preußen, sondern auch Kurfürst von Brandenburg und Mitglied des Heiligen Römischen Reiches Deutscher Nation war und ein Thronverzicht Friedrichs nur mit Einwilligung des Reichstages möglich gewesen wäre. Das jedoch hätte eine Situation heraufbeschwören können, die ihn selbst moralisch auf die Anklagebank gebracht hätte.

Hinzu kam, daß die Untersuchungen immer klarer ergaben, daß von dem ursprünglichen Verdacht – Aufstand und Mordpläne gegen den König mit Hilfe des Auslands – nichts übriggeblieben war. So blieb also nur der Vorwurf der Desertion. Das erklärt, warum Friedrich Wilhelm alle anderen Bezeichnungen wie *Flucht, Absentierung, retirade* oder *echappade,* die alle eine harmlosere Form des Sichentfernens bezeichnen, zurückwies und das von Mylius vorgeschlagene Wort *retraite* eigenhändig durchstrich und durch *Desertion* ersetzte. Dieses Delikt war eine innere preußische Angelegenheit, die nach der Kriegsgerichtsordnung von 1712 erledigt werden konnte.

Also ließ der König einen kriegsgerichtlichen Prozeß gegen *den in Cüstrin sitzenden Prinz Friedrich,* die beiden *Lieutenants von Ingersleben und Spaen, den gewesenen Lieutenant von Katte und den desertierten Lieutenant Keith* eröffnen. Gemäß dem Rang des Hauptbeschuldigten bestand das Gericht aus drei Generalmajoren, drei Obersten, drei Oberstleutnants, drei Majoren und drei Kapitänen unter dem Vorsitz des Generalleutnants Graf Achaz von der Schulenburg, der wie Mylius dem Pietismus nahestand. Jede der fünf Rangstufen hatte eine Stimme, der Vorsitzende eine sechste, die bei Stimmengleichheit den Ausschlag gab. Das Gericht trat am 25. Oktober zusammen und wurde vereidigt. Am 25. und 26. Oktober wurden die Untersuchungsakten verlesen, am 27. Oktober berieten die Richter, nach Ranggruppen getrennt, über das Strafmaß.

Die Urteile sind vom Bemühen nach abwägender Gerechtigkeit geprägt. Keith wurde einstimmig der schimpflichen Fahnenflucht für schuldig erklärt. Er sollte durch dreimaligen Trommelschlag zum Erscheinen aufgefordert werden; stellte er sich danach nicht, sollte sein Degen zerbrochen und *er selbst in effigie* [»im Bild«, bildlich] *am Galgen gehenket* werden. Im Falle Ingersleben hielten es die Generalmajore, Majore und Kapitäne für erwiesen, daß er der Kantorstochter dem König unerwünschte Aufträge ausgerichtet hatte, während die Obersten und Oberstleutnants betonten, daß er auf Befehl des Prinzen Katte nach Potsdam kommen ließ, von den Fluchtplänen jedoch nichts wußte. Als Strafe wurden zwei bis sechs Monate Festungshaft vorgeschlagen. Im Falle Spaen war unbestritten, daß er den Wagen gekauft hatte; die Oberstleutnants, Majore und Kapitäne wiesen ferner darauf hin, daß Spaen einen Brief des Prinzen an Katte gelesen, also von den Fluchtplänen Kenntnis gehabt und pflichtwidrig keine Meldung erstattet habe. Vorgeschlagenes Strafmaß: Kassation, zwei bis sechs Jahre Festung.

Differenzen gab es bei der Zumessung des Strafmaßes für Katte. Drei der Gruppen, die Obersten, die Oberstleutnants und die Majore, plädierten für die Todesstrafe, weil sie Katte Desertion, geheime Korrespondenz und Beziehungen zu ausländischen Diplomaten und Einmischung in Angelegenheiten der königlichen Familie zur Last legten; die Generalmajore und die Kapitäne führten dagegen an, daß Katte mehrfach versucht habe, den Prinzen von seinen Fluchtplänen abzuhalten, weshalb sie für lebenslängliche Festungshaft plädierten. Ausschlaggebend wurde deshalb das Votum des Vorsitzenden, der sich für *ewiges Gefängnis* aussprach, weil es nicht zur Desertion gekommen sei.

In bezug auf den Hauptangeklagten aber standen die Richter vor einer für sie unlösbaren Aufgabe, weil sie sich als königliche Offiziere außerstande sahen, über ein Mitglied der königlichen Familie zu Gericht zu sitzen. Die Generalmajore sahen dies als *Verletzung ihrer Pflichtschuldigkeit* an, die Obersten betonten, kein Kriegsgericht oder ein anderer weltlicher Richter dürften sich *erkühnen,* über den Konflikt zwischen Vater und Sohn zu urteilen. Daher teilte Generalleutnant von der Schulenburg dem König mit, sie könnten nichts tun als *Euer königl. Majestät höchsten Gnade diese Staats- und Familiensache überlassen.* Als Offiziere, Vasallen und Untertanen hätten sie kein Recht, hier einzugreifen, *zumal die Majestät den Sohn väterlich und als König strafen könne.*

Erbittert las der König das Urteil und schrieb eigenhändig an den Rand: *sie sollen recht sprech*[en] *u*[n]*d nit mit den Flederwisch vorüber gehn da* [es] *Katte also wohll gethan soll das Krichgerich wieder zusammenkomen u*[n]*d eine ande*[re]*s sprechen.*

Zu Seckendorff äußerte er sich bei der Tafel verbittert: *Ich hätte geglaubt, ehrliche und solche Leute gewählt zu haben, so ihre Pflicht nicht vergessen, die aufgehende Sonne nicht anbeten und bei dem Kriegsrecht allein ihr Gewissen und des Königs Ehre beobachten. Allein, nun lerne ich sie besser kennen, indem sie den Fuchsschwanz streicheln und dem meineidigen Katte das Leben nicht absprechen wollen, welcher doch als ein Verbrecher der verletzten Majestät den Tod hundertmal verdient gehabt.*

Auf seinen Befehl trat das Gericht am 31. Oktober noch einmal zusammen, doch bestand es einstimmig auf seinem ersten Urteil. Darauf erklärte sich der König am 1. November in einem Schreiben aus Wusterhausen mit den Urteilen über Keith, Spaen und Ingersleben, der sogar unverzüglich die Freiheit wieder erhält, einverstanden. . . *was aber den Lieutenant Katten und deßen Verbrechen auch die von dem Kriegsrecht deshalb gefällte Sentenz anbelanget, so seind Seine Königl. Majestät zwar nicht gewohnet, die Kriegsrechte zu schärfen, sondern vielmehr, wo es möglich zu mindern. Dieser Katte aber ist nicht nur in Meinem Dienst Offizier bei der Armée, sondern auch bei die Guarde Gens d'armes. Und da bei der ganzen Armée alle meine Offiziere Mir getreu und hold sein müssen, so muß solches um so viel mehr geschehen von den Officiers von solchen Regimentern; indem bei solchen ein großer Unterschied ist, denn Sie immediatement an Sr. K. M. allerhöchsten Person und Dero Königliche Hause attachiret sein, Schaden und Nachteil zu verhüten, vermöge seines Eides. Da aber dieser Katte mit der künftigen Sonne tramiret* [zusammengearbeitet] *zur Desertion, mit fremden Ministren und Gesandten allemal durch einander gestecket... So wissen Se. K. M. nicht was vor kahle Raisons das Krieges-Recht genommen und Ihm das Leben nicht abgesprochen hätten. S. K. M. werden auf die Art sich auf keinen Officier noch Diener, die in Eid und Pflicht sein, sich verlassen können, denn solche Sachen, die einmal in der Welt geschehen seind, öfters geschehen können, es würden aber alsdann alle Thäter den Praetext nehmen, wie es Katten wäre ergangen, und weil der so leicht und gut durchgekommen wäre, ihnen dergleichen geschehen müßte. S. K. M. seind in Dero Jugend auch die Schule durchlaufen und habe das Lateinische Sprichwort gelernet fiat justitia et pereat mundus* [es geschehe Recht, möge auch die Welt untergehen]. *Also wollen Sie hiermit und zwar von Rechts wegen, daß der Katte, ob er schon nach denen Rechten verdienet gehabt, wegen des begangenen crimen laesae Majestatis* [Majestätsverletzung] *mit glühenden Zangen gerissen und aufgehänget zu werden, Er dennoch nur, in Consideration seiner Familie, mit dem Schwert vom Leben zum Tode gebracht werden soll. Wann das Kriegs-Recht dem Katten die Sentenz publiciret, soll Ihm gesaget werden, daß Sr. K. M. es leid thäte, es wäre aber besser, daß er stürbe, als daß die Justiz aus der Welt käme.* Das Schreiben, mit dem der König das Urteil auf lebenslängliche Haft für Katte in ein Todesurteil verschärfte, ist wohl nicht allein aus Besorgnis um Recht und Ordnung entstanden. Vielmehr ist es auch der Ausdruck des tiefen Hasses, der sich in der Rache an einem derjenigen entlädt, die die *aufgehende Sonne* [Friedrich] *anbeten.*

Am 2. November wurde Katte vor dem Kriegsgericht das Urteil verlesen, das er äußerlich gefaßt aufnahm. Gleichwohl versuchte er, sein Leben zu retten. Er schickte dem König durch seinen Großvater, den greisen Generalfeldmarschall Reichsgraf von Wartensleben, eine Bittschrift zu, in der er um sein Leben bat. Doch in gleichlautenden Schreiben an den Großvater und den Vater, Generalmajor von Katte, lehnte Friedrich Wilhelm ab; es müsse ein Exempel statuiert werden: *Es ist besser, unsere Kinder sterben, als daß die Gerechtigkeit aus der Welt kommt.*

Am 3. November befahl der König dem Generalmajor Otto Gustav von Lepel und dem Oberst Gottfried von Reichmann, Katte in Küstrin in Empfang zu nehmen und am 6. November die Todesstrafe zu vollstrecken: *Den Montag als den 6. dieses früh um 7 Uhr, sollet ihr von der Garnison 150 Mann commandiren lassen, die den Kreis schließen sollen vor die Fenster des Kronprinzen, oder woferne, ja daselbst nicht Platz genug dazu wäre, müßet Ihr einen anderen Platz nehmen, so daß der Kronprinz aus dem Fenster selbigen gut übersehen kann. Wenn der Kreis geschlossen ist, soll*[en] *die 30 Gensdarmes ... nebst dem Prediger dem Lieut. Katte im Kreis bringen und soll ihm der Ober-Auditeur Gerbet alsdann das Todes-Urteil verlesen.* Nach einem Gebet sollte der Scharfrichter dem Delinquenten den Kopf abschlagen; der Leichnam sollte bewacht bis zwei Uhr nachmittags liegen bleiben und dann *vor das Thor auf dem Armen-Kirchhof in der Stille eingesenkt* werden.

Katte wurde noch am 3. November nach Küstrin überführt, wo er am 5. ankam. Gefaßt sah er der Hinrichtung entgegen und schrieb Friedrich ein kurzes Vermächtnis, in dem er ihn bat, sich dem Willen Gottes und des Königs zu unterwerfen. Mit Major Otto Bogislaw von Schack, der ihn begleitete, sowie mit dem Feldprediger des Regiments Gens d'armes, Johann Ernst Müller, und dem Garnisonsprediger Besser betete er bis gegen drei Uhr und fiel dann für zwei Stunden in einen kurzen, unruhigen Schlaf. Dann schreckte er bei der Wachablösung hoch, in dem Augenblick, in dem Oberst von Reichmann Friedrichs Zimmer betrat und ihn über die bevorstehende Hinrichtung unterrichtete.

Nichtsahnend hatte der Prinz nur wenige Schritte entfernt ruhig schlafend in seinem Bett gelegen. Abgeschirmt von der Außenwelt, hatte er von der dramatischen Entwicklung nichts erfahren und sich in dem Gefühl gewiegt, daß die ganze leidige Angelegenheit wohl bald ausgestanden sei. Die Haftbedingungen waren unter der Hand erleichtert worden. Präsident von Münchow ließ ihm durch seinen Sohn mit stillschweigender Duldung der Wachen neben der kargen Gefangenenkost Braten, Früchte und andere Delikatessen nebst Messer und Gabel zukommen und versorgte ihn mit Kerzen, Büchern, Schreibzeug und Papier. Mehrfach schreibt Friedrich seiner Schwester und versichert ihr, daß es ihm im ganzen gut gehe. Noch als das Kriegsgericht tagt, ist er völlig unbesorgt: *Liebste Schwester, man wird mich in der Sitzung des Kriegsgerichtes, die nun stattfinden soll, verketzern; denn, um als Erzketzer zu gelten, genügt es, daß man mit der Meinung des Herrn und Gebieters nicht in allen Stücken übereinstimmt. Sie können sich also unschwer vorstellen, wie hübsch man mich zurichten wird. Was mich betrifft, so mache ich mir nichts aus Bannflüchen, die gegen mich geschleudert werden, vorausgesetzt, daß meine liebenswürdige Schwester dem Anathem* [Bannfluch] *nicht beipflichtet. Welches Vergnügen für mich, daß weder Riegel noch Eisengitter mich zu hindern vermögen, Ihnen meine vollkommene Freundschaft zu bezeugen! Jawohl, meine liebe Schwester, es gibt in diesem fast völlig verderbten Jahrhundert noch redliche Leute, die mir die Mittel verschaffen, um Ihnen meine Ergebenheit zu bezeugen. Jawohl, meine liebe Schwester, wenn ich nur weiß, daß Sie glücklich sind, dann wird mir das Gefängnis zu einem glückseligen und vergnügten Aufenthalt... Ich wünsche vom Grunde meines Herzens, keines Dolmetschers zwischen uns zu bedürfen. Möchten uns jene glücklichen Tage wieder beschieden sein, wo Ihr Principe* [Wilhelmines Laute] *und meine Principessa* [Friedrichs Flöte] *einander küßten. Oder, um deutlicher zu reden, wo ich Ihnen mündlich sagen kann, daß nichts in der Welt meine Liebe zu Ihnen zu vermindern vermag. Adieu! Der Gefangene.*

Als ihm nun am frühen Morgen des 6. November in dürren Worten mitgeteilt wurde, daß er in zwei Stunden die Hinrichtung seines Freundes mit anzusehen habe, traf ihn diese Nachricht wie ein Blitz aus heiterem Himmel. Verzweifelt flehte er um Aufschub, damit er den König um Kattes Leben bitten könne, und sei es um den Preis des eigenen; mit lauter Stimme bat er, daß der Freund, der ihn nicht hören konnte, ihm verzeihe.

Um sieben Uhr führten zwei Offiziere Friedrich an das Fenster seines Zimmers. Katte, der ein letztes Mal das Abendmahl genommen hatte, schritt ungefesselt zwischen zwei Geistlichen zur Richtstätte. Als er zu Friedrichs Fenster aufschaute, rief dieser laut: *Mein lieber Katte, ich bitte Sie tausendmal um Verzeihung!* Doch Katte erwiderte gefaßt: *Nichts von Verzeihung, mein Prinz, ich sterbe mit tausend Freuden für Sie!*

Katte hörte mit Würde die Verlesung des Todesurteils an, nahm von den Offizieren seines Regiments Abschied, legte den Rock ab, schob die Hand des Scharfrichters mit der Augenbinde beiseite und kniete an dem als Richtstätte gewählten Sandhaufen nieder. Noch ehe das Haupt in den Sand rollte, brach Friedrich bewußtlos in den Armen seiner Wächter zusammen.

Als Friedrich wieder zur Besinnung kam, stellte er sich ans Fenster und starrte unverwandt auf das schwarze Tuch, das die sterblichen Überreste seines Freundes bedeckte. Er war völlig beherrscht von tiefem Schmerz und lehnte jede Nahrung ab.

Unmittelbar nach der Hinrichtung war der Prediger Müller in Friedrichs Zimmer getreten, doch war der Kronprinz den ganzen Tag unfähig, ein Wort des Trostes aufzunehmen. Er war überzeugt, daß der Besuch Müllers seine eigene Hinrichtung ankündigen sollte. *Muß ich nicht aus Ihrem als eines Predigers Besuch schließen, daß Sie mich auch zum Tode bereiten?* fragte er bei einem der Gespräche, die er in den folgenden Tagen mit dem Prediger führte. Friedrich fürchtete um sein Leben. Als Müller ihn am Tage nach der Hinrichtung bat, ein Beruhigungsmittel zu nehmen, schüttelte er verneinend den Kopf. Erst als Müller selbst vor seinen Augen etwas einnahm, griff Friedrich zu und bediente sich ebenfalls.

Mit der Hinrichtung Kattes war Friedrich Wilhelms größter Zorn verraucht, während Friedrich selbst glaubte, daß sie nur der Vorbote des eigenen Todes sei. Aber der König hatte inzwischen wohl eingesehen, welche politischen Folgen die Hinrichtung des eigenen Sohnes mit sich gebracht hätte, und so entschied er sich für die schrittweise

Pardonierung Friedrichs, die Schieder *ein Beispiel von Resozialisierung im Geiste des Pietismus* genannt hat. Schon vor der Hinrichtung Kattes hatte er in einer Instruktion vom 3. November Müller befohlen, *gleich nach der Execution oben bei den Kronprinzen zu gehen, mit Ihm zu raisonniren und Ihm vorzustellen, daß wer Gott verließe, der würde von ihm wieder verlassen, und wenn Gott einen verließe und seinen Segen abzöge, der Mensch nichts Gutes, sondern lautes Böses täte. Er möchte in sich gehen, Gott recht von Herzen um Vergebung bitten vor die schwere Sünde, so er begangen und Leuthe mit verführet, davon jetzo einer sein Leib und Leben hätte müssen einbüßen. Woferne Ihr nun den Kronprinz zerknirschet findet, sollet Ihr Ihn animiren, auf die Knie mit Euch zu fallen, und auch die Officiers, die bei Ihm sein, und Gott mit tränendem Herzen um Vergebung bitten. Ihr müsset aber alles mit guter Arth und Vorsicht thun, denn Er ein verschlagener Kopf ist, und müsset Ihr wohl acht geben, ob auch alles mit einer wahren Reue und gebrochenem Herzen geschehe . . .*

Müllers Aufgabe sollte es nicht sein, den Prinzen zu trösten, sondern ihn von seiner Schuld zu überzeugen. Das bedeutete zugleich, den Prinzen von der Prädestinationslehre abzubringen. Müller hatte Friedrich Kattes Testament überbracht, das dieser mit Erschütterung las, das ihn aber auch kaum zu einer echten Schulderkenntnis führte. Ohne sich innerlich zu wandeln, ging er auf Müllers Bemühungen ein und führte mit ihm lange Gespräche über theologische Fragen. Er erbat sich Müllers Handkonkordanz, und als er sie zurückgibt, findet der Prediger auf der Innenseite des Umschlagdeckels mit Bleistift einen knienden Mann gezeichnet, über dessen Haupt zwei gekreuzte Schwerter hingen. Darunter standen die Worte: *Psalm 73,25f. (Wenn ich nur dich habe, so frage ich nichts nach Himmel und Erde. Wenn mir gleich Leib und Seele verschmachtet, so bist du doch, Gott, allezeit meines Herzens Trost und mein Teil.)*

Als Friedrich in den Gesprächen mit Müller des Vaters Pläne zu durchschauen begann, ließ er sich scheinbar von des Predigers Mühen überzeugen, gab die Lehre von der Vorherbestimmung auf und erkannte die eigene Schuld an: *Es ist also keine Fatalität, sondern ich alleine habe Schuld an Kattens Tode und meinem eigenen Unglück.*

Glücklich berichtete Müller, der inzwischen ein Zimmer neben dem Friedrichs bezogen hatte, dem König von der ehrlichen Reue des Prinzen. Er bat ihn *aufs allerunterthänigste und demüthigste,* Seine Majestät mögen nach dem Beispiel Gottes barmherzig sein und seinem Sohn verzeihen, sonst fürchte er, daß dieser *wegen anhaltender und zunehmender Traurigkeit in eine schwere Gemüthskrankheit, daraus keine Rettung sein dürfte, verfalle.*

Umgehend antwortete der König: *Hiernächst habet Ihr mir auf Euer Gewissen, so wie Ihr es dermaleinst vor Gott verantworten könnet, gemeldet, daß der Prinz in Cüstrin sich zu Gott bekehre, und seinen König, Herrn und Vater tausentmal um Vergebung bäte, über alles, was Er gethan und verbrochen hätte, und daß es Ihm von Herzen leid thäte, daß Er sich nicht allemal seines Vaters Willen, willigst unterworfen hätte: Woferne ihr nun den Kronprinz also findet, daß Er dieses Erste vor Gott verspricht, und Ihm seine Sünden von Herzen leid sind, es auch seine wahre Intention ist, sich, versichertermaßen, und auf die Art, wie Ich es hier gesetzet, zu bessern, so sollet Ihr in Meinem Namen Ihm andeuten, daß Ich Ihn zwar noch nicht gänzlich pardonniren könnte; aber Ich würde Ihn dennoch aus unverdienter Gnade aus dem scharfen Arrest lassen, und wiederum Leute bei Ihn geben, die auf seine conduite acht haben sollten. Es sollte Ihm die ganze Stadt zum Arrest sein, so daß Er nicht aus der Stadt gelassen werde. Ich würde Ihm auch vom Morgen bis Abend occupationes geben, bei der Krieges- und Domainenkammer und Regierung, so wohl in occonomischen Sachen zu arbeiten als Rechnungen abzunehmen, Akten nachzulesen und Extracten zu machen; ehe und bevor aber solches geschähe, würde Ich Ihn einen körperlichen Eid ablegen lassen, Meinem Willen und Ordres stricte und gehorsamlich nachzuleben, und in allen Stücken zu thun, was einem getreuen Diener, Unterthan, und Sohn gehöret und gebühret. Woferne Er aber wieder umschlagen und auf die alten Sprünge kommen würde, solle er der Krone und Chur bei der Succession verlustig sein, auch nach denen Umständen wohl gar das Leben verlieren... Gott, der Allerhöchste gebe seinen Segen, und da Er oft durch wunderbare Leitungen, wunderliche Wege und saure Tritte die Menschen ins Reich Christi zu bringen weiß, so helfe unser Heiland, daß dieser ungerathene Sohn zu seiner Gemeinschaft gebracht, sein gottloses Herz zerknirscht, erweicht und geändert, auch dem Satan aus denen Klauen entrissen werden möge. Das helfe der allmächtige Gott und Vater, um unseres Herrn Jesu Christi und seines Leidens und Sterbens willen! Amen!*

Der Plan, Friedrich in Küstrin zu lassen, ging auf Seckendorff zurück, der ihn mit Hilfe von Grumkow an den König herantrug. Dieser beauftragte letzteren, mit einer Delegation nach Küstrin zu reisen. Sie traf am 17. November dort ein. Es gab ein längeres Gespräch zwischen Grumbkow und Friedrich, bei dem der Prinz Grumbkow mit etwas theatralischer Geste das Testament Kattes überreichte, das ihm wohl lästig geworden war.

Am folgenden Tag, einem Sonntag, schwor der Kronprinz feierlich, *Sr. Königl. Majestät Seinem Allergnädigsten Könige, Vater und Herrn, wie er ohne dem, bei Verlust seiner Seelen Heil und Seeligkeit, schuldig und verbunden ist, allemal getreu, gehorsam und unterthänig zu sein.*

Darauf gab Generalmajor Otto Gustav von Lepel, der Festungskommandant, Friedrich den Degen wieder, doch ohne das Offiziersportepee. Im anschließenden Gottesdienst hatte der Hofprediger auf Veranlassung Müllers für seine Predigt den Psalm 77,11 gewählt: *Aber doch sprach ich: Ich muß das leiden; die rechte Hand des Höchsten kann alles ändern.*

Noch einmal dankte Friedrich schriftlich dem Vater, ließ ihn aber durch den nach Berlin zurückkehrenden Müller bitten, ihm wieder das Offiziersportepee zu verleihen. Als Friedrich Wilhelm diese Bitte hörte, rief er: *Ist denn Fritz auch ein Soldat? Nun, das ist ja gut!*

Die Pardonierung

Am Montag, dem 20. November 1730, trat der Kronprinz Friedrich seinen Dienst bei der Kriegs- und Domänenkammer in Küstrin als Auskultator oder, wie wir heute sagen würden, Referendar, an.

Es war nach Schieder *eine Art Exerzitium in praktischer Verwaltungsarbeit, die streng auf das konkrete Detail beschränkt wurde und die große Politik nicht berühren sollte.* Der König hatte eigenhändig angeordnet: *Friz soll nicht blos unterschreiben, er soll selbst arbeiten.* Er erhielt den untersten Platz am Amtstisch und durfte die Akten ebenfalls nur *untenan,* das heißt, nicht auf gleicher Höhe wie die Räte, unterzeichnen. Von der Pike auf sollte er lernen, was Pachtzins, Steuer, Akzisen, Manufakturen, Forst- und Wasserverwaltung, Wege- und Brückengelder, Mühlen- und Brauwesen, Märkte und Zölle für das Staatswesen bedeuten, aber auch, wie schwer die Untertanen jeden Taler verdienen müssen.

Friedrich sollte sich auf des Vaters Befehl ganz auf seine Arbeit konzentrieren. Verboten war es zu tanzen, Musik zu hören, außerhause zu essen, Austern aus Hamburg kommen zu lassen, Gäste einzuladen, leichtere Sommerkleider zu tragen, nach neun Uhr abends Licht zu haben oder mit anderen Leuten in Abwesenheit seines Hofmarschalls oder seiner Kammerjunker zu sprechen. Und auch mit diesen durfte er, natürlich nur in deutsch, ausschließlich reden *vom Göttlichen Wort, von der Oeconomie, von des Landes Verfassung, von Manufacturen, Policie-Sachen, Bestellung des Landes, Abnahme der Rechnungen, Raisonnements über Pachtungen, imgleichen von Prozeß-Ordnungen, und auf was Weise die Rendanten die Gelder tradiren und die Rechnungen führen sollen.* Außer der Bibel, dem Gesangbuch und den *Vier Büchern vom wahren Christentum* von Johann Arndt durfte er keine Bücher besitzen, nicht einmal juristische oder verwaltungstechnische, geschweige denn Dichtungen. *Aus Büchern lernt man nichts, sondern die Pratique muß es machen,* befand der König, und als die Kammerjunker fragten, ob Bücher über Steuern oder Verwaltung erlaubt seien, fragte er empört zurück, *ob sie ihm nicht auch wollten Flöte und Baßgeige geben.*

Verboten war selbst die Beschäftigung mit Geometrie, Festungsbau, Taktik oder allgemeiner Politik, und jede Übertretung sollte von seinem Mentor, dem Hofmarschall Gerhard Heinrich von Wolden und seinen Kammerjunkern Karl Dubislaw von Natzmer und Wilhelm von Rohwedell, die Tag und Nacht bei ihm sein mußten, verhindert werden. Doch gerade mit Natzmer sprach Friedrich über eine Reihe von verbotenen Materien, und die erste bedeutendere schriftliche Äußerung des Kronprinzen über Politik ist in einem Brief vom Februar 1731 an Natzmer enthalten, in dem er von Landerwerbungen spricht, um die weit verstreuten und nicht untereinander verbundenen Teile Preußens zu verbinden.

Die Vielzahl der Verbote und die übertriebene Strenge führten zwangsläufig zur Übertretung. Friedrich knüpfte gesellige Beziehungen an, er philosophierte, las und musizierte. Damals holte er von Generalmajor von Schwerin den Oboisten Michael Gabriel Fredersdorf (1708–58) zu sich, den er schon früher als ausgezeichneten Flötenspieler kennengelernt hatte und der ihm später nach Rheinsberg folgte und 1740 Geheimer Kämmerer und Verwalter der Schatulle wurde.

Auch in der Kammer hatte Friedrich das Glück, auf gebildete und umgängliche Männer zu treffen, den Präsidenten Christian Ernst von Münchow und vor allem den Kammerdirektor Christoph Werner Hille, mit dem er nicht nur über die *Oeconomie,* sondern ebenso über Theologie, Philosophie, Geschichte oder Poesie sprechen konnte.

Hille selbst schildert den Kronprinzen in einem Brief vom 18. Dezember 1730 im ganzen sehr positiv, fühlt sich aber gestört, *daß der Kronprinz soviel Esprit im französischen Sinne besitzt* und sich über alles andere lustig macht. Und zu den künstlerischen Ambitionen schreibt er: *Sie glauben, seine Lieblingsleidenschaft sei die Musik. Gott gebe, daß dem so wäre! Aber er hat eine stärkere Neigung: er will Verse machen und ein Reimschmied werden. Während er nicht weiß, ob seine Vorfahren Magdeburg im Kartenspiel oder sonstwie gewonnen haben, kann er die Regeln der Poetik des Aristoteles an den Fingern herzählen ...*

Hierher paßt die Stelle aus einem Brief, den Seckendorff am 19. Juni 1731 nach Wien an den Prinzen Eugen schrieb: *Übrigens sagte er mir, er wäre ein großer Poet geworden, er könnte in zwei Stunden hundert Verse machen, er sei Musiker, Moralphilosoph, Physiker und Mechaniker. Er will weder General sein noch Krieg führen und sich um keine Einzelheiten der Verwaltung kümmern, sondern sein Volk glücklich machen, gute Minister auswählen und sie schalten lassen ...*

Im ganzen scheint Friedrich sich trotz allem in seiner Lage nicht unwohl zu fühlen, denn Hille schreibt: *Se. Kgl. Hoheit sind lustig wie ein Buchfink.*

In der Kammer war Friedrich, wenn er auch seine Arbeit wie jeder andere tun mußte, gleichwohl der künftige Herrscher, und so blieb es »unbemerkt«, wenn er während der Sitzungen ein französisches Buch las oder Mitarbeiter in Karikaturen festhielt, den einen auf einem Weinfaß, einen anderen mit Hörnern oder wieder einen mit Spielkarten.

Doch jede Vergünstigung durfte nur insgeheim geschehen, denn der stets mißtrauische und argwöhnische König ließ sich über alles genauestens Bericht erstatten. Als Wolden Ende des Jahres 1730 so unvorsichtig war, mitzuteilen, daß der Kronprinz immer noch an die Prädestinationslehre glaube, reagiert Friedrich Wilhelm sehr zornig und schreibt, nachdem man ihm bald darauf eine Erkrankung seines Sohnes meldet: *Wie er prädestinieret ist, wird alles gehen; wo was Gutes an ihm wäre, würde er sterben, aber davon bin ich gewiß, daß er davon nit stirbet, denn Unkraut vergehet nit.*

Friedrich beeilte sich, ein zweites Mal der Prädestinationslehre abzuschwören. Er bat den Vater um die Zusendung religiöser Bücher und dankte ihm zutiefst für deren Erhalt.

Aber der König blieb mißtrauisch. Am 14. April 1731 schreibt Grumbkow an Hille: *1. Er hält ihn für äußerst verstellt; 2. er ist überzeugt, daß der Kronprinz ihn nie geliebt hat, sondern daß das Gegenteil zutrifft, sogar noch etwas mehr; 3. daß er in Küstrin zufrieden wie ein König ist, nur weil er nicht in seiner Nähe zu sein braucht, und daß er alles haßt, was Anstrengung und Arbeit sei; 4. schließlich glaubt er, daß ihm* [dem König] *nur etwas Vergnügen zu machen braucht, um dem Kronprinzen widerwärtig zu sein.*

Der König selbst schreibt am 25. Mai an Wolden: *Im übrigen habt Ihr meinem Sohn zu sagen, daß er bedenken sollte, was er getan hat, und hätte an Gott zu denken. Er sollte sich gewöhnen, ein stilles Leben zu führen; denn wenn ich das getan hätte, was er getan hat, würde ich mich zu Tode schämen und mich vor niemand sehen lassen. Er soll nur meinen Willen tun, das französische und englische Wesen aus dem Kopf schlagen, und nichts als preußisch, seinem Herrn und Vater getreu sein, und ein deutsches Herz haben, alle Petitmaîtres, französische, politische und verdammliche Falschheit aus dem Herzen lassen und hingegen Gott fleißig anrufen um seine Gnade, denselben nicht aus den Augen setzen, so wird Gott alles so wenden, wie es ihm zeitlich und ewig nützlich sein wird...*

Friedrich nimmt das, wie Wolden an Grumbkow schreibt, *mit völliger Ergebenheit an die Vorsehung und mit blinder Unterwerfung unter die Befehle Sr. Majestät* auf und läßt dies dem Vater mitteilen, weil er selbst ihm nur einmal im Monat zu schreiben wagt.

Dann kommt es doch noch zu einem Treffen zwischen Vater und Sohn. Der König kündigte für den 15. August seinen Besuch an: *Sodann will ich ihn sehen, und wenn ich demselben nur in die Augen sehen werde, will ich gleich urtheilen, ob er sich gebessert hat oder nicht.*

Über das Treffen berichtet Grumbkow an Seckendorff:

Sobald Seine Königliche Majestät sich nach dem Kronprinzen umwandten, fiel derselbe Sie zu Füßen. Nachdem Seine Königliche Majestät ihm befohlen aufzustehen, sagten Seine Königliche Majestät mit sehr ernsthafter Miene:

Ihr werdet Euch zu besinnen wissen, was nunmehro vor Jahr und Tag passiret ist, und wie schändlich Ihr Euch aufgeführet, auch was vor ein gottloses Vornehmen Ihr gehabt. Da ich Euch nun von Jugend auf bei mir gehabt und Euch also wohl kennen müssen, habe ich alles in der

Welt gethan, mit Guten und Bösen um Euch zum ehrlichen Manne zu machen, und da ich Euer böses Vornehmen schon einiger Maßen soupçonniret [gemutmaßt; verdächtigt], *habe ich Euch aufs aller rudeste und härteste im sächsischen Lager tractiret, in Hoffnung, Ihr würdet in Euch gehn und eine andre Conduite* [Benehmen] *annehmen, mir Eure Fauten* [Fehler] *offenbaren und um Vergebung bitten, aber alles umsonst, und seid Ihr immer verstockter geworden.*

Wenn ein junger Mensch Sottisen [Torheiten] *tut in courtoisiren, liederliche Händel anfängt und dergleichen, solches kann man noch als Jugendfehler pardonnieren, aber mit Vorsatz Lachetéen* [Niederträchtigkeiten] *und dergleichen garstige Action zu tun, ist impardonnable* [unverzeihlich].

Ihr habt gemeint, mit Eurem Eigensinne durchzukommen, aber höre, mein Kerl, wenn Du auch 60 und 70 Jahre alt wärst, so sollst Du mir nichts vorschreiben. Und da ich mich bis Dato gegen Jedermann souteniret [behauptet], *so wird es mir an Mitteln auch nicht fehlen, Dich zur Raison zu bringen.*

Wie habe ich es nicht in allen Occasionen ehrlich mit Euch gemeint: wie ich das letzte Mal Nachricht kriegte von Euren Schulden, wie hab ich Euch väterlich vermahnt, mir Alles zu entdecken. Ich wollte Alles bezahlen, Ihr solltet mir nur die Wahrheit sagen. Worauf Ihr mir gesaget: Ihr wäret über die benannte Summe noch 200 Taler schuldig, welche ich denn bezahlet und meinen Frieden mit Euch gemacht. Nachhero hat es sich aber gefunden, daß Ihr überdem noch viele Tausende schuldig gewesen, und da Ihr nun gewußt, daß Ihr es nicht bezahlen können, so war es so gut, als wäre das Geld gestohlen worden ...

Seine Königliche Majestät frugen ihn hernach, ob seine Intention nicht wäre gewesen, nach England zu gehn? So er mit Ja beantwortete, worauf Seine Königliche Majestät sagten: Nun höret die Suiten [Folgen] *an! Eure Mutter würde in das größte Unglück geraten sein, weil ich sie naturellement soupçonniret haben würde, als wenn sie mit von der Sache gewußt; Eure Schwester hätte ich lebenslang an einen Ort gesetzet, wo sie weder Sonne noch Mond beschienen hätten. In das Hannöversche wäre ich mit meiner Armee gezogen und hätte alles brennen und sengen lassen, sollte ich auch mein Leben, Land und Leute sacrificiret* [geopfert] *haben. Seht, das sind die Früchte Eures unbesonnenen und gottlosen Verfahrens. Und da ich Euch sonsten in allerhand Krieges- und Civil-Commissionen wollen employiren, wie dürft Ihr Euch nun nach einer solchen Action vor meinen Officieren und übrigen Bedienten zeigen? Das Einzige, was dieses repariren kann, ist, daß Ihr mit Hintersetzung Eures Blutes suchet, diese Faute zu repariren.*

Worauf der Kronprinz sich wehmütig zu Seiner Königlichen Majestät Füßen warf, bittend, ihn auf die härtesten Proben zu stellen, und wollte er alles ausstehen, Seiner Königlichen Majestät Gnade und Estime [Wertschätzung] *wiederzugewinnen; darauf Ihro Königliche Majestät ihn frugen: Hast Du Katten verführt oder hat Katte Dich verführt? Worauf der Kronprinz ohne häsitiren* [zögern] *antwortete: Ich habe ihn verführt.*

Worauf Seine Königliche Majestät replicirten: Es ist mir lieb, daß Ihr einmal die Wahrheit gesagt.

Sie continuirten ferner: Wie ihm das Leben von Cüstrin gefiele? Ob er noch so eine Aversion vor Wusterhausen und seinen Sterbekittel, wie er ihn genannt, zu tragen? Es könnte sein, daß ihm des Königs Compagnie nicht anstünde; es wäre wahr, er, der König, hätte keine französischen Manieren, könnte auch keine Bonmots auf die Petitmaîtres-Manier hervorbringen, welches er für die größten Bärenheutereien hielte. Er wäre ein d e u t s c h e r F ü r s t, und würde als solcher leben und sterben... Seine rechten Freunde, und die es ehrlich mit ihm meinten, hätte er gehaßt und verläumdet, diejenigen, so ihn flattiret und in seinem bösen Vorhaben gestärkt, hätte er caressirt. Er sähe nun die Früchte davon, indem seit etlicher Zeit in Preußen und in Berlin keiner nach ihm gefragt, ob er in der Welt wäre oder nicht, und wenn nicht einer oder der andre aus Cüstrin gekommen wäre und erzählt hätte, daß er mit den Ballons spielte und französische Haarbeutels trüge, so hätte man nicht gewußt, ob er lebte oder todt wäre.

Hernach kamen Seine Majestät auf seine Principia in der Religion, und zeigten ihm aufs allerbündigste, was für horrible Suiten aus dem absoluto decreto, darinnen man Gott für einen Urheber der Sünde machet, daß Christus nicht für alle Menschen gestorben wäre, entspringen.

Worauf denn der Kronprinz hoch und teuer versicherte, daß er nunmehr ganz Seiner Majestät christlichen und orthodoxen Meinung beistimme.

Worauf Ihro Königliche Majestät ihn väterlich und zärtlich vermahnten, daß, wenn bei ihm Gottlose sich gegen seine Pflichten, gegen Gott, den König und das Vaterland äußerten, sollte er alsobald auf seine Knie fallen und Jesum Christum inbrünstig bitten, ihn durch Hülfe des heiligen Geistes von solchen bösen Vornehmen zu entledigen und auf bessere Wege zu bringen. Und wenn es ihm von Herzen ginge, würde Jesus, der alle Menschen selig haben wolle, ihn nicht unerhört lassen.

Worauf Seine Königliche Majestät ihm das Vergangene, in Hoffnung auf bessere Aufführung, gänzlich vergaben, welches der Kronprinz mit der größten Gemütsbewegung annahm, des Königs Füße küßte und viele Tränen vergoß.

Darauf begab sich der König in einen anderen Raum, Friedrich folgte, warf sich dem Vater wortlos ein weiteres Mal zu Füßen, und als der König schließlich in den Wagen stieg, *küßte der Kronprinz Seiner Königlichen Majestät in Presence vieler hundert Menschen die Füße, und Seine Königliche Majestät umarmten ihn und sagten, daß, weil Sie glaubten, daß seine Reue aufrichtig wäre, wollten Sie nun auch weiter für ihn sorgen, welches denn in dem Kronprinzen solche Freude setzte, die man mit keiner Feder exprimiren kann...* Glücklich bemerkte Friedrich zu Hille: *Ich habe bisher nicht geglaubt, daß mein Vater einen Funken von Liebe für mich hätte. Jetzt bin ich überzeugt, daß er mich früher für Kleinigkeiten mehr mißhandelt hat als jetzt für eine große Missetat, die ich nicht ableugnen kann. Kurz, der Teufel selbst muß im Spiele sein, oder dieser Friede wird ewig währen.*

Nur wenige Tage später, am 21. August, wirkte sich die Versöhnung zwischen Vater und Sohn in einer neuen, milder gehaltenen Instruktion für Wolden aus. Mußte Friedrich bisher täglich vormittags und nachmittags in die Kammer, so wurde seine Präsenzpflicht nun auf drei Vormittage beschränkt, bei denen er neben dem Präsidenten sitzen durfte. Ferner wurde ihm erlaubt, nach Anmeldung die Stadt zu verlassen und sich im Lande umzusehen; auch solle Wolden ihm zuweilen *ein Plaisir machen, auf dem Wasser zu fahren, Enten zu schießen und solche Lust machen, die permittiret ist. Es soll aber jederzeit, wo der Kronprinz hingehet, reitet oder fährt, einer von Sie drei bei Ihm sein, daß er niemals allein ist, auch mit niemanden allein sprechen kann und derjenige soll sodann davor reponsable sein, daß er bei kein Mädgen oder Frauensmensche kommt und soll derselbe auch jederzeit bei ihm schlafen. Der Kronprinz soll mit keinem korrespondiren als mit des Königs und der Königin Majestäten, an welche Er schreiben kann ohne daß die Briefe geöffnet werden. Sonst wird dem Kronprinz permittiret, alle Mahlzeiten zwei Gäste zu bitten, wehm Er will, auch alle Wochen zweimal zu Gaste zu gehen. Es muß aber der von Wolden verhüten, daß kein Frauenzimmer mit dabei zugegen ist, sondern lauter Mannspersonen. Französische Bücher, auch deutsche weltliche Bücher und Musik bleibet so scharf verboten, wie jemals gewesen; ingleichen Spielen und Tanzen und soll bei Leib und Leben von alle Dehm, so hierin verboten, nichts statuiret werden und soll der von Wolden den Kronprinz jederzeit auf solide Sachen führen ...*

Aber es schien dem König noch zu früh zu sein, Friedrichs von Herzen kommenden Wunsch, wieder Soldat sein zu dürfen, zu erfüllen. Am selben Tag wie an Wolden schrieb er seinem Sohn: *Du schreibst mir auch, daß Du itzund lieber ein Soldat sein wollest. Doch glaube ich, daß Dir dieses nicht recht von Herzen gehe und Du mir nur flattiren* [schmeicheln] *wollest, da Du doch weissest, was ich vom Flattiren halte.* Und weiter: *Aber was gilt es, wenn ich Dir recht Dein Herz kitzelte, wenn ich aus Paris einen maître de flûte mit etlichen zwölf Pfeifen und Musique-Büchern, imgleichen eine ganze Bande Komödianten und ein großes Orchester kommen ließe, wenn Ich lauter Franzosen und Französinnen, auch ein paar Dutzend Tanzmeister nebst einem Dutzend petits-maîtres verschriebe, und ein großes Theater bauen ließe, so würde Dir dieses gewiß besser gefallen als eine Compagnie Grenadiers; denn die Grenadiers sind doch, nach Deiner Meinung, nur Canailles, aber ein petit-maître ein Französchen, ein bon mot, ein Musiquechen und Komödiantchen, das scheinet was Nobleres, das ist was Königlicheres, das ist digne d'un prince* [würdig eines Prinzen].

Statt Soldat, solle Friedrich zunächst *ein guter Wirt* werden; erst danach werde er ihn wieder zum Soldaten machen. Also bemüht sich der Kronprinz, den Willen des Vaters zu erfüllen. Er erledigt alle Arbeiten, die ihm aufgetragen werden, auf das gewissenhafteste, und der Eifer, den er dabei an den Tag legt, läßt den Schluß zu, daß er an der Materie allmählich ein ehrliches Interesse gewinnt. Er bereist Domänen, kontrolliert, schlägt Verbesserungen vor und sorgt dafür, daß vielerorts *ein Plus gemacht* wird. Über all seine Arbeiten berichtet er dem Vater, wobei er sich ihm gegenüber um ein neues Verhalten bemüht, das ihm Grumbkow in einem längeren Schreiben vom 26. August 1731 nahegelegt hatte. Er schmeichelt dem Vater, versichert ihn seiner Hochachtung und Liebe und bekennt untertänigst seine Reue. Und als in Wollup Schweineschlachten ist, ließ er sich ein besonders fettes Stück Fleisch, so wie der Vater es mochte, abschneiden und erlaubte sich, es dem König zu übersenden.

Friedrich Wilhelm nahm die Bemühungen des Sohnes zur Kenntnis, doch kannte er diesen zu gut, als daß er unbesehen alles geglaubt hätte. Er blieb wachsam, kontrollierte und wurde äußerst ungehalten, als er ein angeblich von Friedrich allein erarbeitetes Projekt vorgelegt bekam, dem man die Hilfe anderer nur zu deutlich ansah. Dennoch freute er sich über den Eifer des Sohnes, zeigte sich *sehr content* und gab ihm als Zeichen seiner Gunst Geschenke.

Friedrich seinerseits suchte sich das Leben in Küstrin so angenehm als möglich zu gestalten. Auf Schloß Tampel unweit der Stadt hatte er die Gattin des Schloßherrn, des Obersten Adolf Friedrich von Wreech, Luise Eleonore, kennengelernt. Er war entzückt von der Dreiundzwanzigjährigen, die wesentlich jünger war als ihr Gatte, und machte ihr ebenso galant wie jünglingshaft-naiv den Hof: *Madame, die Heuschreckenschwärme, die diese Gegend verwüsten, waren bisher immer so rücksichtsvoll, Ihre Landgüter zu verschonen. Eine Unzahl von Insekten, garstiger und gefährlicher als die eben genannten, werden sich zu Ihnen begeben, Madame ... Man heißt sie Verse; sie besitzen vier Füße, scharfe Zähne und einen langgestreckten*

Körper; ein gewisser Rhythmus ist ihr Grundprinzip und flößt ihnen Leben ein ...

Danach beginnt die Ode:

Permettez-moi, Madame, en vous offrant ces lignes,
Que je vous fasse part de cette vérité:
Depuis que je vous vis, j'ai été agité,
Vous êtes un object quienêtes bien digne.
(Gestatten Sie, Madame, daß ich mit Widmung dieser Zeilen Ihnen die Wahrheit mitteile:
Seitdem ich Sie gesehen, treibt es mich hin und her, Sie sind ein Gegenstand, der dessen wohl würdig ist.)

Er durfte sie Cousine nennen; eine schöne und unbeschwerte Beziehung verband die beiden, und es spricht wenig für die auch von Thomas Mann in diesem Zusammenhang kolportierte Überlieferung, daß *Frau von Wreech ein Kind bekam, das Herr von Wreech nicht als das seine anerkennen wollte.*

Im übrigen beschäftigte er sich in der Küstriner Zeit häufiger *mit angenehmen Hirngespinsten,* die er öfters Hille mitteilte: *Ich versichere Ihnen – aber sagen Sie's nicht weiter –, mein schönstes Vergnügen ist die Lektüre. Ich liebe auch die Musik, aber weit mehr das Tanzen. Die Jagd hasse ich, aber ich reite sehr gern. Wäre ich mein eigener Herr, ich triebe dies alles, wie ich gerade Lust hätte, aber einen guten Teil meiner Zeit würde ich meinen Geschäften widmen...* Er schwärmte von einer schönen und gutbesetzten Tafel und von Konzerten. Er würde ständig die Uniform tragen, aber mit sehr prächtigen Surtout-Röcken.

Frau von Wreech schildert er in einem launigen Brief vom 20. September 1731, wie er sich seinen Einzug in Berlin vorstellt: *Erstens soll eine Herde Schweine vor mir hergehen und dabei aus Leibeskräften nach Schweineart quieken. Treiben soll sie einer meiner Lakaien, der sich auf dem Marsche ihrer Erziehung annehmen wird.*

Dann kommt eine Herde Hammel und Schafe, ebenfalls unter Führung eines meiner Bedienten, hierauf ein Trupp Podolischer Ochsen, welcher unmittelbar vor mir herwandelt. Für mich selbst ist folgender Aufzug in Aussicht genommen: Ich sitze auf einem großen, möglichst einfach aufgezäumten Esel. Statt der Pistolen habe ich zwei Säcke mit verschiedenen Sämereien an den Seiten hängen. Statt auf Sattel und Schabracke sitzt meine edle Gestalt auf einem Mehlsacke, statt der Reitpeitsche einen Knüttel in der Hand und statt des Helmes einen Strohhut auf dem Kopfe. Dem Esel zur Seite schreiten statt der Lakaien ein halbes Dutzend Bauern mit Sensen, Pflügen und andern Ackerwerkzeugen. Selbstverständlich gehen sie nach dem Takte und mit der nötigen Würde einher...

Doch stellt er sich auch in ernsterer Weise auf seine künftige Stellung als Herrscher ein, so daß Hille an Grumbkow schreibt: *Er wird sich nicht mit Reimeschmieden begnügen, sobald er etwas anderes tun kann.* Und Graf Adolf Friedrich von der Schulenburg, Generalmajor und Chef eines Dragonerregiments in Landsberg an der Warthe, schreibt nach einem Besuch beim Kronprinzen, ebenfalls an Grumbkow: *Es ist sicher, daß er sich seines Wertes bewußt ist.* Er schildert: *Ich merke wohl, daß er Ratschläge nicht liebt; er gefällt sich nur im Umgang mit solchen, die geistig unter ihm stehen. Er sucht sogleich die lächerlichen Seiten bei jedem hervor und spottet gern – ein großer Fehler bei einem Fürsten. Er müßte die Schwächen der Menschen kennen, ohne es aber irgend vor der Welt merken zu lassen. Ich spreche zu Eurer Exzellenz als Freund und versichere Ihnen, er besitzt Geist, wird sich aber von seinen Leidenschaften beherrschen lassen und nur solche gerne sehen, die ihnen Vorschub leisten. Nach meiner Ansicht sind alle Fürsten nach dem gleichen Modell geschaffen; es gibt nur ein Mehr oder Weniger.*

Doch bis zur Herrschaft war es noch ein weiter Weg. Selbst vor der endgültigen Pardonierung des Kronprinzen lag noch ein schwerer Schritt. Es war dies die Heirat einer Frau nach dem Willen des Vaters, und damit wiederum verbunden war die Heirat seiner Schwester Wilhelmine. Ihr gegenüber hatte der König seine Begnadigung ihres Lieblingsbruders davon abhängig gemacht, daß sie den Erbprinzen Friedrich von Bayreuth heirate. Nach schweren inneren Kämpfen hatte sie sich schließlich bereit erklärt, den ungeliebten Mann zu heiraten, und die Hochzeit war auf den 20. November 1731 angesetzt worden. Noch am Vorabend beschwor die Königin, die ihre englischen Heiratspläne noch nicht aufgegeben hatte, ihre Tochter, wenn sie schon den vom Vater aufgezwungenen Bräutigam heirate, wenigstens die Ehe nicht zu vollziehen, damit sie später annulliert werden könne.

Zu den Hochzeitsfeierlichkeiten, die mehrere Tage dauerten, erschien Friedrich auf Geheiß das Vaters erst am dritten Tage. Unauffällig, in Zivil gekleidet, betrat er den Ballsaal, zunächst von keinem bemerkt. Grumbkow mußte Wilhelmine auf ihren Bruder hinweisen, der ihr, wohl auf Grumbkows Rat, auffallend reserviert begegnete, um den Vater nicht zu verstimmen. Erst am folgenden Tage trafen sich die Geschwister allein und gaben sich ihrer Wiedersehensfreude hin.

Offensichtlich hatte Friedrich in der Zwischenzeit wieder die Gunst seines Vaters gewonnen, denn nachdem sämtliche Generale unter der Führung des Alten Dessauers beim König vorstellig geworden waren, stellte dieser seinen Sohn als Oberst erneut in die Armee ein und versprach ihm das zu Nauen und Ruppin stationierte Infanterieregiment.

Aber vorher sollte die Verlobung des Kronprinzen stattfinden. Schon seit geraumer Zeit hatte Seckendorff, nachdem er die englische Heirat vereitelt hatte, nach einer Prinzessin Ausschau gehalten, die dem Kaiserhaus genehm war. Auf den Rat des Prinzen Eugen schlug er Friedrich Wilhelm eine Nichte der Kaiserin vor, Elisabeth Christine von Braunschweig-Bevern. Dieser stimmte zu, und so ließ er Ende April 1731 seinen Sohn wissen, daß er, sozusagen auf Kommando, bereit sein müsse zu heiraten, gestand ihm aber die Wahl zwischen einigen Prinzessinnen zu. Nachdem Friedrich sein Einverständnis gegeben hatte, übermittelte Grumbkow Mitte Juni die in Frage kommenden Häuser: Sachsen-Coburg, Sachsen-Eisenach und Braunschweig-Bevern. Friedrich entschied sich wegen der engen Beziehung zum Kaiserhaus für das letztere, gab aber allen, mit denen er darüber sprach, sehr deutlich zu verstehen, was er von dieser Heirat hielt.

Als Hille ihn fragte, ob er seine künftige Frau, wenn sie häßlich oder dumm wäre, lieben und mit ihr leben könne, verneinte er und sagte: *Ich werde sie sitzen lassen, sobald ich mein eigener Herr bin. Man muß es mir nachsehen, daß ich mich aus der Klemme ziehe, so gut ich kann.*

Noch deutlicher wird Friedrich in Briefen an Grumbkow. Ende Dezember 1731 schreibt er: *Jedenfalls entschließe ich mich noch zu nichts, und solange man mich Junggeselle bleiben läßt, werde ich Gott danken, es zu sein; und wenn ich mich verheirate, werde ich gewiß ein sehr schlechter Ehemann sein, denn ich fühle in mir weder genug Beständigkeit noch genug Liebe zum weiblichen Geschlecht, um glauben zu können, ich würde sie in der Ehe in mich aufnehmen, und der bloße Gedanke an meine Frau ist mir eine so verhaßte Sache, daß ich nicht ohne Abneigung daran denken kann. Trotzdem würde ich immer alles aus Gehorsam tun, aber niemals in guter Ehe leben . . .*

Am 26. Januar 1732 heißt es gar: . . . *Was die Prinzessin von Bevern angeht, so kann man darauf rechnen, daß sie, wenn man mich zwingt, sie zu nehmen, verstoßen werden wird, sobald ich Herr sein werde . . .*

Am 4. Februar schreibt Friedrich Wilhelm seinem Sohn und schildert dessen künftige Braut als *wohl aufgezogen, modeste und eingezogen* [zurückgezogen lebend], *so müssen die Frauen sein* und *nicht häßlich, auch nicht schön.* Er beteuert, daß er seinem Sohn *alles von Herzen vergeben* habe und auf sein Wohl bedacht sei. Er sagt ihm zu, das Gouvernementshaus für ihn herrichten und möblieren zu lassen und ihm im April sein Kommando zu geben. Und die Hochzeit solle im kommenden Winter sein.

In aller Unterwürfigkeit sagte Friedrich umgehend dem Vater zu, seinen Befehlen zu gehorchen, doch in seinen Briefen an Grumbkow läßt er seinen wahren Gefühlen über die Hochzeit und seine zukünftige Braut freien Lauf und belegt sie mit wenig liebenswürdigen Bezeichungen, wie *häßliche Kreatur, das Gezücht, das Corpus delicti* oder *die Ware.*

Nur eine Bedingung muß ich dem Herzog von Bevern stellen, schreibt er am 11. Februar, *daß nämlich das corpus delicti bei ihrer Großmutter erzogen wird. Lieber will ich Hahnrei oder der gehorsame Knecht meiner Zukünftigen werden als eine Närrin heiraten, die mich durch ihre Albernheiten ärgert, und die ich mich schämen muß, andre*

Leute sehen zu lassen. Ich bitte Sie, sich in diesem Sinne zu bemühen, denn wenn man so wie ich die Romanheldinnen verabscheut, so fürchtet man die spröde Tugend: die schlechteste Berliner Hure wäre mir lieber als eine Heilige, der ein halbes Dutzend Frömmler an der Schürze hängen.

Zu dieser Zeit kam die Familie Bevern am Berliner Hof an. Der König fand sogleich Gefallen an seiner künftigen Schwiegertochter und schilderte sie seinem Sohn brieflich in vorteilhaftester Weise. Friedrich antwortete mit einer Bekundung seines Gehorsams, und befriedigt zeigte der König Grumbkow diesen Brief. Erleichtert und erfreut sagte Grumbkow: *Nun, was sagen Majestät zu einem so gehorsamen Sohn? Was können Sie noch weiter verlangen?* worauf Friedrich Wilhelm *mit Tränen in den Augen* erwiderte: *Heute ist der glücklichste Tag meines Lebens! – Darauf,* so beendet Grumbkow seine Schilderung, *ging er mit dem Herzoge von Bevern in das Nebenzimmer, wo beide sich mehrere Male küßten.*

Am 19. Februar wiederholt Friedrich in einem Brief an den Vater seine Einwilligung: *Sie mag sein, wie sie will, so werde ich jederzeit meines allergnädigsten Vaters Befehle nachleben; und mir nichts Lieberes geschehen kann, als wenn ich Gelegenheit habe, meinem allergnädigsten Vater meinen blinden Gehorsam zu bezeigen, und erwarte in alleruntertänigster Submission meines allergnädigsten Vaters weitere Ordre . . .*

Das hindert den Kronprinzen jedoch nicht, am selben Tag an Grumbkow zu schreiben: *Ich werde sie niemals nehmen . . . Mag kommen, was will, ich habe mir nichts vorzuwerfen. Ich bin für ein Vergehen, dessen Bedeutung man übertrieben hat, genug bestraft worden, und will mich nicht dazu verpflichten, auch noch ein Unglück für künftige Zeiten auf mich zu nehmen. Für mich gibt es nur einen Ausweg: ein Pistolenschuß kann mich von meinen Leiden und vom Leben befreien. Ich glaube, der liebe Gott würde mich dafür nicht verdammen, sondern Erbarmen mit mir haben und mir zum Entgelt für ein elendes Leben die Seligkeit gewähren. So weit kann die Verzweiflung einen jungen Menschen hinreißen, dessen Blut noch nicht so abgekühlt ist wie das eines Siebzigjährigen.*

Grumbkow war verständlicherweise entsetzt und fürchtete, sein Doppelspiel könnte nun doch noch aufgedeckt werden. Sofort antwortete er dem Kronprinzen: *Beim Erwachen erhalte ich Ew. Königlichen Hoheit sehr wertes Schreiben, das mich aus der Fassung bringt. Wie! während Ew. Hoheit dem Könige alles zusichert, wendet sie sich an mich im Tone der Verzweiflung und wünscht, daß ich mich in Angelegenheiten stecke, die mir den Kopf kosten können? Nein, Monseigneur, das Hemd ist mir näher als der Rock. Und wenn Sie den Don Carlos spielen wollen, möchte ich nicht der Herzog von Grammont sein ... Ich bin keineswegs verpflichtet, mich und meine arme Familie Ew. Königlichen Hoheit zuliebe zu Grunde zu richten, da Ew. Königliche Hoheit nicht mein Herr sind und, wie ich sehe, in Ihr Verderben rennen ... Ich begreife sehr wohl, daß ich nach allem, was ich hier schreibe, die Gewogenheit Ew. Königlichen Hoheit einbüßen werde, doch ich bin völlig darauf gefaßt. Gestatten Sie, Königliche Hoheit, daß ich mich aus Ihren Angelegenheiten gänzlich zurückziehe.*

Mit seiner Zustimmung zu den Heiratsplänen beendete Friedrich seinen Aufenthalt in Küstrin. Am 26. Februar 1732 verließ er die Stadt. Als er sich vom Präsidenten von Münchow verabschiedete, fragte dieser, was eigentlich später die zu erwarten hätten, die in der zurückliegenden Zeit der Zwietracht zwischen ihm und seinem Vater gegen ihn Partei ergriffen hätten. *Ich werde feurige Kohlen auf ihr Haupt sammeln,* entgegnete Friedrich.

Am 10. März 1732 fand in Berlin in Gegenwart von dreihundert Gästen die feierliche Verlobung statt. Beim Wechseln der Ringe konnte Friedrich, dessen gedrücktes Wesen allgemein auffiel, einige Tränen nicht zurückhalten, und die Gratulanten beglückwünschten den König und seinen Sohn zu diesen Freudentränen.

Man muß, wenn man auf den ganzen Prozeß der *Pardonierung* zurückschaut, Schieders Urteil zustimmen: *Sein Charakter hat die Verwundungen nie überwunden, die ihm zugefügt worden waren; sein Zynismus, seine Menschenverachtung, sein arroganter Hochmut, in dem sich Standesbewußtsein und individuelles Lebensgefühl verbanden, gründeten darauf, ebenso seine fast unbegrenzte und in den ersten*

Jahren oft unkalkulierte Risikobereitschaft, die gleichfalls eine Form der Verachtung seiner Mitwelt gewesen ist.

Am 4. April verließ Friedrich Berlin, um in Nauen das Kommando seines Regiments zu übernehmen. Da die Heirat, die den Kronprinzen enger an das Kaiserhaus führen sollte, noch in recht weiter Ferne lag, wollte Seckendorff sich seiner Gunst in der Zwischenzeit anders versichern und schrieb ihm am 6. April: *Gnädiger Herr, einem wahren und sehr eifrigen Diener Eurer Königlichen Hoheit liegt das glücklicherweise wiederhergestellte gute Einvernehmen in der Königlichen Familie so sehr am Herzen, daß er nicht umhin kann, Eure Königliche Hoheit darauf aufmerksam zu machen, wie alle unsre Sorge darauf gerichtet sein muß, dasselbe zu erhalten, und wie die Furcht besteht, daß während Ihres Aufenthalts in Küstrin notwendigerweise einige Schulden gemacht worden sind, die jetzt durchaus bezahlt werden müssen, ohne daß die Sache zur Kenntnis des Königs kommen darf, der, wenn er davon Wind bekommt, möglicherweise glauben könnte, das Geld sei übel angewandt worden.*

Zuerst werden Eurer Königlichen Hoheit fünfhundert Dukaten übergeben werden, um damit die Schulden zu bezahlen. Da jedoch die einmalige Bezahlung der gesamten Schulden Verwunderung erregen könnte, so wird es klug sein, monatliche Abzahlungen zu leisten und selbst die vertrautesten Freunde glauben zu lassen, daß jene Zahlungen aus den Ersparnissen der königlichen Monatsgelder sowie den Einnahmen aus dem Regiment erfolgen ...

Friedrich hatte keine Skrupel, das Geld anzunehmen, das Grumbkow ihm zusammen mit Büchern zukommen ließ. Er bedankt sich überschwenglich: *Das Buch, welches Sie die Güte hatten, mir zu schicken, ist reizend. Ich sende Ihnen in einem Kuvert das Lied, um das Sie mich baten.* Das »Lied« ist die Quittung, und in der Folgezeit hatte er noch eine Reihe von solchen »Liedern« zu schicken, denn schamlos bettelt er nicht nur für sich, sondern auch für seine von ihrem Gemahl knappgehaltene Schwester oder für seinen ehemaligen Lehrer und Freund Duhan, der noch bis 1733 in seinem Exil in Memel leben muß.

In der Zwischenzeit war Friedrich nach Ruppin übergesiedelt, und es gab wieder Ärger mit dem Vater, der seinem Sohn Vorhaltungen machte, seiner Braut zu selten zu schreiben. Friedrich gab der Post, die die Briefe nicht richtig befördere, die Schuld und versicherte, er *habe doch alle Woche einmal gewiß hingeschrieben.*

Anders klingen allerdings seine Briefe an Grumbkow und Wilhelmine, denen er von den Vorwürfen des Vaters berichtet. An den ersteren schreibt er am 4. September: *Ich soll durchaus verliebt werden, wenn es auch durch Prügel erreicht wird. Nun habe ich aber doch unglücklicherweise nicht das Temperament eines Esels, und so fürchte ich denn lebhaft, daß der gewünschte Zweck nicht erreicht werden wird.* Und dann wird er offen: *Der wahre Grund ist, daß ich keinen Stoff habe und oft genug nicht weiß, womit ich eine Seite füllen soll. Mein Gott, wenn der König doch nur einen Augenblick daran denken wollte, daß mir diese Heirat nolens volens entgegengebracht wurde, und daß der Preis, den ich dafür empfangen sollte, die Freiheit war. Aber ich glaube, das dicke Hökerweib, die edle Frau Herzogin, spielt mir diesen Streich und bildet sich ein, mich dadurch beizeiten zum Gehorsam bringen zu können; aus dem Grunde meines Herzens wünsche ich, daß der Teufel sie und ihre stolze Haube hole. Ich hoffe, der König wird sich, bin ich einmal erst verheiratet, nicht in meine Angelegenheiten mischen; denn dann, fürchte ich, würde die Sache übel ablaufen, und die Frau Prinzessin dürfte dabei schlecht wegkommen: die Heirat macht mündig, und sobald ich mündig bin, bin ich Herr im Hause. Meine Frau hat nichts darin zu sagen: nur kein Weiberregiment in irgend etwas auf Erden! Ich glaube, daß ein Mann, der sich von Weibern regieren läßt, der größte Kujon ist, den man sich denken kann und überhaupt nicht verdient, ein Mann genannt zu werden . . .*

Und an Wilhelmine schreibt er einen Tag später: *Ich liebe die Prinzessin durchaus nicht; im Gegenteil, ich habe vielmehr einen Widerwillen gegen sie, und unsre Ehe wird nicht viel wert sein, da weder Freundschaft noch Harmonie zwischen uns bestehen kann.*

Mehr als die jeweiligen Sachverhalte selbst beunruhigte Friedrich, daß der Vater offensichtlich über alle seine Schritte unterrichtet wurde. So bemühte er sich seinerseits, alles zu erfahren, was über ihn an den Vater gemeldet wurde, um in seinen Briefen und Berichten jeden Verdacht zerstreuen zu können: Er sei kein Atheist, er habe keine gottlosen Reden geführt, er habe nicht Spinoza gelesen, er führe kein ausschweifendes Leben und er habe niemals getrachtet, in die Rechte Seiner Majestät einzugreifen. Statt dessen sei sein ganzes Trachten darauf gerichtet, ein guter Soldat zu sein und so den Willen des Vaters zu erfüllen, der ihm befohlen hatte, dafür zu sorgen, *daß sein Regiment kein Salatregiment wäre.*

In diesem Punkt war der Kronprinz ehrlich, denn er nahm seine Pflicht als Offizier sehr ernst. *Ich komme vom Exerzieren, ich exerziere, ich werde exerzieren, das sind die Neuigkeiten, die ich mitzuteilen habe,* spöttelte er zwar in einem Brief, aber es wird sehr deutlich, daß die Freude am Soldatischen stärker und bleibend wird.

Aber daneben findet Friedrich Zeit für Geselligkeit. Er speist und spielt mit den Offizieren, zieht sich aber bereits um neun Uhr abends zurück, um Muße für sich zu haben. Nur wenn Delikatessen, wie Austern oder Kapaunen, von Hamburg kommen, wird der Abend festlicher gestaltet: *Dann habe ich eine Gesellschaft von drei oder vier Personen bei mir, und wir soupieren allein, weil mein Etat nicht ausreicht, um zehn Personen mit so teurem Futter zu sättigen.* Als einzige Zerstreuungen verzeichnet er eine Wasserfahrt oder ein kleines Raketenfeuerwerk in einem Garten vor der Stadt.

Abends, wenn er allein ist, widmet er sich der Musik, der Lektüre oder der Dichtkunst, und er schreibt zufrieden an Grumbkow: *Wir sind hier in einem tiefen Frieden, und ich möchte mein ganzes Leben nicht glücklicher und nicht weniger glücklich sein. Ich würde mich gern mit meinem Schicksal zufrieden geben, wenn nur der Friede es begleitet, und wenn ich mich meines Lebens in Ruhe und ohne Störung erfreuen könnte. Wie wenig würde ich die Torheiten schätzen, auf welche die Welt ihre Eitelkeit gründet! und welches Unrecht tut man, sich nicht mit der richtigen Mitte zu begnügen, die nach meiner Ansicht der glücklichste Zustand ist! Denn zu viel Größe ist nur lästig und ermüdet ohne Ende, und der Mangel drückt eine gewisse Vornehmheit zu sehr nieder, die gewöhnlich die Grundlage unseres Charakters bildet. Aber ich achte mich glücklich in der Lage, in die mich der gütige Himmel versetzt hat; ich finde, daß ich mehr habe, als ich verdiene, und ich setze mein höchstes Glück darein, zu wissen, daß es so ist.*

Wenige Monate später fand die Idylle ihr unaufschiebbares Ende; der König hatte die Vermählung, die Friedrich das ärgerlichste Ereignis seines Lebens nannte, auf den 12. Juni 1733 festgesetzt. Die Feierlichkeiten fanden auf Salzdahlum bei Wolfenbüttel statt, dem Lustschloß des Großvaters der Braut. *Ich werde so gut Komödie spielen, daß nichts fehlen soll,* hatte Friedrich gesagt; doch Seckendorff schreibt an Prinz Eugen: *Es schwebten allerlei Gerüchte, daß der König mit vieler Überredung und Drohung den Kronprinzen ins Brautbett habe bringen müssen, darin er nicht länger als eine Stunde geblieben und hernach sich öffentlich im Garten zu Salzthal gezeigt hätte.*

Gott sei gelobt, daß alles vorbei ist, schrieb Friedrich *um 12 Uhr nachts, 12. Juni 1733* an Wilhelmine und wußte es einzurichten, daß er bald nach dem feierlichen Einzug in Berlin am 27. Juni nach Ruppin in seine *geliebte Garnison* zurückkehrte. *Um sich das Glück des Vergessenwerdens zu verschaffen, ist das Regiment der richtige Ausdruck.* Freilich gefiel ihm weniger, daß der König ihm als »militärischen Mentor« Oberstleutnant Kaspar Ludwig von Bredow zur Seite stellte, um auf Ordnung und Haushaltung zu achten und ihm *durch vernünftige Vorstellung und ein gutes Exempel gute Sentiments beizubringen,* und ergrimmt nannte er ihn wegen seiner häufigen Berichte an den König einen *Argus und Gazettier* [Zeitungsschreiber].

In dieser Situation brachte der Polnische Thronfolgekrieg eine willkommene Abwechslung und die Möglichkeit einer ersten kriegerischen Bewährung. Am 12. September 1733 war August II. der Starke gestorben und um seine Nachfolge kämpften sein Sohn, der sächsische Kurfürst Friedrich August II., den Rußland und Sachsen unterstützten, und Stanislaw Lesczyński, der von der überwiegenden Mehrheit in Polen zum König gewählt worden war. Ihn favorisierte der französische König Ludwig XV., zugleich sein Schwiegervater, der im Herbst, um die kaiserlichen Kräfte zu zersplittern, den Rhein überschrittt und Kehl besetzte. Nur langsam formierten sich die Reichstruppen Karls VI., für die Preußen ein Kontingent von zehntausend Mann bereitstellte. *Ich will in den Krieg ziehen,* schrieb Friedrich an Wilhelmine, *und den Herren Franzosen beweisen, daß es da hinten in Deutschland junge, reichlich unverschämte Burschen gibt, die sich ohne zu zittern gegen ihre ganze Heeresmacht wagen.*

Aber erst am 1. Juli 1734 brach er auf, begleitet von General von der Schulenburg und Oberstleutnant von Bredow, der, wieder einmal, eine bis ins einzelne gehende Instruktion des Königs für den Kronprinzen in der Tasche trug. Dieser habe sich so zu betragen, *wie es einem Prinzen aus altem Brandenburgischen Geblüte und einem ehrlichen, braven und rechtschaffenen Soldaten gehöret und gebühret.* Er solle gottesfürchtig sein, vor allem aber das Kriegshandwerk erlernen. *Des Kronprinzen Liebden soll sich von allem und jedem, so zu dem Dienst gehört, wohl und accurat informiren und zwar nicht allein von dem großen Dienste, sondern auch von dem Einzelnen bis ins Kleinste, was zu dem Soldaten gehört, daß er z. B. wisse, wie die Schuhe der Musketiere sein müssen, wie lange der Soldat ein Paar tragen kann, wie lange er in der Campagne damit auskommen muß, desgleichen von allem andern Kleinigkeiten, die zum Soldaten gehören und so ferner bis zur hundertpfündigen Kanone hinauf, auch endlich bis zu dem großen Dienste und bis zu dem Generalissimi Dispositiones, als welches Alles er gründlich lernen und nichts davon auslassen muß.* Er solle ferner alles genau beobachten, sich nach allem Wissenswerten erkundigen und über alles *raisonniren.* Streng verboten sind *Huren, Saufen und Spielen,* und sollte der Kronprinz *wider alles Verhoffen in Sünden und Laster verfallen,* so habe von der Schulenburg den König unverzüglich zu informieren. Und, natürlich, habe der Prinze auch *ménageux,* sparsam, zu sein.

So vorsorglich ausgerüstet, fand sich Friedrich am 7. Juli bei Prinz Eugen, dem Befehlshaber der kaiserlichen Truppen, im Lager von Wiesenthal in der Nähe von Philippsburg ein: *Ich bin gekommen, um zuzusehen, wie ein Held Lorbeeren erringt.*

Aber der Held pflückte nicht nur keine Siegeslorbeeren, sondern überließ den Franzosen dazu beinahe kampflos Philippsburg. Zudem kam auch noch Friedrich Wilhelm für einige Wochen ins Lager und war fast noch unausstehlicher als gewöhnlich. *Wir haben hier einen Virtuosen,* schrieb Friedrich an seine Schwester, *der ein Instrument spielt, welches das ganze Lager rasend macht. Ich beschwöre Sie, beten*

Sie mit uns zu Gott, daß wir seiner bald entledigt werden. Sollte er noch länger bleiben, so bitte ich ein Tollhaus bauen zu lassen, und mir darin eine Zelle vorzubereiten, denn es wird mir ergehen wie so vielen anderen, die den Verstand zu verlieren beginnen. Und darauf ebenso erleichtert wir respektlos: *Unser Dickwanst geht in acht Tagen wieder.*

Zwar erfüllte der Aufenthalt im Lager des Prinzen Eugen nicht alle Erwartungen Friedrichs, doch gewann er einige wichtige Erkenntnisse. Zum ersten Male hatte er das Feuer feindlicher Granaten erlebt und sich im Kampf als kaltblütig und furchtlos bewährt. Er hatte genau beobachtet und seinen Blick für Kampfstellungen und Truppenbewegungen geschult. Und er hatte angesichts des Verhaltens der österreichischen Truppen, an ihrer Spitze der in sechzehn Schlachten ungeschlagene Prinz Eugen, ein Gefühl der Geringschätzung des künftigen Gegners und der eigenen Überlegenheit entwickelt.

Nachdem die Reichsarmee sich bereits im September aufgelöst und die Winterquartiere bezogen hatte, begab sich Friedrich nach Potsdam zurück, wo er am 12. Oktober eintraf. Der Vater, der sich bei seiner Reise ins Feldlager wohl übernommen hatte, war seither so krank, daß die Ärzte schon Mitte September mit seinem baldigen Tode rechneten. Er litt an schweren Erstickungsanfällen und sein Leib war so geschwollen, daß, *wenn man den König ein wenig geschwind mit dem Rollwagen fährt, so höret man das Wasser im Leibe poltern.*

Friedrich Wilhelm selbst bereitete sich auf seinen Tod vor, er führte Friedrich in Staatsgeschäfte ein und ließ ihn, wenn auch zunächst weniger wichtige, Unterschriften leisten. Der Kronprinz seinerseits stellte sich schon auf die Übernahme der Regierung ein und machte, wie es seine Art war, eine Unzahl von Plänen, in die er leichtsinnigerweise eine Reihe von Vertrauten einweihte.

Doch wider jede menschliche Voraussicht wurde Friedrich Wilhelm gesund, und geradezu konsterniert mußte Friedrich am 10. Januar 1735 seiner Schwester mitteilen: *Was den König anbelangt, so habe ich Ihnen zu meinem allergrößten Erstaunen zu melden, daß er sich wieder ganz erholt, zu gehen beginnt und sich besser befindet als ich. Ich habe heute mit ihm gespeist und kann Ihnen sagen, daß er für vier ißt und trinkt. In acht Tagen will er nach Berlin, und ich halte es für sicher, daß er in zwei Wochen wieder reisen kann. Das ist ein so außerordentliches Wunder, als es jemals gegeben . . . Wir müssen glauben, daß der liebe Gott seine sehr guten Gründe hatte, ihm das Leben zu verlängern.*

Aufs neue wird Friedrich in eine tiefe seelische Krise gestürzt, die Volz für schwerer hält als die im Anschluß an die Hinrichtung Kattes. Bitter vergräbt er sich in Ruppin und sucht Trost in Musik und Lektüre. Vergebens bittet er den König im Mai, wieder *in die Campagne* gehen zu dürfen, doch dieser lehnt ab und schickt ihn Anfang September auf eine *Lustreise* nach Preußen, *um die dortige Oekonomie- und Landesart zu examiniren und kennen zu lernen, auch dabei zu sehen, woran es fehlt, daß es bisher dort nicht recht gehen wolle.* Er soll in der Stadt, auf dem Land, in den Ämtern und bei den in Preußen stationierten Regimentern nach dem Rechten sehen.

Friedrich erfüllt seine Aufgabe zur vollen Zufriedenheit des Vaters, doch werden seine Gedanken am Ende des Jahres 1735 und in der ersten Hälfte des folgenden Jahres von anderen, das Grundsätzliche der menschlichen Existenz berührenden Themen beherrscht.

Rheinsberg

Anläßlich eines Besuches in Ruppin im November 1733 hatte Friedrich Wilhelm dem Kronprinzen das etwa zwanzig Kilometer nördlich gelegene Schloß Rheinsberg geschenkt, das dieser durch seinen Freund, den dreizehn Jahre älteren Georg Wenzeslaus von Knobelsdorff, umbauen ließ. Knobelsdorff hatte als Offizier in der preußischen Armee gedient, hatte gemalt und sich mit der Architektur der Antike und der von Versailles beschäftigt. Er baute das ursprünglich nur aus Hauptgebäude und einem Seitenflügel bestehende Gebäude aus, indem er einen weiteren Seitenflügel anbaute, so daß die drei Gebäudetrakte die Seiten eines quadratischen Hofes bildeten, dessen vierte Seite durch eine doppelte Säulenreihe beschlossen wurde. Die Fassaden wurden schlicht gehalten, und über dem der Stadt zugewandten Eingangsportal wurde eine Inschrift angebracht: *Friderico tranquillitatem colenti MDCCXXXIX* – dem der Ruhe pflegenden Friedrich 1739.

In dem geschmackvoll eingerichteten Schlößchen verbrachte Friedrich, wie er später sagte, die glücklichsten Jahre seines Lebens. *Am Rheinsberger Hof herrschte nicht die höfische Etikette und dominierte nicht das Militärische, sondern eine freie Geselligkeit in den Ideen der Aufklärung und dem Stil des Rokoko, die mit einem Kult der Freundschaft Hand in Hand ging und auf kommende Formen der Genie-Zeit hindeutete,* charakterisiert Schieder diese Zeit.

Außer den dem Kronprinzen vom König zugeteilten Personen – dem Hofmarschall von Wolden, Oberstleutnant von Bredow und Major Johann Wilhelm von Senning – war um Friedrich nur ein selbstgewählter, erlesener Freundeskreis. Besonders nahe stand Friedrich der Kurländer Dietrich von Keyserlingk, der Friedrich schon vor dessen Fluchtversuch zugeteilt worden war, zu seinem Regiment hatte zurückkehren müssen und vom Kronprinzen zum Obersten und Generaladjutanten befördert wurde. Er hatte in Königsberg studiert und Aufsehen dadurch erregt, daß er seine Thesen in deutscher, französischer, lateinischer und griechischer Sprache verteidigen konnte. Später hatte er zwei Jahre in Paris gelebt und plauderte mit dem von ihm abgöttisch geliebten Prinzen, der ihn zärtlich *Cäsarion, seinen besten Freund* und *sein Alles* nannte, ebenso geistreich wie gewandt über Politik und Militär wie über Malerei, Architektur oder Mathematik.

Ebenfalls zu den engen Vertrauten zählte Charles Etienne Jordan, Abkömmling normannischer Refugiés, der 1700 in Berlin geboren war, in Genf und Lausanne studiert hatte, mit fünfundzwanzig Jahren Pastor geworden war und Deutschland, Frankreich, Holland und England bereist hatte, ehe er nach Rheinsberg kam. Er war ein charakterlich hochstehender und intellektuell außergewöhnlich begabter Mensch, den Friedrich in seinen Briefen *Ami Jordan, Dive* [Göttlicher] *Jordan* oder *Doctissime* [Gelehrtester] *doctor* nannte.

Aus Friedrichs Ruppiner Regiment zählten zu seinem Kreise die Schöngeister Christoph Ludwig von Stille und Heinrich August de la Motte-Fouqué. Dazu kamen eine Anzahl Künstler, der bereits erwähnte Knobelsdorff, der inzwischen fast sechzigjährige Hofmaler Antoine Pesne; als Musiker die Brüder Johann Gottlieb und Karl Heinrich Graun, die Sänger, Komponisten, Violonisten und Kapellmeister waren, ferner Franz Benda, der erste Geiger, und schließlich der Flötist Johann Joachim Quantz.

Diesen Freunden muß man noch die hinzurechnen, mit denen Friedrich einen lebhaften und offenen Briefverkehr pflegte; es waren namentlich der Major und spätere Oberst Paul Heinrich von Camas, der sächsische Gesandte in Berlin, Ulrich Friedrich von Suhm, sowie der in Berlin im Ruhestand lebende Graf Ernst Christoph von Manteuffel, der Vorsitzende der *Gesellschaft der Aletophilen,* die sich die Suche nach der Wahrheit zur Aufgabe gemacht hatten.

Bedeutendster Briefpartner wurde ohne Zweifel jedoch der Mann, den Friedrich für den Größten unter den Lebenden und einen der

Größten aller Völker und Zeiten überhaupt hielt: Voltaire. Der erste Brief des Kronprinzen, von Jordan überarbeitet und ausgefeilt, ist auf den 8. August 1736 datiert und stellt eine einzige Huldigung dar: *Obwohl ich nicht das Vergnügen Ihrer persönlichen Bekanntschaft habe, sind Sie mir darum nicht weniger durch Ihre Werke bekannt. Diese sind Schätze des Geistes, mit solchem Geschmack, solcher Feinheit, solcher Kunst verfaßt, daß man beim Lesen immer wieder neue Schönheiten entdeckt. Ich glaube, sie sind ein Charakterspiegel ihres Verfassers, der unserem Jahrhundert und dem menschlichen Geist zur Ehre gereicht.*

Nach weiteren Lobpreisungen des Autors, den er über Corneille stellt, und seiner Werke fragt der Schreiber, ob Voltaire so freundlich wäre, ihm alle seine Werke, veröffentlichte oder im Manuskript, zu übersenden. *Ich würde mich in ihrem Besitz glücklicher schätzen als im Besitz all der vergänglichen und verächtlichen Gaben des Glücks, die der Zufall gibt und wieder nimmt. Ihre Gedichte verdienen, daß die Edelgesinnten sie lesen. Sie sind eine Schule der Moral, in der man denken und handeln lernt. Die Tugend ist in den glänzendsten Farben gemalt. Die Idee des wahren Ruhms ist bestimmt, und Sie laden zum Genuß der Wissenschaften so kunstvoll ein, daß Ihre Leser sich bewogen fühlen, Ihrer Führung zu folgen. Wenn ich nicht das Glück habe, Sie den meinen zu nennen, so darf ich wenigstens hoffen, eines Tages den zu sehen, den ich aus der Ferne so lange bewunderte.* Dann spricht Friedrich seine Hoffnung aus, daß der bewunderungswürdige Voltaire nicht abschlagen werde, mit ihm in einen Briefwechsel zu treten, *der für jedes denkende Wesen nur vorteilhaft sein kann,* und schließt: *Ich bin mit aller Hochachtung und Wertschätzung, die denjenigen gebühren, welche, ihre Arbeiten der allgemeinen Wohlfahrt widmend, der Fackel der Wahrhaftigkeit nachfolgen, Ihr wohlaffektionierter Freund.*

Voltaire, damals zweiundvierzig Jahre alt, gefeierter Lyriker, Dramatiker und Romancier, Philosoph, Historiker und Naturwissenschaftler, fühlte sich geschmeichelt. Da er jedoch nach unruhigen Wanderjahren gerade erst bei der Marquise Emilie du Châtelet auf deren Schloß Cirey in der Champagne Unterschlupf gefunden hatte, lehnte er in seinem ebenfalls von Schmeicheleien durchzogenem Antwortschreiben einen Besuch ab: *Monseigneur, ich müßte fühllos sein, wäre mir der Brief, mit dem Ew. Königliche Hoheit mich zu beehren geruht hat, nicht tief zu Herzen gegangen. Sie schmeicheln mir zu sehr; aber es ist ein tausendmal reineres Vergnügen, einen Fürsten zu finden, der wie ein Mensch denkt, einen Philosophenfürsten, der die Menschen glücklich machen wird. Die wirklich guten Könige sind allein die, welche wie Sie damit beginnen, sich zu bilden, ihre Mitmenschen kennen zu lernen, die Wahrheit zu lieben, Verfolgung und Aberglauben zu verabscheuen. Ein Fürst, der so denkt, kann seinem Staat das Goldene Zeitalter zurückbringen. Warum suchen so wenige Könige diesen Ruhm? Weil sie beinahe alle höher vom Königtum als vom Menschentum denken, während bei Ihnen das Gegenteil der Fall ist. Seien Sie versichert, daß, wenn eines Tages nicht die Verwirrung der Ereignisse und die Schlechtigkeit der Menschen einen solch göttlichen Charakter verdirbt, Sie von Ihren Völkern angebetet und von der ganzen Welt verehrt werden. Philosophen, die diesen Namen verdienen, werden sich in Ihren Landen versammeln, und genau wie die berühmten Künstler in das Land eilen, in dem ihre Kunst am meisten gefördert wird, so werden die Denker kommen und Ihren Thron umgeben.*

Damit begann ein Briefwechsel, der sich über einen Zeitraum von zweiundvierzig Jahren erstreckte und von dem über sechshundertundfünfzig Stücke erhalten sind. Wohl kaum jemals sind so viel Schmeicheleien ausgetauscht worden. Friedrich nennt Voltaire *Cicero, Demosthenes, Sokrates, Platon, Vergil, Aristoteles, Anakreon, Thukydides, Terenz, Quintilian, Sallust, Appolon* oder *Jupiter;* Voltaire revanchiert sich, indem er Friedrich als *Marc Aurel, Titus, Antonius, Caesar, Julian, Alkibiades* oder *Salomon des Nordens* bezeichnet, der denke wie Trajan oder schreibe wie Plinius. Die beiden tauschen außer Artigkeiten Dichtungen aus, und Friedrich schickt zahlreiche Geschenke, im Juli 1737 durch Keyserlingk sein von Knobelsdorff gemaltes Porträt.

Beide bewundern einander. Friedrich ist begeistert vom Glanz der Dichtungen des Franzosen und von dessen großartigen Ideen, die ganz den seinen gleichen; Voltaire schätzt in Friedrich den kommenden Herrscher, der das Ideengut der Aufklärung in Politik umsetzen wird.

Beide ziehen aber auch Nutzen aus ihrer Beziehung. Voltaire, den man 1717 in die Bastille gesperrt hatte und dessen *Lettres anglaises* durch den Henker verbrannt worden waren, hatte den ersten Brief Friedrichs sofort in ganz Paris in Umlauf bringen lassen, um seinen Landsleuten zu zeigen, daß ein philosophischer Königssohn in unterwürfiger Weise um seine Freunschaft warb; Friedrich seinerseits, der sein ganzes bisheriges Leben fast nur gedemütigt und mißhandelt worden war, konnte stolz darauf verweisen, daß er auf vertrautem Fuße mit dem berühmtesten Dichter und Denker seines Jahrhunderts stand.

Aber Friedrich zog noch einen anderen, sehr konkreten Nutzen aus dem Verkehr mit Voltaire. Er sandte ihm seine Dichtungen zu und bat um Kritik und Verbesserung. Voltaire entsprach diesem Wunsch auf ebenso lehrreiche wie höfliche Weise. Zum *Epître à Monsieur Duhan* schrieb er: *Wollte ich wagen, diese Epistel zu zerpflücken – ich muß es wohl, denn ich schulde Ihnen die ganze Wahrheit – so hätte ich Ihnen zu sagen, gnädiger Herr, daß ›trompette‹ sich nicht auf ›tête‹ reimt, weil ›tête‹ lang ist und ›pette‹ kurz und der Reim für das Ohr, nicht für die Augen da ist. Aus demselben Grunde reimt sich ›défaites‹ nicht auf ›conquêtes‹: ›quêtes‹ ist lang, ›faites‹ ist kurz. Wenn jemand meine Briefe sähe, würde er sagen: Das ist ein rechter Schulmeister, der einem genialischen Prinzen von langen und kurzen Silben spricht. Aber der Prinz geruht, sich zu allem und jedem herabzulassen. Wenn dieser Prinz sein Regiment besichtigt, hat er auch auf die Montur seiner Soldaten acht. Der große Mann verabsäumt nichts. Er wird, wenn es nottut, Schlachten gewinnen und wird ein Schriftstück, welches das Glück seiner Untertanen begründet, mit der gleichen Hand unterzeichnen, mit der er Wahrheiten in Reime bringt.*

Unermüdlich dichtete Friedrich und verglich das, was er schrieb, mit Werken eines Voltaire, Racine und Boileau, die er teilweise auswendig lernte. Er mühte sich, lernte und vervollkommnete sein Französisch in einer Weise, daß sogar Voltaire im vierten und fünften Akt der *Mérope* Verbesserungsvorschläge Friedrichs berücksichtigte.

Friedrichs eigenes dichterisches Schaffen bleibt deutlich hinter dem seiner Vorbilder zurück. Zu stark von Verstand und Wille geprägt, fehlt vor allem seiner Lyrik das Ursprüngliche und Poetische. *Aber seine Prosa ist ausgezeichnet,* urteilt der wohl beste französische Friedrichkenner Gaxotte, *und er bringt es bald so weit, sie derart zu handhaben und zu meistern, daß er es tatsächlich mit Voltaire aufnehmen kann.*

Der Preis für diese meisterliche Beherrschung der französischen Sprache war leider der, daß Friedrich die eigene, deutsche zeitlebens fremd blieb und er sie nur *wie ein Kutscher* sprach.

Es entsprach dem Lebensgefühl Friedrichs in der Rheinsberger Zeit, daß er wie andere Fürsten einen Orden gründete, dessen Patron nach dem Ideal des französischen Rittertums Bayard war, *der Ritter ohne Furcht und Tadel.* Wie die Tafelrunde des Königs Artus umfaßte er zwölf Mitglieder, darunter die Brüder des Kronprinzen, August Wilhelm und Heinrich, zwei Fürsten der Braunschweiger Linie und die nächsten Freunde Friedrichs, an ihrer Spitze de la Motte-Fouqué als Großmeister. Obwohl der Orden keinen unmittelbaren Zweck verfolgte, schuf er Bindungen, die über Jahrzehnte dauerten und die man auch pflegte, indem man sich im schriftlichen Verkehr eines altertümlichen Französisch bediente.

Es erhöhte die Atmosphäre und den Reiz von Rheinsberg, daß man eine Interpretation des Rostocker Professors Eilhardus Lubin († 1621) aufgriff und den Namen als *Remusberg, Mons Remi,* deutete. Nach dieser Überlieferung war der Mitbegründer Roms von seinem Bruder Romulus nicht erschlagen worden, sondern auf die Insel im Grinericksee geflüchtet, wo ein alter Grabhügel als Bestätigung zu sehen war. Daher wählte Friedrich in seinen Briefen aus der Rheinberger Zeit häufig die Ortsangabe *Remusberg.*

Eine anschauliche Schilderung des Lebens in Rheinsberg verdanken wir Jakob Friedrich Bielfeld (1717–1770), dem später geadelten Sohn eines Hamburger Kaufmanns. Friedrich hatte ihn anläßlich seiner Aufnahme in die Freimaurerloge 1738 in Braunschweig kennengelernt und eingeladen. Bielfeld kam im folgenden Jahre und hat seine Eindrücke in seinen nicht in allem verläßlichen *Lettres famili-*

ères ... (2 Bde, Den Haag 1763) festgehalten. Bei ihm lesen wir: *Alle, die im Schloß wohnen, genießen die völligste Freiheit für ihre Beschäftigungen oder Vergnügungen. Sie sehen den Kronprinzen und die Kronprinzessin nur bei Tafel, bei Spiel und Tanz, beim Konzert oder bei anderen Vergnügungen, an denen die Herrschaften teilnehmen. Die Zeit, die für denkende Wesen so kostbar und für nichtdenkende so lang ist, vergeht hier nicht damit, daß man bis in den hellen Tag hinein schläft, frühstückt, seine Gläubiger beschwichtigt und fortschickt, ernste Unterredungen mit seinem Schneider oder einem anderen Verschönerungskünstler hat, lange Toilette zu machen und sich dann in ein Vorzimmer zu begeben, um sich dort die Beine in den Leib zu stehen und während des übrigen Tages seichte Reden zu führen. Ein jeder denkt, liest, malt, zeichnet, spielt irgend ein Instrument und vertreibt sich die Zeit oder beschäftigt sich in seiner Wohnung und kleidet sich zur Stunde der Mahlzeit gut, aber nicht prunkhaft, um.*

Alle Arbeiten und Vergnügungen des Kronprinzen sind die eines geistvollen Mannes. Gegenwärtig beschäftigt er sich damit, die gefährlichen politischen Hirngespinste Machiavellis zu widerlegen. Seine Unterhaltung bei Tafel ist reizend; er spricht viel und sehr gut. Über alles hat er ein Urteil, und seine Einbildungskraft bringt über alles neue und richtige Gedanken hervor. Sein Geist gleicht dem Feuer der Vestalinnen, das nie verlischt. Er duldet bescheidenen und höflichen Widerspruch, besitzt die so seltene Gabe, den Geist der anderen leuchten zu lassen, und versteht sehr gut, denen den Ball zuzuwerfen, die ihren Geist leuchten lassen sollen, indem er ihnen Gelegenheit gibt, eine feine Bemerkung anzubringen. Er scherzt oft und neckt bisweilen, aber ohne Schärfe und ohne sich an einer geistvollen Antwort zu stoßen. Antithese und Vergleich scheinen seine bevorzugten Redefiguren zu sein. Kurz, glauben Sie nicht, der Glanz eines Kronprinzen blende mich; ich schwöre Ihnen, wäre er ein einfacher Bürger, ich ginge gern ein paar Meilen zu Fuße, um wenigstens einmal in der Woche den Genuß zu haben, an seinen köstlichen Soupers teilzunehmen.

Nichts ist hübscher als die Bibliothek des Kronprinzen; sie befindet sich in einem der schon genannten Türme mit dem Blick auf See und Gärten. Eine nicht große, aber gewählte Sammlung der besten französi-

schen Bücher steht in Glasschränken mit Schnitzwerk und sehr schönen Vergoldungen. Voltaires Bildnis nimmt einen Ehrenplatz ein. Das ist der Lieblingsautor des Kronprinzen, der überhaupt viel von den guten französischen Dichtern und Prosaschriftstellern hält. Sie begreifen, daß diese Bibliothek kein bloßes Prunkstück für den Kronprinzen ist, und daß die Bücher nicht nach der Elle gekauft sind, um die Fächer der Bücherschränke genau auszufüllen und mehr als Ausstattung eines Arbeitszimmers als eines Kopfes zu dienen, sondern daß ihr Besitzer einen großen Teil des Tages darin verbringt, um angenehme oder nützliche Studien zu treiben.

Nach der Hauptmahlzeit begeben sich alle Kavaliere in das Zimmer einer der Damen, die hier der Reihe nach, mit der Oberhofmeisterin beginnend, den Kaffee geben, selbst die fremden Damen nicht ausgenommen. Der ganze Hofstaat versammelt sich bei der, die an der Reihe ist. Da wird geplaudert, gescherzt, ein Spielchen oder ein Spaziergang arrangiert, und diese Stunde ist nicht die übelste am Tage. Das Kronprinzenpaar nimmt seinen Kaffee zusammen in seinen Zimmern.

Die Abende sind der Musik gewidmet. Der Kronprinz hat sein Konzert in seinem Salon, und dazu eingeladen zu werden ist eine besondere Gunst. Gewöhnlich spielt er eine Sonate und ein Flötenkonzert; er ist Meister im Flötenspiel. Sein Ansatz ist wunderbar, seine Fingerfertigkeit groß, seine Musikbegabung bedeutend. Er komponiert auch selbst Sonaten. Mehrmals hatte ich die Ehre, hinter ihm zu stehen, während er spielte. Ich war entzückt von seinem Geschmack, besonders für das Adagio. Das ist eine fortwährende Neuschöpfung von Ideen.

Er tanzt mit Adel und Grazie. Schließlich liebt er alle vernünftigen Vergnügungen außer der Jagd, die ihm ebenso unerfreulich und nicht nützlicher dünkt als das Essenkehren ...

In dem Bericht Bielfelds wird die Bedeutung deutlich, die die Damen im gesellschaftlichen Rokokoleben in Rheinsberg spielten, an ihrer Spitze die Kronprinzessin.

Diese war noch im August 1736 mit ihrem Hofstaat eingetroffen, überschwenglich von Friedrich begrüßt: *Jetzt, da das schöne*

Geschlecht hier eingetroffen ist, scheint der Ort von einem neuen Glanz verklärt; das Gespräch wird dadurch belebter und das Vergnügen reizvoller.

Weder vorher noch jemals nachher hat Friedrich seiner Frau so nahe gestanden wie in dieser Zeit, und sie schrieb am 3. Oktober 1736 glücklich an ihre Mutter: *Will man Kunst, wahre und richtige Philosophie und Geist finden, so muß man sicherlich hierher kommen. Man findet sie in höchster Vollendung; denn unser Herr und Gebieter steht an der Spitze. Ich habe ihn noch nie so fleißig gesehen wie jetzt. Von sechs Uhr morgens bis ein Uhr beschäftigt er sich mit Lektüre, Philosophie und allen schönen Dingen. Von halb zwei bis drei Uhr ist Mittagstafel, danach trinken wir bis vier Uhr gemeinsam Kaffee; dann setzt er sich bis sieben Uhr wieder an die Arbeit. Hierauf beginnt die Musik; sie dauert bis neun Uhr. Dann schreibt er und kommt zum Spiel; die Abendtafel ist gewöhnlich um halb elf oder elf Uhr. So vergeht die Zeit sehr rasch mit mannigfacher Beschäftigung. Wahrlich, man kann sagen: er ist der größte Fürst unserer Zeit, nicht nur als Fürst, sondern als Zeitgenosse. Er ist Gelehrter, besitzt Geist, soviel wie man haben kann. Er ist gerecht, hilfsbereit, mag niemandem etwas Böses tun, ist großmütig, mäßig, liebt keine Ausschweifung, weder im Wein noch sonstwie. Er hat das Herz auf dem rechten Fleck. Kurz und gut, er ist ein Phönix unserer Zeit, und ich bin selig, die Frau eines so großen Fürsten mit so vielen guten Eigenschaften zu sein. Wer ihn kennt, muß ihn lieben. Wäre ich auch nicht seine Frau, ich müßte ihn wegen seiner guten Eigenschaften und seiner großen Gaben lieben. Der liebe Gott, der alles gut macht, hat auch dies wohl getan, daß er so große Gaben einem Mann verliehen hat, der sie so gut zu gebrauchen weiß wie er.*

Am Berliner Hof jedoch schien die Frage des möglichen Nachwuchses von größerem Interesse zu sein als das Glück des Kronprinzenpaares. Immer wieder hielt Friedrich Wilhelm seinen Sohn zum *Kindermachen* an, ließ ihm *ein sammetnes Ehebett machen* und versprach ihm eine Auslandsreise, sobald ein Thronfolger gezeugt sei. In zahlreichen europäischen Hauptstädten lästerte man, das Kronprinzenpaar lebe wie Bruder und Schwester, kolportierte jedoch ebenso gierig jede Nachricht, die das Gegenteil besagte.

Auch Friedrichs Freunde schlossen sich dem Drängen des Königs an, und am 23. September 1736 antwortete der Kronprinz einem von ihnen, Grumbkow: *Ich bin Ihnen sehr verpflichtet für die Wünsche, die Sie mir für meine Fortpflanzung aussprechen, und wenn ich dieselbe Bestimmung habe wie die Hirsche – die gegenwärtig in der Brunstzeit sind –, so könnte jetzt in neun Monaten geschehen, was Sie mir wünschen.*

Doch nachdenklich setzte er hinzu: *Ich weiß nicht, ob es ein Glück oder ein Unglück für unsere Neffen und Großneffen sein würde; die Königreiche finden immer Nachfolger, und es ist ganz ohne Beispiel, daß ein Thron leer geblieben ist.*

Zur Beschäftigung in Rheinsberg gehörte auch die Aufführung von Tragödien; Friedrich selbst spielte die Titelrolle in Jean Baptiste Racines *Mithridate* und die Rolle des Philoktet in Voltaires *Oedipe*. Es ist kein Zufall, daß es sich um französische Stücke handelt, denn Sprache und Kultur des Musenhofes waren ausschließlich französisch.

Die aufwendige Lebensführung in Rheinsberg – eine prächtige Tafel, ein eigenes Orchester, eine große Dienerschaft, hohe Baukosten – verschlang riesige Summen, so daß Friedrich trotz gelegentlicher Zuwendungen des Königs – einmal eine Domäne, ein anderes Mal das königliche ostpreußische Gestüt, das 12 000 Taler abwarf – dauernd in finanziellen Schwierigkeiten steckte. Hauptgeldgeber neben einer Reihe anderer wurde in dieser Zeit der Geliebte der Zarin Anna Iwanowna, der Stallknecht Ernst Johann Biron, den sie 1737 zum Herzog von Kurland gemacht hatte. Vermittler war Suhm, der inzwischen Gesandter in St. Petersburg geworden war. Manchmal verklausuliert, manchmal sehr direkt erbat Friedrich über Suhm Geld von Biron, der allerdings selbst hochverschuldet war: *Dem König geht es sehr schlecht. Bedienen Sie sich dieses Arguments, um mir diesen Sommer eine anständige Summe vorschießen zu lassen; denn wer mich verpflichten will, muß sich beeilen.*

Friedrichs Tätigkeit in Rheinsberg beschränkte sich allerdings nicht auf die Teilnahme am geistreich geselligen Zeitvertreib, sondern *er blieb nicht zuletzt der asketische Arbeiter, der Nächte hindurch las und studierte und sich eine umfassende Bildung und ein Wissen auf vielen*

Gebieten aneignete (Schieder). An Suhm schreibt er am 23. Oktober 1736: *Wir haben unsere Beschäftigungen in zwei Klassen geteilt, deren erste die nützlichen und deren zweite die angenehmen umfaßt. Unter die Zahl der nützlichen rechne ich das Studium der Philosophie, der Geschichte und der Sprachen; die angenehmen sind die Musik, die Aufführung von Tragödien und Komödien, die Maskeraden und die Gastmähler, die wir geben. Die ernsten Beschäftigungen haben indessen stets den Vorzug vor den andern, und ich darf sagen, daß wir von den Vergnügungen nur einen vernünftigen Gebrauch machen, indem wir sie nur dazu benutzen, dem Geiste Erholung zu verschaffen und das mürrische Wesen des allzu strengen philosophischen Ernstes zu mildern, der sich nicht leicht die Stirn von den Grazien entrunzeln läßt.*

Mein ganzer Sinn ist auf die Philosophie gerichtet, heißt es am 22. Juni 1737 in einem Schreiben an Suhm, der ihm Wolffs *Vernünfftige Gedancken von Gott, der Welt und der Seele des Menschen* ins Französische übersetzt hatte. Mit Hilfe von Suhm und Manteuffel versuchte er in die Materie einzudringen, doch war die Philosophie im Grunde seiner den Spekulationen abgeneigten Natur fremd. Diese führte ihn immer stärker zum Skeptizismus und im Religiösen zurück zur Prädestinationslehre. Sein Eintritt in die Freimaurerloge im Jahre 1738 entsprang eher einer Opposition gegenüber dem Vater, der sich sehr abfällig über die Freimaurerei geäußert hatte, als einem religiösen Bedürfnis. Auch zog ihn das Geheimnisumwitterte der Loge an. Er lud einige Logenbrüder nach Rheinsberg ein, doch später machte er sich über sie lustig und betrat die Loge, die man in Berlin unter seinem Patronat gründete, selbst nie.

Stärker als auf Philosophie und Theologie waren die Gedanken des kommenden Herrschers auf Geschichte und Politik gerichtet. Im Jahre 1738 schrieb er seine *Considérations sur l'état présent du corps politique de l'Europe (Betrachtungen über den gegenwärtigen Zustand des europäischen Staatskörpers),* die erst 1788 nach seinem Tode erschienen. Sie enthalten neben allgemeinen, von einer skeptischen Sicht der menschlichen Natur gezeichneten Betrachtungen konkrete Überlegungen, die sich gegen Frankreich richten und ein Zusammenrücken der deutschen Staaten mit England und Holland bei gleichzeitiger Distanzierung von Österreich befürworten.

Ein Jahr später, 1739, begann Friedrich dann seine *Réfutation du prince de Machiavel (Widerlegung des Fürsten Machiavelli),* die, von Voltaire überarbeitet, anonym im September 1740 in Den Haag erschien, nach der Thronbesteigung und kurz vor seinem Einmarsch in Schlesien. Die Schrift wird dem großen Florentiner insofern nicht gerecht, weil sie dessen Werk losgelöst von der Zeit und der politischen Lage des Landes, in dem es entstand, sieht und es absolut setzt. Darüber hinaus ist sie zu stark geprägt vom Gefühl moralischer Entrüstung dem Autor gegenüber: *Ich wage es, die Verteidigung der Menschlichkeit aufzunehmen wider ein Ungeheuer, das sie verderben will, die Vernunft und die Gerechtigkeit der Sophisterei und dem Verbrechen entgegenzusetzen. Ich habe immer den ›Fürsten‹ für eines der gefährlichsten Bücher der Welt angesehen, denn ein ehrgeiziger junger Mensch, der noch zu unreif ist, um Gut und Böse zu unterscheiden, kann nur zu leicht von Grundsätzen in die Irre geführt werden, die seinen Leidenschaften schmeicheln. Das ist schon schlimm genug bei einem einfachen Bürger; es ist weit schlimmer bei regierenden Fürsten, die ihren Untertanen ein Vorbild setzen und durch ihre Seelengüte, ihre Großherzigkeit und ihre Milde lebendige Ebenbilder der Gottheit sein sollten. Die Leidenschaften der Könige sind gefährlicher als Überschwemmungen, Pest und Feuersbrunst, denn ihre Folgen sind von längerer Wirkung.*

Dem absoluten, an keine Moral gebundenen Souverän setzt Friedrich als Vorbild den Herrscher gegenüber, der nur *le premier domestique,* der erste Diener seines Volkes ist. Doch gleichen manche seiner Gedanken, besonders in den letzten Kapiteln, denen Machiavellis. Zwar müsse ein Fürst grundsätzlich *unverbrüchliche Vertragstreue wahren,* doch bemerkt Friedrich dazu: *Ich gestehe übrigens, daß es bedauerliche Notwendigkeiten gibt, in denen der Fürst nicht umhin kann, seine Verträge und seine Bündnisse zu brechen.*

Noch deutlicher siegt der zweckgerichtete Politiker in Friedrich über den moralisierenden Publizisten im letzten Kapitel, das sich mit dem Problem der gerechten und ungerechten Kriege auseinandersetzt. *Der Krieg ist ein Notbehelf, der nur in verzweifelten Fällen und erst dann angewandt werden darf, wenn man sorgfältig geprüft hat, ob einen Hochmut oder ein gewichtiger Grund dazu bewegen.* Friedrich unterscheidet drei Arten von Kriegen: Verteidigungskriege, Interessenkriege und Präventivkriege. Verteidigungskriege sind ohne Zweifel gerecht. Interessenkriege sind erforderlich, wenn Herrscher umstrittene Rechte zu wahren haben; dabei plädieren sie mit den Waffen, und die Schlachten geben das Urteil ab. Die Präventivkriege endlich sind zwar Angriffskriege, doch brauchen sie deshalb durchaus nicht ungerecht zu sein: *Wenn die außergewöhnliche Größe einer Macht alle Dämme zu sprengen scheint und die Welt zu verschlingen droht, dann ist es die Art der Klugheit, Deiche zu errichten und den reißenden Strom zum Stehen zu bringen, solange man ihn noch unter Kontrolle hat. Man sieht die sich zusammenballenden Wolken und das Blitzen, das dem Sturm vorausgeht. Der Herrscher, den diese Gefahr bedroht und der das Unwetter allein nicht abwenden kann, sollte alle die zusammenbringen, die von der gleichen Gefahr bedroht sind. Da man das geringere Übel vorziehen muß, tut ein Fürst besser daran, in einen Angriffskrieg einzutreten, solange er noch zwischen Krieg und Frieden wählen kann, als zu warten, bis die Lage verzweifelt ist und eine Kriegserklärung seine Versklavung und seinen Untergang nur noch um Augenblicke hinausschieben kann. Also sind alle Kriege gerecht, die das Ziel haben, einem Usurpator zu widerstehen, verbriefte Rechte aufrecht zu erhalten, die Freiheit der Welt zu bewahren und die Unterdrückung und Gewalttat von Ehrgeizigen abzuwehren. Fürsten, die solche Kriege unternehmen, brauchen sich das Blutvergießen nicht zum Vorwurf zu machen. Die Zwangslage nötigt sie zum Handeln, und unter solchen Umständen ist der Krieg ein geringeres Übel als der Friede.*

Gooch bemerkt dazu: *Der König hätte kein Wort in dieser Rechtfertigung der hypothetischen Rechte und Pflichten der Fürsten für den Beginn eines Angriffskrieges ändern brauchen, hätte er den Wunsch gehabt, den Raub Schlesiens im Jahre 1740 oder seinen Entschluß von 1756 zu rechtfertigen, als er den Siebenjährigen Krieg begann, um als erster zuzuschlagen.*

Selbstverständlich konnte Friedrich sich, schon mit Rücksicht auf den Vater, nicht ausschließlich der Geselligkeit oder seinen eigenen schöngeistigen oder wissenschaftlichen Bestrebungen widmen. Er hatte seine Pflichten als Regimentskommandeur zu erfüllen; er begab sich zu den großen Musterungen und, im November oder Dezember, zu den Hoffesten nach Berlin; im Sommer begleitete er den König auf eine Inspektionsreise, und zu Ostern nahm er in Potsdam an den religiösen Feiern im Familienkreise teil.

Durch Bredow wurde der König ständig über den Kronprinzen informiert, und am 22. Juni 1737 schrieb Friedrich aus Berlin an Suhm: *Bredow fand Mittel, den König auf den Gedanken zu bringen, ich sei ein gottloser Mensch, Manteuffel und Sie hätten sehr viel dazu beigetragen, mich zu verführen, und Wolden sei mein Günstling und dazu ein Tor, der bei uns den Hausnarren spiele. Sie wissen ja, daß die Anklage der Gottlosigkeit die letzte Zuflucht der Verleumder ist, und daß, hat man diese Anklage vorgebracht, nichts weiter übrig bleibt.*

Daß der Vater weiter mißtrauisch und ablehnend blieb, geht aus einem Brief Friedrichs vom 1. November 1737 hervor, den er an Grumbkow schrieb, der ihn gegenüber dem Vater in Schutz genommen hatte: *Niemals hatte ein Künstler eine so schlechte Meinung von seinem eigenen Werke wie der König von dem seinigen. Wenn es Bescheidenheit ist, so muß man gestehen, daß sie ein wenig weit getrieben hat. Ich wäre vielmehr geneigt, zu glauben, daß ein unglückliches, durch das Alter eingewurzeltes Vorurteil, das er immer gegen mich gehabt hat, ihn meinen Charakter so schlecht beurteilen läßt.*

Ende Dezember 1738 schrieb er an Camas: *Die Stimmung des Königs hat sich so sehr verschlimmert, und sein Haß gegen mich hat sich in so mannigfachen Formen offenbart, daß ich, wenn ich nicht wäre, der ich bin, schon längst meinen Abschied gefordert hätte. Ich würde tausendmal lieber mein Brot anderswo in allen Ehren erbetteln als mich von dem Ärger nähren, den ich hier hinunterschlucken muß. Der Ingrimm, den der König zeigt, um mich heimlich und öffentlich in üblen Ruf zu bringen, ist nicht mehr eine Sache, die man sich ins Ohr sagt; sie ist das Stadtgespräch, jedermann ist davon Zeuge und spricht davon. Und das Sonderbarste dabei ist, daß ich mein Verbrechen noch immer nicht kenne, wenn es nicht das ist, daß ich der Thronerbe bin. Zweifellos schüren boshafte Menschen das Feuer; nicht weniger tragen die Grillen der Gicht und das cholerische Temperament des Königs dazu bei. Ich lerne mich beherrschen...*

Im Januar 1739 schrieb er an denselben: *Neben einem Vater, der so reizbar ist, darf ich mich nie der Hoffnung hingeben, ein Leben in Frieden führen zu können. Ich muß ihn als meinen schlimmsten Feind betrachten, der mich unaufhörlich belauert, um mir im geeigneten Augenblick den tödlichen Streich zu versetzen. Ich muß unablässig auf der Hut sein; der geringfügigste Fehltritt, die kleinste Unvorsichtigkeit, eine Bagatelle, ein Nichts, das aufgebauscht und übertrieben wird, kann mein Verderben sein.*

Der Prinz zwang sich in seinem Verhalten dem König gegenüber zu äußerster Selbstbeherrschung und tat ein weiteres, die Vorwürfe gegen sich zum Verstummen zu bringen; er bewies sich als hervorragender Regimentskommandeur, der zudem noch eine große Anzahl *langer Kerls* nach dem Geschmack Friedrich Wilhelms bei seiner Truppe hatte. In dem bereits erwähnten Brief an Suhm von 1737 heißt es zu dieser Taktik: *Der König war erzürnt, ich verhielt mich still, mein Regiment tat Wunder: die Gewehrexerzitien, etwas Puder auf dem Kopf der Soldaten, Leute, die über sechs Fuß groß waren, und viele Rekruten – das waren meine besten Vernunftgründe gegen meine Verleumder. Jetzt ist alles still, und kein Mensch spricht mehr von Religion, Wolden, meinen Verfolgern und meinem Regimente.*

Noch deutlicher wird er im Dezember 1739 gegenüber Camas: *Ich habe Befehl, Donnerstag in Berlin einzuziehen. Mein Regiment ist mit sechs Fuß hohen Beweisstücken versehen, daß es eine wahre Freude ist. Wenn man durch genaue Beobachtung der Vorschriften gerettet werden kann, werden wir es sein. Wenn man durch ein korrektes Exerzieren dem König hofiert, werden wir es tun. Wenn man durch die fürsprecherische Gewalt heranmarschierender Kolosse in Berlin sein Glück machen kann, so kann ich fest auf das meine vertrauen.*

Doch war die Beziehung zwischen Vater und Sohn zu sehr gestört, als daß eine deutliche Wende zum Besseren möglich gewesen wäre. Immerhin erkannte der König allmählich die Bemühungen und Verdienste Friedrichs an und stellte 1739 nach den Musterungen fest: *Es steckt ein Friedrich Wilhelm in Dir!*

Allerdings hatte der König sich in den letzten Jahren vor seinem Tod in manchem wesentlich geändert: Am 21. Dezember 1738 berichtete Friedrich Camas: ... *Ich habe einen auffallenden Wechsel in der Stimmung des Königs gefunden. Er ist sehr gnädig, milde, entgegenkommend und gerecht geworden. Er hat von den Wissenschaften als von lobenswerten Dingen gesprochen, und ich bin über das, was ich gesehen und gehört habe sehr erfreut und begeistert gewesen. Alles, was ich Löbliches sehe, gibt mir innere Genugtuung, die ich kaum verbergen kann. Ich fühle meine Empfindungen kindlicher Liebe sich verdoppeln, da ich so vernünftige und gerechte Ansichten bei dem Urheber meiner Tage sehe.*

Ein Jahr später konnte der Kronprinz sogar berichten: *Die Neuigkeiten des Tages sind, daß der König drei Stunden lang täglich Wolffs Philosophie liest, worüber Gott gelobt sei! So sind wir endlich zum Triumphe der Vernunft gelangt.*

Zu dieser Zeit nahmen des Königs Kräfte immer stärker ab; er fühlte sich unheilbar krank und lebensmüde. Zwar unternahm er im Sommer 1739 zusammen mit Friedrich noch einmal eine anstrengende Inspektionsreise nach Ostpreußen, während der er ihm das ostpreußische Gestüt schenkte, doch hatte er sich dabei völlig verausgabt. Den ganzen Winter über litt er starke Schmerzen; die mit Erstickungsanfällen begleitete Wassersucht führte dazu, daß er nicht mehr im Bett liegen, sondern nur noch im Rollstuhl sitzen konnte.

Am 26. Februar 1740 schrieb Friedrich an seine Schwester: *Aller Wahrscheinlichkeit nach werden Sie den König nicht mehr wiedersehen. Seine Anfälle haben sich in einem Maße verschlimmert, daß ich zweifle, ob er die kommende Woche überlebt.*

Doch als der Winter zu Ende ging und der König sich nach Potsdam hatte bringen lassen, um dort zu sterben, trat noch einmal eine vorübergehende Besserung ein. Am 10. Mai sprach er zu Friedrich: *Mir liegt nicht mehr viel am Leben, da ich einen Sohn hinterlasse, der alle Fähigkeiten zu einem guten Regenten besitzt. Vor fünf Jahren hätte ich das nicht gesagt, er war damals noch zu jung. Doch Gott sei Dank hat er sich geändert, und ich bin mit ihm zufrieden. Er hat mir versprochen, daß er die Armee beibehalten wird, und ich bin sicher, daß er sein Versprechen erfüllen wird. Ich weiß, daß er die Truppe liebt, er hat Verstand und alles wird sehr gut gehen.*

Friedrich begab sich nach Rheinsberg zurück, wohin der König am 26. Mai schrieb: *Mein geliebter Sohn, Ich habe Euer Schreiben vom 24. dieses wohl erhalten, daraus Euer herzliches Mitleid mit meinen elenden Umständen, auch Eure löbliche Entschließung, in allen Stükken Meinem väterlichen Rate zu folgen, ersehen. Ich bin sehr davon attendriret* [gerührt] *und habe nicht den geringsten Zweifel an dem Effect Eures Versprechens und Eurer guten Sentiments, wenn Gott über mein Leben gebieten sollte, wie es das Ansehen hat. Daß Ihr gegen Pfingsten anhero kommen wollet, solches ist Mir sehr lieb, und wird mir ein rechtes Vergnügen sein, Euch, so Gott will, noch zu embrassiren* [umarmen] . . . *Ich bin mit treuer Liebe, Mein geliebter Sohn, Euer sehr wohl affectionirter und getreuer Vater.*

Es war das erste Mal, daß der König Friedrich in einem Brief *geliebter Sohn* genannt hatte. Als dieser hörte, daß sich am Tag darauf der Zustand des Vaters erheblich verschlechtert hatte, eilte er am 28. Mai zurück nach Potsdam. In der Nähe des Schlosses sah er eine große Menschenmenge. Er ritt hinzu – und sah seinen Vater, der im Rollstuhl der Grundsteinlegung eines Hauses beiwohnte, das er für seinen Hufschmied bauen ließ. Friedrich war konsterniert, da breitete der König die Arme aus, und der Sohn warf sich weinend in die Arme des Vaters. Nach minutenlangem Schweigen sagte der König, er sei zwar immer sehr streng gegen ihn gewesen, doch habe er ihn stets geliebt.

Danach im Schloß sprach der König fast zwei Stunden lang mit seinem Nachfolger über alle wichtigeren inneren und äußeren Staatsangelegenheiten.

Am folgenden Tag ließ er sich aus seinem Testament, das er vor sieben Jahren geschrieben hatte, die Verfügung über seine Beisetzung vorlesen, die er bis ins letzte Detail festgelegt hatte. Zu den Anwesenden gewandt, wies er auf Friedrich und sprach: *Tut mir Gott nicht viel Gnade an, daß er mir einen so braven und würdigen Sohn gegeben hat?*

Als dieser dem Vater gerührt die Hände küßte, zog ihn der König an sich, hielt ihn lange umfangen und rief: *Mein Gott, ich sterbe zufrieden, da ich einen so würdigen Sohn und Nachfolger habe!*

Am 31. Mai, morgens um ein Uhr, ließ der König einen Geistlichen kommen, später den Kronprinzen, Minister, Generale und die Hauptleute seines Regiments. Feierlich entsagte er dem Thron und übergab seinem Sohn die Herrschaft. Danach verlor er für einige Zeit das Bewußtsein. Als er wieder zu sich kam, ließ er sich einen Spiegel geben, um das Nahen des Todes zu verfolgen. Nachmittags um drei Uhr sprach er ein letztes Gebet, dann verschied er.

Regierungsantritt

Achtundzwanzig Jahre ist Friedrich alt, als sein Vater stirbt. Das Land und mit ihm ganz Europa blickt gespannt und erwartungsvoll auf den jungen König. Wird der Schöngeist, anders als sein Vater, die Stärke der Armee verringern, sich der Pflege von Kunst und Wissenschaft widmen und sich mit Künstlern und Gelehrten umgeben? Wird er seine Feinde am Hof vernichten und statt dessen seine Rheinsberger Freunde an den Hof ziehen und, wie man in Paris munkelt, Voltaire zum Premierminister machen?

Die Fragen wurden sehr bald und in oft überraschender Weise durch Friedrich selbst beantwortet. Hoch gespannt waren namentlich die Erwartungen der Rheinsberger.

Als die Nachricht vom Tode Friedrich Wilhelms in Rheinsberg eintraf, weckte Knobelsdorff Bielfeld mit der Neuigkeit. Der sprang auf und warf in der Hast ein Tischchen um, auf dem seine Geldbörse gelegen hatte. Er bückte sich, um das davonrollende Kleingeld aufzusammeln, worauf Knobelsdorff verächtlich ausrief: *Jetzt Groschen aufklauben, wo es Dukaten regnen wird!*

Aber der Dukatenregen für die *Rheinsbergeois* ließ ebenso auf sich warten wie die erhofften hohen Stellungen, so daß bald das Wort vom *journée des dupes,* vom Tag der Dupierten, die Runde machte. Bielfeld brachte es, statt, wie erhofft, zum Gesandten, lediglich zum Begleiter des Abgesandten Friedrichs nach Hannover, des Grafen Friedrich Sebastian Wunibald Truchseß von Waldburg. Jordan wurde zum Geheimen Rat ernannt und mit der *Aufsicht über Hospitäler, Waisenhäuser, der Polizeipflege und der Gründung eines Arbeitshauses, um die übrigen Bettler zu beschäftigen,* betraut. Keyserlingk endlich, der Friedrich am nächsten gestanden hatte, mußte sich mit der Stellung eines Generaladjutanten, die praktisch ohne Funktion war, begnügen.

Auch eine Reihe anderer, die gehofft hatten, Friedrich werde seine alten Freunde verschwenderisch bedenken oder ihnen Freiheiten erlauben, wurden schnell eines Besseren belehrt. Als der ihm seit seiner Jugend gut bekannte Markgraf Heinrich von Schwedt sich in Gegenwart einiger Generale eine vorlaute Bemerkung erlaubte, sagte Friedrich eisig: *Mein Herr, jetzt bin ich der König!*

Und Generalleutnant von der Schulenburg, der sein Regiment verlassen hatte, um dem Herrscher zur Thronbesteigung Glück zu wünschen, erntete dafür einen scharfen Tadel, weil er vorher nicht um Urlaub gebeten hatte.

Von Fredersdorff wird erzählt, daß er einen auswärtigen Freund in einem Brief aufgefordert habe, nach Berlin zu kommen und sein Glück zu machen. Genüßlich habe er ihm die künftigen Freuden geschildert, so daß er am Ende selbst aufgelacht habe. Darauf habe Friedrich, der schon eine Zeitlang schweigend hinter ihm gestanden und mitgelesen hatte, ihm den Brief weggenommen, zerrissen und rügend gesagt: *Was soll das? Die Possen haben nun ein Ende!*

Ablehnend reagierte Friedrich auf alle, die ihn zu hofieren suchten. Bald nach der Thronbesteigung wollte die Kriegs- und Domänenkammer die Gunst der Stunde nutzen und bat um Mittel für die Ausbesserung des Weges von Rheinsberg nach Ruppin in Höhe von 195 Talern, 22 Groschen und acht Pfennigen. Ungehalten antwortete Friedrich: *wen die anderen anschläge der Dohmänen Cameren so ridicul* [lächerlich] *wie dieser seindt, so meritiren* [verdienen] *die Kriegs Rähte wekgejaget zu werden, den die Reparation ist gantz und gar nicht nöthig, ick Kenn den Wek und mus mir die Krigs Camer vohr ein großes Beest halten umb mit solches ungereimtes Zeuch und das mihr beßer bekannt ist bei der Naße Krigen Wollen.*

Friedrich vergaß aber nicht die, die ihm in der Zeit seiner Leiden und Demütigungen zur Seite gestanden hatten. Den Vater seines hingerichteten Freundes Katte beförderte er zum Generalfeldmarschall und erhob ihn in den Grafenstand; den Vetter Kattes beförderte er vom Direktor der Neumärkischen Kammer zu deren Präsidenten.

Den vom Kriegsgericht in Abwesenheit zum Tode verurteilten Leutnant von Keith holte er aus England zurück und ernannte ihn zum Stallmeister und Oberstleutnant.

Bangend hatten viele von Friedrichs Gegnern dem Regierungswechsel entgegengesehen. Kaum eine Stunde nach dem Tode des Königs hatte Herzog Leopold von Anhalt-Dessau, der Alte Dessauer, der einflußreichste Ratgeber Friedrich Wilhelms und Vertreter der österreichfreundlichen Partei am königlichen Hofe, bei Friedrich vorgesprochen. Der Fürst warf sich dem neuen Herrscher zu Füßen und bat mit schluchzender Stimme, ihm Amt und Autorität zu lassen.

Ich werde versuchen, Ihnen in allem, was ich vermag, gefällig zu sein, entgegnete Friedrich kühl, *und werde weder Ihnen noch Ihren Söhnen ihre Stellung nehmen. Was aber die Autorität betrifft, die Sie zu behalten wünschen, so weiß ich nicht, was Sie damit meinen. Ich bin König geworden; meine Absicht ist, dies Amt auszuüben und der einzige zu sein, der Autorität hat.*

Asche auf das Haupt streute Friedrich, wie von Münchow gegenüber geäußert, zwei anderen Günstlingen Friedrich Wilhelms: Christian Reinhold von Derschau wurde vom Obersten zum Generalmajor befördert, Hans Christoph Friedrich Graf von Hacke machte er zum ersten Träger des von ihm geschaffenen Ordens *Pour le Mérite*.

Auch die Minister des Vaters, die alle auf ihre Entlassung gefaßt waren, behielt Friedrich. Heinrich von Podewils, der Nachfolger Grumbkows, wurde ebenso zum Bleiben aufgefordert wie Wilhelm Heinrich von Thulemeier, Adrian Bernhard von Borcke, August Friedrich von Boden und Samuel von Cocceji. Wenn sie allerdings auf eine Erweiterung ihrer Vollmacht gehofft hatten, wurden diese Hoffnungen getrogen, denn der junge König traf wie sein Vater alle Entscheidungen allein.

Bald war allen klar, daß ein neuer frischer Wind wehte. Schon wenige Stunden nach dem Tode des Vaters ließ Friedrich den Baron Karl Ludwig von Poellnitz rufen, der bereits seinem Großvater als Kammerherr gedient hatte und mit dem Hofzeremoniell am vertrautesten war. Er beauftragte ihn mit der Leitung der Beisetzungsfeierlichkeiten seines ehemaligen Gebieters, befahl, schwarzes Tuch für die Bespannungen zu kaufen und an nichts zu sparen, was zu einem angemessenen Leichengepränge nötig sei. Und dann: *Sie werden mir die Rechnungen vorlegen, und ich werde sie bezahlen lassen.*

Als Poellnitz schon auf der Treppe war, öffnete sich hinter ihm noch einmal die Tür und Friedrich rief: *Keine Mogeleien! Keine Schiebungen mit den Kaufleuten! Ich mache Sie darauf aufmerksam, daß ich das nicht durchgehen lassen werde!*

Den Kollegien gewährte Friedrich keine Mittel für die sogenannten Trauergelder, obwohl selbst sein sonst so sparsamer Vater nach dem Tode seines Vaters Friedrichs I. 30 000 Taler dafür bewilligt hatte.

Sofort nach der Regierungsübernahme stürzte Friedrich sich mit Feuereifer in seine neue Tätigkeit und geriet geradezu in einen Handlungsrausch: *Ich muß noch an den König von Frankreich schreiben, ein Solo komponieren, ein Gedicht an Voltaire verfassen, das Heeresreglement ändern und noch tausend andere Dinge mehr.* Von vier Uhr in der Frühe bis nach Mitternacht schafft er unermüdlich, und bald wird allen klar, daß eine neue Epoche angebrochen ist.

Erstaunt hören die zur Eidesleistung Angetretenen seine Regierungsgrundsätze: *So ist ferner unsere Meinung nicht, daß Ihr uns inskünftige bereichern und unsere armen Untertanen unterdrücken sollet; sondern Ihr sollet hingegen verbunden sein, vermöge gegenwärtigen Befehls, mit ebenso vieler Sorgfalt für das Beste des Landes als für unser Bestes zu wachen, um so viel mehr, da wir keinen Unterschied wissen wollen zwischen unserm eigenen besonderen und des Landes Vorteil und Ihr diesen sowohl als jenen in allen Dingen vor Augen haben müsset, ja, des Landes Vorteil muß den Vorzug vor unserem eigenen besonderen haben, wenn sich beide nicht miteinander vertragen!*

Und dann setzt der König seine Ideen in atemberaubender Fülle und Schnelligkeit mit einer großen Anzahl von Kabinettsordren in die Tat um. Am 3. Juni befiehlt er dem Minister von Cocceji, *in Dero Landen bei denen Inquisitionen die Tortur gänzlich abzuschaffen, außer bei dem crimine laesae maiestatis und Landesverräterei, auch denen großen Mordtaten, wo viele Menschen ums Leben gebracht . . . sind.*

Dann ließ er in den ersten Junitagen 1740, um die erste Not zu lindern, die öffentlichen Getreidemagazine öffnen, um die durch den harten Winter 1739/40 eingetretene Getreideteuerung zu bekämpfen, und hob die zweite Mahlmetze auf, d.i. die an Müller oder Landesherrn für jeden Scheffel gemahlenen Getreides fällige Abgabe. Im Juli 1740 ließ er aus Preußen 800000 Scheffel Korn nach Pommern bringen, die dort billig, der Scheffel für zwanzig Groschen, verkauft wurden. Um solchen Schwierigkeiten künftig direkt entgegenwirken zu können, ließ er in allen Provinzen Magazine errichten, um in Zeiten niedriger Preise Getreide aufzukaufen und einzulagern, das dann in Zeiten von schlechter Ernte und Teuerung, wie 1770 und 1771, billig verkauft wurde.

Ferner wurden die königlichen Forstämter angewiesen, das erlegte Wild billiger anzubieten. Wo auch das noch nicht reichte, wurde Geld unter die Bedürftigsten verteilt. Daneben ordnete Friedrich eine Reihe von Erleichterungen für die Bevölkerung an, wie die Abschaffung des geistlichen Dispenses bei Heiraten zwischen entfernten Verwandten, das Verbot des »Fuchtelns« der Rekruten und der *gewohnten Brutalität* bei der Soldatenwerbung, die für viele ruinöse Aufhebung des Bauzwangs, Strafmilderung für Kindsmörderinnen und die Erlaubnis für die Landbewohner, Bier für den Eigengebrauch selbst zu brauen. Zur Förderung der Wirtschaft richtete er im Generaldirektorium ein neues Departement für Handel und Manufakturen ein.

Auffälliger und ganz im Gegensatz zur Haltung seines Vaters waren die Bemühungen Friedrichs um eine geistige Liberalisierung. Auf seine Veranlassung hin gaben die Berliner Buchhändler Haude und Spener eine Zeitung heraus, die *Berlinischen Nachrichten von Staats- und gelehrten Sachen.* Die erste Nummer erschien am 30. Juni 1740 – in der damaligen Zeit etwas völlig Neues und Sensationelles – unzensiert, denn der König fand: *Gazetten, wenn sie interessant sein sollen, dürfen nicht geniret* [eingeengt, bedrückt] *werden.*

Einschränkungen sollte es nur bezüglich außenpolitischer Themen geben, wie aus einer Randbemerkung Thulemeiers hervorgeht: *Wegen des Artikuls von Berlin ist dieses indistincte zu observiren* [ohne

Unterschied zu befolgen], *wegen auswärtiger puissancen* [Mächte] *aber cum grano salis* [mit einem Korn Salz, d. i. mit Einschränkung] *und mit großer Behutsamkeit.*

Die Akademie der Wissenschaften wird erneuert und an ihre Spitze der französische Mathematiker und Geograph Pierre Louis Moreau de Maupertuis (1698–1758) berufen. Im Juni schreibt der König: *Mein Herz und meine Neigung erregten in mir seit dem Augenblicke meiner Thronbesteigung den Wunsch, Sie hier zu haben, damit Sie der Berliner Akademie die Gestalt geben, die nur Sie allein ihr geben können. Kommen Sie doch, pfropfen Sie auf diesen Wildling das Pfropfreis der Wissenschaften, damit er blühe. Sie haben der Welt die Gestalt der Erde gezeigt: zeigen Sie auch einem Könige, wie süß es ist, einen Mann wie Sie zu besitzen.*

Maupertuis, der kein Wort deutsch spricht, kommt zunächst für kürzere Zeit, wird 1745 Präsident und bleibt bis 1756 in Berlin.

Berufen werden Leonard Euler, Wilhelm Jakob s'Gravesande, Jacques de Vaucauson, Francesco Graf Algarotti und Christian Wolff (1679–1754), der 1723 von Friedrich Wilhelm auf Druck pietistischer Theologen als Religionsverächter des Landes verwiesen worden war. Schon am 6. Juni 1740 schrieb Friedrich an den Konsistorialrat Reinbeck,der sich um die Rückkehr Wolffs nach Berlin kümmern sollte: *Würdiger besonders lieber getreuer. Ihr habet nochmahls an den RegierungsRath Wolff zu schreiben, ob Er Sich nunmehro nicht entschließen könne, in Meine Dienste zu gehen, und würde Ich Ihm alle raisonnable conditiones accordiren. Ich bin Euer wohlaffectionirter König.* Und handschriftlich fügte der König hinzu: *Ich bitte Ihm, sich umb des Wolfen mühe zu geben ein Mensch der die Warheit sucht und sie liebet mus unter aller menschlicher geselschaft weerth gehalten werden, und glaube ich das er eine Conquete* [Eroberung] *im lande der Warheit gemacht hat wohr er den Wolf hier her persuadiret* [überredet].

Um die Kunst zu fördern, kündigt er den Bau einer Oper an und schickt die Brüder Graun nach Italien, ein Ensemble zusammenzustellen; gleichzeitig wird in Paris eine Schauspielgruppe angeworben.

Aufsehen erregte die bis dahin nicht dagewesene Toleranz im

Religiösen. Die Freimaurer wurden öffentlich anerkannt, und am 22. Juni schrieb der König auf einen Bericht des Fiskalbeamten Uhden über einen evangelischen Vorstoß gegen die von Friedrich Wilhelm I. für die katholischen Soldatenkinder errichteten katholischen Schulen:

Die Religionen Müsen alle Tolleriret werden und Mus der fiscal nuhr das Auge darauf haben das keine der andern abruch Tuhe, den hier mus ein jeder nach Seiner Faßon Selich werden.

Auch noch in den Juni 1740 fällt die Antwort auf eine Anfrage des Generaldirektoriums, ob in Frankfurt an der Oder ein Katholik das Bürgerrecht erwerben könne:

Alle Religionen seindt gleich und guth, wan nuhr die leute, so sie profesiren, Ehrlige leute seindt, und wen Türken und Heihden kämen und wollten das Land pöpliren [bevölkern], *so wollen wir sie Mosqueen und Kirchen bauen.*

Wie erwartet löste Friedrich das Regiment der *langen Kerls* auf. Bei den Beisetzungsfeierlichkeiten ihres Stifters am 22. Juni durften sie ein letztes Mal auftreten, dann wurden die Soldaten auf andere Regimenter verteilt. Das war allerdings nicht etwa der Beginn einer Entmilitarisierung, sondern Friedrich gewann durch die Auflösung des Garderegiments die Mittel, seine Truppen im Verlauf weniger Wochen um sechzehn Infanteriebataillone, fünf Schwadronen Husaren und eine Schwadron Garde du Corps zu verstärken.

Auch außenpolitisch blieb Friedrich nicht untätig. Die übliche Notifikation, d. i. die offizielle Benachrichtigung über seine Thronbesteigung, ließ er in Paris und Hannover durch außerordentliche Gesandte vollziehen. Nach Paris zu Kardinal Fleury, der die Politik Ludwigs XV. bestimmte, entsandte er seinen persönlichen Vertrauten, den Obersten von Camas, Sohn französischer Emigranten, nach Hannover zu Georg II. den bewährten Diplomaten Truchseß von Waldburg. Beide hatten den Auftrag des Königs, ihren Gesprächspartnern die besondere Gewogenheit Friedrichs für die jeweilige Seite darzustellen, um sich als potentiellen Bündnispartner zu empfehlen und beide zu größeren Zugeständnissen zu veranlassen. In seiner Instruktion vom 11. Juni 1740 für Camas heißt es: *Ich schicke Truchseß nach Hannover, damit er der Politik des Kardinals Schach bietet. Sie müssen von Truchseß als von einem Manne sprechen, den ich hochschätze und der mein volles Vertrauen hat, damit mir von seiten Frankreichs, um mich nicht aus den Händen zu lassen, bessere Anerbietungen gemacht werden als meinem verstorbenen königlichen Vater. England sucht mein Bündnis, das ist gewiß, und es werden mir sicherlich vorteilhafte Vorschläge gemacht werden. Je mehr mir die Engländer bieten, einen desto höheren Ton werde ich Ihnen befehlen in betreff der großen Erbfolgefrage anzuschlagen. Sie müssen die Franzosen zu dem Glauben bringen, daß ich ihnen eine große Gnade erweise, wenn ich ihnen zuliebe auf das Herzogtum Jülich verzichte und mich mit Berg begnüge ... Die Vermehrung meiner Truppen, die während Ihres Aufenthaltes in Versailles ins Leben treten soll, wird Ihnen Gelegenheit geben, von meinem lebhaften und hitzigen Charakter zu sprechen. Sie können dabei äußern, es sei zu besorgen, daß diese Maßregel eine Flamme anfache, die ganz Europa in Brand setze, daß Unternehmungsgeist in der Sinnesart der Jugend liege, und daß Träume von Heldentum die Ruhe unzähliger Völker getrübt hätten und noch trübten. Sie können hinzufügen, ich liebte Frankreich meiner ganzen Sinnesart nach, vernachlässige man mich aber gegenwärtig, so sei die Sache für immer und hoffnungslos verloren; gewänne man mich dagegen jetzt, so würde ich imstande sein, der französischen Monarchie wichtigere Dienste zu leisten als jemals Gustav Adolf.*

Seien Sie gegen den Kardinal außerordentlich freundlich und höflich. Bezahlen Sie schöne Worte mit schönen Worten und nur Tatsachen mit Tatsachen ... Suchen Sie, soviel es Ihnen möglich ist, Neid gegen England zu erregen, holen Sie Maurepas, und wer etwa sonst noch Nachfolger des Kardinals werden könnte, möglichst geschickt aus, so daß Sie ihn auswendig kennen.

Entsprechend verfaßt ist die Instruktion für Truchseß von Waldburg vom 18. Juni: *Sie werden unendliche persönliche Freundschaftsbezeugungen machen und vor den Ministern sowie den Kreaturen Frankreichs die größte Herzlichkeit mit den englischen Ministern zur Schau tragen. Den Ministern müssen Sie die Würmer aus der Nase ziehen, um hinter ihre wahren Absichten zu kommen. Spricht man Ihnen von dem Wohle Europas und vom Abschluß von Bündnissen, so sagen Sie, daß niemand Europas Wohl näher am Herzen liege als eben mir, und daß mein sehnlichster Wunsch sei, ein Bündnis abzuschließen; nur müsse die Vereinigung der beiden Häuser auf gute Bedingungen und sichere Grundlagen hin in die Erscheinung treten.*

Möglichst viel müssen Sie aus der Sendung Camas nach Frankreich machen. Sie sagen dabei mit einem Anscheine von Eifersucht, er gehöre zu meinem engeren Kreise, besitze mein Vertrauen und gehe nicht ohne gewichtige Gründe nach Frankreich. Fangen Sie an zu verhandeln, so sagen Sie stets, Sie hofften zum Abschlusse zu kommen, vorausgesetzt, daß Ihnen Vorschläge gemacht werden, die annehmbarer sind als die französischen, kurz, Sie müssen immer auf Tatsächliches kommen, Jülich, Berg, Friesland und Mecklenburg. Kommen sie Ihnen mit der Vergrößerung Preußens, so erwidern Sie, ich würde deshalb nicht weniger gut mit meinen Nachbarn stehen, ich suche vielmehr meine Sicherheit als eine Verminderung ihrer Macht – mit einem Worte, suchen Sie ihre innersten Pläne und geheimsten Absichten zu ergründen, sprechen Sie viel von meiner Zuneigung, aber lassen Sie nichts Positives sehen: sie müssen alles hoffen und alles fürchten. Bewahren Sie das Geheimnis auf das strengste und sagen Sie ihnen, das Benehmen des Königs von England solle das Thermometer unsers Bundesverhältnisses sein.

Während dieser Zeit bahnt sich die endgültige Trennung des Königs von seiner Gemahlin Elisabeth Christine an. Zwar stellte er sie kurz nach der Thronbesteigung dem versammelten Hofe mit den Worten *Das ist Ihre Königin* vor und erwies ihr bei offiziellen Anlässen eine ehrerbietige Höflichkeit, doch läßt er sie bald allein wohnen, im Winter in Berlin, im Sommer in Schönhausen nördlich der Hauptstadt.

Nach einer ersten rastlosen Tätigkeit von sechs Wochen begab sich der König zur Huldigung in die Provinzen, im Grunde unwillig, weil er die damit verbundenen Zeremonien nicht mochte. So fuhr er im Juli, statt mit 200 Karossen und Gepäckwagen wie sein Großvater, der sich in Königsberg die Königskrone aufgesetzt hatte, mit drei Kutschen nach Preußen, in der ersten er selbst mit Algarotti, Keyserlingk und Hacke, in der zweiten seine Offiziere und in der dritten sein Kammerdiener Fredersdorff mit dem Gepäck. *Jetzt reise ich nach Preußen,* hatte er vorher an Voltaire geschrieben, *um mir da ohne das heilige Ölfläschchen und ohne die unnützen und nichtigen Förmlichkeiten huldigen zu lassen, welche Unwissenheit und Aberglaube eingeführt haben, und die nun von der hergebrachten Gewohnheit begünstigt werden.*

Die Huldigung fand am 20. Juli ohne Gepränge statt, begleitet von einem Festmahl, Militärparaden und einem Fackelzug der Königsberger Studenten. Nach der Zeremonie fragte er einen seiner Begleiter, ob er seine Sache gut gemacht habe.

O ja, Sire, aber einer hat es noch besser gemacht!

Und wer war das?

Ludwig der Fünfzehnte.

Ich aber, entgegnete Friedrich, *kenne einen, der es noch besser gemacht hat.*

Und das war?

Baron (ein damals bekannter französischer Schauspieler).

Nach der Rückkehr nach Berlin erfolgte dort am 2. August die Huldigung der kurmärkischen Stände. Auch dieses Mal war das Zeremoniell sehr einfach. Der Staatsminister Georg Detlof von Arnim hielt für den Adel und das Bürgertum je eine kurze Rede, die beiden Ständevertreter antworteten, ein Offizier verlas das Treuegelöbnis, und alle leisteten den Eid. Nach der Zeremonie trat Friedrich auf den Balkon, eine große Menschenmenge jubelte ihm zu und rief ihm ein dreifaches *Es lebe der König* zu. Dieser verharrte, gegen jede Gewohnheit und Etikette, eine halbe Stunde und blickte stumm und unverwandt auf das Volk.

Kurze Zeit später brach der König zu einer weiteren Reise in seine rheinischen Landesteile auf, doch nahm er seinen Weg über Bayreuth, um seine Schwester zu besuchen. Anschließend reiste er in Richtung Rhein weiter, spielte kurz mit dem Gedanken, inkognito nach Paris zu gehen, begnügte sich dann jedoch mit einem Abstecher nach Straßburg. Noch auf deutscher Seite, in Kehl, bemerkte man, daß der König keinen Paß hatte, worauf Fredersdorff schnell einen auf einen Grafen Dufour ausstellte, den Friedrich mit seinem Siegel versah. Mit wenigen Begleitern überquerte er dann den Rhein und verbrachte einen sehr angenehmen Abend mit einigen französischen Offizieren, die er zu einem vorzüglichen Souper einlud. Diese berichteten den ihnen verdächtig erscheinenden Vorfall am anderen Morgen dem Gouverneur des Elsaß, Marschall François de Broglie, der sie zur Vorsicht mahnte. Inzwischen aber war der König bei einem Stadtbummel schon erkannt und freudig begrüßt worden. Er stattete notgedrungen dem Marschall einen kurzen Besuch ab, verließ dann schleunigst die Stadt und reiste den Rhein abwärts nach Wesel. Von hier aus schickte er ein launiges Gedicht über den Besuch in Straßburg an Voltaire, in dem er sich über die Ereignisse allgemein und den Gouverneur und die Franzosen im besonderen lustig machte.

Voltaire hielt sich gerade in Brüssel auf und hoffte auf einen Besuch des Königs. Da dieser jedoch an Fieber litt und nicht reisen konnte, besuchte Voltaire seinerseits Friedrich, und am 12. September sahen sich die beiden auf Schloß Moyland bei Kleve zum ersten Male. Der König ist entzückt von seinem Gast und schreibt am 24. September überschwenglich an Jordan: *Ich habe Voltaire gesehen, auf dessen Bekanntschaft ich so neugierig war; aber ich hatte gerade mein viertägiges Fieber, und mein Geist war ebenso ohne Spannung als mein Körper ohne Kraft. Wenn man Leute seiner Art spricht, so muß man nicht krank sein, sondern sich vielmehr sehr wohl und, womöglich, besser als gewöhnlich befinden. Er ist so beredt wie Cicero, so angenehm wie Plinius und so weise wie Agrippa; mit einem Worte: er vereinigt in sich alle Tugenden und Talente der drei größten Männer des Altertums. Sein Geist arbeitet unaufhörlich, und jeder Tropfen Tinte, der aus seiner Feder fließt, wird zu einer geistreichen Bemerkung. Er hat uns sein herrliches Trauerspiel Mahomet deklamiert; wir waren entzückt davon: ich konnte es bloß bewundern und schweigen.*

In die Zeit dieser Huldigungsreise fällt eine politische Demonstration des jungen Königs, die in Europa für Aufregung sorgte. Seit acht Jahren hatte die durch Erbschaft an Preußen gefallene Baronie Herstal dem König seine Rechte streitig gemacht und war dabei vom Fürstbischof Georg Ludwig von Berghes unterstützt worden. Friedrich Wilhelm hatte vergeblich versucht, die Angelegenheit gütlich beizulegen. Nach dessen Tod verweigerte Herstal, wieder mit Billigung des Fürstbischofs, Friedrich den Huldigungseid. Dieser stellte darauf dem Bischof ein zweitägiges Ultimatum, den Rebellen keine Unterstützung mehr zu gewähren. Entrüstet lehnte dieser ab, worauf Friedrich drei Bataillone Grenadiere und eine Schwadron Dragoner in das Bistum einrücken und eine Kriegssteuer erheben ließ. Frankreich und der Kaiser waren empört, taten jedoch nichts, und der Fürstbischof bequemte sich, durch die Zahlung von 200 000 Talern Preußens Ansprüche auf Herstal abzulösen.

Auf Einladung Friedrichs stattete Voltaire ihm im November einen Besuch ab; der König hatte als würdigen Rahmen Rheinsberg gewählt. Der Aufenthalt dauerte eine Woche und war ausgefüllt mit Gesprächen, Dichterlesungen, Festlichkeiten, Musik, Gastmählern und Spazierfahrten. Wiederum ist der König begeistert von seinem Gast, doch kommt es gleichwohl zu einer ersten Abkühlung des Verhältnisses. Voltaire hatte inzwischen den *Anti-Machiavell* herausgebracht, doch mit zu vielen Änderungen, wie Friedrich fand. Ferner hatte er die Verse seines Gastgebers schonungslos kritisiert, die Gesellschaft mit seinen ewigen Sarkasmen schockiert und durch seine Eitelkeit abgestoßen. Den Ausschlag aber gab seine Forderung, ihm die Reisekosten zu erstatten. Empört schrieb Friedrich an Jordan:

Dein Geizhals wird noch einmal die bösen Folgen seiner unersättlichen Geldgier zu spüren bekommen. Er wird 1300 Taler erhalten. Somit kostet mich sein sechstägiger Aufenthalt für jeden Tag 550 Livres. Das nenne ich eine reichliche Zahlung für einen Narren!

Wenn der König nach außen hin auch ein Zerwürfnis bestreitet, so begegnet er Voltaire in der Folge doch nicht mehr mit dem gleichen unkritischen Enthusiasmus wie vorher.

Die Schlesischen Kriege

Inzwischen hatte sich etwas ereignet, das die Politik Europas grundlegend ändern sollte. Am 20. Oktober 1740 war Kaiser Karl VI. gestorben, der letzte männliche Habsburger. Damit trat die von ihm 1713 verkündete sogenannte *Pragmatische Sanktion* in Kraft, die die Unteilbarkeit des habsburgischen Länderbesitzes und die Regelung der Erbfolge nach dem Erstgeburtsrecht festlegte. Dadurch wurde sein ältestes Kind, Maria Theresia, seine Nachfolgerin.

Zwar hatte der Kaiser durch eine Reihe von Zugeständnissen die manchmal etwas unverbindliche Zustimmung von England, Frankreich, Rußland, Preußen, Spanien, Dänemark, Holland sowie des Reichstages eingeholt, doch nach seinem Tode erhoben Bayern und kurze Zeit später Frankreich Einspruch, und auch Friedrich wollte die Gunst der Stunde nutzen.

Der König empfing die Nachricht am 26. Oktober in Rheinsberg, wo er mit Fieber zu Bett lag. Sogleich beorderte er aus Berlin den Minister Heinrich von Podewils und den Feldmarschall Kurt Christoph von Schwerin zu sich und schrieb an Voltaire: *Lieber Voltaire, für diesmal hindert mich der unvermutetste Vorfall von der Welt, Ihnen mein Herz wie gewöhnlich zu öffnen und so zu plaudern, wie ich gern möchte. Der Kaiser ist tot.*

Privatmann war er erst, und ward
ein König, ward ein Kaiser dann.
Eugen erwarb ihm seinen Ruhm;
doch leider! ist er nun befleckt.
Er macht im Tode Bankerott.

Dieser Todesfall zerstört alle meine friedlichen Gedanken. Ich glaube, im Monat Juni wird es mehr auf Pulver, Soldaten und Trancheen [Laufgräben] *ankommen als auf Schauspielerinnen, Balletts und Schauspiele; und so muß ich schon den Handel, den wir sonst geschlossen hätten, noch aussetzen. Meine Angelegenheit wegen Lüttich ist ganz beendet; aber die augenblickliche Frage hat vielleicht für ganz Europa sehr wichtige Folgen. Jetzt ist die Zeit da, wo das alte politische System eine gänzliche Änderung erleiden muß; der Stein ist losgerissen, der auf Nebukadnezars Bild von vier Metallen rollte und sie sämtlich zermalmte . . .*

Zwei Tage später eröffnete der König Podewils und Schwerin seinen Plan, mit einem Überraschungsfeldzug Schlesien zu besetzen. Die beiden äußerten Bedenken und rieten zu Verhandlungen mit dem kaiserlichen Hof über einen Vertrag, der Preußen für die Unterstützung der habsburgischen Interessen die Abtretung Schlesiens zusichern sollte.

Der König ließ sich jedoch nicht umstimmen und schrieb am 1. November an Podewils: . . . *Ich gebe Ihnen ein Problem zu lösen. Wenn man im Vorteil ist, soll man ihn ausnutzen oder nicht? Ich bin mit meinen Truppen und allem bereit; wenn ich mich des Vorteils nicht bediene, halte ich ein Gut in Händen, dessen Gebrauch ich mißkenne; wenn ich den Vorteil benutze, so wird man sagen, daß ich so geschickt bin, mich der Überlegenheit zu bedienen, die ich über meine Nachbarn habe.*

Wenige Tage später, als Friedrich bereits wußte, daß Kurfürst Karl Albrecht von Bayern sich gegen die Pragmatische Sanktion erklärt hatte, bat er Podewils um eine erneute Stellungnahme. Dieser wiederholte noch einmal seine Argumente und fügte ihnen die Denkschrift eines Professors aus Halle bei, in der die Rechtsansprüche des Hauses Brandenburg auf Teile Schlesiens begründet waren. *Bravo! Das ist die Arbeit eines tüchtigen Scharlatans!* urteilte Friedrich, dessen Meinung endgültig feststand. *Die Rechtsfrage ist Sache der Minister,* schrieb er an Podewils, *also die Ihre; es ist Zeit, daß Sie im geheimen daran arbeiten, denn die Befehle an die Truppen sind gegeben.*

Es ging Friedrich bei seinem geplanten Angriff auf Schlesien, den Gooch *zu den sensationellsten Verbrechen der Geschichte der Neuzeit* zählt, im Grunde nicht um die Durchsetzung eines begründeten Rechtsanspruches, wie er selbst später in einem Brief an Jordan vom 3. März 1741 zugibt: *Meine Jugend, das Feuer der Leidenschaften, der Durst nach Ruhm, ja sogar die Neugier und ein geheimer Trieb haben mich der süßen Ruhe, die ich genoß, entrissen; die Genugtuung darüber, meinen Namen in der Zeitung zu lesen und später im Buche der Geschichte zu wissen, hat mich verführt.*

Differenzierter und aus zeitlicher Distanz schreibt er in den 1746 begonnenen *Denkwürdigkeiten: Der Besitz schlagfertiger Truppen, eines wohlgefüllten Staatsschatzes und eines lebhaften Temperaments: das waren die Gründe, die mich zum Kriege bewogen.*

Während die preußischen Truppen schon marschfertig standen, wußte der König sich nach außen den Anschein der Harmlosigkeit zu geben. Er ordnete für den verstorbenen Kaiser Hoftrauer an, erkannte die Königinnenwürde Maria Theresias an und suchte die allmählich unruhig werdende diplomatische Welt zu beruhigen oder zu verwirren. Bald hieß es, der pfälzische Kurfürst liege im Sterben und Preußen werde Erbansprüche erheben; bald wurde verbreitet, Friedrich und Maria Theresia hätten sich insgeheim geeinigt. Der König selbst schien sich ganz dem geselligen Leben in Rheinsberg hinzugeben, so daß selbst Voltaire, der gerade dort weilte, nichts über die wahren Absichten seines Gastgebers in Erfahrung bringen konnte.

Auch in der unmittelbaren Umgebung des Königs war man nicht informiert, wenngleich alle spürten, daß etwas Bedeutsames bevorstand. Manch einer seiner Vertrauten versuchte den König auszuhorchen, so auch Prinz Moritz, der Sohn des Alten Dessauers. Da der König jedoch beharrlich schwieg, trat er auf einem Ball an den Herrscher heran und flüsterte: *Nicht wahr, Sire, wir marschieren?*

Friedrich schien einen Augenblick ungehalten, dann fragte er, geheimnisvoll tuend, leise zurück: *Können Ew. Liebden schweigen?*

Wie ein Grab, Ew. Majestät!

Ich auch! gab Friedrich zurück, ohne eine Miene zu verziehen.

Trotz aller Versuche zur Geheimhaltung schwirrten dennoch Gerüchte durch Europa und drangen auch nach Wien. Beunruhigt schickte Maria Theresia den Marchese Anton Otto Botta d'Adorno nach Berlin, dem unterwegs die Kriegsvorbereitungen nicht verborgen blieben. In der Audienz bei Friedrich erfuhr er nichts, was ihn hätte aufklären oder gar beruhigen können, und er bemerkte, um das Gespräch auf Schlesien zu bringen, scheinbar beiläufig, daß die Straßen in Schlesien schlecht und kaum befahrbar seien.

Ach, erwiderte Friedrich, *das bedeutet nichts, als daß die Reisenden etwas beschmutzt ankommen werden.*

Ehe Botta sich verabschiedete, meinte er, unterschwellig drohend: *Ew. Majestät Truppen sind schön, aber unsere haben Pulver gerochen.*

Sie geben also zu, daß sie schön sind, erwiderte Friedrich kühl, *Sie werden sehen, daß sie auch gut sind.*

Friedrich teilte dem Marchese beim Abschied mit, daß er den Grafen Gustav Adolf von Gotter mit wichtigen Vorschlägen nach Wien senden werde. Gotter, den man den *Donnerer Jupiter* nannte, traf am 17. Dezember – einen Tag, nachdem die preußischen Truppen bereits die Grenze überschritten hatten – in Wien ein und trat auf, *als sei sein Herr schon auf dem Marsch nach Konstantinopel.* Er schlug Großherzog Franz im Auftrag Friedrichs vor, daß Preußen seine Ansprüche auf die Kaiserkrone gegen die Abtretung Schlesiens unterstützen wolle.

Erst als Wien dieses Tauschgeschäft ablehnte, trug Gotter die bis dahin nicht erwähnten Rechtsansprüche Preußens vor, die sich auf Teile Schlesiens bezogen und etwa zweihundert Jahre alt waren. Damals hatten Friedrichs Vorfahren mit den Herzögen von Brieg, Liegnitz und Wohlau einen Erbvertrag auf Gegenseitigkeit geschlossen. Doch einhundertundfünfzig Jahre später, nach dem Aussterben der Fürstenhäuser, hatten die Habsburger die Herrschaft über die Herzogtümer selbst angetreten und dem Großen Kurfürsten als Entschädigung lediglich den Kreis Schwiebus gewährt. Darüber hinaus hatten sie sich wenige Wochen später in einem Geheimpapier von Kurprinz Friedrich, dem Sohn des Kurfürsten, gegen die Gewährung einiger persönlicher Vorteile auch noch die Rückgabe von Schwiebus nach dem Tode des Vaters zusichern lassen. Der Kurprinz, der spätere König Friedrich I., war zu dieser Verzichterklärung ohne Zweifel nicht berechtigt, dennoch gab er nach dem Tode des Kurfürsten

Schwiebus zurück, wobei er allerdings den Verzicht Preußens auf die erwähnten Herzogtümer zurücknahm.

Die Ansprüche Preußens bezogen sich demnach allenfalls auf einige Teile Schlesiens und nicht auf die gesamte Provinz, doch war der rechtliche Aspekt für Friedrich ohnehin nicht ausschlaggebend.

Während auf diplomatischer Ebene scheinbar noch nach einer friedlichen Lösung gesucht wurde, war die Entscheidung längst gefallen. Die gut gerüstete preußische Armee stand kriegsbereit und wartete nur noch auf den Marschbefehl. Der König hatte die Offiziere der Berliner Garnison mit einer eindringlichen Rede eingestimmt: *Ich unternehme einen Krieg, meine Herren, in dem ich keinen anderen Verbündeten habe als Ihre Tapferkeit, keinen anderen Beistand als mein Glück. Erinnern Sie sich stets des Ruhmes, den Ihre Vorfahren bei Warschau und Fehrbellin errungen haben und bereiten Sie dem Ruf der brandenburgischen Truppen niemals Schande ... Wir werden Truppen angreifen, die unter dem Prinzen Eugen den größten Ruhm hatten. Zwar ist dieser Prinz nicht mehr; aber unser Ruhm wird beim Sieg nicht minder groß sein, weil wir uns mit so braven Soldaten werden zu messen haben. Leben Sie wohl! Reisen Sie ab! Ohne Verzug folge ich Ihnen zum Sammelplatz des Ruhmes, der unserer wartet!*

Das Oberkommando behielt sich der König vor. Als der Alte Dessauer, Generalfeldmarschall und Organisator der preußischen Infanterie, sich befremdet zeigte, daß er Friedrich nicht begleiten dürfe, schrieb dieser ihm am 2. Dezember 1740: *Ihre Durchlaucht können versichert sein, daß ich Ihre Merite und Capacität ehre und venerire, als wie ein junger Officier einen alten ehren muß, der der Welt viele Proben von seiner Dexterität* [Gewandtheit] *gegeben hat, und werde also Ihre Durchlaucht in keinen Gelegenheiten vorbeigehen, wo Sie mir guten Rat geben und an der Hand gehen können; alleine die Expedition, die ich anjetzo vorhabe, ist eine Bagatelle und eigentlich eine Prise de possession* [Besitzergreifung] *zu nennen.*

Und er schloß: ... *allein diese Expedition reservire ich mir alleine, auf daß die Welt nicht glaube, der König von Preußen marschire mit einem Hofmeister zu Felde ...*

Anstelle des Alten Dessauers nahm der König den von ihm selbst zum Feldmarschall ernannten Grafen Kurt Christoph von Schwerin als Begleiter mit, einen erprobten Soldaten, der auf zahlreichen europäischen Schlachtfeldern unter holländischen, schwedischen, mecklenburgischen und russischen Fahnen Kriegserfahrung gesammelt hatte, ehe er 1720 als Generalmajor in die preußische Armee eingetreten war.

Am 13. Dezember fand im königlichen Schloß ein Maskenball statt, den der König unbemerkt verließ. Am 14. Dezember traf er in Crossen an der Oder ein, wo just an diesem Tag ein Balken im Glockenturm der Hauptkirche geborsten und die Glocke zur Erde gestürzt war. Friedrich deutete den Vorfall, um jeden Zweifel zu zerstreuen, als gutes Omen: Das Hohe, d. i. Habsburg, wird erniedrigt werden.

Am 16. Dezember morgens um acht Uhr überschritt der König die schlesische Grenze. *Ich habe,* so schrieb er an Podewils, *mit fliegenden Fahnen und klingendem Spiele den Rubicon überschritten; meine Truppen sind voll guten Willens, die Offiziere voll Ehrgeiz, und unsere Generale dürsten nach Ruhm. Alles wird nach unseren Wünschen gehen, und ich habe Ursache, alles mögliche Gute von diesem Unternehmen zu erwarten ... Entweder will ich untergehen oder Ehre von diesem Unternehmen haben; mein Herz sagt mir das Beste von der Welt voraus; wohl ein gewisser Instinkt, dessen Ursprung uns unbekannt ist, verkündet mir Glück und Erfolg, und ich werde nicht in Berlin erscheinen, ohne mich des Blutes würdig gemacht zu haben, aus dem ich entsprossen bin, und der tapferen Soldaten, die ich die Ehre habe zu befehligen.*

Die 22 000 Mann starke preußische Armee, die allerorten von den Protestanten freudig begrüßt wurde, stieß auf keinen nennenswerten Widerstand, schloß am 22. Dezember die Festung Glogau ein und stand am 31. Dezember vor Breslau. Am 1. Januar 1741 besetzten die Preußen die Vorstädte, und am 3. Januar zog Friedrich nach Abschluß eines Sondervertrages mit dem Stadtrat der rechtlich selbständigen Stadt feierlich in Breslau ein.

Eine riesige Menschenmenge säumte trotz heftigen Schneetreibens die Straßen, als der Zug einrückte. Die Spitze bildete der Troß, dessen schellentragende Maultiere Schabracken aus blauem Samt trugen. Darauf folgten dreißig berittene Gendarmen in gelber Uniform und hinter ihnen die offene, mit gelbem Samt ausgeschlagene unbesetzte Staatskarosse, in der ein hermelinbesetzter blausamtner Staatsmantel lag. Hinter dem Wagen ritten die Prinzen, Markgrafen und Grafen des Heeres, und endlich folgte, von Läufern angekündigt, der König selbst in einer goldbestickten Uniform. Er lud die Honoratioren der Stadt zur Tafel und zeigte sich sehr aufmerksam gegenüber Bürgern, Adel und Klerus. Er sagte den Katholiken weiterhin freie Religionsausübung zu und ließ die protestantischen Geistlichen über die von ihm ausgesuchte Bibelstelle 1 Makkabäer 15, Vers 33, predigen: *Das Land, das wir wieder erobert haben, ist unser väterliches Erbe und gehört sonst niemand. Unsre Feinde haben's aber eine Zeitlang mit Gewalt und Unrecht innegehabt.*

Nachdem Breslau und einige weitere Städte eingenommen waren, sah Friedrich sich bereits als Sieger und schrieb übermütig aus dem eroberten Ottmachau an Jordan: *Mein lieber Herr Jordan, mein sueßer Herr Jordan, mein sanfter Herr Jordan, mein guter, mein milder, mein friedliebender, mein allerleutseligster Herr Jordan! Ich melde Deiner Heiterkeit, daß Schlesien so gut als erobert ist und daß Neisse schon bombardirt wird; ich bereite Dich auf wichtige Projecte vor und kuendige Dir das groeßte Glueck an, das Fortunens Schoß jemals geboren hat.*

Als Friedrich sich für den Winter zurück nach Berlin begab, wurde er bei seiner Ankunft am 26. Januar 1741 jubelnd begrüßt und gefeiert. Politisch hatte er jedoch mit seinem Überfall auf Schlesien keine Freunde gewonnen. *Der neue König von Preußen verdient in der Politik exkommuniziert zu werden,* urteilte der englische Gesandte in Berlin, Robinson. Und Ludwig XV. von Frankreich gab wohl die Meinung der meisten wieder, wenn er sagte: *Der Mensch ist toll!* Friedrich fand in seinem Kampf gegen Österreich nicht nur keinen Verbündeten, sondern es zeichnete sich sogar eine gegen ihn gerichtete Allianz ab, die aus Österreich, England, Rußland, Sachsen, Polen und Holland bestand. Friedrich reagierte, indem er die schlesische Armee auf 32 000 Mann verstärkte und in der Mark eine zweite Armee von 20 000 Mann unter dem Fürsten Leopold von Anhalt-Dessau zusammenzog.

Am 19. Februar brach der König wieder nach Schlesien auf, am 8. März eroberte die Armee des Alten Dessauers die Festung Glogau.

Der König selbst entkam auf Erkundungsritten zweimal nur knapp den Österreichern. Unter dem Eindruck dieser Erlebnisse schrieb er Anfang März an Podewils: *Sollte mir das Unglück begegnen, lebend gefangengenommen zu werden, so erteile ich Ihnen den gemessenen Befehl, für dessen Befolgung Sie mir mit Ihrem Kopfe einstehen, meine Befehle in meiner Abwesenheit nicht zu beachten, meinem Bruder mit Rat beizustehen und den Staat nichts Unwürdiges zur Erlangung meiner Freiheit vornehmen zu lassen. Im Gegenteile will und befehle ich, daß in diesem Falle lebhafter als jemals vorgegangen werde. Ich bin nur König, solange ich frei bin.*

Falle ich, so soll meine Leiche nach römischer Art verbrannt und die Asche in einer Urne in Rheinsberg beigesetzt werden. In diesem Falle soll ferner Knobelsdorff ein Denkmal errichten wie das des Horaz in Tusculum.

Die erste große Bewährungsprobe aber stand Friedrich noch bevor. Anfang April war die österreichische Armee unter Graf Wilhelm Reinhard von Neipperg aus Mähren nach Schlesien eingedrungen, und am 10. April kam es bei dem Dorf Mollwitz zur Schlacht. Obwohl Friedrich über 22 000 Mann und Neipperg nur über 18 000 verfügte, schienen die Österreicher den Sieg davonzutragen, nachdem es der überlegenen österreichischen Kavallerie unter General Römer gelungen war, die rechte Flanke der Preußen aufzureißen und bis in die preußische Infanterie einzubrechen, die in völliger Verwirrung auf die eigene zurückweichende Kavallerie schoß. Die Preußen begannen zu fliehen; der König drohte von seinen eigenen Truppen mitgerissen zu werden. Gegen vier Uhr nachmittags schien die Schlacht verloren und Friedrich schickte einen Boten an den Fürsten von Anhalt-Dessau, er solle Vorkehrungen treffen, Brandenburg zu schützen.

In diesem Augenblick größter Gefahr beschwor Schwerin den König, wenigstens sein Leben zu retten und nach Oppeln zu reiten. Dieser fügte sich und flüchtete in Begleitung seines Freundes Friedrich Rudolf von Rothenburg sowie zweier Adjutanten und eines Pagen. Als die Gruppe bei Anbruch der Dunkelheit Oppeln erreichte und der hundert Meter vorausreitende Rothenburg mit dem Schwertknauf an das Tor pochte und Einlaß verlangte, antworteten Schüsse aus österreichischen Gewehren. Sofort wendete Friedrich sein Pferd und jagte weiter in Richtung Breslau bis nach Löwen, wo er erschöpft eine Pause machte. Hier erreichte ihn dann nachts um zwei Uhr die Nachricht, daß Schwerin die preußischen Truppen neu formiert und, vor allem dank der Feuerkraft der Infanterie, die Gegner in die Flucht geschlagen hatte.

Tief beschämt, in der ersten von ihm geführten Schlacht versagt zu haben, ritt der König zurück zum Heer und zu Schwerin, dem er den Sieg nicht so recht verzeihen konnte. Selbstkritisch schreibt er später, ohne jedoch seine Flucht zu erwähnen, in der *Geschichte meiner Zeit* über Mollwitz: *Mein Verhalten war... verdammenswert: Ich bin von den Plänen des Feindes unterrichtet und treffe keine Vorkehrung sie zu verhindern; ich weise meinen Truppen zu weit voneinander entfernte Quartiere an, die ihnen keine Möglichkeit geben, sich miteinander zu vereinigen; ich lasse mich vom Herzog von Holstein abschneiden und versetze mich dadurch in die Notwendigkeit, in einer Lage zu kämpfen, in der ich im Falle eines Unglücks keine Rückzugsmöglichkeit habe und Gefahr laufe, die ganze Armee zu verlieren; statt endlich vor Mollwitz, wo der Feind kantonierte, mit Nachdruck gegen ihn vorzurücken..., verliere ich zwei Stunden damit, meine Truppen regelrecht in Schlachtordnung aufzustellen und zwar vor einem Dorfe, in dem noch kein Österreicher aufgetaucht war. Hätte ich das erstere getan, so wäre die ganze österreichische Infanterie verloren gewesen..., aber in der ganzen Armee gab es nur einen Mann von Erfahrung, den Marschall Schwerin; die anderen tappten im Dunkeln und glaubten alles verloren, wenn sie sich nicht an die Regel hielten. Was uns trotz alledem gerettet hat, war die Schnelligkeit unserer Maßnahmen und die außerordentliche Genauigkeit, mit der sie von den Truppen befolgt wurden. Mollwitz war meine Schule, ich stellte über meine Fehler gründliche Überlegungen an, die mir späterhin zum Nutzen gereichen sollten.*

Bald jedoch hatte der König seine Fassung wiedergewonnen und bestimmte für den Dankgottesdienst nach der Schlacht 1 Timotheus 2, Vers 12: *Einem Weibe aber gestatte ich nicht, daß sie lehre, auch nicht, daß sie des Mannes Herr sei, sondern stille sei.*

Nach dem Sieg von Mollwitz folgte eine ruhigere Phase. Brieg wurde erobert, dann bezog die preußische Armee ein Lager bei Strehlen, das Gelegenheit bot, die preußische Kavallerie aufzustokken und besser zu schulen.

Politisch trat eine Wende ein. Kardinal Fleury schickte im Frühjahr Marschall Belle-Isle nach Deutschland, der mit Bayern einen gegen Österreich gerichteten Operationsplan vereinbarte und mit Friedrich am 4. Juni 1741 in Breslau ein Bündnis schloß. In diesem wurde Preußen gegen die Zusage seiner Kurstimme für den Wittelsbacher Karl Albrecht und für den Verzicht auf seine jülich-bergischen Ansprüche der Besitz von Niederschlesien mit Breslau zugesichert. Für Friedrich besonders wichtig war die Bestimmung, daß Frankreich sich verpflichtete, binnen zwei Monaten mit einer Armee von 40 000 Mann den Rhein zu überschreiten.

Vereinbarungsgemäß überquerten die Franzosen Mitte August den Strom und vereinten sich mit der bayerischen Armee, die am 31. Juli Passau überrumpelt hatte. Gemeinsam rückten die Truppen längst der Donau vor und besetzten am 14. September das nur noch drei Tagesmärsche vor Wien gelegene Linz.

Dann aber stockte der Vormarsch. Friedrich wurde unruhig, zumal Maria Theresia sich inzwischen gegen eine Reihe von Zugeständnissen die Hilfe Ungarns gesichert hatte. Übereilt schloß er am 9. Oktober die Geheimkonvention von Klein-Schnellendorf. Darin verpflichtete er sich, gegen die Übergabe der Festung Neiße die Kriegshandlungen einzustellen. Um den offenkundigen Verrat Friedrichs an seinen Verbündeten zu verschleiern, kam man überein, für kurze Zeit *die Feindseligkeiten pro forma fortzusetzen.* Danach kapitulierte Neiße, und die Österreicher räumten Schlesien.

Wie unklug diese Vereinbarung war, zeigte sich bald. Am 26. November eroberten Bayern und Franzosen, die statt gegen Wien nach Böhmen gezogen waren und durch sächsische Truppen verstärkt worden waren, Prag. Karl Albrecht von Bayern durfte sich als König von Böhmen huldigen lassen, wurde am 24. Januar 1742 in Frankfurt zum Kaiser gewählt und am 12. Februar von seinem Bruder Clemens August, dem Erzbischof von Köln, als Karl VII. gekrönt.

Inzwischen hatten die Österreicher unter dem Kommando von Ludwig Andreas Graf von Khevenhüller eine Gegenoffensive begonnen, Linz zurückerobert und an dem Tag, an dem Karl Albrecht sich als König von Böhmen huldigen ließ, dessen Hauptstadt München besetzt. Aufgeschreckt griff Friedrich Mitte Januar 1742 wieder in das Kriegsgeschehen ein und stieß, während er weiter heimlich mit Österreich verhandelte, nach Mähren vor, mußte sich jedoch wegen Verpflegungsschwierigkeiten bald nach Böhmen zurückziehen.

Der König war niedergeschlagen und von Zweifeln geplagt, ob das Abenteuer dieses Krieges nicht zu gewagt und unnütz war. Es blieb ihm aber wenig Zeit dazu; die Österreicher, nun unter dem Befehl Karls von Lothringen, des Schwagers Maria Theresias, rückten heran. Am 17. Mai kam es bei dem etwa achtzig Kilometer südöstlich von Prag gelegenen Dorf Chotusitz zur Schlacht, die mit einem überzeugenden Sieg Preußens endete.

Stolz schreibt Friedrich an seinen Freund Jordan: *Da ist dein Freund nun zum zweitenmal Sieger in einem Zeitraum von dreizehn Monaten. Wer würde wohl vor einigen Jahren geglaubt haben, daß dein Schüler in der Philosophie, der Schüler Ciceros in der Rhetorik und Bayles in der Vernunft eine militärische Rolle in der Welt spielen würde? Wer hätte geglaubt, daß die Vorsehung sich einen Poeten dazu ausersehen hätte, das System Europas umzustürzen und die politischen Berechnungen seiner Könige und Herrscher gänzlich umzudrehen? Es gibt so viele Ereignisse, deren Gründe schwer anzugeben sind, und dieses kann kühnlich zu ihnen gerechnet werden. Es ist ein Komet, der diese Planetenbahn kreuzt und in seiner Richtung einen von allen andern Planeten verschiedenen Lauf nimmt.*

Ich erwarte ungeduldig Nachricht von dir. Schreibe mir gründlich über alles: Bauten, Möbel und Tänzer. Das erfrischt mich und gibt mir Erholung von meinen Beschäftigungen, die infolge ihrer Wichtigkeit schwierig und ernst werden. Ich lese, so viel ich kann, und ich versichere dir, daß ich in meinem Zelte ebenso Philosph bin wie Seneca, oder noch mehr.

Wann werden wir uns unter den schönen, friedlichen Buchen von Rheinsberg oder unter den herrlichen Linden von Charlottenburg wiedersehen? Wann werden wir wieder nach Herzenslust über die Lächerlichkeit der menschlichen Dinge und über die Nichtigkeit unsers Daseins plaudern? Ich erwarte diese glücklichen Augenblicke mit großer Ungeduld, und um so mehr, als man, wenn man alles in der Welt versucht hat, gemeinhin zum Besten zurückkehrt.

Auch während des Krieges sehnt sich der König nach philosophischer und schriftstellerischer Tähigkeit. Am 24. Februar 1741 schreibt er aus Schweidnitz an Jordan: *Ich liebe den Krieg um des Ruhmes willen; aber wenn ich nicht Fürst wäre, würde ich nur Philosoph sein. Schließlich muß in dieser Welt jeder sein Handwerk betreiben, und ich besitze die Grille, nichts halb tun zu wollen.*

Als der König sich nach dem Abkommen von Klein-Schnellendorf nach Berlin begeben hatte, schrieb er am 8. Januar 1742 an Voltaire: *Ich bilde mir ein, Gott hat die Esel, die dorischen Säulen und uns Könige dazu geschaffen, die Lasten dieser Welt zu tragen, in der so viele andre Wesen leben, die nur das Gute genießen, was sie hervorbringt.*

Augenblicklich bin ich damit beschäftigt, mich mit zwanzig mehr oder weniger gefährlichen Machiavells herumzuzanken. Die liebenswürdige Dichtkunst wartet an der Tür, ohne Einlaß zu finden...

Übermorgen reise ich nach Remusberg ab, um wieder den Hirtenstab und die Leier zu ergreifen. Ach, wenn ich sie doch niemals wieder ablegen brauchte! Aus dieser entzückenden Einsamkeit werde ich Ihnen mit ruhigerem Geiste schreiben können. Vielleicht begeistert mich Kalliope [die Muse der erzählenden Dichtkunst] *noch einmal.*

Wieder im Feld, schrieb er am 3. Februar an denselben:

.... Ich lese oder verschlinge augenblicklich Ihr ›Jahrhundert Ludwigs des Großen‹. Wenn Sie mich lieb haben, so schicken Sie mir, was Sie noch weiter davon fertiggebracht haben. Das Buch ist mein einziger Trost, meine Erholung, meine Freude. Haben Sie, der Sie nur mit Geschmack und Geist arbeiten, Mitleid mit einem Handwerker in der Politik, der nur notgedrungen arbeitet.

Hätte man denken können, lieber Voltaire, daß ein Pflegling der Musen dazu bestimmt war, in Gemeinschaft mit einem Dutzend gravitätischer Narren, die man Staatsmänner nennt, das große Rad der europäischen Begebenheiten in Schwung zu setzen? Und trotzdem ist die Tatsache unbestreitbar, wenn auch nicht sehr ehrenvoll für die Vorsehung.

Dabei fällt mir die Geschichte von dem Pfarrer ein, zu dem ein Bauer mit bornierter Verehrung vom Herrgott sprach. »Gehen Sie, gehen Sie«, sagte der gute Mann. »Sie machen sich eine zu große Vorstellung von ihm. Ich, der ihn dutzendweise mache und verkaufe, weiß, was wirklich an ihm ist.«

Im Publikum macht man sich gewöhnlich eine abergläubische Vorstellung von den Umwälzungen der Staaten; steht man aber selbst hinter den Kulissen, so sieht man, wie meistens die bezauberndsten Szenen auf sehr gewöhnliche Weise und mittelst ganz gemeiner Kerle in Bewegung gesetzt werden, die in ihrem wirklichen Zustande nur den Unwillen der Zuschauer erregen.

Betrügerei, Verlogenheit und Doppelzüngigkeit sind leider der herrschende Charakterzug der meisten Menschen, die an der Spitze der Völker stehen und ihnen zum Beispiele dienen sollten. Das Studium des menschlichen Herzens hat bei solchen Leuten etwas tief Demütigendes und läßt mich tausendfach meine geliebte Zurückgezogenheit, die Literatur und meine Unabhängigkeit aufs schmerzlichste vermissen ...

Von seinen unablässigen geistigen Bestrebungen zeugen auch die Briefe an Jordan. Am 28. Februar schreibt er aus Znaim:

Indes studiere ich, so oft ich Muße dazu habe, lese, schreibe und denke viel. Das heißt, seine Maschine benutzen, werden Sie sagen. Freilich ist das wahr; aber ich antworte Ihnen: man muß seinem Magen etwas zu tun geben, wenn man kann, und das um so mehr, da der Verdauungsapparat bisweilen unsicher ist. Ebenso muß man selbst in diesem kurzen Leben Gebrauch von seinen Triebfedern machen; denn sie nützen sich sonst mit der Zeit ab, ohne daß man Vorteil davon gehabt hat. Am 8. März schreibt er: *Ich lebe sehr philosophisch, arbeite unendlich viel, amüsiere mich, soweit es möglich ist, und denke im übrigen an nichts als daran, mir das Leben angenehm zu machen ...*

Am 19. März fordert er Lektüre an: *Kaufen Sie in der Stadt einen Boileau und schicken Sie ihn mir; ebenso Ciceros Briefe vom dritten Teile an bis zu Ende. Auch legen Sie, wenn es Ihnen gefällig ist, noch die Tusculanischen Untersuchungen bei, desgleichen die Philippischen Reden und Cäsars Denkwürdigkeiten . . .*

Nach dem Sieg von Chotusitz verstärkte Friedrich seine Bemühungen zu einer Einigung mit Österreich, wobei England, vertreten durch John Carmichael Earl of Hyndford – den Friedrich gern als *Mylord Hundsfott* bezeichnete –, vermittelte. Am 11. Juni wurden in Breslau Präliminarien vereinbart, die im Friedensvertrag von Berlin am 28. Juli 1742 definitiv beschlossen wurden. Preußen schied aus dem Krieg aus und erhielt Schlesien ohne Troppau, Teschen und Jägerndorf und die Grafschaft Glatz.

Als der *böse Mann,* wie Maria Theresia Friedrich nannte, ihr Schlesien abgenommen hatte, erklärte sie in Anspielung auf die 1730 im Zusammenhang mit Friedrichs Fluchtplan von Prinz Eugen betriebenen Heiratspläne: *Alles besser, als ihn heiraten!*

Doch durch den Frieden mit Preußen hatte sich die Lage Österreichs wesentlich verbessert. Sachsen schloß im September 1742 Frieden mit Österreich, Ende des Jahres räumten die Franzosen Böhmen und bald auch Bayern. Die österreichischen Truppen unter dem Befehl von Maria Theresias Gemahl eroberten Bayern, und Kaiser Karl VII. floh nach Frankfurt. Zur gleichen Zeit marschierte die aus Österreichern, Engländern, Holländern und deutschen Söldnertruppen gebildete sogenannte *Pragmatische Armee* durch das Rheinland und besiegte am 27. Juni 1743 unter der Führung von König Georg II. von England eine französische Armee unter Herzog Adrian Moritz von Noailles bei Dettingen.

Zwar scheiterten österreichisch-französische Geheimverhandlungen, doch wurde am 13. September 1743 im Hauptquartier der Pragmatischen Armee in Worms ein Bündnis zwischen Österreich, England und Sardinien unterzeichnet. Als Österreich dann auch noch ein Bündnis mit Sachsen schloß, fühlte Friedrich sich zu Recht bedroht und schloß seinerseits am 22. Mai 1744 in Frankfurt mit dem Kaiser, der Pfalz und Hessen-Kassel eine *Union,* die Karl VII. seine Erblande erhalten und Preußen Schlesien garantieren sollte. Am 5. Juni folgte nach langen, zähen Verhandlungen, in die im Herbst 1743 auch Voltaire eingeschaltet war, eine Allianz mit Frankreich.

Als dann die Nachricht eintraf, daß die Österreicher unter Karl von Lothringen in das Elsaß eingedrungen waren und somit ein österreichisch-französischer Sonderfrieden nicht auszuschließen war, wurde Friedrich selbst aktiv. Am 17. August marschierte er mit seinen Truppen durch Sachsen nach Böhmen: der Zweite Schlesische Krieg hatte begonnen.

Am 2. September erreichte die preußische Armee Prag, das sich am 16. September ergab, und stieß weiter nach Süden gegen Tabor und Budweis vor, um zur Donau vorzudringen. *Ohne die Wolken zu durchsegeln und mit meinen Truppen zu fliegen wie Merkur,* schrieb Friedrich an Podewils, *habe ich meine Unternehmung bis an die Grenzen von Österreich fortgeführt, und wer sagt, daß das nicht tatkräftig handeln heißt, der ist ein –.*

Aber der König hatte zu früh frohlockt. Auf die Meldung, daß Friedrich in Böhmen einmarschiert war, hatten die Österreicher sich sofort aus dem Elsaß zurückgezogen, nur lasch verfolgt von den Franzosen, die sich mit einem Angriff auf das österreichische Freiburg im Breisgau begnügten. So konnten die Österreicher sich militärisch wieder auf Preußen konzentrieren, wobei sie von einem sächsischen Korps unterstützt wurden.

Die Lage gestaltete sich immer schwieriger für Friedrich. Seine Armee befand sich in einem unwegsamen Gelände, dessen Bewohner ihre Getreidevorräte vergraben hatten und mit dem Vieh in die Wälder geflohen waren. Ständig von ungarischen und kroatischen Husaren umkreist, die ihn von jedem Nachschub und, da alle Kuriere abgefangen wurden, jeder Information abschlossen, entschloß der König sich zum Rückzug, ohne zu wissen, wo die gegnerischen Truppen unter der Führung von Otto Ferdinand Graf von Abensberg und Traun standen.

Traun verstand es, jeder Schlacht auszuweichen und dennoch die Preußen weiter zurückzudrängen, die sich am 19. November, von Krankheiten und Nachschubschwierigkeiten geschwächt, über die

Elbe zurückzogen und nach Schlesien auswichen. Tausende Soldaten desertierten, und selbst die Offiziere waren mit dem König, der sie schlecht geführt hatte, unzufrieden. *Wir haben keine Armee mehr,* schrieb Ludwig Wilhelm von Münchow, der Oberpräsident der Kriegs- und Domänenkammer in Schlesien, wo der König am 4. Dezember anlangte, *was wir haben, ist nichts als ein Haufe Menschen, noch beieinander gehalten durch die Gewohnheit und die Autorität der Offiziere; und diese Offiziere selbst sind alle mißvergnügt, viele von ihnen in verzweifelter Lage; es bedarf nur der geringsten Schlappe oder der Fortsetzung des Krieges in dieser Jahreszeit, um es zu Meutereien unter den Soldaten zu bringen.*

Nachdem Friedrich für den Winter nach Berlin gegangen war, rückten österreichische Truppen in Oberschlesien und in die Grafschaft Glatz ein, wurden jedoch vom Fürsten Leopold von Anhalt-Dessau, der aus Brandenburg hierher kommandiert worden war, zurückgeworfen.

Im zweiten Teil der *Geschichte meiner Zeit* übte der König später selbst schonungslos Kritik an seiner Kriegsführung: *Kein General beging mehr Fehler in diesem Feldzug als der König ... Der König hat es selbst gestanden, daß er diesen Feldzug als seine Schule in der Kriegskunst und Traun als seinen Lehrer betrachten muß. Das Glück hat oft für Fürsten ungleich traurigere Folgen als das Mißgeschick; jenes macht sie trunken von Eigendünkel, dieses gibt ihnen Vorsicht und Bescheidenheit.*

Das Jahr 1745 begann mit neuen Schicksalsschlägen. Am 8. Januar schlossen sich Österreich, England, Sachsen und Holland in Warschau zu einer gegen Preußen gerichteten Quadrupelallianz zusammen; am 20. Januar starb Kaiser Karl VII. Sein Sohn Max Joseph schloß am 22. April Frieden mit Maria Theresia und verzichtete auf jeden Anspruch auf Österreich und die Kaiserkrone. Zwar siegten die Franzosen am 11. Mai unter der Führung von Moritz von Sachsen bei Fontenoy im Hennegau über die Verbündeten Österreichs, doch drohte Friedrich aufgrund der politischen Konstellation und des Warschauer Abkommens der Verlust Schlesiens und die Aufteilung Preußens.

Zur desolaten politischen Lage Preußens kam noch eine fast aussichtslose finanzielle hinzu. Der Krieg war nur mit außerordentlichen Rüstungsanstrengungen fortzuführen. Eine in Holland aufgelegte Anleihe blieb erfolglos, so daß Friedrich ernstlich erwog, den Engländern den Hafen von Emden zu verkaufen, der ihm kurze Zeit vorher mit Ostfriesland als Erbteil zugefallen war.

Dann aber mobilisierte er alle finanziellen Reserven im eigenen Land, entnahm dem Staatsschatz sechs Millionen und lieh anderthalb Millionen bei den Landständen. Dazu ließ er sämtliches Silber aus dem Berliner Schloß einschmelzen und zu Münzen prägen. Damit keiner von dieser Maßnahme erfahren sollte, mußten bei Nacht und Nebel zwölf Heiducken Kronleuchter, Tafelbesteck, Kamingerät, den silbernen Musikantenchor aus dem Rittersaal und alles andere Silber auf ein Schiff laden und zur Münze fahren.

Die so gewonnenen Mittel erlaubten es Friedrich, die Armee personell aufzustocken und gut zu versorgen. Am 15. März zog Friedrich wieder ins Feld, entschlossen, eine endgültige Entscheidung zu erzwingen. Am 17. April schreibt er aus Neiße an Podewils: .... *Ich arbeite wie ein Pferd, um meiner kritischen Lage ein günstiges Aussehen zu geben. Das Militär wird seine Schuldigkeit tun, und es gibt keinen unter uns, der sich nicht lieber entzwei schlagen ließe, als daß er einen Finger breit Erde durch unsre Feigheit verloren gehen ließe. Kurz, wir brauchen einen guten Frieden, oder wir müssen uns selbst übertreffen durch Handlungen von Tapferkeit und durch Wunder von Kühnheit, die uns eine so offensichtliche Überlegenheit über unsre Feinde wiedererlangen lassen, daß sie gezwungen sind, unsre Freundschaft zu suchen. Ich setze Sie in Kenntnis von meinen Dispositionen, weil eine Menge von Dingen eintreten kann, die mich zu andrer Zeit daran verhindert. Kurz, ich glaube, daß wir vor der letzten Entscheidung des Schauspieles stehen, und da meine Feinde glauben, daß mein Heer gänzlich vernichtet ist, so glaube ich, daß sie nahe daran sind, es auf einen Kampf mit uns ankommen zu lassen. Prinz Karl wird in diesem Feldzuge keinen Adjutanten haben; daher darf man hoffen, daß er Dummheiten machen wird. Adieu, ich wünschen Ihnen alle Annehmlichkeiten während meiner Abwesenheit, gute Gesundheit, und es wird nicht an mir liegen, wenn Sie keine guten Nachrichten von der Armee erhalten sollten.*

Aus dem Hauptquartier in Pomsdorf schreibt er zehn Tage später, wieder an denselben Minister: *Sollten aber alle meine Mittel, alle Verhandlungen, mit einem Worte, alle Möglichkeiten gegen mich sein, so will ich lieber ehrenvoll untergehen, als für mein ganzes Leben Ruhm und guten Namen verlieren. Ich habe es zu meiner Ehrenpflicht gemacht, mehr als irgend ein andrer zur Erhebung meines Hauses beizutragen, ich habe unter den gekrönten Häuptern Europas eine hervorragende Rolle gespielt: damit habe ich denn auch persönliche Pflichten auf mich genommen, denen ich fest entschlossen bin, auch auf Kosten von Glück und Leben gerecht zu werden.*

Sie denken, wie ein Ehrenmann denkt, und wäre ich Podewils, so würde ich ebenso denken, aber ich habe den Rubikon überschritten und will meine Machtstellung behaupten oder untergehen und alles, selbst den Namen Preußen, mit ins Grab nehmen.

Im folgenden Feldzug kam Friedrich zustatten, daß Maria Theresia Traun nach Italien abberufen und durch ihren unfähigeren Schwager Karl von Lothringen ersetzt hatte. Aber der König selbst überließ dieses Mal nichts dem Zufall und traf seine Maßnahmen wohlüberlegt. Zunächst ordnete er an, daß das in Oberschlesien stehende Armeekorps unter dem Markgrafen Karl zur Hauptarmee stoßen solle. Da die Verbindung dahin durch umherschwärmende ungarische Verbände praktisch abgeschnitten war, beauftragte der König Hans Joachim von Zieten, der es durch seine Tapferkeit in kurzer Zeit zum Befehlshaber eines Husarenregiments gebracht hatte, diesen Befehl zu überbringen. Zieten löste die schwierige Aufgabe mit einer List, indem er die Ähnlichkeit der Uniformen seines Regiments mit der der kaiserlichen Truppen nutzte und sich, zuerst unbehelligt, einfach einem feindlichen Verband anschloß. Als die Österreicher den Schwindel endlich durchschauten, gelang es Zieten, sich zu Markgraf Karl durchzuschlagen und noch einige Gefangene zu machen.

Nach der Vereinigung seiner 90000 Mann starken Truppen zog Friedrich diese bei Schweidnitz zusammen. Um den in der Gegend von Königgrätz zentrierten Feind über das Gebirge zu locken, ließ er dessen Anführer Karl von Lothringen durch einen persönlich instruierten angeblichen Überläufer berichten, er wolle sich über die Oder zurückziehen. Um dieses Gerücht glaubhaft zu machen, wurden gleichzeitig die Straßen nach Breslau ausgebessert.

So in Sicherheit gewiegt, überschritt die österreichische Armee am Abend des 3. Juni das Gebirge und marschierte über Hohenfriedberg nach Striegau. Friedrich hatte in den Geländeverwerfungen über 60 000 Mann in Deckung gehen lassen; Feuer und Rauchen waren streng verboten. Am 4. Juni um drei Uhr in der Frühe griffen die Preußen den linken Flügel der Österreicher, auf dem die Sachsen standen, an. Diese ergriffen, völlig überrascht, die Flucht und ließen die Österreicher ohne Flankenschutz zurück. Prinz Karl hatte bei Ausbruch des Kampfeslärms gedacht, seine Truppen griffen Striegau an. Als er die Lage erkannte, war es zu spät. Die Preußen warfen sich mit ganzer Kraft auf die Österreicher, die um acht Uhr geschlagen den Rückzug antraten.

Unter dem Eindruck des glänzenden Sieges von Hohenfriedberg schloß England am 26. August in Hannover einen Vertrag mit Preußen, der diesem den Besitz Schlesiens und Maria Theresias Gemahl Franz die Kurstimme Brandenburgs zusicherte. König Georg von England gelang es jedoch nicht, Österreichs Zustimmung zu diesem Vertrag zu gewinnen. Maria Theresia blieb unversöhnlich und sagte zum englischen Gesandten: *Und müßte ich morgen mit ihm Frieden schließen, noch heute lieferte ich ihm eine Schlacht!*

Am 13. September 1745 wurde Franz Stephan von Lothringen, der Gemahl Maria Theresias, in Frankfurt, gegen die Stimmen Brandenburgs und der Pfalz, zum Kaiser gewählt.

Friedrich war in der Zwischenzeit mit einem Teil seiner Armee dem Feind nach Böhmen gefolgt. Der Prinz von Lothringen, der ein Lager bei Königgrätz aufgeschlagen hatte, ergänzte seine dezimierte Armee; die Preußen verzettelten sich in einer Reihe kleinerer Gefechte und zogen sich Ende September zurück, um in Schlesien Winterquartiere zu beziehen. Auf dem Marsch der Preußen dorthin griff Prinz Karl am 30. September bei Soor mit 40 000 Mann die 18 000 Mann starke Armee Friedrichs an. Die Stellung der Preußen war ungünstig, da sie sich in einem Talkessel befanden; andererseits konnten auch die Österreicher in dem Gelände ihre zahlenmäßige Überlegenheit nicht nutzen. Es kam zu einer mörderischen Schlacht. Dem König wurde das Pferd unter dem Sattel zusammengeschossen, Prinz Albert von Braunschweig, der Bruder seiner Gemahlin, starb an seiner Seite; Georg von Wedell, der tapfere Kommandeur des Grenadierbataillons Wedell, fiel. Gegen Mittag hatten die Preußen gesiegt, die Österreicher flohen in die nahe gelegenen Wälder.

Der Erfolg war groß, doch verlor der König den größten Teil seiner Bagage – die Kriegskasse, das persönliche Gepäck mit seinen Büchern, seinen Lieblingshund Biche; ferner seinen Arzt und seinen persönlichen Sekretär Eichel. Allerdings hatte dieser Verlust auch zum Sieg beigetragen, denn die ungarischen Husaren, denen die Bagage in die Hände gefallen war, versäumten es über dem Plündern, ihre Befehle zu befolgen und Friedrich in den Rücken zu fallen.

es Hat bei Sohrr Schärfer gegangen als Nihmalen, schrieb Friedrich an Fredersdorff, *und bin ich in der Suppe bis über die ohren gesessen. Sistu Wohl mihr thut keine Kugel was.* Besonders schmerzte ihn der Verlust seiner Feldbibliothek, und er beauftragte sogleich seinen alten Lehrer Duhan, ihm unter anderem neue Ausgaben von Cicero, Lucian, Voltaire, Rousseau, Boileau und Bossuet zu besorgen.

Der preußische Sieg bei Soor hatte Maria Theresia nicht nachgiebiger gemacht. Sie faßte den Plan, den Krieg nach Preußen hineinzutragen. Von Sachsen und Böhmen aus sollten ihre Truppen in die Mark Brandenburg in Richtung Berlin vorstoßen, während im Osten ein Heer von 10 000 Russen, mit denen sie sich verbündet hatte, an der preußischen Grenze zusammengezogen werden sollte.

Um die Vereinigung der österreichischen und sächsischen Truppen zu verhindern, beschloß Friedrich, sie getrennt zu schlagen. Während er mit einer Armee gegen die Österreicher zog, befahl er dem Alten Dessauer, Sachsen anzugreifen und Dresden zu erobern. Der Plan wäre fast gescheitert, weil der alte Fürst sich zu viel Zeit ließ. Ein Soldat der alten Schule, verlor er einen Tag mit Sonntagsruhe, einen zweiten mit Brotbacken und einen weiteren mit der Organisation der Flankendeckung. Der König, der den alten Haudegen ohnehin nicht ausstehen konnte, tobte, *weillen der Alte kright* [kriecht] *und man inhe immer treiben mus* und schrieb ihm am 9. Dezember einen Brief, wie ihn der Fürst wohl in seinem ganzen Leben noch nicht erhalten hatte: *Ich muß Eurer Liebden sagen, daß ich Dero bisherige Operationes nicht approbiren kann, weil solche so langsam gehen, und wo was im Stande wäre, Mich hier in Unglück zu bringen, so wäre es gewiß Eurer Liebden Saumseligkeit... Alle meine Officiers verstehen meine Ordres, die Ich deutlich und positiv genug gebe. Ich kann also nicht begreifen, warum ich das Unglück habe, daß Euer Liebden Mich nicht verstehen... Ich kann nicht leugnen, daß Ich gar übel von Ihr Durchlaucht Manoeuvres zufrieden bin; Sie gehen so langsam, als wenn Sie sich vorgenommen hätten, mich aus meiner Avantage* [Vorteil] *zu setzen, und weiln diese Sachen ernsthaft seind, so rate Ihnen als ein guter Freund, solche mit mehrer Vigueur* [Nachdruck] *zu tractiren, meine Ordres ponctueller zu executiren, sonsten sehe mir gezwungen, zu Extremitäten zu schreiten, die ich gerne evitiren wollte. Ich weiß auch, daß ich mir alle Mal so deutlich explicire, daß sein Tage kein Officier von meiner Armee geklaget hat, daß er mir nicht verstünde, und ist mein Feldmarschall der einzige, der meine deutliche Befehle nicht verstehen kann oder verstehen will. Ich kann es nicht begreifen und bin in dem großen Mißvergnügen, denn Sie bringen mir um Ehre und Reputation.*

Offensichtlich tat der Brief seine gewünschte Wirkung, denn nun wollte es der alte Feldmarschall dem jungen König, den er für einen verweichlichten eitlen Fant hielt, zeigen.

Am 15. Dezember stieß er bei dem südlich von Dresden gelegenen Kesselsdorf auf die Sachsen, die eine günstige Stellung auf einer Anhöhe eingenommen hatten, deren mit Eis und Schnee bedeckte Abhänge unbesteigbar schienen. *Lieber Gott,* soll der Alte Dessauer gebetet haben, *steh mir gnädig bei, und wenn Du das nicht willst, dann hilf wenigstens die Schurken von Feinden nicht, sondern sieh zu, wie es kommt. Amen.*

Darauf gab er das Zeichen zum Angriff. Todesmutig stürmten die Preußen die Anhöhe hinauf, zweimal wurden sie durch den mörderischen Hagel der gegnerischen Granaten zurückgeworfen. Dann aber begingen die Sachsen den entscheidenden Fehler, daß sie den zurückweichenden Preußen nachsetzten. Dessauer ließ sofort ein Dragonerregiment vorstürmen, das die Feinde bergan jagte und die Batterien eroberte, worauf die Sachsen in wilder Flucht davonstoben.

Dankbar schreibt Friedrich am Tage darauf an den Sieger: *Durchlauchtigster Fürst, freundlich geliebter Vetter, Eurer Liebden heutiges Schreiben zu erhalten ist Mir um so angenehmer gewesen, als ich dadurch Gelegenheit habe, Deroselben Meine höchste Zufriedenheit über den glorieusen Sieg zu bezeigen, welchen Dieselben gestern unter göttlichem Beistand über die sächsische Armee gefochten haben. Euer Liebden können von Meinem aufrichtigen Dank, so Ich Deroselben deshalb habe, versichert sein und glauben, daß, da Ich weiß, wie großen Anteil Dieselben an diesem herrlichen Siege haben, und mit was besonderer Dextérité Euer Liebden Meine Ordres exequiret haben, Ich solches gegen Dieselbe lebenslang erkennen, und Mir nichts angenehmeres sein wird, als Deroselben überzeugende Marques von Meiner Dankbarkeit sowohl jetzo als vor die kommenden Zeiten zu geben. Übrigens bitte Ich, alle Meine Generals und Officiers, so sich in dieser Action mit sovielem Eifer und Bravoure in Meinem Dienst signalisiert haben, aller Meiner Gnade und Erkenntlichkeit zu versichern und ihnen zuvörderst in Meinem Namen vor ihr rechtschaffenes Betragen zu danken.*

Der Sieg von Kesselsdorf ebnete den Weg für einen Friedensschluß. Zwar hatte Maria Theresia ihren Abgesandten Graf Friedrich von Harrach nach Dresden, wo Friedrich am 18. Dezember eingezogen war, geschickt, um mit dem französischen Gesandten zu verhandeln, doch entschloß sie sich unter dem Eindruck der Ereignisse zu einem Frieden mit Preußen. Am 25. Dezember wurde der Vertrag unterzeichnet; Friedrich behielt Schlesien und erkannte dafür die Wahl Franz von Lothringens zum Kaiser an.

Am 28. Dezember hielt Friedrich seinen Einzug in Berlin, begeistert begrüßt von einer riesigen Menschenmenge, die jubelnd rief: *Es lebe der König! Es lebe Friedrich der Große!*

Der Krieg war gewonnen und Preußen zur Großmacht aufgestiegen, aber Friedrich fühlte sich nicht als strahlender Sieger. Er war nachdenklich geworden. Innerhalb weniger Monate waren 1745 seine Freunde Jordan und Keyserlingk gestorben. *Ich gestehe Ihnen,* hatte er am 22. August an Podewils geschrieben, *daß dieser Schlag mich niederschmettert, und daß mir die Kraft fehlt, ihm Widerstand entgegenzusetzen.*

Als er nach Berlin zurückgekehrt war und der Jubel ihn umbrandete, hatte ihn sein erster Weg zu Duhan, seinem alten Lehrer, geführt, der im Sterben lag. *Mein lieber Duhan,* sagte er bewegt, *wie schmerzt es mich, Sie in diesem Zustande zu finden. Wollte Gott, ich könnte etwas zu Ihrer Wiederherstellung und zur Linderung Ihrer Leiden tun: Sie sollten sehen, welche Opfer Ihnen meine Dankbarkeit mit Freuden bringen würde.* Gerührt antwortete Duhan: *Ew. Majestät noch einmal gesehen zu haben, ist der süßeste Trost, der mir zuteil werden konnte. Nun wird mir das Sterben leichter werden.*

Er griff nach der Hand des Königs, um sie zu küssen, doch erlaubte dieser das nicht und verabschiedete sich von dem Freund, der am folgenden Morgen starb.

Über des Königs Gemütsverfassung in dieser Zeit sind wir unterrichtet durch einen Brief, den Claude Etienne Darget, nach der Schlacht von Hohenfriedberg zu Friedrichs Sekretär und Vorleser ernannt, an den französischen Gesandten in Berlin, Valory, schrieb, dessen Sekretär er vorher gewesen war. *Er habe,* so gibt Darget das Gespräch wieder, *in den verschiedenen Lagen, in denen er sich befand, stets eine lebhafte Empfindung dafür gehabt, wie groß seine Gefahr sei, habe es satt, stets sein Glück auf eine Karte zu setzen, und wolle versuchen, die Ruhe zu erlangen, deren er wie sein Volk dringend benötigt sei ... Seine kriegerische Laufbahn sei beendet, er wolle sein Land nicht weiter den Launen des Glückes ausgesetzt wissen, eines Glückes, dessen Beständigkeit ihn so weit in Verwunderung setze, daß er Grund habe, eine Änderung zu fürchten. Sein Ehrgeiz sei damit befriedigt, daß er imstande gewesen sei, den Feind zu zwingen, ihn in seiner eignen Hauptstadt um Frieden zu bitten.*

Die Freundlichkeit, mit der mich der König behandelte, ermutigte mich, ihm seine glänzende Lage mit der Erwägung vorzustellen, wie schön es sein würde, wenn er, nachdem er der Held Deutschlands geworden sei, nun auch als der allgemeine Friedensstifter Europas auftrete.

»Das gebe ich Ihnen zu, mein lieber Darget«, erwiderte er, »aber das ist eine zu gefährliche Rolle. Ein einziges Mißgeschick stürzt mich ins Verderben, und mir steht der Gemütszustand, in dem ich mich bei meiner letzten Abreise in Berlin befand, zu lebhaft vor Augen, um mich dergleichen noch einmal auszusetzen. Wäre mir das Glück abhold gewesen, so wär ich ein Monarch ohne Thron, und meine Untertanen sähen sich der grausamsten Unterdrückung ausgesetzt. Hier heißt es immer: Schach dem König! Das müssen Sie mir selbst bezeugen, lieber Freund. Ich will endlich einmal Ruhe haben.«

Ich stellte dem König vor, daß das Haus Österreich niemals gleichgültig mit ansehen werde, daß Schlesien in seinem Besitze sei.

»Die andern mögen tun, was sie wollen«, versetzte er. »Die Zukunft steht nicht in menschlicher Macht. Was ich erobert habe, habe ich, die übrigen mögen das ihrige behalten. Von den Österreichern fürchte ich nichts: das ist meine Antwort auf Ihre Bemerkung über die Schwäche meiner Garantien für den Besitz Schlesiens. Sie haben Angst vor meiner Armee, sie fürchten mein Glück. Ich glaube, ich kann sicher sein, daß sie mich während der zwölf Lebensjahre, auf die ich etwa noch rechne, in Ruhe lassen werden. Mein Gott, soll ich denn nie mein Leben genießen? Und dann liegt die wahre Größe doch sehr viel mehr darin, für das Glück meiner Untertanen als für die Ruhe Europas zu sorgen! ...

Künftig greife ich keine Katze mehr an, außer um mich zu verteidigen. Das Verlangen nach Ruhm und mein Vorteil haben mich zu meinem ersten Kriege, die Würde des verstorbenen Kaisers und mein Eifer für Frankreich zu dem zweiten bewogen. Künftig kämpfe ich nur noch für mein eignes Haus. Ich wiederhole es Ihnen: ich weiß zu gut, in welchem Zustande ich gewesen bin, jetzt würde ich mich nicht mehr rühren, auch wenn ich den Prinzen Karl vor den Toren von Paris sähe ...«

» – und uns würden Majestät mit derselben Gleichgültigkeit vor den Toren von Wien sehen?« beeilte ich mich einzuwerfen.

»Das schwöre ich Ihnen zu, Darget. Ich will endlich mein Leben

genießen. Sind wir armen Menschen dazu da, Pläne zu schmieden, die so viel Blut kosten? Wir wollen leben, indem wir andre leben lassen.« . . .

Das Friedensjahrzehnt

Unmittelbar nach dem Friedensschluß begann der König, in unermüdlichem Schaffen sein Land zu konsolidieren und zu einer nach innen und außen gefestigten Macht auszubauen.

Dabei behielt er im wesentlichen die Verwaltungsorganisation des Vaters bei: in der Hauptstadt Außenministerium, Justizministerium und das *General-Ober-Finanz-Krieges- und Domainendirektorium;* in den Provinzen die siebzehn Kriegs- und Domänenkammern. Ausgeprägter als bei seinem Vorgänger war die reine Selbstregierung aus dem Kabinett mit schriftlichen Weisungen an die Minister, die nur ausführende Organe waren. Alle Fäden liefen in der Hand des Königs zusammen, alle Entscheidungen wurden von ihm persönlich getroffen: *In einem Staate wie diesem ist es dringend nötig, daß der Fürst seine Geschäfte selbst betreibt, weil er, wenn er klug ist, nur auf das öffentliche Wohl abzielen wird, das ja das seine ist.* Das gewährleistete ohne Zweifel einen reibungslosen Ablauf der Regierungsgeschäfte, unterband aber zugleich weitgehend Initiativen seiner Untergebenen.

Friedrich hielt auch an dem von Friedrich Wilhelm eingeführten Finanz- und Steuersystem fest, das sich durch seine vorbildliche Einfachheit auszeichnete. Haupteinnahmequelle des Staates waren die Einkünfte aus den an Amtleute verpachteten königlichen Domänen, die rund ein Viertel des Landes ausmachten und zu denen außer den land- und forstwirtschaftlich genutzten Flächen die Salzbergwerke und Wegegelder zählten.

Zu diesen Einnahmen kamen zwei Arten von Steuern. Die direkte Steuer, die *Kontribution,* war eine Grund- und Bodensteuer; die indirekte Steuer, die *Akzise,* wurde am Eingang der Städte auf

Lebensmittel und eine Reihe anderer Waren erhoben. Von letzterer war der Adel, soweit es seinen persönlichen Bedarf betraf, befreit.

Die Einnahmen aus den Domänen flossen in die Domänenkasse und waren für die Ausgaben des Königs und für die Verwaltung bestimmt; die Erträgnisse aus Kontribution und Akzise dienten ausschließlich der Heeresverwaltung, der dadurch bedeutende Mittel zur Verfügung standen.

Der König nutzte diese Mittel, um die Schlagkraft seiner Armee zu stärken. Neben die Übungen in den einzelnen Garnisonen traten jährliche Manöver, in denen größere Verbände zusammengezogen wurden. Das erste dieser Manöver fand bereits 1746 bei Potsdam statt, das spektakulärste im Jahre 1753 bei Spandau. Hochgestellte Persönlichkeiten aus dem ganzen Staat waren eingeladen, ausländischen Beobachtern aus Geheimhaltungsgründen freilich der Besuch verwehrt worden. Scheinbar um die entstandene Neugier zu befriedigen, ließ der König eine Beschreibung der Feldübung drucken, die in Wirklichkeit eine Phantasieschilderung war, von vielen jedoch als wahr begierig aufgenommen wurde.

Um weitere Mittel für den Ausbau von Heer und Staat zu gewinnen, betrieb Friedrich eine aktive Wirtschaftspolitik, deren Grundsätze er selbst in mehreren Randbemerkungen zu den *Kommercien und Manufactur Sachen* seiner Instruktion für die Kurmärkische Kammer vom 16. März 1748 treffend beschrieben hat:

...3 comersien Sindt. Das eine, Schiket man wahren wek und krigt geldt davohr. 2. Holet Man fremde wahren und Setzet sie anderswers ab, Transitus. 3. verwekselet man seine wahren gegen andere, So man Nohtwendig gebraucht. Dise Seint alle 3 guht. das 1te ist das best. das 2te mus auf den Polnischen Debit Stark reflectiret werden, und das 3te genohmen, wan man es nicht beßer krigen kan. Unser handel rouliret auf Korn, Holtz und allerhandt wollene wahren, dieses mus auf alle weiße protegiret werden. Das Meiste geldt, was außer landes gehet, ist vohr wein, brandtwein und tzuker und Seidene wahren; in denen provintzien kan der wein höger Impostiret werden, damit das bihr höhern abgang hat; rafinerie von tzuker wird angelegt werden, und Mit denen Seidenen wahren ist der anfang gemacht, nuhr recommandire

vohr allen Dingen das general Directorium diese Etablissemens zu protegihren und darauf zu Sehen, das die fremde wahren verbohten werden, So baldt wier Solche entbehren können. Den Handel So viel möglich über stetin zu tzihen. Den transitus nicht zu hoch zu Impostiren und diejenige Kaufleüte, So großhandels anfangen, auf alle art zu protegiren und behülflich zu Seindt.

Ähnlich: *2 Sachen gereichen zu des landes besten. 1. eine auß fremden landen gelt einzutzihen. Dießes ist das Comerzium. 2. zu verhindern, das nicht unnöthig geld aus dem Lande gehe, Dießes sind die Manifactuhren ... Die besten Manifacturen seindt die wohr wihr die 1te Materie im lande haben ...*

Das ist im Prinzip ein von Jean-Baptiste Colbert (1619–1683) beeinflußter Merkantilismus, der mit staatlichem Dirigismus, mit Zöllen, Einfuhrverboten, Preis- und Verkehrskontrollen, versucht, die nationale Wirtschaft aufzubauen und ihre Produkte zu fördern. *Zum Exempel: desswegen nemen wihr in berlin Preusische Stat holsteiner buter, desswegen müssen sie in Preusen berliner oder Potztamer Samts Stats fremden Nehmen, schlesiche leinewandt Stat holändischer, hiesige Etamin* [Gewebeart] *Stat frantzöschen und So mus es in allen provincien gehalten werden, damit die Eine der andern in ihren Debit die hant bihte.*

Um wirtschaftlich autark zu werden, förderte der König den Aufbau einheimischer Manufakturen sowie, um Rohstoffe zu gewinnen, den Flachsanbau und die Maulbeerzucht; um vorhandene Rohstoffe, wie Wolle, in ihrer Qualität zu verbessern, ließ er sogar spanische Schafböcke importieren, wie er am 18. Mai 1748 an den Kammerpräsidenten von Gröben schreibt: *Ich bin auf die Idee gekommen, ob es nicht zur Verbesserung unserer hiesigen Land-Wolle gereichen könnte, wenn Ich von denen Spanischen Schaaf-Böcken welche anhero kommen ließe, um damit die hiesigen Schaafe belegen zu lassen; da Ich nun zu dem Ende den Kaufleuten Splittgerber und Daum aufgegeben habe, einige dergleichen Schaaf-Böcke aus Spanien anhero bringen zu lassen, und diese Mir dann gemeldet haben, daß von solchen 5 Stück alhier angekommen; So ist mein Wille, daß Ihr selbige von gedachtem Splittgerber abfordern lassen und sie alsdann in Meinen*

Ämtern, so in denen Kreysen belegen, worin die feineste und beste Wolle fället, verteilen sollet, um die Probe zu haben, ob auf solche Art unsere Wolle noch besser und feiner herausgebracht werden könne. Ihr sollet aber zugleich dahin sehen, daß diejenige Beamten, welchen Ihr gedachte Böcke hin gebet, auch ordentlich darunter verfahren und nicht darunter negligent zu Werke gehen, sondern alle gehörige attention haben, damit Wir von dem Succeß der Proben, und ob solches reussire oder nicht, versichert seyn können.

Um den Handel zu fördern, ließ der König den Hafen von Stettin ausbauen und den von Emden, wo eine asiatische und eine bengalische Handelsgesellschaft gegründet wurde, zum Freihafen erklären. Im Lande selbst wurden zur Verbesserung der Infrastruktur drei Kanäle gebaut und weitere projektiert.

Eine wichtige Aufgabe für die *Peuplierung* seines Landes sah Friedrich in der 1746 begonnen Urbarmachung der Oderbrüche und der damit verbundenen inneren Kolonisation. In Frankfurt und Hamburg gründete er Agenturen zur Anwerbung von Kolonisten, die bald zu Tausenden aus Böhmen, Hessen, Sachsen, Mecklenburg und anderen Landschaften kamen. Friedrich achtete streng darauf, daß den Immigranten alle behördliche Hilfe zuteil wurde. Am 5. Juli 1747 schrieb er an den pommerschen Kammerpräsidenten Georg Wilhelm von Aschersleben:

Es wird Euch das General-Directorium 48 Familien Bauers-Leuthe zusenden, welche auf Meine selbst eigene Veranlassung und Kosten aus dem Zweibrückschen anhero gekommen und sich mit den Ihrigen in Meinen Landen etabliren wollen.

Da in Pommern unter dem Amte Friedrichswalde, wenn alles ausgerohdet worden, gar füglich 40 bis 50 Familien angesetzet werden können; so ist Meine Intention, daß diese Familien allda etabliret und angesetzet werden sollen, als worüber Euch das General-Directorium mit näherer Instruction versehen wird. Ich habe Euch demnach auf sothane Instruction verweisen, hindurch aber Meine ernstliche Willens-Meynung dahin bekannt machen wollen, daß Ihr sogleich alle erforderliche Veranstaltung machen sollet, damit, sobald gedachte Familien in Pommern ankommen, dieselben auf das fördersamste an gedachten

Orts placiret und dergestalt angewiesen werden sollen, daß sie sich ihre Äcker selbst rohden und im Stande setzen können.

Ich erinnere hierbey alles Ernstes, daß die dortige Kammer nicht, der bisherigen üblen Gewohnheit nach, diese Leute lange warten lassen und mit deren Ansetzung und würklicher Anweisung so lange zaudern oder sie chicaniren soll, bis sie verdrießlich gemachet worden und die Hälfte davon sich wiederumb verlaufen haben, vielmehr sollet Ihr bestens dahin sehen, auch dem Kriegsrat Sprenger die Speciale Aufsicht deshalb erteilen, daß diese Leuthe guth und baldigst etabliret werden; woran mir um so viel mehr gelegen, als noch eine considerable Anzahl ihrer Landsleuth zurück seyndt, welche sich wie diese gleichfalls in Meinen Landen etabliren wollen, woferne sonsten diesen vorausgeschickten Leuthen wohl begegnet wird, und dieselben von ihrem Etablissement Zufriedenheit haben.

Als sich Schwierigkeiten ergaben, nachdem Kolonisten auch beim Bau der Kanäle eingesetzt worden waren, mahnte der König am 23. September 1750 in einem Kabinettsschreiben an das Generaldirektorium:

Da Se. Königl. Maj. aus einem von Dero Obristlieutenant von Balby pflichtmäßig erstatteten Bericht, wovon hierbei ein Extract erfolget, zu Dero höchstem Befremden ersehen müssen, in was erbarmens- und mitleidenswürdigen Umständen diejenigen Kolonisten, so in der Gegend des neuen Canals der Oder und anderen Orten untergebracht werden sollen, inzwischen aber zur Arbeit bei gedachtem Canal angesetzet worden, sich anjetzo befinden, und wie schlecht vor selbige gesorget worden, so können Höchstdieselbe nicht umhin, Dero Generaldirectorio hierdurch Deroselben äußerstes Mißfallen darüber zu bezeigen und denselben nachdrücklichst zu verweisen, daß solches so wenige Attention in einer Sache bezeiget, worunter Sr. Königl. Maj. Gloire versiret, und welcherwegen Sie so öffters declariret haben, daß Ihro besonders daran gelegen und daß Selbige nichts mehr wünschen, als Dero Lande und Provintzien mit neuen Einwohnern zu vermehren.

Sie befehlen dannenhero auch Dero Generaldirectorio hierdurch, von der großen Nonchalance hierunter sich einmahl aufzumuntern und, wie Höchstdieselbe so ofte befohlen, in Sachen, so Dero Interesse und Dienst betreffen, mehrere Vigilance zu haben, mithin sich nicht zu begnügen, etwa ein Rescript an die Cammer ergehen zu lassen, sondern sich selbst darum zu bekümmern, ob auch solchem nachgelebet wird und welchergestalt Sr. Königl. Maj. Willensmeinung ein Genüge geschiehet . . .

Nach Beendigung der Arbeiten sprach der König, als er vom Damm des Oderbruches auf die blühenden Fluren sah: *Hier ist ein Fürstentum erworben, worauf ich keine Soldaten zu halten nötig habe.*

Bei Friedrichs Reformen trat der Aufklärer gegenüber dem Realpolitiker in ihm zurück. Deshalb hielt er am System des klar gegliederten Ständestaats fest, der dem Adel erhebliche Vorrechte zubilligte, doch suchte er die Folgen für die Benachteiligten in Grenzen zu halten und vor allem das berüchtigte *Bauernlegen,* das Einziehen bäuerlicher Stellen durch den Gutsherrn, zurückzudrängen. Jedem Stand waren eigene Rechte und Pflichten verliehen, aber auch Grenzen gezogen, die in aller Regel nicht überschritten werden durften.

Im Gegensatz zu seinem Vater, der ein gespanntes Verhältnis zum Adel hatte, betrachtete Friedrich den Adel als *Fundament und Säule* des Staates. Der Adel stellte alle Offiziere in der Armee, und ihm waren die meisten einflußreichen Positionen in Politik und Verwaltung vorbehalten.

Die wirtschaftliche Sicherheit des Adels beruhte auf seinem Grundbesitz, der deshalb weder vom Staat noch von Bürgerlichen gekauft werden durfte. So schrieb der König am 29. Dezember 1750 an Cocceji:

Weilen ich anmerke, wie es noch beständig continuirt, daß Güter von alten adlichen Familien, und die dabei von Importance sind, von Personen bürgerlichen Standes angekauft und acquirirt werden, ich aber vor bedenklich und meinem Dienst vor nachtheilig finde, daß die Anzahl der alten adlichen Familien dadurch beträchtlich verringert werde; Als habet Ihr auf ein convenables Mittel zu denken, wodurch dergleichen Abus [Mißbrauch] *auf eine convenable Weise Ziel und Maß gesetzt werden könne, sonder daß dadurch allerhand unnötige éclats gemacht werden. Wie dann vorerst die Sache dahinn zu fassen sein wird, daß nämlich diejenigen Landgüter, welche jetzo schon in bürger-*

lichen Händen sind, zwar darin bleiben und vor das Künftige an Personen bürgerlichen Standes wiederum verkauft werden können, dahergegen fernerhin schlechterdings keine Güter, so den hiesigen adlichen Familien zuständig sind, verkauft werden müssen, dafern ich nicht etwa aus ganz besondern vorkommenden Ursachen meinen expressen Consens dazu erteile.

Dem Vorrecht des Adels, Rittergüter zu besitzen, stand das Verbot gegenüber, bürgerlichen Berufen nachzugehen. Am 18. Januar 1752 schrieb der König an den pommerschen Kammerpräsidenten von Aschersleben:

... Was endlich den letztern Punct Eures Promemoria [Denkschrift] *angehet, daß nämlich denen von Adel die Freiheit gegeben werden sollte, in Handelsstädten Comptoirs vor sich anzulegen, so gehet solches gar nicht an, indem einesteils wenig oder gar keine von Adel sich damit einlassen, andernteils aber solches denenselben um so weniger conveniren würde, als sie dadurch von dem métier d'honneur* [d. i. der Waffendienst] *abgezogen werden und vielleicht verschiedene von ihnen der Handelschaft mehr als dem ihnen anständigen Kriegeswesen obliegen würden.*

Aufgabe des Bürgers war es, vor allem Handel und Gewerbe zu betreiben, um die Wirtschaft zu beleben und dem Staat möglichst viel Steuern zu zahlen.

Die Bauern endlich hatten, im Gegensatz zu den Bürgern, die weitgehend vom Wehrdienst befreit waren, das Gros des Heeres zu stellen und im übrigen ihrer Arbeit nachzukommen. Ihr Los war hart, weil sie Hörige waren oder nur ein Besitzrecht auf Lebenszeit besaßen. Zudem waren sie mit hohen Abgaben und Frondiensten belastet und der Gerichtsbarkeit ihres Grundherrn unterworfen.

Es ist Friedrichs Verdienst, sich intensiv um die Verbesserung ihrer Lage bemüht zu haben. In einer Randbemerkung zur *Neuen Instruktion* vom 20. Mai 1748 schrieb er: *Dahr ich bedacht bin, das landt in allen Stücken zu soulagiren* [erleichtern] *und aufzuhelfen, So weis ich, das eins der Dinge, So zu hart, seint die grausamen Dinste, so Sie thun Müsen, wohrbei nichts als ihr verderb heraus kömt; also Sol in jede provintz und jeden Creis So wohl ambts, Stäte als adliche Dörfer dahin gesehen werden, ob man es nicht So einrichten könte, das der Bauer die Woche 3 tage, höchstens 4, dinte. Dießes wirdt was geschrei geben, alleine vohr den gemeinen Mann ist es fast nicht auszuStehen, wan er 6 tage oder 5 die woche dinen Sol; und in Meine Ämter befehle ich, das Sich die Kamern Sollen angelegen Seindt laßen, die Wüsten huwen* [Hufen, Höfe] *zu besetzen, theils mit, das die Neuen bauren ihre Dinste den Alten mit zum besten kommen, und Sol denen alten sovohrt durch eine Erliche repartion* [Zuteilung] *was nachgelaßen werden.*

Auch gegen die brutale Behandlung der Bauern durch Grundherren und Beamte schritt der König energisch ein. Am 8. November 1748 schrieb er an den Großkanzler von Cocceji: *Ich habe bekanntermaßen in Preußen in allen Meinen Ämtern das vorhin üblich gewesene unmenschliche tractiren derer Untertanen und deren Bestraffung durch postronckiren und dergleichen barbarische Strafen mehr gäntzlich abgeschaffet; dieweilen Ich aber vielfältig angemerket habe, daß die Edelleuthe und Gerichts-Obrigkeiten in Preußen diesem guten Exempel keineswegs gefolget seynd, sondern vielmehr nach als vorhin ihre Untertanen, wann sie etwas verbrochen, mit solchen starken und barbarischen Strafen belegen lassen, daß selbige dadurch um ihre Gesundheit kommen oder Landläufer zu werden gezwungen worden seyndt; So habe Ich resolviret, aus landesherrlicher Macht und Gewalt dergleichen Unwesen nicht länger zu gestatten, und zwar gedachte Edelleuthe und Gerichts-Origkeiten ihren Gerichts- und Frohnzwang nicht gäntzlich zu nehmen, wohl aber solchen dergestalt zu fassen, wie sich unter gesitteten Völkern gebühret . . .*

Am 15. Juli 1749 heißt es in einer Verfügung an die Kurmärkische Kammer: *Dieweil bishero verschiedene Beamte die Bauern mit Stockschlägen übel tractiret haben, Wir aber dergleichen Tyrannei gegen die Untertanen durchaus nicht gestatten wollen, so wollen Wir, daß, wenn forthin einem bewiesen werden kann, daß er einen Bauern mit dem Stock geschlagen habe, ersterer sodann deshalb alsofort und ohne einige Gnade auf sechs Jahr zur Vestung gebracht werden soll, wenn auch schon der gleiche Beamte der beste Bezahler war und seine Pacht pränumerirte.*

Ihr habt demnach dieses denen Beamten gehörig zu insinuiren und bekannt zu machen, auch wenn forthin der Fall eintreten sollte, daß ein Beamter einen Untertan geschlagen, alsdann vor letzteren wider den Beamten Partie zu nehmen.

Wie sehr den König das Problem der Leibeigenschaft bewegt hat, können wir auch einem Schreiben an Cocceji vom 16. April 1754 entnehmen, wo er meint, *wie überhaupt die Sclaverei von der in Pommern noch üblichen Leibeigenschaft Mir so hart und von so üblem Effect auf das gantze Land zu seyn scheinet, daß Ich wohl wünschete, daß solche gäntzlich aufgehoben und, zum Besten des Adels selbst, auf eine gute Art abgeschaffet werden könne.*

Eine bedeutende Reform leitete der König im Justizwesen ein. Unmittelbar nach Kriegsende erließ er eine Kabinettsordre an den Justizminister Samuel von Cocceji: *Da aus unzähligen mir bekannten Exempeln erhellet, daß nicht ohne Ursache über eine ganz verdorbene Justizadministration geklagt wird, ich aber bei nunmehr geschlossenem Frieden dazu nicht stille schweigen werde, so sollet Ihr nun an alle meine Justizkollegien eine nachdrückliche Circularordre ergehen lassen, worin dieselben von den bisherigen leider eingerissenen und oft himmelschreienden Mißbräuchen durch Chikanen, Touren und Aufhaltung der Justiz nach der alten Leier, der wohl her gebrachten Observanz, abgemahnet werden.* Am 12. Januar 1746 beauftragte der König Cocceji mit einer umfassenden Justizreform und verlangte *eine kurze, solide Justiz nach Vernunft, Recht, Billigkeit und dem Besten des Landes und der Untertanen.*

Cocceji, Sohn eines Professors und selbst Professor gewesen, war schon 1737 von Friedrich Wilhelm mit der Leitung einer Oberkommission betraut worden, die eine solche Reform in die Wege leiten sollte. Gegen hartnäckige Widerstände machte er sich mit einem wahren Feuereifer ans Werk und brachte Ordnung in ein Rechtssystem, das durch in Jahrhunderten herausgebildete unterschiedliche Rechtssysteme, unterschiedlichste Gerichtsbarkeiten, Kompetenzgerangel und den schlechten Ausbildungsstand der Juristen eine gerechte und schnelle Rechtsprechung unmöglich machte. Cocceji erarbeitete eine neue Gerichtsverfassung mit drei Instanzen und sorgte für die Säuberung des Richter- und Advokatenstandes sowie für die Abkürzung der Prozeßverfahren.

Um seinen Bemühungen Erfolg zu verschaffen, bereiste Cocceji selbst das Land, führte Gerichtsverhandlungen und sprach Urteile. 1747 arbeitete er in Stettin und Köslin, 1748 in Berlin, 1749 in Kleve, 1750 in Schlesien, 1751 in Preußen. Er persönlich hat über 4000 Prozesse entschieden, darunter einen Grenzstreit des Fiskus, der seit zwei Jahrhunderten anstand und siebzig Aktenbände füllte.

1749 erschienen als Projekt die ersten beiden Bände seines in deutscher Sprache verfaßten *Corpus juris Fridericiani,* das jedoch nicht vollendet wurde. So starb Cocceji, seit 1749 *Großkanzler des Königreichs und aller übrigen Lande,* im Jahre 1755, ohne sein letztes Ziel erreicht zu haben, eine Kodifikation des preußischen Rechts. Das gelang erst dem Großkanzler Johann Heinrich Graf von Carmer, der mit Hilfe des Rechtsgelehrten Karl Gottlieb Suarez (Svarez) eine neue Prozeßordnung und die Kodifikation eines einheitlichen Rechts schuf, die 1794 nach Friedrichs Tod als *Allgemeines Preußisches Landrecht* verkündet wurden.

Eine gewisse Sonderstellung in Friedrichs Staat nahmen das nach dem Tode des letzten Fürsten aus dem Hause Cirksena im Jahre 1744 Preußen zugefallene Ostfriesland sowie das eroberte Schlesien ein.

Während in Ostfriesland die zunächst bestätigte Ständeverfassung jedoch bald aufgehoben wurde, behielt Schlesien eine eigenständige Stellung. Der König errichtete zwei Kammern, die eine in Breslau, die zweite in Glogau, die einem Oberpräsidenten im Ministerrang unterstellt wurden, der nicht dem Generaldirektorium, sondern dem König direkt zugeordnet war.

Erster Oberpräsident wurde Ludwig Wilhelm von Münchow, der älteste Sohn von Friedrichs altem Küstriner Lehrmeister. Damit er sich ganz auf diese Aufgabe konzentrieren solle, verbot der König dem in den Grafenstand Erhobenen sogar zu heiraten. Es gelang von Münchow durch eine behutsame Politik, die Bevölkerung Schlesiens allmählich für Preußen zu gewinnen, doch verhielt sich der weitgehend von den Jesuiten in Schweidnitz erzogene Adel lange ablehnend. Da Friedrich jedoch den Katholiken sehr weit entgegenkam und dadurch selbst das Mißtrauen von Papst Benedikt XIV. entkräftete, wurden auch die religiösen Spannungen allmählich fast völlig abgebaut.

Wie in Schlesien setzte der König im ganzen Lande seine tolerante Religionspolitik fort, die ihren meistbeachteten Ausdruck fand in der Genehmigung des Baues der katholischen Hedwigskirche in Berlin, deren Grundsteinlegung am 13. Juli 1747 stattfand.

Weit mehr als durch Aufbau und Reformen war das Friedensjahrzehnt jedoch gekennzeichnet durch eine Fülle kultureller, künstlerischer und geistiger Aktivitäten des Königs.

Nachdem der Bau der Oper bereits kurz nach dem Regierungsantritt Friedrichs vollendet worden war, entfaltete er nun eine rege Bautätigkeit. In Berlin wurde ein geräumiges Invalidenhaus errichtet und am Lustgarten der neue Dom, der im September 1750 eingeweiht wurde. Wie der alte Dom diente auch der neue als Begräbnisstätte des regierenden Hauses. Bereits im Januar desselben Jahres waren die Särge der Vorfahren Friedrichs in den neuen Dom überführt worden. Der König wohnte der Zeremonie bei und ließ den Sarg des Großen Kurfürsten öffnen. Lange blickte er die Überreste des Verstorbenen an und sagte dann beeindruckt: *Messieurs, der hat viel getan!*

Um dem Theater der Hauptstadt, vor allem der Oper und dem Ballett, größeren Glanz zu verleihen, bemühte sich der König, von überall her bedeutende Künstlerinnen und Künstler nach Berlin zu verpflichten. Den Glanzpunkt unter ihnen setzte Barbara Campanini, *Barberina* genannt. 1721 in Parma geboren, debütierte sie mit achtzehn Jahren in Paris und machte eine glänzende Karriere, die sie bald nach London führte. Sie war stets von hochgestellten Liebhabern umgeben, von denen sie bis zu fünfzehn gleichzeitig hatte. Nachdem Bielfeld sie in London gesehen und Keyserlingk von ihr berichtet hatte, verpflichtete auf dessen Veranlassung der preußische Gesandte Johann von Chambrier die Künstlerin im September 1743 für die kommende Saison. Als sie wegen eines Liebhabers dieses Engagement unter einem Vorwand nicht antreten wollte, ließ der König sie kurzerhand entführen. Am 13. Mai 1744 trat sie zum ersten Male vor dem königlichen Hof auf und begeisterte ihr Publikum. Auch Friedrich war tief beeindruckt, lud sie zum Souper und zahlte ihr als Gage das Dreifache eines Ministergehalts.

Jahre herrschte die Barberina in Berlin wie eine Königin, bis Karl Ludwig von Cocceji, der Sohn des Großkanzlers, sich in sie verliebte und sie, gegen den Willen des Königs, heiratete. Sie zog sich vom Theater zurück und starb, von Friedrichs Nachfolger geadelt, 1799 als Gräfin Campanini und Leiterin eines adligen Damenstifts.

Wir brauchen rechte Huren, die mit Geist zu spielen wissen, forderte der König in seiner sehr direkten Sprache einen auswärtigen Agenten auf, ihm Schauspielerinnen zu vermitteln. Den gleichen Ton schlug er auch den Künstlern gegenüber an, so daß immer wieder gerade Engagierte die Flucht ergriffen. Dennoch zog er viele große Darsteller an sein Theater, an dem er regen Anteil nahm. Er wohnte den Proben bei und schrieb selbst Texte und Kompositionen für die Bühne.

Da der König nicht gern in Berlin lebte, hatte er zwischen den Kriegen in Charlottenburg im Schloß seiner Großmutter gewohnt und danach Potsdam als Wohnsitz gewählt.

Um aber eine Residenz nach seinen Vorstellungen zu bekommen, ließ er in Potsdam auf dem *Weinberg* durch Knobelsdorff ein Sommerschloß nach eigenen Entwürfen bauen. Der am 13. Januar 1745 begonnene Bau wurde im Mai 1747 fertiggestellt. Hoch über einem Terrassenhang von einhundertzweiunddreißig Stufen thront das siebenundneunzig Meter lange und nur zwölf Meter hohe eingeschossige Gebäude, dem der König den Namen *Sans,souci* gab. Warum er die eigenwillige Schreibung mit dem Komma wählte, ist sein Geheimnis geblieben; wenn er auf den Namen selbst angesprochen wurde, wies er auf die Gruft, die er zu seiner Begräbnisstätte bestimmt hatte, und sagte: *Quand je serai là, je serai sans souci* (Wenn ich dort bin, werde ich ohne Sorge sein).

Sanssouci wurde Friedrichs Tusculum, das er liebevoll ausstattete. Wie im Potsdamer Schloß schuf er auch hier eine erlesene Bibliothek, die bei seinem Tode 2288 Bände gegenüber 1038 in Potsdam umfaßte.

Viel Mühe verwandte er auf die Innenausstattung. Nachdem er bereits 1742 die bedeutende Antikensammlung des Kardinals Melchior de Polignac erworben hatte, begann er jetzt mit dem systematischen Aufbau einer Gemäldegalerie, für die er vor allem an Werken großer Meister, wie Raffael, Tizian und Correggio, interessiert war. Stolz schrieb er an Wilhelmine: *Ich habe schon ungefähr hundert zusammengebracht, darunter befinden sich zwei Correggios, zwei Veroneses, ein Tintoretto, ein Solimena, zwölf Rubens, elf van Dycks, ganz zu schweigen von anderen Meistern von Ruf.* Der erste gedruckte Katalog von Mathias Österreich aus dem Jahre 1778 zählt drei Werke von Leonardo da Vinci, neun von Tizian und fünf von Raffael auf, doch steht zu befürchten, daß ein Teil der heute größtenteils nicht mehr existierenden Gemälde gefälscht war, weil der König von diversen Kunsthändlern betrogen worden ist und eine Reihe Fälschungen erworben hat.

Friedrich, der Watteau sehr verehrte, aber auch an den Kunstschätzen Flanderns interessiert war, nutzte im Jahre 1755 einen Aufenthalt in Wesel, inkognito nach Holland zu reisen, um sich selbst dort umzusehen. Während dieser Reise, auf der er als fahrender Flötenspieler auftrat, lernte er Henri de Catt kennen, der drei Jahre später seiner Einladung folgte und für mehr als zwei Jahrzehnte sein Vorleser wurde.

Den Mittelpunkt des geistigen und kulturellen Lebens des Königs bildete die Tafelrunde, die er in Sanssouci um sich versammelte und die mit zu seinem Ruf als *Philosoph von Sanssouci* beigetragen hat. In ihr vereinte der Monarch eine Reihe gebildeter und geistig hochstehender Männer, mit denen er witzig und geistreich über Philosophie, Kunst, Wissenschaft oder Politik plauderte.

Zu ihr zählten seine Vorleser Claude Etienne Darget und Jean Martin de Prades; ferner Francesco Algarotti, weitgereister Sohn eines reichen venezianischen Kaufmanns, den Friedrich in den Grafenstand erhob und mit einem Jahresgehalt ausstattete. Friedrich nannte den fröhlichen, geistreich Plaudernden, der zu dichten und zeichnen verstand, gern seinen singenden oder süßen Schwan von Padua.

Weiter gehörte zu der Runde Jean Baptiste de Boyer, Marquis d'Argens, Sohn eines Generalprokurators am Gerichtshof von Aix-en-Provence, ebenfalls weit in der Welt herumgekommen. Er war ein fruchtbarer Schriftsteller mit einem umfangreichen Schaffen, dessen Briefe und Memoiren eine wichtige Quelle für die Geistesgeschichte des 18. Jahrhunderts sind. In ihnen übt er wortreich und freidenkerisch Kritik an seiner Zeit, weshalb ihn Voltaire einen *trotz seiner Geschwätzigkeit sehr nützlichen Atheisten* nannte. Friedrich warb ihn 1744 dem württembergischen Hof ab und ernannte ihn zum Kammerherrn und zum Direktor der Literaturklasse der Berliner Akademie mit einem Gehalt von 6000 Livres. Er war ein Schöngeist, der Kupferstiche und Holzstiche von Albrecht Dürer sammelte, und ein Mensch mit einem sehr ungesunden Lebenswandel. Er schrieb gewöhnlich im Bett, das Schreibzeug auf den Knien, bewegte sich kaum und aß unmäßig, so daß es nicht ausblieb, daß er bald über vielerlei Beschwerden klagte. Er war ein hoffnungsloser Hypochonder und lebte ständig in Todesfurcht, was zu steten Hänseleien durch den König führte.

Von ganz anderem Naturell war der kauzige und aus reicher Familie stammende Karl Ludwig Freiherr von Pöllnitz, der unter Friedrich I. Page und Kammerjunker gewesen war, in weimarischen, österreichischen und spanischen Kriegsdiensten gestanden und sein Vermögen in den verschiedensten Hauptstädten Europas verspielt hatte. Unterschiedlicher materieller Vorteile wegen trat er dreimal zur katholischen und zweimal zur reformierten Kirche über. 1735 wurde er Kammerherr und 1740 Oberzeremonienmeister am Berliner Hof. Ein witziger Beobachter und gescheiter Plauderer, war er ein gerngesehener Gast der Tafelrunde und manchmal ihr Clown.

Ernsthafter war das schottische Brüderpaar Keith, das die Heimat verlassen hatte, um als Anhänger der Stuarts nicht unter der Dynastie der Hannoveraner leben zu müssen. Der ältere, George, Erbmarschall von Schottland, meist *Mylord Marschall* genannt, wurde Friedrichs Gesandter in Versailles und sein Gouverneur in Neuenburg in der Schweiz. Der jüngere, Jakob, war General in Rußland, bis Friedrich ihn zum Feldmarschall und Gouverneur von Berlin ernannte.

Andere Militärs in der Tafelrunde Friedrichs waren Generaladjutant Hans Karl von Winterfeldt, Oberst von Forcade und Graf

Friedrich Rudolf von Rothenburg, den man als zweiten Keyserlingk bezeichnet hat.

Zum engeren Kreise kann man noch rechnen den Präsidenten der Akademie, Maupertuis, und schließlich den durch sein berühmt berüchtigtes Werk *Der Mensch eine Maschine* bekannt gewordenen Julien Offray de La Mettrie, ein ebenso schlechter Arzt wie beliebter Clown.

Der bedeutendste Gast an der Tafelrunde Friedrichs war Voltaire, der kurze Zeit nach dem Tode seiner Geliebten, Madame du Châtelet, im September 1749 auf Wunsch des Königs nach Preußen kam. Seit 1745 Historiograph und Kammerherr *(Gentilhomme Ordinaire)* des französischen Königs und seit 1746 Mitglied der Académie française, ließ Voltaire sich seinen Abschied von Frankreich fürstlich honorieren und verlangte vorab 40 000 Taler Reisegeld, gewissermaßen als Vorschuß. Der König gewährte nicht nur dies, sondern verlieh Voltaire den Orden Pour le mérite, den Titel eines Kammerherrn und zahlte ihm bei freiem Haushalt 20 000 Taler Jahresgehalt.

Artig reimte Voltaire im Juni 1750, er, *die sehr alte Danae,* werde gern kommen. *Das Gold, von Jupiter gesandt, ist nicht der Gegenstand ihrer Begier. Sie liebt mit hingebendem Herzen ihren Jupiter, nicht seinen Regen.*

Voltaire kam und war der strahlende Mittelpunkt des gesellschaftlichen Lebens am Hofe. Ball folgte auf Empfang, Festmahl auf Konzert. Im Potsdamer Theater führten die königlichen Prinzen und Prinzessinnen des Meisters Werke auf, die er selbst einstudierte. Nach der Mittagstafel arbeitete er mit seinem königlichen Gastgeber und Schüler, sprach mit ihm über Poesie, Grammatik, Rhetorik und korrigierte des Königs dichterische Versuche. Ein abendliches Konzert, bei dem Friedrich Flöte spielte, und ein ausgedehntes Souper, bei dem der geistreiche und schlagfertige Gast brillierte, beendeten den Tag.

Nach wenigen Wochen schrieb Voltaire über seinen Gastgeber an einen Freund: *Er ist der beste Mensch auf der Welt oder ich bin der dümmste Mensch auf der Welt.* Ein Jahr später lesen wir: *Ich komme in Potsdam an, die großen blauen Augen des Königs, sein holdseliges*

Lächeln, seine Sirenenstimme, seine fünf Schlachten, sein ausgesprochenes Gefallen an der Zurückgezogenheit und der Arbeit, an Versen und an Prosa, Freundlichkeiten, um den Kopf schwindeln zu lassen, eine entzückende Unterhaltungsgabe, Freiheit, im Verkehr volles Vergessen der Majestät, tausend Aufmerksamkeiten, die schon von seiten eines Privatmanns bestricken würden – alles das hat mir den Verstand verrückt, ich ergebe mich ihm aus Leidenschaft, aus Verblendung und ohne zu vernünfteln.

Aber inzwischen war auf das gute Verhältnis zwischen dem König und seinem Gast schon ein Schatten gefallen. Voltaire, der äußerst habgierig war, wurde einige Monate nach seiner Ankunft in ein zweifelhaftes Geschäft verwickelt. Im letzten Friedensvertrag hatte sich Sachsen dazu verpflichtet, sächsische Steuerkassenscheine von preußischen Besitzern zum Nennwert einzulösen. Da diese Steuerkassenscheine in Sachsen um sechzehn Prozent entwertet waren, kauften Schieber sie billig in Dresden auf und lösten sie in Berlin mit erheblichem Gewinn ein. Obwohl Friedrich diese Geschäfte bald verboten hatte, beauftragte Voltaire einen Berliner Juden, Abraham Hirschel, ihm für 40 000 Taler solche Scheine zu besorgen. Zur Deckung gab er ihm auf Paris beziehbare Wechsel, wofür Hirschel ihm als Sicherheit einige Juwelen ließ. Das Geschäft kam nicht zustande; Voltaire veranlaßte, daß seine Wechsel nicht eingelöst wurden. Hirschel verlangte nun außer einer Provision noch fünfhundert Taler Entschädigung und weigerte sich zudem, die Diamanten zurückzunehmen, angeblich, weil Voltaire einen Stein ausgetauscht hatte. Darauf verklagte Voltaire den Juden, der am 18. Februar 1751 vor Gericht unterlag.

Voltaire, der angeblich eine Urkunde gefälscht und einen Meineid geleistet hatte, war zwar vom Gericht freigesprochen worden, doch hatte der Prozeß, in dem übrigens Lessing für ihn dolmetschte, seinem Ansehen geschadet. Der König schrieb: *Ich war sehr erfreut, Sie bei mir zu empfangen; ich schätze Ihren Geist, Ihre Gaben, Ihre Kenntnisse und mußte glauben, daß ein Mann in Ihrem Alter des Gezeters mit den anderen Autoren müde, sich nicht mehr Gewitterstürmen aussetzen wollte und zu mir flüchtete wie in einen stillen Hafen . . . Sie haben mit dem Juden eine ganz häßliche Geschichte gehabt. Es hat in der ganzen Stadt einen Heidenlärm darüber gegeben... Bis zu Ihrer Ankunft ist es mir gelungen, in meinem Hause Ruhe zu haben, und ich mache Sie aufmerksam, daß Sie, wenn Sie das Intrigieren und Ränkeschmieden nicht lassen können, bei mir an den Unrechten gekommen sind. Ich gehe gern mit sanften und friedfertigen Menschen um, die mir nicht mit den heftigen Leidenschaften der Tragödie kommen. Falls Sie sich entschließen können, als Philosoph zu leben, werde ich mich freuen, Sie zu sehen; aber wenn Sie sich allen Süchten Ihrer Passionen hingeben und sich mit aller Welt überwerfen, werden Sie mir mit Ihrem Besuche kein Vergnügen bereiten und können ebensogut in Berlin bleiben... Ich hoffe, daß Sie keine Händel mehr haben werden, weder mit dem Alten, noch mit dem Neuen Testament; derartige Bloßstellungen lassen mit der Zeit auf Ihrem Rufe Flecken zurück, von denen Sie sich selbst mit den Talenten des ersten Schöngeistes von Frankreich nicht mehr werden rein waschen können... Ich schreibe Ihnen diesen Brief mit dem groben gesunden Menschenverstand eines Deutschen, der da sagt, was er denkt, ohne doppelsinnige Ausdrücke und matte Beschönigungen zu gebrauchen, die die Wahrheit nur entstellen. An Ihnen ist es, eine Lehre daraus zu ziehen.*

Die Spannung zwischen dem König und Voltaire wurde bald von Neidern noch gezielt durch Gerüchte erhöht. La Mettrie erzählte Voltaire, Friedrich habe gesagt, er brauche ihn vielleicht noch ein Jahr, dann werfe er ihn weg wie eine ausgepreßte Orange; dem König wiederum wurde berichtet, Voltaire habe sich über seine Verse lustig gemacht. Eines Tages hätte er gerade mit einem Gast über dessen Gedichte gesprochen, als ein Diener solche des Königs gebracht hätte. *Da schickt mir der König,* habe Voltaire gesagt, *seine schmutzige Wäsche zum Waschen; da muß die Ihrige noch warten.*

In die Zeit dieser Gereiztheit fiel dann ein Streit zwischen Voltaire und seinem Intimfeind Maupertuis, dem Präsidenten der Akademie. Als dieser in einer wissenschaftlichen Auseinandersetzung sich recht unglücklich verhalten hatte, veröffentlichte Voltaire anonym eine Schrift mit dem Titel *Réponse d'un académien de Berlin à un académien de Paris (Antwort eines Berliner Akademikers an einen Akademi-*

ker in Paris), in der es hieß: *Mehrere Mitglieder der Berliner Akademie haben gegen dieses Verfahren Einspruch erhoben und würden aus einer Akademie, die Maupertuis tyrannisiert und in Verruf bringt, ausscheiden, wenn sie nicht fürchteten, dadurch dem König, seinem Beschützer, zu mißfallen.*

Umgehend erschien als Antwort ein ebenfalls anonymes Flugblatt mit fast identischem Titel *(Brief eines Berliner Akademikers an einen Akademiker in Paris),* dessen zweite Auflage vom November 1752 Krone, Zepter und Adler trug und damit keinen Zweifel an ihrem Verfasser ließ. Heftig ergriff der König darin Partei für Maupertuis und griff Voltaire an: *Mir tun diese unglückseligen Schriftsteller leid, die sinnlos ihren Leidenschaften frönen und sich von ihrer Bosheit so sehr verblenden lassen, daß sie sich zugleich in ihrer Leichtfertigkeit, ihrer Ruchlosigkeit und ihrer Unwissenheit bloßstellen.*

Doch Voltaire wäre nicht Voltaire gewesen, wenn er sich für diese verletzende Rüge nicht gerächt hätte, wozu sich bald eine passende Gelegenheit bot. Maupertuis hatte ein Buch veröffentlicht, das voller törichter Behauptungen steckte. Voltaire verfaßte eine vernichtende und den Autor der Lächerlichkeit preisgebende Schrift mit dem Titel *Diatribe du docteur Akakia, médecin du pape (Diatribe des Doktor Akakia, Arzt des Papstes),* die er wieder anonym veröffentlichte. Der König war äußerst verärgert, zumal Voltaire seine offenkundige Urheberschaft leugnete, ließ die Schrift öffentlich durch den Henker verbrennen und sandte Maupertuis am 24. Dezember 1752 die Asche.

Am 1. Januar 1753 schickte Voltaire seinen Orden und den Kammerherrenschlüssel zurück und bat um seinen Abschied. Der König konnte ihn zwar noch einmal umstimmen, doch nicht für lange. Am 26. März, nachdem er das letzte Viertel seines Gehalts empfangen und seine Vermögenswerte aus dem Lande geschmuggelt hatte, verließ Voltaire Berlin und fuhr nach Leipzig. Hier ließ er sofort eine Neuauflage seines *Akakia,* ergänzt durch eine boshafte Nachschrift, erscheinen und reiste dann über Gotha nach Frankfurt am Main. Hier ließ der König ihn durch den preußischen Residenten Franz von Freytag festnehmen, der dem Dichter Orden, Kammerherrenschlüssel und einen Band mit Gedichten des Königs abnehmen sollte. Die

Sachen waren jedoch im Gepäck, das noch in Leipzig war und viel später nachkam, so daß Voltaire, nachdem ein Fluchtversuch gescheitert war, Frankfurt erst am 6. Juli 1753 verlassen konnte.

Voltaire rächte sich durch eine Schrift, die ein Jahr später anonym in Paris erschien, in verletzender Weise Friedrichs Privatleben schilderte und plump angebliche Beziehungen des Königs zu Offizieren und Pagen schilderte. Doch vermochte auch diese Denunziation des Königs Achtung vor Voltaire nicht zu zerstören, und er blieb ihm bis zu dessen Tode im Jahre 1778 weiter verbunden.

Die Gesellschaft in Sanssouci war eine reine Männerrunde, so daß Friedrichs Schwester Wilhelmine das Schloß ein Kloster nannte. Als ihn die Kurfürstenwitwe von Sachsen einst mit Salomon verglich, entgegnete er: *Salomon besaß einen Harem von tausend Frauen und glaubte nicht genug zu haben; ich habe nur eine, und das ist noch zu viel für mich.*

Man hat der Tafelrunde des *Philosophen von Sanssouci* zu Recht einen hohen Rang im geistigen und politischen Leben ihrer Zeit zugebilligt. Man darf aber nicht verschweigen, daß sie auch der Ort zahlloser Blasphemien, geistloser Witzeleien und geschmacklos derber Späße war, mit Umgangston und -formen von erschreckend niedrigem Niveau. Ein Brief des Königs an Darget endet: *Meine Hämorrhoiden grüßen Ihre Lustseuche;* in einem anderen heißt es: *Pissen Sie gut und seien Sie lustig; das ist das einzige, was Sie auf Erden tun können.* Bei einer großen Festtafel wurde der König ausfällig gegenüber seinem Minister Podewils, der ein Schwiegersohn Grumbkows war. Er warf ihm vor, am hellichten Tag in ein Bordell gegangen zu sein und fügte hinzu: *Ich habe nie begreifen können, wie der verstorbene Herr von Grumbkow, der doch ein Mann von Verstand gewesen, seine Töchter nur an Dummköpfe hat verheiraten können.*

Vielfältig ist die künstlerische und literarische Tätigkeit des Monarchen in dieser Zeit. Täglich war eine bestimmte Zeit der Musik gewidmet. Pünktlich am frühen Abend um sechs Uhr begann ein Konzert, bei dem Friedrich ausschließlich Werke von Quantz oder eigene Kompositionen spielte. Der König beeindruckte seine Zuhörer mit seinem beseelten Vortrag, den er nicht zuletzt seinem strengen

Lehrmeister Quantz verdankte. Dieser allein durfte Friedrich ein Bravo für eine besonders gelungene Darbietung zurufen; blieb er stumm, wußte der König, daß darin ein Tadel lag. Als Friedrich einmal eine eigene Komposition vortrug, in der einige Stellen fehlerhaft waren, räusperte sich Quantz laut und vernehmlich. Der König nahm die Kritik schweigend an, fragte jedoch später einen anderen Musiker nach dessen Meinung. Dieser wies den König auf die Fehler in der Komposition hin, die der mit der Bemerkung verbesserte: *Wir dürfen doch nicht zulassen, daß Quantz einen Katarrh bekommt.*

Neben die Musik trat, namentlich während der Anwesenheit Voltaires von 1750 bis 1753, die Dichtkunst. Unter dessen kritischer Begleitung entstand eine Anzahl von Dichtungen, von denen einige 1751 unter dem Titel *Werke des Philosophen von Sanssouci* erschienen mit dem Erscheinungsvermerk *im Turm des Schlosses mit dem Privileg Apollons.* Der Band enthält unter anderem Oden, ein Lehrgedicht über die Kriegskunst, Briefe mit Vers- und Prosawechsel und ein komisches Heldengedicht *Das Palladion,* das, in oft blasphemischer und zotiger Weise, die Gefangennahme Dargets durch Panduren im Jahre 1745 behandelt.

Bedeutender als die poetischen sind die historischen Werke des Königs aus diesen Jahren, die 1742/43 begonnene und in den Jahren 1746/47 geänderte und fortgeführte *Histoire de mon temps (Geschichte meiner Zeit)* sowie die 1746 bis 1751 entstandenen *Mémoires pour servir à l'histoire de la maison de Brandebourg (Denkwürdigkeiten zur Geschichte des Hauses Brandenburg).*

Die Grundzüge und das Ziel seiner Politik hat Friedrich in dem für seinen Nachfolger bestimmten *Politischen Testament* von 1752 niedergelegt, in dem er sich mit den politischen Verhältnissen in Europa auseinandersetzt und Schlüsse für das eigene Handeln zieht. In dem Abschnitt *Politische Träumereien* legt er die Eroberung Westpreußens, Schwedisch-Pommerns und Sachsens als notwendig für eine Arrondierung Preußens dar.

Der Friede von Dresden 1745, dem drei Jahre später der den Krieg zwischen Frankreich und Österreich beendende Friede von Aachen folgte, hatte Europa keine dauernde Ruhe beschert.

Maria Theresia wollte sich nicht mit dem Verlust Schlesiens abfinden und suchte nach Möglichkeiten, es zurückzugewinnen. Dafür jedoch mußte sie erst die Bündniskonstellationen in Europa ändern. Während ihr Gemahl sich seinen Handelsgeschäften widmete – zu Beginn des Siebenjährigen Krieges belieferte er selbst den Gegner Preußen –, bemühte sie sich, neue Verbündete gegen ihren Erzfeind zu finden. Schon 1746 gelang ihr der Abschluß eines Verteidigungsbündnisses mit Rußland. Darin wurde in einem Geheimartikel festgelegt, daß im Falle eines Angriffs von Preußen auf Österreich, Rußland oder Polen Friedrich sein Recht auf Schlesien verwirkt hätte und die drei Mächte es für Österreich zurückerobern sollten.

1750 schickte die Kaiserin den Grafen Wenzel Anton von Kaunitz als Botschafter nach Versailles. Kaunitz hatte nach dem Aachener Frieden in einer 252 Seiten langen Denkschrift angeregt, man müsse sich, um Schlesien zurückzugewinnen, mit Frankreich verbinden und ihm für eine Unterstützung die österreichischen Niederlande überlassen. Am französischen Hofe nahm man diese Vorschläge höflich, aber reserviert, zur Kenntnis, ohne zuzustimmen. Der Zeitpunkt für das österreichische Vorfühlen war insofern ungünstig gewählt, als in den Jahren 1750/51 der von Hannover ins Spiel gebrachte Plan, Maria Theresias Sohn zum römischen König zu wählen, für Unruhe in Europa sorgte. Nach einem Jahr mußte Kaunitz einsehen, daß ein Bündnis von Österreich und Frankreich gegen Preußen noch nicht erreichbar war; resigniert verließ er Versailles, und Österreich beschloß, vorerst abzuwarten.

In dieser Situation begannen die 1754 neu auflebenden Auseinandersetzungen zwischen England und Frankreich um die nordamerikanischen Kolonien auf die innereuropäische Politik einzuwirken. England hatte ohne Kriegserklärung einen Kaperkrieg gegen die französische Flotte aufgenommen, und Friedrich riet seinem Verbündeten Frankreich, in Hannover einzumarschieren. *Das ist das sicherste Mittel, um aus diesem Schweinehund etwas herauszuholen,* ließ er in seiner erfrischend direkten Art den französischen Gesandten wissen. Als dieser jedoch seinerseits den Wunsch der Franzosen vortrug, Friedrich möge zu ihrer Entlastung Hannover besetzen, lehnte er ab.

Um Hannover vor einem möglichen Einfall zu schützen, wandte sich der englische König an die Zarin und schloß am 30. September 1755 einen Vertrag mit Rußland, in dem St. Petersburg sich verpflichtete, im Falle eines Angriffs auf die englischen Besitzungen in Deutschland gegen englische Subsidien 50 000 Mann Hilfstruppen zur Verfügung zu stellen. Als der englische Gesandte Andrew Mitchell Friedrich über den Inhalt dieses Abkommens unterrichtete, erkannte dieser sogleich die Gefahr, die ihm drohte. Denn er mußte davon ausgehen, daß die Zarin nun auch ein Bündnis mit Maria Theresia anstreben würde und dadurch eine für ihn bedrohliche Koalition entstünde. Um dem zuvorzukommen und Rußland zu neutralisieren, schloß er seinerseits ein Abkommen mit England, die Westminsterkonvention, die am 16. Januar 1756 unterzeichnet wurde. In ihr verpflichteten sich England und Preußen zur gemeinsamen Abwehr jedes feindlichen Angriffs auf die Besitzungen der Vertragspartner in Deutschland.

Wie verhängnisvoll sich dieser Vertrag für Preußen auswirkte, sollte sich bald zeigen. Seit September 1755 hatte der österreichische Gesandte in Versailles, Georg Adam von Starhemberg, sich im Auftrag von Kaunitz bei Ludwig XV. um eine Annäherung der beiden Staaten bemüht und dabei auf die drohende Verbindung von England und Preußen hingewiesen. Der französische Hof zögerte und entsandte Anfang 1756 den Herzog Louis Jules von Nivernais nach Berlin. Er sollte das auslaufende Bündnis mit Preußen erneuern und bot Friedrich für eine Unterstützung Frankreichs gegen England-Hannover die unbedeutende westindische Insel Tabago an. Als der König ihm darauf den Inhalt der Westminsterkonvention mitteilte, wandte der Herzog betroffen ein, daß noch ein Bündnis von Frankreich und Preußen bestehe. Doch Friedrich entgegnete, dieses Bündnis würde ohnehin in drei Monaten ablaufen, und er habe sich gegen Rußland schützen müssen.

Die Verhandlungen zwischen dem König und dem Herzog zogen sich zwar noch bis Ende März hin, blieben jedoch erfolglos. In der Zwischenzeit hatte Maria Theresia die Gelegenheit genutzt und sich über die Marquise de Pompadour, die Geliebte Ludwigs XV., erneut mit dem König in Verbindung gesetzt. Und jetzt, da er sich, nach dem Kleinschnellendorfer Abkommen und den Friedensschlüssen von Breslau und Dresden, durch die Westminsterkonvention zum vierten Mal von Preußen verraten fühlte, entschloß sich der französische König zu einem *renversement des alliances,* einem Wechsel der Allianzen. Am 1. Mai 1756 ging er mit Österreich ein Verteidigungsbündnis ein, den Versailler Vertrag. In ihm garantierten sich die beiden Staaten gegenseitig ihren europäischen Besitz und versprachen einander im Falle eines Angriffs 24 000 Mann Hilfstruppen oder entsprechende Hilfsgelder zu stellen.

Mit diesem Vertrag hatte Kaunitz einen ersten politischen Erfolg gegen Friedrich errungen, dem bald weitere folgten. Bereits im April hatte Österreich die Zarin über die vielversprechenden Verhandlungen mit Frankreich unterrichtet und ein antipreußisches Angriffsbündnis vorgeschlagen. Die Zarin, empört über den Vertrag von Westminster, stimmte erfreut zu, bot 80 000 Mann und versprach, zusammen mit Österreich gegen Preußen zu kämpfen, bis Schlesien und die Grafschaft Glatz zurückerobert seien. Der Beitritt von Polen und Sachsen zu einer Allianz von Österreich und Rußland war so gut wie sicher; der von Schweden, das Stettin und Pommern zurückerobern wollte, sehr wahrscheinlich.

Um Frankreich auch für einen Angriff gegen Preußen zu gewinnen, bot Österreich Ludwig XV. für eine Unterstützung die Abtretung von Luxemburg, Ostende und Nieuwport an; ferner sollte der bourbonische Herzog Philipp von Parma, Schwiegersohn des Königs, Belgien erhalten.

So weit waren die Vorverhandlungen gediehen, als Friedrich durch den englischen Gesandten Andrew Mitchell über die Entwicklung in Rußland und durch Spione über Truppenbewegungen in Livland unterrichtet wurde. Zur gleichen Zeit meldete man dem König, daß ungarische Reiterregimenter nach Böhmen aufgebrochen seien. Darauf übermittelte ihm ein Spion aus Dresden den Wortlaut eines Briefes, den der sächsische Gesandte in Wien an seine Regierung geschrieben hatte. Aus ihm entnahm er, daß von einem Angriff Österreichs, Frankreichs und Rußlands auf Preußen gesprochen wurde. Gewißheit über die Pläne der Gegenseite gab dem König der Bericht des holländischen Diplomaten Fagel, der von St. Petersburg über London an ihn gelangte und in dem stand, daß im kommenden Frühjahr Österreich mit 80000 und Rußland mit 150000 Mann Preußen angreifen wollten.

Der Krieg scheint mir unvermeidlich, schrieb Friedrich am 22. Juni 1756 an Wilhelmine, *ich habe getan, was ich konnte, um ihn zu vermeiden. Das ist mir nicht gelungen, ich lehne die Verantwortung ab für alles, was da kommt.* Schon am folgenden Tage erteilte er Feldmarschall Hans von Lehwaldt in Ostpreußen eine detaillierte Instruktion für den Fall einer russischen Invasion.

Die Minister und die Generale – bis auf Winterfeldt – rieten Friedrich dringend ab, einen übereilten Schritt zu tun. Der englische Gesandte suchte ihn zu beschwichtigen und gab zu erwägen, daß Maria Theresia ihn vielleicht nur reizen wollte. Der König reagierte zornig und fragte: *Was sehen Sie in meinem Gesicht, mein Herr? Glauben Sie, daß meine Nase dazu gemacht ist, Nasenstüber hinzunehmen? Bei Gott, das werde ich nicht dulden!*

Als Mitchell versicherte, niemand zweifle am Charakter des Königs und *unter die königlichen Eigenschaften habe man nie die Geduld und die Unterwürfigkeit gerechnet,* sagte Friedrich, grimmig lächelnd auf ein Bild Maria Theresias hinweisend: *Da hilft nichts mehr. Diese Dame will den Krieg, sie soll ihn bald haben.*

Gleichwohl wollte er sich letzte Gewißheit verschaffen und beauftragte seinen Wiener Gesandten, die Kaiserin um Aufklärung über die Truppenansammlungen und einen Vertrag Österreichs mit Rußland mit dem Ziel der Teilung Preußens zu ersuchen. Die von einem Blatt abgelesene Antwort Maria Theresias: *Die bedenklichen Umstände der allgemeinen Angelegenheiten haben mich die Maßregeln für notwendig ansehen lassen, die ich zu meiner Sicherheit und zur Verteidigung meiner Verbündeten ergreife, und welche überdies nicht bezwecken, irgend jemand zum Schaden zu gereichen. Dies bitte ich, dem König, Ihrem Herrn, zu berichten.*

Diese ihn bewußt im unklaren lassende Antwort konnte Friedrich nicht genügen, so daß er ein zweites Mal um Klärung bat. Als er wiederum eine ähnlich ausweichende Auskunft erhielt, war sein Entschluß gefaßt: *Besser praevenire als praeveniri* (Besser zuvorkommen als zuvorgekommen werden), sagte er in seinem schauderhaften Latein – und eröffnete, für alle überraschend, den Krieg.

Der Siebenjährige Krieg

Am 28. August 1756, um vier Uhr morgens, verließ Friedrich mit seiner Armee Berlin und marschierte am 29. August in Sachsen ein. Die zahlenmäßig weit unterlegenen Gegner boten keinen Widerstand und zogen sich in ein befestigtes Lager bei Pirna zurück. Schnell wurden Wittenberg, Torgau und Leipzig besetzt, am 9. September rückte Friedrich in Dresden ein.

Sachsen war von dem Überfall so überrascht worden, daß nicht einmal das Staatsarchiv verlagert worden war. Hastig wurde es in den Gemächern der Königin verborgen, und die Königin selbst verwahrte die Schlüssel zu den Schränken, in die man es geschafft hatte. Aber auch das half nichts; ein preußischer General zwang sie unter Gewaltandrohung, ihm die Schlüssel auszuhändigen, und das Archiv wurde nach Berlin gebracht.

König August hatte mit seiner Armee nach Böhmen ausweichen wollen, doch schnitt ihm der Gegner den Weg ab, so daß er in Pirna bleiben mußte. Sein Lager war militärisch gut gesichert, doch schlecht versorgt. Die Preußen hatten es eingeschlossen, von jeder Zufuhr abgeschnitten und ließen auf Befehl Friedrichs nur einen Proviantwagen für König August durch.

Durch seine Unterhändler ließ August die Neutralität Sachsens anbieten, doch verlangte Friedrich, der sich zunächst damit hatte begnügen wollen, nun mehr: ein Bündnis gegen die Kaiserin und die Eingliederung der 18 000 Mann starken sächsischen Armee in die preußische.

Das hat es in der Weltgeschichte noch nicht gegeben, rief der sächsische Bevollmächtigte fassungslos aus. *Ich lege Wert darauf, originell zu sein,* entgegnete Friedrich.

Empört lehnte König August das Ansinnen des Preußen ab. Seine Lage wurde jedoch aussichtslos, als Friedrich in einer Nebelschlacht am 1. Oktober ein österreichisches Entsatzheer bei Lobositz in Böhmen schlug. Am 16. Oktober kapitulierte Sachsen. König August ging mit seinen jüngsten Söhnen nach Warschau; seine Offiziere durften, nachdem sie ihr Ehrenwort gegeben hatten, während dieses Krieges nicht mehr gegen Preußen zu kämpfen, nach Hause zurückkehren. Die sächsischen Unteroffiziere und Soldaten wurden in preußische Uniformen gesteckt und gezwungen, ihren Eid auf die preußische Fahne zu schwören. Diese Maßnahme erwies sich schnell als völlig unsinnig, da schon auf dem Weg in die preußischen Garnisonsstädte die meisten desertierten, nachdem sie ihre preußischen Offiziere umgebracht hatten. Viele gingen auch nach Österreich und bildeten dort eine später 12 000 Mann starke sächsische Exilarmee.

Der Überfall Preußens auf Sachsen hatte im In- und Ausland großes Aufsehen erregt. Am 13. September hatte der deutsche Kaiser Franz I., der Gemahl Maria Theresias, ein *Dehortatorium* (Abmahnung) erlassen, in dem er Friedrich aufforderte, *von seiner unerhörten, höchst frevelhaften und sträflichen Empörung abzulassen, dem Könige von Polen alle Kosten zu erstatten und still und ruhig nach Hause zu gehen.* Friedrichs Offizieren aber befahl er, *ihren gottlosen Herrn zu verlassen und seine entsetzlichen Verbrechen nicht zu teilen, wofern sie sich nicht der Ahndung des Reichsoberhauptes bloßstellen wollten.* Es gelang den Diplomaten Österreichs und Frankreichs an den deutschen Höfen, Friedrich als Friedensbrecher darzustellen, so daß der Reichstag am 25. Januar 1757 den Reichskrieg gegen Preußen beschloß.

Bedeutsamer aber war die Gewinnung der außerdeutschen Bündnispartner für Österreich. Am 2. Februar 1757 schloß Maria Theresia einen Vertrag mit Rußland, das 80 000 Mann stellen und dafür durch das polnische Kurland entschädigt werden sollte; Polen wurde als Ersatz Ostpreußen zugesichert. Schweden versprach die Kaiserin Preußisch-Pommern. Als wichtigsten Bündnispartner gewann sie Frankreich, das, um die österreichischen Niederlande als Gegenleistung zu bekommen, am 1. Mai 1757 einen neuen Versailler Vertrag schloß und sich zur Stellung von 105 000 Mann verpflichtete.

Demgegenüber nahm sich die Zahl der Verbündeten Preußens mehr als bescheiden aus: neben dem durch den Westminstervertrag verpflichteten England und mit ihm Hannover standen nur Braunschweig, Hessen-Kassel und Gotha auf Friedrichs Seite. Das bedeutete, daß seinen, alles in allem, etwa 200 000 Mann 500 000 feindliche Soldaten gegenüberstanden.

Nachdem der König einige Zeit geschwankt hatte, ob er in Sachsen auf den Feind warten solle, entschloß er sich auf Anraten seiner Generale Schwerin und Winterfeldt, seine Truppen im Frühjahr 1757 in zwei Armeen in Böhmen einmarschieren zu lassen. Vor Prag vereinigte er die beiden Verbände, und am 6. Mai kam es zur Schlacht. Die von Prinz Karl geführten Österreicher hatten auf dem östlich der Stadt gelegenen Ziskaberg, der von einem sumpfigen Gelände umgeben war, Stellung bezogen.

Der erste, schlecht vorbereitete Angriff der Preußen scheitert. Die Soldaten bleiben im Sumpf stecken, Winterfeldt wird schwer verwundet. Der zweiundsiebzigjährige Schwerin, der selbst die Fahne ergreift und seinem Regiment voranstürmt, bricht nach wenigen Schritten, tödlich getroffen, zusammen. In einer zweiten Attacke gelingt es Zieten mit fünfundsechzig Schwadronen, die österreichische Kavallerie zurückzuschlagen. Der österreichische Marschall Browne wird mit einem zerschmetterten Bein vom Feld getragen; Prinz Karl erleidet einen Brustkrampf und fällt bis zum Abend aus. Dadurch fehlt den Österreichern vorübergehend die Führung. Friedrich nutzt sofort die Gelegenheit; er läßt den bisher in Reserve gehaltenen rechten Flügel überraschend in eine feindliche Lücke vorstoßen. Die Regimenter des Prinzen Heinrich, des Prinzen Ferdinand von Bevern und des Generalleutnants von Winterfeldt marschieren unter schwerstem Beschuß wie auf dem Exerzierplatz gegen den Feind, der bald die Flucht ergreift. Der Großteil flieht in die Stadt, der Rest nach Süden zu Marschall Daun. Die Bilanz der *blutigen Schlacht,* wie sie später genannt wurde: 16 000 Österreicher und 13 000 Preußen sind gefallen.

Der ganze Feldzug ist für die Österreicher so gut wie verloren, schrieb Friedrich zuversichtlich an seine Mutter. Aber bald mußte er einsehen, daß ein solcher Optimismus verfrüht war. Es gelang ihm nicht,

Prag einzunehmen; im Süden wurde Herzog August Wilhelm von Braunschweig-Bevern, der die flüchtenden Österreicher verfolgt hatte, vom 54 000 Mann starken Heer des Grafen Leopold von Daun bedroht. Friedrich eilte mit einem zahlenmäßig unterlegenen Heer – 34 000 Mann – zur Hilfe, und am 18. Juni kam es bei Kolin zur Schlacht. Wie bei Prag ließ der König seine Truppen gegen einen Flügel des Feindes vorrücken und dann die Front aufrollen. Der Sieg schien gewonnen, Daun befahl bereits den Rückzug, als einige seiner Unterführer zum Gegenangriff ansetzten. Es glückte, weil der andere preußische Flügel entgegen dem Befehl des Königs vorgerückt war und so keine Reserven mehr gegen die Überzahl des Gegners zur Verfügung standen. Es kam zu einer erbitterten Schlacht, bei der sich auf österreichischer Seite die von Rachedurst beflügelten sächsischen Soldaten des Oberstleutnants von Benkendorff hervortaten.

Vergebens versucht Friedrich seine durch den Kampf gegen die Übermacht erschöpften Soldaten anzufeuern. *Kerls, wollt Ihr denn ewig leben?* schreit er einem sich zurückziehenden Regiment zu. *Für dreizehn Pfennig* [das war der Sold] *wars für heute genug!* entgegnet ihm trotzig ein alter Grenadier.

Doch Friedrich will immer noch nicht aufgeben. Er sammelt etwa vierzig Leute und reitet gegen eine feindliche Batterie. Er merkt gar nicht, daß die Soldaten ihm nicht mehr folgen, bis ein Adjutant ihn fragt: *Sire, wollen Sie denn die Batterie allein erobern?*

Jetzt erst hält er inne, wendet sein Pferd und gibt das Zeichen zum Rückzug. Auf dem Ritt zur Hauptarmee macht er in einem Dorf Rast, um sein Pferd zu tränken. Da tritt ein verwundeter Kavallerist auf den König zu, bietet ihm Wasser an und sagt treuherzig: *Trinke Eure Majestät doch und laß Bataille Bataille sein! Es ist nur gut, daß Sie leben. Unser Herrgott lebt gewiß, und der kann uns schon wieder den Sieg geben.*

In Nimburg zog der kleine übriggebliebene Rest seiner Garde an Friedrich vorüber. *Kinder,* sagte er mit Tränen in den Augen, *Ihr habt heute einen schlimmen Tag gehabt!* Und auf die Antwort, daß sie leider nicht gut geführt worden wären, versprach er: *Nun, habt nur Geduld, ich werde alles wieder gutmachen.*

Die Niederlage traf den König zutiefst. Nach sieben erfolgreichen Schlachten war er nun zum ersten Mal besiegt worden und hatte den Ruf der Unbesiegbarkeit verloren. *Das Herz ist mir zerrissen,* schrieb er am 20. Juni an den Prinzen Moritz von Anhalt-Dessau, *allein ich bin nicht niedergeschlagen und werde bei der ersten Gelegenheit suchen, diese Scharte auszuwetzen.*

Wenige Tage später traf den König ein weiterer Schicksalsschlag. Am 28. Juni starb seine Mutter, an der er mehr als an jedem anderen Menschen gehangen hatte. Er war verzweifelt, fühlte sich ungerecht vom Schicksal verfolgt, war aber gewillt, es zu meistern. *Ich bin fest dazu entschlossen, die äußersten Anstrengungen zur Rettung des Vaterlandes zu machen,* schrieb er am 17. Juli an Wilhelmine, *und muß abwarten, ob das Glück sich wendet oder mir gänzlich den Rücken zukehrt. Doch das sind künftige Möglichkeiten, auf die keine menschliche Voraussicht Einfluß hat. Ich segne den Augenblick, in dem ich mich mit der Philosophie vertraut gemacht habe. Nur sie kann die Seele in einer solchen Lage, wie die meinige ist, aufrecht erhalten.*

Danach schilderte er seine Lage aus seiner Sicht: *Ich bin in der Lage eines Reisenden, der sich von einem Haufen Schurken umringt und im Begriffe sieht, ermordet zu werden, weil die Räuber seine Habe unter sich verteilen wollen. Seit der Liga von Cambrai hat es kein Beispiel einer Verschwörung gegeben, wie sie dieses verruchte Triumvirat gegen mich geschmiedet hat. Die Sache ist nichtswürdig und eine Schande für die Menschheit und für die Sittlichkeit.*

Hat die Welt jemals gesehen, wie drei mächtige Fürsten ein Komplott schmieden, um einen vierten zu vernichten, der ihnen nichts getan hat? Ich habe weder mit Frankreich noch mit Rußland und am allerwenigsten mit Schweden Differenzen gehabt. Wollten im bürgerlichen Leben drei Leute sich einfallen lassen, ihren lieben Nachbar auszuplündern, so würden sie von den Gerichten gehörig vernommen werden, und nun geben Monarchen, die ja gerade diese Gesetze in ihren Staaten beobachten lassen, ihren Untertanen ein so abscheuliches Beispiel! . . .

Aber alle diese Betrachtungen sind überflüssig. Wir müssen das sein, wozu die Geburt, die darüber entscheidet, uns bei unserm Eintritt in die Welt gemacht hat.

Ich bin König und habe gemeint, wie ein Monarch denken zu müssen. Mein Grundsatz ist stets gewesen, daß einem Fürsten sein guter Name mehr wert sein muß als das Leben. Es ist eine Verschwörung gegen mich angezettelt worden, und der Wiener Hof ließ es sich einfallen, mich zu beleidigen; das zu erdulden war gegen meine Ehre. Nun beginnt der Krieg, und die Schurkenbande fällt über mich her; das ist meine Geschichte.

Wie zu helfen wäre, ist nicht leicht zu sagen. Bei schlimmen Krankheitsfällen müssen verzweifelte Mittel angewandt werden...

Da Friedrich sich in Böhmen nicht halten konnte, ordnete er den Rückzug des Heeres in zwei Heeresabteilungen an. Er selbst führte das Hauptheer zur sächsischen Grenze zurück; sein Bruder, der Kronprinz August Wilhelm, den östlichen Teil der Truppen. Daun verfolgte August Wilhelm und zwang den Unerfahrenen zu Gewaltmärschen, bei denen dieser die Artillerie, seinen Fuhrpark und mehrere tausend Mann durch Desertion verlor. Außerdem konnte er nicht verhindern, daß die Österreicher Zittau mit seinen preußischen Magazinen bombardierten und besetzten.

Der Kronprinz traf den König in Bautzen. Der Empfang war eisig. Als August Wilhelm auf seinen Bruder zuritt, wandte dieser wortlos sein Pferd und ließ August Wilhelm kurze Zeit später durch Generalmajor Karl Christoph von der Goltz mitteilen, er und seine Generale gehörten alle geköpft.

Tief verletzt legte der Prinz sein Kommando nieder, nahm seinen Abschied und starb, allein und verbittert, ein Jahr danach, ohne den König wiedergesehen zu haben.

Bald darauf jagte eine Schreckensnachricht die andere. Im Westen schlug die französische Nordarmee unter dem Grafen Louis Charles Estrées und dem Herzog Louis François Richelieu am 26. Juli bei Hastenbeck das hannoversche Heer unter Herzog August Wilhelm von Cumberland und Frankreich zwang ihn in der Konvention von Kloster Zeven am 8. September zur Auflösung seiner Armee. Am 30. August schlugen die über Memel in Ostpreußen einmarschierten Russen bei Großjägersdorf die preußische Armee unter Feldmarschall Lehwaldt. Zur gleichen Zeit fielen die Schweden in Pommern ein und besetzten das Land bis zur Oder. In Thüringen vereinigte sich die Reichsarmee unter dem Feldmarschall des Heiligen Römischen Reiches, Prinz Joseph Friedrich von Sachsen-Hildburghausen mit der Südarmee der Franzosen unter dem Prinzen Karl von Soubise, um Sachsen zu entsetzen. Schließlich gelang es General Graf Andreas Halik, mit einem österreichischen Korps am 16. Oktober nach Berlin vorzustoßen und eine Kriegskontribution von 180000 Talern zu erheben, bevor er einen Tag später vor zu Hilfe eilenden preußischen Truppen wieder floh.

Ein eher harmloses Zwischenspiel war es, daß der in Regensburg tagende Reichstag ein Verfahren wegen Verhängung der Reichsacht über Friedrich eröffnen wollte und am 14. Oktober den Hofgerichtsadvokaten Aprill zum preußischen Gesandten in Regensburg, Freiherrn von Plotho, entsandte, die *Citation* zu *insinuieren* (die Vorladung zuzustellen). Wie es Aprill erging, ist in einem vor Gericht aufgesetzten Protokoll festgehalten worden: *Und seind Sr. Exzellenz Freiherr von Plotho in einen heftigen Zorn und Grimm gerathen, also zwar, daß dieselben Sich nicht mehr stille zu halten vermoeget, sondern mit zitternden Haenden und brinnenden Angesicht beede Arme in die Hoehe haltend gegen mir aufgefahren, dabei auch die fiscalische Citation annoch in seine rechte Hand haltend, in diese Formalia wider mich ausgebrochen: Was! du Flegel insinuiren? Ich antworte hierauf: Dieses ist mein Notariat-Ambt, deme ich nachkommen muß. Dessen aber ohngeachtet fallete mich er Freiherr von Plotho mit allem Grimme an, ergriffe mich bei denen vorderen Theilen meines Mantels, mit dem Vermelden: Willst du es zuruecknehmen? Da mich nun dessen geweigert, stoßete und schube er sothane Citation vorwaerts zwischen meinen Rock mit aller Gewalt hinein, und da er mich annoch bei den Mantel haltend zum Zimmer hinausgedrucket, rufete er zu denen zweien vorhanden gewesenen Bedienten: Werfet ihn über den Gang hinunter.*

Der König sieht sich in diesen Monaten in einer fast aussichtslosen politischen und militärischen Lage. Er ist der Verzweiflung nahe und möchte am liebsten seinem Leben ein Ende bereiten. Als Wilhelmine ihm schreibt, sie wolle den Untergang Preußens nicht überleben, antwortet er: *Was Dich nun anlangt, meine unvergleichliche Schwester, so habe ich nicht das Herz, Dich in Deinen Entschließungen umstimmen zu wollen. Unsere Denkweise ist ganz die gleiche; unmöglich kann ich Empfindungen, die ich täglich selbst hege, bei Dir verdammen. Das Leben ward uns von Natur als eine Wohltat gegeben; sobald es eine solche nicht mehr ist, läuft der Vertrag ab, wird jeder Mensch Herr darüber, seinem Mißgeschick ein Ende zu setzen in dem Augenblick, da er es für geraten hält. Einen Schauspieler, der auf der Bühne bleibt, wenn er nichts mehr zu sagen hat, pfeift man aus ... Ist Dein Entschluß der gleiche wie meiner, so enden wir gemeinsam unser Unglück. Die in der Welt zurückbleiben, mögen sich dann mit den Sorgen abfinden, die auf ihnen lasten werden! Mein Tod wird den Beginn der Zwingherrschaft des Hauses Österreich bezeichnen. Doch was liegt daran, wie es zugehen wird, wenn ich nicht mehr bin! Mein Gedächtnis wird dann nicht belastet sein mit all dem Elend, das nach meinem Erdenleben über die Welt kommen wird, und dann wird man dankbar, wenn auch zu spät erkennen, daß ich mich bis zum Letzten der Unterdrückung meines Vaterlandes entgegengestemmt habe und daß ich lediglich dank der Erbärmlichkeit derer unterlegen bin, die es mit ihren tyrannischen Unterjochern gehalten haben, anstatt sich mit ihrem Verteidiger zu verbünden.*

Inhaltlich gibt er den langen Brief noch einmal in Versen an den Marquis d'Argens wieder. Darin heißt es unter anderem:

Nun ist das Los geworfen, Freund!
Ermüdet von dem Schicksal, das mich quält,
Ermüdet, mich zu beugen seiner Last,
Verkürz' ich selbst das Ziel, das die Natur
In mütterlichem Sinn, verschwenderisch,
Bestimmt für meine leiderfüllten Tage.
Mit festem Herzen, unverwandtem Blick
Schreit' ich dem Ziel entgegen, welches bald
Mich vor des Schicksals Wüten schirmen soll.
Furchtlos und mühlos, in der Parze Händen,
Zerreiß' an ihrer trägen Spindel ich
Den allzulangen Faden. Mir hilft Atropos,
Und schnell dring' ich in jenen Nachen ein,

Der Fürst und Hirten, ohne Unterschied,
Hinüberführt in's Land der ew'gen Ruhe.

Lebt wohl, ihr trügerischen Lorbeerkränze!
'S ist allzuteurer Kauf, wer leben will
In der Geschichte Büchern.
Oft geben vierzig arbeitsvolle Jahre
Nicht mehr als Einen Augenblick des Ruhms
Und Haß von hundert Mitbewerbern!

Erträumte Größe, lebe wohl!
Dein flücht'ger Schimmer soll die Augen mir
Nicht fürder blenden.

Dann aber entschließt er sich zu handeln und eine Wende herbeizuführen. Ein Kampf gegen die Reichsarmee erschien ihm dazu der geeignetste Weg. Diese Armee war ein trauriger, bunt zusammengewürfelter Haufen aus über hundert Kontingenten, der sich nach Aussage eines Zeitgenossen *für Geld sehen lassen* konnte. Bei einer schwäbischen Kompanie etwa stellte die Stadt Gmünd den Hauptmann, die Stadt Rottweil den ersten, die Äbtissin von Rothmünster den zweiten Leutnant und der Abt von Gengenbach den Fähnrich. Die Mannschaften waren irgendwie und irgendwo zusammengesuchte Burschen, nicht ausgebildet und schlecht versorgt.

Zusammen mit den 24 000 Franzosen unter Soubise war die Reichsarmee rund 60 000 Mann stark, denen Friedrich sich am 4. November in der Nähe des Dorfes Roßbach westlich der Saale mit 21 000 Mann gegenübersah. Da die Gegner eine vorteilhafte Stellung auf einer Anhöhe bezogen hatten, zog der König sich hinter einen durch sumpfiges Gelände führenden Bach zurück. Die beiden Prinzen, von denen der eine dem anderen an Unfähigkeit nicht nachstand, brachen am Morgen des 5. November ohne Vortrab und ohne Flankenschutz auf, um die Preußen zu umgehen. Sofort griff Friedrich überraschend von vorn und von der Flanke die Gegner an, die beim ersten Schuß Reißaus nahmen und von den Reitern des sechsunddreißigjährigen Generalmajors Friedrich Wilhelm von Seydlitz in die Flucht geschlagen wurden. In knapp zwei Stunden war die *sanfte Schlacht (une bataille en douceur),* wie Friedrich sie später nannte, vorbei. 165 Tote und 376 Verwundete, unter ihnen Prinz Heinrich und Seydlitz, hatte es auf preußischer Seite gegeben; 500 bis 600 Tote, 2000 Verwundete und über 6000 Gefangene auf seiten der *Reißausarmee,* wie die Reichsarmee seither hieß.

Der triumphale Sieg Friedrichs über eine dreifache Übermacht löste im In- und Ausland Begeisterung aus: *Zum ersten Mal nach langen Jahrhunderten völligster Schwäche und Erstorbenheit durchdrang die Deutschen wieder das spornende Glück erprobter Kraft und Tüchtigkeit, das stolze Bewußtsein politischer Machtstellung,* urteilte Goethe.

In die Freude über den Sieg mischte sich die Schadenfreude über die blamable Niederlage der Gegner Friedrichs. Bald wurde vielenorts das bekannte Spottlied gesungen:

Und wenn der große Friedrich kommt
Und klopft nur auf die Hosen,
Dann läuft die ganze Reichsarmee,
Panduren und Franzosen.

Auch in Frankreich brachte man dem Sieger große Sympathien entgegen, weil die Niederlage allgemein als eine verdiente Demütigung der Hofpartei betrachtet wurde. Zudem begegnete der frankreichfreundliche König den gefangengenommenen Franzosen so zuvorkommend, daß sie äußerten, er wisse nicht nur die Leiber seiner Feinde, sondern auch ihre Herzen zu bezwingen. Als sie ihm ihre Post unversiegelt bringen ließen mit der Bitte, sie nach Frankreich schicken zu dürfen, antwortete Friedrich: *Ich kann mich nicht daran gewöhnen, Sie als meine Feinde zu betrachten, und ich hege kein Mißtrauen gegen Sie. Versiegeln Sie also Ihre Briefe, und Sie sollen auch die Antworten ungeöffnet empfangen.*

Ihrem schwer verwundeten General Custine stattete er persönlich einen Besuch ab und äußerte sich ihm gegenüber mit so viel Achtung für Frankreich, daß Custine in die Worte ausbrach: *Sire, Sie sind größer als Alexander. Dieser quälte seine Gefangenen, Sie aber gießen Öl in ihre Wunden!*

Überschwenglicher als in Frankreich und selbst in Deutschland aber war der Jubel in England. Hier wurde Friedrich vom Volk vergöttert;

auf den Straßen wurde sein Bild feilgeboten und fand reißenden Absatz; seine Siege wurden begeistert gefeiert. Fast ungläubig schrieb später der dem König ablehnend gegenüberstehende Thomas Babington Macaulay (1800–1859): *So groß die Begeisterung Deutschlands für Friedrich war, kam sie der Begeisterung Englands doch schwerlich gleich. Der Geburtstag unseres Verbündeten wurde gefeiert, als sei Friedrich unser eigener König, und abends waren die Straßen ein einziges Lichtermeer. In jedem Hause sah man Bildnisse des Helden von Roßbach mit seinem dreieckigen Hute und seinem langen Zopf.*

Auch politisch hatte sich die Lage in England wieder zugunsten von Friedrich geändert. William Pitt der Ältere, ein großer Bewunderer Friedrichs, wurde erneut Premierminister. Er verwarf das Abkommen von Zeven und beschloß, den Krieg fortzusetzen. Der Herzog von Cumberland, ein Sohn König Georgs II., war als Heerführer untauglich. Als er nach seiner Niederlage heimgekehrt war, hatte ihn sein Vater mit den Worten empfangen: *Das ist mein Sohn, der mich zugrunde gerichtet und entehrt hat.* Auf Friedrichs Rat wurde er durch dessen Schwager, den Herzog Ferdinand von Braunschweig, ersetzt.

Auch im Osten kam es vorübergehend zu einer Entlastung. Versorgungsschwierigkeiten und Gerüchte von einer Erkrankung der Zarin brachten die Russen dazu, sich zurückzuziehen. Es hatte schon früher Mutmaßungen gegeben, Elisabeth sei gestorben, und Friedrich hatte hoffnungsvoll an Winterfeldt geschrieben: *Levalt* [Lehwaldt] *Schreibet die Rußische Canaille wehre Thot wohr es wahr ist So Krigen wiehr auf waßer.*

Über seinen Sieg schrieb Friedrich selbst später nüchterner: *Die Schlacht bei Roßbach verschaffte im Grunde genommen dem König nur die Freiheit, in Schlesien neuen Gefahren entgegenzugehen. Dieser Sieg wurde nur wichtig durch den Eindruck, den er auf die Franzosen und auf die Reste des Heeres des Herzogs von Cumberland machte.*

Friedrich begab sich nun nach Schlesien zurück, wo seine Hauptarmee unter dem Kommando seines Schwagers, des Herzogs von Bevern, stand, dem er Winterfeldt als Berater zur Seite gestellt hatte. In einem Gefecht bei Moys am 7. September wurden die Preußen geschlagen und Winterfeldt so schwer verwundet, daß er am folgen-

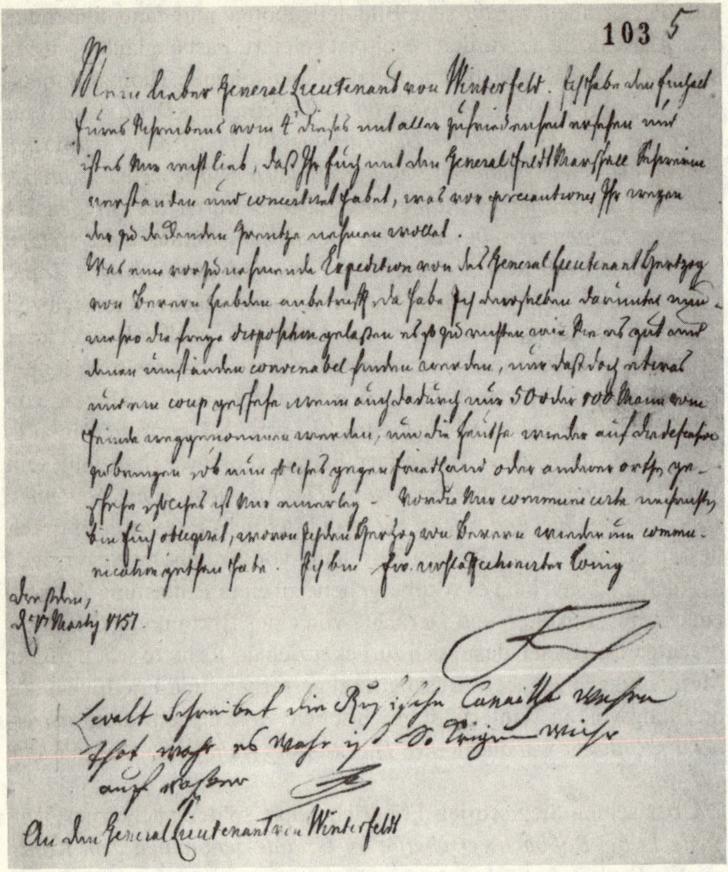
103 5

Mein lieber General Lieutenant von Winterfeldt.

An den General Lieutenant von Winterfeldt

Friedrich teilt Generalleutnant Hans Karl von Winterfeldt in einem eigenhändigen Postskriptum zu einem Schreiben vom März 1757 das ihm vom Oberkommandierenden der preußischen Truppen in Ostpreußen, Feldmarschall Hans von Lehwaldt, übermittelte Gerücht mit, nach dem die russische Zarin Elisabeth gestorben sein soll den Tag seinen Verwundungen erlag. Als Friedrich vom Tode des in der Armee nicht sehr beliebten, doch von ihm hochgeschätzten fähigen Generals erfuhr, rief er schmerzerfüllt aus: *Gegen die Menge meiner Feinde hoffe ich, ein Rettungsmittel zu finden; aber nie werde ich einen Winterfeldt wiederbekommen!*

Durch die Niederlage bei Moys gingen die Lausitz und Niederschlesien verloren. Der Herzog von Bevern zog sich in Richtung Breslau zurück; die Österreicher besetzten Schweidnitz, schlugen Bevern, nahmen ihn gefangen und marschierten in Breslau ein, dessen 5000 Mann starke Besatzung sich kampflos ergab und fast geschlossen zum Feinde überlief. Die Beamten huldigten der Kaiserin, der Fürstbischof, Graf Schaffgotsch, feierte zum Dank für die Befreiung ein Hochamt.

Unterdessen rückte Friedrich in Eilmärschen heran und vereinigte seine 12000 Mann bei Parchwitz mit dem etwa 20000 Mann starken Rest der Hauptarmee unter Zieten. Die Lage schien aussichtslos, die Offiziere und Mannschaften waren mutlos. Um die Moral der Soldaten zu heben, ließ Friedrich reichlich Lebensmittel und, vor allem, Wein austeilen. Schnell hob sich die Stimmung. Dann, am Abend des 4. Dezember, befahl der König seine Generale und Stabsoffiziere zu sich und hielt ihnen eine bewegende Rede: *Ihnen, meine Herren, ist es bekannt, daß es dem Prinzen von Lothringen gelungen ist, Schweidnitz zu erobern, den Herzog von Bevern zu schlagen und sich Meister von Breslau zu machen, während ich gezwungen war, den Fortschritten der Franzosen und Reichsvölker Einhalt zu tun. Ein Teil von Schlesien, meine Hauptstadt und alle meine darin befindlich gewesenen Kriegsbedürfnisse sind verloren gegangen, und meine Widerwärtigkeiten würden aufs höchste gestiegen sein, setzte ich nicht ein unbegrenztes Vertrauen in Ihren Mut, Ihre Standhaftigkeit und Ihre Vaterlandsliebe, die Sie bei so vielen Gelegenheiten mir bewiesen haben.*

Ich erkenne diese dem Vaterlande und mir geleisteten Dienste mit der innigsten Rührung meines Herzens.

Es ist fast keiner unter Ihnen, der sich nicht durch eine große, ehrenvolle Handlung ausgezeichnet hätte, und ich schmeichle mir daher, Sie werden bei vorfallender Gelegenheit nichts an dem mangeln lassen, was der Staat von Ihrer Tapferkeit zu fordern berechtigt ist.

Dieser Zeitpunkt rückt heran; ich würde glauben, nichts getan zu haben, ließe ich die Österreicher in dem Besitze von Schlesien.

Lassen Sie es sich also gesagt sein, ich werde gegen alle Regeln der Kunst die beinahe dreimal stärkere Armee des Prinzen Karl angreifen, wo ich sie finde. Es ist hier nicht die Frage von der Anzahl der Feinde noch von der Wichtigkeit ihres gewählten Postens; alles dieses, hoffe ich, wird die Herzhaftigkeit meiner Truppen und die richtige Befolgung meiner Dispositionen zu überwinden suchen.

Ich muß diesen Schritt wagen, oder es ist alles verloren; wir müssen den Feind schlagen, oder uns alle vor seinen Batterien begraben lassen.

So denke ich – so werde ich handeln.

Machen Sie diesen meinen Entschluß allen Offizieren der Armee bekannt; bereiten Sie den gemeinen Mann zu den Auftritten vor, die bald folgen werden, und kündigen Sie ihm an, daß ich mich berechtigt halte, unbedingten Gehorsam von ihm zu fordern. Wenn Sie übrigens bedenken, daß Sie Preußen sind, so werden Sie gewiß sich dieses Vorzuges nicht unwürdig machen; ist aber einer oder der andre unter Ihnen, der sich fürchtet, alle Gefahren mit mir zu teilen, der kann noch heute seinen Abschied erhalten, ohne von mir den geringsten Vorwurf zu leiden.

Nach einer kurzen Pause fuhr er dann lächelnd fort:

Schon im voraus hielt ich mich überzeugt, daß keiner von Ihnen mich verlassen würde; ich rechne also ganz auf Ihre treue Hilfe und auf den gewissen Sieg.

Sollte ich bleiben und Sie für Ihre mir geleisteten Dienste nicht belohnen können, so muß es das Vaterland tun.

Gehen Sie nun ins Lager und wiederholen Ihren Regimentern, was Sie jetzt von mir gehört haben.

Die Worte des Königs entfachten bei den Offizieren Begeisterung, die sich auf das ganze Heer übertrug.

Am Morgen des 5. Dezember rückte Friedrich mit seinen gut 32 000 Mann gegen die 70 000 Mann starke Armee der Österreicher, die zwischen Leuthen und Lissa Stellung bezogen hatte. Die Soldaten stimmten auf dem Marsch fromme Lieder an; als ein Kommandeur den König fragte, ob er das Singen verbieten sollte, entgegnete er:

Nein, laß Er das. Mit solchen Leuten wird Gott mir heute gewiß den Sieg verleihen!

Der österreichische Befehlshaber, Karl von Lothringen, der die *Berliner Wachtparade* nicht ernst genug nahm, verließ seine Stellung und rückte den Preußen entgegen, die ihn in einer verlustreichen Schlacht innerhalb weniger Stunden vernichtend schlugen.

Während die Soldaten am Abend erschöpft, aber glücklich im Lager *Nun danket alle Gott* sangen, war der König zur Verfolgung der flüchtenden Feinde aufgebrochen. An der Spitze der Grenadierbataillone von Manteuffel und von Wedell ritt er bis in das von Österreichern besetzte Lissa hinein.

Mit wenigen Begleitern begab er sich in das Schloß, in dem österreichische Offiziere bei der Tafel saßen. Er trat ein und sagte freundlich: *Bon soir, messieurs, Sie haben mich gewiß nicht erwartet? Kann man bei Ihnen noch unterkommen?* Die durch diese Kaltblütigkeit überraschten Offiziere wurden verlegen, stellten sich vor, und Friedrich plauderte mit ihnen. Erst am anderen Morgen, als auch die Truppen des Königs das Schloß besetzten, stellten sie fest, daß sie, statt sich zu ergeben, den Preußenkönig hätten gefangennehmen können.

Der Sieg von Leuthen brachte erneut eine Wende in Schlesien. Bis auf Schweidnitz räumten die Österreicher Schlesien, und am 21. Dezember rückte Friedrich in Breslau ein.

Den Winter verbrachte der König in Breslau. Er erholte sich in Gesprächen mit dem eigens eingeladenen Marquis d'Argens, hielt aber auch Gericht. Er verurteilte die Generale, die vor der Schlacht von Leuthen den Österreichern nicht genug Widerstand geleistet hatten, zu Festungshaft; er bestrafte die, oft unter österreichischem Zwang, abgefallenen Beamten und erklärte das Bistum, da Schaffgotsch geflohen war, für verwaist.

Vorübergehend glaubte er, Maria Theresia für einen Friedensschluß gewinnen zu können. Er schrieb: *Ohne die Schlacht vom 18. Juni* [Kolin], *wo mir das Glück zuwider war, würde ich vielleicht Gelegenheit gehabt haben, Ihnen meine Aufwartung zu machen; es kann sein, daß wider meine Natur Dero Schönheit und Großmut den*

Sieger überwunden, wir aber ein Mittel gefunden hätten, uns zu vergleichen. Eure Majestät hatten zwar einigen Vorteil in Schlesien, er war aber nicht von langer Dauer und die letzte Schlacht ist mir wegen des dabei vergossenen vielen Blutes noch schrecklich. Ich habe meinen Sieg genutzt und Breslau eingenommen, ich hoffe auch Schweidnitz wieder in meine Gewalt zu bekommen, sodaß ich im Stande sein werde, in Böhmen und Mähren einzurücken. Überlegen Sie dieses, meine Cousine, lernen Sie einsehen, wem Sie vertrauen. Sie werden sehen, daß Sie Ihr Land ins Verderben stürzen, daß Sie an Vergießung so vielen Blutes Ursache sind, und daß Sie denjenigen nicht überwinden können, der, wenn Sie ihn hätten zum Freunde haben wollen, so wie er Ihr naher Verwandter ist, mit Ihnen hätte Europa zittern machen können. Ich schreibe dies aus dem Innersten meines Herzens und wünsche, daß es Eindruck machen möchte. Wollten Sie aber die Sache aufs Äußerste treiben, so werde ich alles versuchen, was mir meine Kräfte verstatten. Wenn Ihnen Ihre Bundesgenossen so beistehen wie es ihre Schuldigkeit ist, so sehe ich voraus, daß es um mich geschehen sein wird. Allein es wird mich rechtfertigen, daß ich einen Mitkurfürsten von der Unterdrückung habe retten wollen, daß ich zur Vergrößerung des Hauses Bourbon nichts beigetragen und daß ich zweien Kaiserinnen und drei Königinnen Widerstand leisten mußte.

Doch bald mußte er einsehen, daß eine solche Hoffnung verfrüht war. Kaum von ihrer Krankheit genesen, ließ die Zarin Mitte Januar ihre Truppen unter Feldmarschall Fermor wieder in Ostpreußen einrücken, und ihr Beispiel bestärkte auch Österreich und Frankreich zur Fortsetzung des Krieges.

Wenn alle die Dinge so philosophisch wie Sie und ich betrachteten, schrieb Friedrich an d'Argens, *dann hätten wir schon lange Frieden. Aber wir haben es mit Menschen zu tun, die Gott verflucht hat, denn sie werden von Ehrgeiz verzehrt. Deswegen wünsche ich sie alle zum Teufel.*

Finanziell war er für den Feldzug des Jahres 1758 gut gerüstet. In Sachsen und Mecklenburg, die sich besonders feindlich verhalten hatten, erhob er sieben Millionen Taler Kontribution, in Schlesien, vor allem von der katholischen Kirche, eine weitere. Hinzu kamen durch den am 11. April abgeschlossenen Subsidienvertrag mit England weitere 670 000 Pfund hinzu, so daß ihm mit dem Rest des Kriegsschatzes rund fünfzehn Millionen Taler zur Verfügung standen, die es ihm erlaubten, wieder etwa 140 000 Soldaten ins Feld zu führen.

Im Westen wurde er durch Herzog Ferdinand von Braunschweig entlastet, der mit seinem Heer im Februar aus dem Winterquartier aufbrach und die zahlenmäßig weit überlegenen Franzosen bis an den Rhein zurücktrieb. In Wesel wartete er Verstärkung aus England ab, setzte am 1. Juni über den Rhein und schlug am 23. Juni die französische Armee bei Krefeld.

Friedrich konnte sich so auf die Österreicher konzentrieren. Am 16. April eroberte er Schweidnitz zurück, stieß nach Mähren vor und belagerte Olmütz, doch mußte er sich wegen Versorgungsschwierigkeiten wenig später zurückziehen.

Es gehört zu den Eigentümlichkeiten des Siebenjährigen Krieges, daß Friedrich immer wieder in Gewaltmärschen von einem Kriegsschauplatz zum anderen eilen muß. Kaum von Mähren zurück, erfordert das kleine preußische Ostheer seine Hilfe. Die Russen hatten die Oder erreicht und am 15. August Küstrin bombardiert. Am 21. August vereinigte Friedrich seine Truppen mit denen des Grafen Dohna und schlug am 25. August in einem zehnstündigen Gemetzel die russische Armee bei dem nördlich von Küstrin gelegenen Zorndorf.

Einen aufschlußreichen Einblick in das Wesen des Königs geben uns die Aufzeichnungen Henri de Catts, der seit dem 13. März 1758 Friedrichs Vorleser war, aber eher als Zuhörer und Gesprächspartner bezeichnet werden kann. Am Abend vor der Schlacht von Zorndorf wurde er gegen neun Uhr abends zum König gerufen: *Ich fand den König in einem sehr kleinen Zimmer der Mühle, mit Schreiben beschäftigt. Ich glaubte, der König machte seine Pläne für die Schlacht; aber keineswegs – er schrieb Verse.*

»Verse, Sire? Und morgen will Eure Majestät eine Schlacht schlagen!«

»Nun, ist daran etwas so Außergewöhnliches? Kann ich mich nicht an diesem Abend wie an jedem anderen mit Dichten beschäftigen und mich zerstreuen, indem ich vielleicht ziemlich schlechte Verse mache?

Meine Gedanken sind während des ganzen Tages bei der Hauptangelegenheit gewesen, die ich von allen Seiten betrachtet habe; mein Plan ist fertig, mein Entschluß gefaßt, und es will mir scheinen, es sei mir nun wohl erlaubt, zu kritzeln und Reime zu schmieden ganz wie ein anderer Mensch.«

»Sire, niemand wird Ihnen das verargen. Ich sage nur, daß es in einem so gefährlichen Augenblicke, wie es der vor einer Schlacht sein muß, recht schwierig ist, diese Fähigkeit zum Dichten zu haben.«

»Wenn Sie erst, wie ich, seit langem an diesen ganzen Wirrwarr der Schlachten gewöhnt sind, so werden Sie es nicht mehr so seltsam finden, daß man sich am Vorabend einer solchen Schlacht so vergnügt, wie ich es tue.«

Nach einiger Zeit wurden die Generale gemeldet, denen der König seine Befehle für die kommende Schlacht erteilte. Dann verabschiedete er de Catt: *Guten Abend. Beten Sie für mich und für mein Heer, und vergessen Sie sich selbst nicht.* Als de Catt am anderen Morgen die Wache fragte, *ob Seine Majestät ein wenig geruht habe,* entgegnete diese: *Geruht, mein Herr? Er hat so fest geschlafen, daß ich Mühe hatte, ihn aufzuwecken.*

Noch an der Oder, hörte der König, daß Daun in Sachsen eingedrungen war und das preußische Heer unter dem Prinzen Heinrich, dem Bruder Friedrichs, bedrohe. In erneuten Gewaltmärschen eilte Friedrich nach Sachsen, doch Daun, der *deutsche Fabius Cunctator,* wich, obwohl an Zahl überlegen, jeder Schlacht aus. Deshalb brach der König nach Schlesien auf, um einige dort bedrohte Festungen zu entsetzen. Unterwegs schlug er am 10. Oktober bei Hochkirch ein Lager auf, das äußerst ungünstig gelegen war. Vergeblich warnten die Generale den König. Bissig sagte Feldmarschall Keith: *Wenn uns die Österreicher hier in Ruhe lassen, verdienen sie, gehängt zu werden.*

Hoffen wir, daß sie weniger Angst vor dem Galgen haben als vor uns, antwortete Friedrich.

Aber des Königs Hoffnung trog. Zwar zögerte Daun trotz seiner vorteilhaften Lage zunächst anzugreifen, doch dann überredeten ihn seine Unterführer Gideon Ernst Freiherr von Laudon und Franz Moritz Lacy zu einem nächtlichen Überfall auf das preußische Lager.

Vor dem Morgengrauen des 14. Oktober griffen die Österreicher an und fügten ihren Gegnern schwere Verluste zu. Feldmarschall Keith, Prinz Franz von Braunschweig und Prinz Moritz von Anhalt-Dessau wurden tödlich verwundet, doch gelang dem König noch ein geordneter Rückzug.

Friedrich ist zutiefst deprimiert. Als de Catt nachmittags um drei Uhr zu ihm gerufen wird, empfängt ihn der König mit Versen aus Racines *Mithridates* (II, 3), die er auf seine Situation umgeschrieben hat:

Nach einem Jahr, Arbat, siehst du mich endlich wieder,
Der ich das Schicksal Wiens stets in der Waage hielt
Und der die ganze Welt in Ungewißheit ließ.
Ich bin besiegt. Daun nutzte den Schutz der dunklen Nacht,
Die uns nur wenig Raum zu mut'gen Taten bot.
Fast nackt die Söldner, tief im Dunkel dumpf geschart,
Und Ordnung wird nur schwer geschaffen und erhalten.
Unordnung allerorts verdoppelt noch den Lärm.
Wir wenden gegen uns, verwirrt, die eignen Waffen.
Von Felsen wird Geschrei furchtbar zurückgeworfen:
Des Nachtkampfs Greuel brechen über uns herein.
Was galt da wahrer Wert im unheilvollen Wirbel?
Viele sind tot; den ganzen Rest hab' ich gerettet.

Bei den Worten »Ich bin besiegt« hielt er inne und war sehr bewegt; bei den Worten »Was galt da wahrer Wert« seufzte er.

Später läßt der König de Catt ein weiteres Mal kommen und klagt: *Wie viele brave Leute verliere ich, mein Freund, und wie verabscheue ich dieses Handwerk, zu dem der blinde Zufall mich von Geburt an verdammt hat! Aber ich habe etwas bei mir, um das Stück zu beenden, wenn es mir unerträglich werden sollte.*

Als de Catt erblaßt, zeigt ihm der König eine kleine goldene Dose mit achtzehn Pillen. *Diese Pillen sind Opium. Diese Menge reicht völlig hin, um einen zu jenem düsteren Gestade zu befördern, woher man nicht mehr zurückkehrt.*

Wie den König nach der Niederlage bei Kolin die Nachricht vom Tode seiner Mutter zusätzlich getroffen hatte, so erreichte ihn jetzt die Meldung vom Tode seiner geliebten Schwester Wilhelmine, der

Markgräfin von Bayreuth. Am 17. Oktober, nachts um zwei Uhr, ließ der König de Catt kommen: *Als ich ankam, fand ich ihn schluchzend. Ich war einige Minuten bei ihm, ohne daß er mir ein Wort sagen konnte. Endlich rief er: »Meine Schwester ist verloren für mich, ohne Wiederkehr, mein Lieber; ich werde sie niemals wiedersehen. Das ist der entsetzlichste Schlag, der mich treffen konnte. So verliere ich Mutter, Bruder* [der Kronprinz August Wilhelm, der kurze Zeit vorher gestorben war], *Schwester, alles, was mir teuer ist. Meine Verluste erfolgen Schlag auf Schlag; ein Verlust fällt stets mit einem anderen zusammen. Ach, wie bald werde ich weder Freunde noch Verwandte mehr haben; der Tod nimmt mir alles. Mein Leben ist sehr unglücklich.«*

Aber Friedrich gab sich nicht lange seinem Schmerz hin, sondern vertrieb auf mehreren Märschen die Österreicher aus Sachsen und Schlesien. Da auch die Schweden sich aus der Mark und die Russen sich aus Pommern zurückzogen, schien die Lage des Königs Ende 1758 recht gut zu sein, als er sich ins Winterlager nach Breslau begab.

Der Schein trog, das Jahr 1759 schien den endgültigen Untergang Preußens zu besiegeln. Der Krieg hatte zu große Opfer an Menschen und Material gekostet, als daß Friedrich sie hätte ausgleichen können. Es fehlte an Geld, genügend neue Soldaten anzuwerben; und die Rekruten, die die Werber mit allen Mitteln in die Uniformen preßten, waren so schlecht, daß sie die Lücken in der Armee nicht gleichwertig auffüllen konnten. Friedrich war nicht mehr in der Lage, einen kraftvollen Angriffskrieg zu führen, sondern mußte sich begnügen, auf den Gegner zu reagieren. Da Daun seinerseits sich abwartend verhielt, bezog Friedrich ein festes Lager in Schmottseifen.

Ende Mai schrieb der König an den Marquis d'Argens: *In der Ferne mag meine Lage einen gewissen Glanz haben; kommen Sie aber näher, so finden Sie nichts als einen undurchdringlichen Dunst.*

Fast weiß ich nicht mehr, ob es ein Sanssouci in der Welt gibt; der Ort sei, wie er wolle, für mich paßt dieser Name nicht mehr. Kurz, mein lieber Marquis, ich bin alt, traurig und verdrießlich. Von Zeit zu Zeit blickt noch ein Schimmer meiner ehemaligen guten Laune hervor; aber das sind Funken, die geschwind verlöschen, weil die Glut fehlt, die ihnen Dauer geben könnte. Es sind Blitze, die aus dunklen Wetterwolken hervorbrechen. Ich rede aufrichtig mit Ihnen: sähen Sie mich, Sie würden keine Spur mehr von dem, was ich ehemals war, erkennen. Sie würden einen alten Mann sehen, der zu ergrauen anfängt, die Hälfte seiner Zähne verloren hat, ohne Frohsinn, Feuer und Lebhaftigkeit; kurz, ebensowenig mein früheres Selbst als die Überbleibsel von Tusculum, wovon die Architekten, aus Mangel an Ruinen, die die eigentliche Wohnung des Cicero anzeigen könnten, so viele eingebildete Pläne entworfen haben.

Das sind, mein Lieber, die Wirkungen, nicht sowohl der Jahre als der Sorgen, die traurigen Erstlinge der Hinfälligkeit, die uns der Herbst unseres Alters unausbleiblich mitbringt.

Diese Betrachtungen, die mich sehr gleichgültig gegen das Leben machen, versetzen mich gerade in den Zustand, in dem ein Mensch sein muß, der bestimmt ist, sich auf Tod und Leben zu schlagen: mit dieser Gleichgültigkeit gegen das Leben kämpft man mutiger und verläßt die Erde ohne Bedauern ...

Zufriedenstellend war die Lage weiterhin im Westen. Hier hatte Herzog Ferdinand von Braunschweig zwar am 13. April bei Bergen vor den Toren Frankfurts eine Niederlage erlitten, die er im Laufe des Jahres durch die Eroberung von Kassel und Münster sowie einen Sieg bei Minden am 1. August jedoch mehr als wettmachte.

Gefahr drohte im Osten. Ende April waren die Russen wieder vorgerückt, und Friedrich schickte ihnen einen Teil des pommerschen Armeekorps unter dem Grafen Dohna entgegen, die russischen Marschkolonnen anzugreifen und sie an einem Zusammenschluß zu hindern. Da Dohna dieser Aufgabe nicht gewachsen war, sandte der König als neuen Befehlshaber und mit weitgehenden Vollmachten ausgestatteten *Diktator* Generalleutnant von Wedell an die Front. Doch auch Wedell vermochte gegen die Übermacht der russischen Armee nichts auszurichten und unterlag ihr am 23. Juli bei Kay.

Nach diesem Sieg rückten die Russen bis nach Frankfurt an der Oder vor und schlossen sich dort mit einem von Laudon geführten österreichischen Kontingent von 20000 Mann zusammen. Inzwischen hatte Friedrich dem Prinzen Heinrich das Kommando in Schmottseifen übergeben und war nach Frankfurt aufgebrochen. Vereint mit den Resten des Korps Wedell, traf er am 12. August bei dem östlich der Stadt gelegenen Kunersdorf mit gut 40 000 Mann auf den 70 000 Mann starken Feind.

Friedrich greift den russischen Flügel der Verbündeten an und schlägt ihn zurück. Doch statt sich damit zufrieden zu geben, will der König einen totalen Sieg. Vergebens warnen ihn die Generale davor, seinen völlig erschöpften und kampfesmüden Soldaten mehr zuzumuten. Uneinsichtig befiehlt Friedrich, man müsse die Russen ein für allemal vernichten.

Aber der erneute Angriff scheitert, und als die österreichische Kavallerie in den Kampf eingreift, werden die Preußen vernichtend geschlagen und ergreifen die Flucht. Vergeblich wirft sich der König selbst in den Kampf: *Wer ein braver Soldat ist, der folge mir!* Zwei Pferde werden ihm unter dem Leibe weggeschossen, eine russische Flintenkugel durchschlägt seine Uniform und prallt an einem goldenen Etui in seiner Tasche ab. Verzweifelt ruft er: *Will mich denn keine verwünschte Kugel treffen?*

Die Schlacht ist geschlagen; 18 000 Preußen, 16 000 Russen und Österreicher sind gefallen. Der König, der für die Nacht Zuflucht in einem kleinen Bauernhaus gefunden hat, gibt sich verloren und trifft seine letzten Verfügungen. Das Oberkommando über die Armee, deren Generalissimus Prinz Heinrich wird, überträgt er dem General von Finck. Die Armee soll seinem Neffen, dem fünfzehnjährigen Kronprinzen Friedrich Wilhelm, den Treueeid leisten. Resigniert schreibt er an seinen Minister Karl Wilhelm Graf von Finckenstein: *Mein Rock ist von Schüssen durchlöchert, zwei Pferde wurden mir getötet; mein Unglück ist, daß ich noch lebe. Unser Verlust ist sehr beträchtlich: Von einem Heere von 48 000 Mann habe ich nur noch 3000. In dem Augenblicke, in dem ich schreibe, flieht alles, und ich bin nicht mehr Herr über meine Leute. Man wird gut tun, in Berlin an seine Sicherheit zu denken.*

Das ist ein grausamer Umschlag, und ich werde es nicht überleben; die Folgen dieses Ereignisses werden noch schlimmer sein als dieses selbst. Ich habe keine Hilfsmittel mehr, und, um nicht zu lügen, ich glaube, daß alles verloren ist; ich werde den Untergang meines Vaterlandes nicht überleben.

Adieu für immer!

In dieser Situation rettete Friedrich, wie man später sagte, *das Mirakel von Brandenburg.* Die Gegner nutzten den Sieg nicht, ihn zu vernichten. Die Russen zogen sich nach Polen zurück, die Österreicher wandten sich gegen Prinz Heinrich. Dieser war nach Sachsen marschiert, wo Reichsarmee und Österreicher Leipzig, Torgau, Wittenberg und, am 3. September, Dresden erobert hatten.

Friedrich hatte sich für kurze Zeit in Köben, südlich von Glogau an der Oder gelegen, etwas erholt. Wie immer las und schrieb er viel, Briefe und besonders Gedichte. Wie ein Besessener hat er Zeit seines Lebens Verse geschrieben, oft, um sich zu betäuben oder zu vergessen, denn das Vergessen *erfrischte ihm den Kopf.* An Prinzessin Amalie schrieb er einmal: *Oft möchte ich mich betrinken, um meinen Kummer zu ersäufen, aber da ich doch nicht trinken kann, zerstreut mich nichts so sehr wie das Verseschmieden, und solange diese Ablenkung dauert, fühle ich mein Unglück nicht.* So schrieb er neben einer Abhandlung über Karl XII. und Pamphleten gegen Kaunitz, Daun, den Papst und die Marquise de Pompadour zahllose Gedichte, die er wie früher Voltaire zur Korrektur zusandte.

Im November reiste der König nach Sachsen, in einer Sänfte getragen, da fast unerträgliche Gichtbeschwerden Reiten oder Fahren in einer Kutsche nicht zuließen. Am 13. November traf er im Lager bei seinem Bruder Heinrich ein, der über ein Vierteljahr das Riesenheer Dauns in Schach gehalten hatte: *Heinrich ist der einzige General,* so urteilte er, *der in diesem Feldzug keine Fehler gemacht hat.*

Friedrich übernahm wieder das Oberkommando und beging sogleich einen folgenschweren Fehler. Um Daun von seinen Verbindungen abzuschneiden, schickte er Generalmajor Friedrich August von Finck mit einem 15 000 Mann starken Korps aus, die Österreicher zu umgehen. Wie die meisten Generale äußerte Finck Bedenken, doch Friedrich erwiderte kurz: *Er weiß, daß ich keine Diffikultäten leiden kann: mache Er, daß er fortkommt.*

Finck führte den Befehl aus, wurde bei Maxen von Daun eingekesselt und mußte sich am 21. November ergeben. Friedrich ist empört: *Es ist bis dato ein ganz unerhörtes Exempel, daß ein preußisches Corps das Gewehr vor seinem Feind niederleget; von dergleichen Vorfall man vorhin gar keine Idee gehabt. Von der Sache selbst muß Ich annoch mein Judicium suspendiren* [Urteil zurückstellen], *weil Ich die eigentlichen Umstände, so dabei vorgegangen, noch gar nicht weiß.*

Zugleich hadert er de Catt gegenüber mit seinem Schicksal: *Was für eine entsetzliche Nacht habe ich gehabt, Catt! Ich habe also das Unglück, das mich verfolgt, nach Sachsen gebracht! In dem Augenblick, da ich den Feldzug in so glänzender Weise beenden wollte, da ich den Feind Dresden verlassen sehen und seinen Rückzug verderblich gestalten wollte, da meine Truppen, die so viel zu leiden gehabt haben, ausruhen sollten, in diesem Augenblick muß ich den unerhörtesten Rückschlag erleiden! Dieser Gedanke verfolgt mich unaufhörlich; es kommen Augenblicke, da ich mir seine Wirklichkeit nicht vorstellen vermag . . . Bedenken Sie nur, mein Freund, wie unglücklich ich immer gewesen bin! Von meinem Vater hart behandelt, drei Monate lang allein in einem Zimmer eingeschlossen, wo ich viele Mißhandlungen zu erdulden hatte und keine anderen Tröster hatte als Bousset und Basnage, unglücklich in jeder Beziehung während dieses Krieges, habe ich nur für kurze Zeit, in Rheinsberg, das Bild des Glückes gesehen. Ich habe jetzt Augenblicke der Ungeduld und des Unwillens, die ich zu unterdrücken suche. Ich bin wie ein Galeerensklave, den man angekettet hat und der nun zappelt, um seine Bande zu sprengen.*

Zwar konnten die Österreicher 1759 zum ersten Male in Sachsen überwintern, doch stellte sich der *geweihte Hut,* wie Friedrich Daun nannte, keiner Schlacht mehr. Am 10. Januar bezog der König sein Winterquartier bei Freiberg in Sachsen, wo er bis April 1760 blieb.

Noch einmal versuchte der König, gemeinsam mit England auf diplomatischem Wege zu einem Frieden zu gelangen, doch scheiterten die mehrmonatigen Verhandlungen in Den Haag an der starren Haltung von Friedrichs Gegnern.

Die Stimmung des Königs ist in diesem Jahr sehr gedrückt, wie aus seinen zahlreichen Briefen an seine Freunde hervorgeht. Im März schreibt er an Algarotti: *Der irrende Jude, wenn er jemals existiert hat,*

hat kein so irrendes Leben geführt, wie das meine ist. Man wird am Ende wie die Dorfkomödianten, die keinen Herd und keine Heimat haben; wir laufen durch die Welt, um unsre blutigen Tragödien da aufzuführen, wo unsre Feinde uns eben erlauben, unser Theater aufzuschlagen... Und ohne von dem moralischen Übel zu sprechen, das dieser Krieg bringen wird: das physische Übel wird nicht das kleinere sein, und wir können uns Glück wünschen, wenn die Pest nicht noch darauf folgt. Wir arme Toren, die wir nur einen Augenblick zu leben haben! wir machen uns diesen Augenblick so hart, als wir nur vermögen, wir gefallen uns darin, die schönsten Werke, die Fleiß und Zeit hervorgebracht haben, zu zertrümmern und nichts als ein hassenswertes Andenken an unsre Zerstörungen und an das Elend, das sie verursacht haben, zu hinterlassen!

Militärisch veränderte sich die Lage im Jahre 1760 nicht entscheidend. Die Österreicher unter Laudon besiegten am 23. Juni bei Landeshut in Niederschlesien die Preußen unter Friedrichs Jugendfreund Fouqué und eroberten Glatz. Es gelang Laudon aber nicht, Breslau zu erobern. Als er an der Spitze eines 50 000 Mann starken Heeres den preußischen Stadtkommandanten, General von Tauentzien, der über 3000 Mann verfügte, zur Übergabe aufforderte und drohte, im Weigerungsfalle nicht das Kind im Mutterleibe zu schonen, antwortete Tauentzien kühl, weder er noch seine Soldaten seien guter Hoffnung. Da die Truppen des Prinzen Heinrich sich zu dieser Zeit der Stadt näherten, zog Laudon sich schnell zurück.

Prinz Heinrich war der russischen Armee gefolgt, die sich mit der österreichischen unter Daun in Schlesien vereinigen wollte. Um dies zu verhindern, eilte auch Friedrich mit einer Armee nach Schlesien und traf am 15. August bei Liegnitz auf den Gegner. Da er mit 30 000 Mann einer dreifach so starken Armee gegenüberstand, griff er zu einer List. Am Vorabend der Schlacht verlegte er seine Truppen, ließ aber die Feuer weiter brennend halten, so daß die Österreicher nichts davon bemerkten. Während er die Hälfte seiner Truppen gegen Daun in Reserve hielt, stürmte er am nächsten Morgen um drei Uhr gegen Laudon und schlug ihn in einer heftigen zweistündigen Schlacht. Während dieser Zeit war Daun mit seinen Truppen zu dem am Abend vorher aufgegebenen preußischen Lager marschiert, ohne wegen der Windrichtung die Schlacht auch nur gehört zu haben. Erst der Qualm der Artillerie und das Siegesgeschrei der Preußen informierten ihn und bewegten ihn zum schnellen Rückzug, wie auch die nicht weit entfernte russische Armee sich rasch absetzte. Während der König noch auf dem Weg nach Norden ist, gelingt es russischen und österreichischen Truppen, Anfang Oktober das kaum verteidigte Berlin für wenige Tage zu besetzen und zu plündern, bis die Nachricht vom Herannahen Friedrichs sie wieder vertreibt.

Der König sieht seine Lage illusionslos. Am 28. Oktober schreibt er an d'Argens: *Nie werde ich den Augenblick überleben, der mich nötigt, einen nachteiligen Frieden zu schließen; kein Beweggrund, keine Beredsamkeit wird imstande sein, mich dahin zu bringen, daß ich meine Schande unterschreibe. Entweder lasse ich mich unter den Trümmern meines Vaterlandes begraben, oder, wenn dem Geschicke, das mich verfolgt, auch dieser Trost als zu schön erscheinen sollte, so werde ich mein Unglück zu beenden wissen, wenn es nicht mehr möglich ist, es zu ertragen. Stets habe ich der innern Überzeugung und jenem Gefühle von Ehre gemäß gehandelt, das alle meine Schritte leitet, und wonach ich stets handeln werde; mein Betragen wird immer mit diesen Grundsätzen übereinstimmen. Nachdem ich die Jugend meinem Vater, die männlichen Jahre meinem Vaterland geopfert habe, glaube ich berechtigt zu sein, über mein Alter zu gebieten.*

Ich habe es Ihnen gesagt und wiederhole es: nie wird meine Hand einen schimpflichen Frieden unterzeichnen. Ich bin fest entschlossen, in diesem Feldzuge alles zu wagen und die verzweifeltsten Dinge zu unternehmen, um zu siegen oder ein ehrenvolles Ende zu finden.

Friedrich brauchte vor dem Winter einen Sieg über Daun, um ungestört sein Winterquartier beziehen und Kontributionen erheben zu können. Daun hatte bei Torgau eine durch Hügel und Gräben geschützte, fast uneinnehmbare Stellung bezogen. Deshalb wollte der König ihn mit der Hälfte seiner Armee umgehen, während die andere Hälfte unter Zieten frontal angreifen sollte. Am 3. November brach Friedrich mit seinen Truppen auf, doch zog sich der Umgehungsmarsch zu lang hin, so daß Daun das Manöver erkennen konnte.

Dreimal griff Friedrich die Österreicher an, dreimal scheiterte der Angriff in einem mörderischen Artilleriefeuer. Wieder warf sich der König selbst in das Getümmel, drei Pferde wurden unter seinem Leib erschossen, er selbst wurde von einem Schuß getroffen und ohnmächtig aus dem Sattel geworfen. Seinen Begleitern stockte der Atem, doch der dicke Pelz und der Samtrock hatten dem König das Leben gerettet. Schnell kam er wieder zu sich, rief: *Es ist nichts!* und bestieg erneut sein Pferd. Bei Anbruch der Dunkelheit gab er den Befehl zum Rückzug, ungewiß, wie die Schlacht ausgegangen war.

Zieten hatte in der Zwischenzeit gewartet und erst mit dem Angriff begonnen, als es dunkelte. Während die Österreicher sich schon als Sieger sahen, wurden sie von Zietens Truppen überrannt und niedergekämpft, so daß Friedrich doch noch die verloren geglaubte Schlacht für sich entschieden hatte.

Aber er vermag sich kaum noch über den Sieg zu freuen. Am 18. November schreibt er an die Gräfin von Camas: *Ich schwöre Ihnen, es ist ein Hundeleben. Kein Mensch außer mir und Don Quixote hat so gelebt. Diese unaufhörlichen Geschäfte, diese stete Unruhe haben mich so alt gemacht, daß Sie Mühe haben werden, mich wieder zu erkennen. Auf der rechten Seite sind mir die Haare völlig grau geworden, meine Zähne werden mürbe und fallen aus. Mein Gesicht ist so voll von Runzeln wie ein Frauenkleid von Falten, der Rücken krumm wie ein Fiedelbogen, und mein Inneres so traurig und niedergeschlagen wie die Seele eines Trappisten ...*

Den Winter 1760/61 verbrachte der König in Leipzig. Kriegsmüdigkeit hatte ihn ebenso ergriffen wie seine Gegner in Paris und Wien, dennoch kam es nicht zu einem bereits angesetzten Friedenskongreß in Augsburg. Fast widerwillig wurden die Kriegsrüstungen weiter betrieben, die sich immer schwieriger gestalteten. Das Land war finanziell ausgeblutet, Soldaten konnten fast nur noch im Ausland angeworben werden. Und was die Werber mit allen Mitteln zusammentrieben, war *ein Kehricht von Spitzbuben, Dieben, Schuhputzern und Schornsteinfegern.* Mit Mühe füllte der König sein Heer auf knapp 100 000 Mann auf, denen 230 000 Österreicher und Russen gegenüberstanden.

Der Krieg hatte den König verändert. Früher hatte er Plünderungen streng untersagt; nachdem im Herbst davor feindliche Soldaten im Schloß Charlottenburg wie die Wandalen gehaust hatten, ordnete er sie an. Im Februar 1761 befahl er, das Lieblingsschloß König Augusts, Hubertusburg, völlig auszuplündern. Generalmajor von Saldern, den er dazu ausersehen hatte, weigerte sich jedoch standhaft, etwas für ihn so Ehrenrühriges zu tun – und fiel in Ungnade. Schließlich erklärte sich Major Quintus Icilius bereit, mit seinem Freikorps die schmutzige Aufgabe zu erledigen. Als er später jedoch Friedrich um die Erstattung der von seinen Offizieren vorgestreckten Werbegelder bat, lehnte der König mit einer Randbemerkung ab: *Seine Officiers haben wie die Raben gestollen Sie Kriegen nichts.*

In einem blieb sich der König gleich. Auch in diesem Winterquartier widmete er sich so viel wie möglich der Kunst. Wie er im Jahre 1757 Gottsched empfangen hatte, so lud er in diesem Jahr Gellert zu einem längeren Gespräch ein. Die Abendstunden nach dem täglichen Konzert verplauderte er mit dem wieder anwesenden d'Argens; musizieren konnte er wegen seiner angegriffenen Gesundheit allerdings kaum noch.

Militärisch war der König zu geschwächt, als daß er seine Gegner noch hätte angreifen können. Hilflos mußte er in seinem Lager in Bunzelwitz unweit Schweidnitz erleben, wie Österreicher und Russen ihre Armeen in Schlesien vereinigten. Sein Glück war es, daß der Respekt vor ihm sie nicht angreifen ließ und die Russen nach einem Streit mit ihrem Verbündeten den Großteil ihrer Armee am 10. September wieder abzogen. Doch auch ohne die Russen gelang es Laudon, in der Nacht vom 30. September zum 1. Oktober Schweidnitz zu erobern.

Friedrich bezog nun ein Lager in Strehlen. Hier empfing er Abgesandte der Krimtataren und Türken und schloß ein Bündnis mit ihnen. Im nächsten Frühjahr sollten 12000 Türken und Ungarn und 16000 Tataren in Rußland einfallen, um Truppen seiner Gegner zu binden und ihn zu entlasten.

Fast wäre der König in diesen Wochen einem geplanten Attentat des Grafen Warkotsch zum Opfer gefallen, doch der Jäger des Grafen,

Matthias Kappel, überbrachte einen Brief seines Herrn an einen österreichischen Offizier statt zu diesem zum König, der so gerettet wurde.

Zwei weitere Schicksalsschläge trafen Friedrich im Spätherbst. Die Russen eroberten Kolberg und beherrschten Pommern. In England trat Friedrichs Verehrer und Stütze, Pitt, zurück. Nach dem Tode König Georgs II. am 25. Oktober hatte dessen Enkel Georg III. den englischen Thron bestiegen. Weil Pitt sich mit ihm nicht verstand, gab er das Amt des Premierministers auf. Sein Nachfolger wurde John Stuart Earl of Bute, der einen Ausgleich mit Frankreich anstrebte, sofort den am 12. Dezember auslaufenden Subsidienvertrag mit Preußen kündigte und Friedrich damit den letzten finanziellen Rückhalt nahm.

Ende des Jahres 1761 war die Lage für Friedrich hoffnungslos geworden. Die Österreicher überwinterten in Schlesien, die Russen in Pommern auf preußischem Boden. Der König, ohne Verbündete auf die Mark Brandenburg, Magdeburg und Reste Schlesiens zurückgeworfen, stand vor dem Abgrund.

Wieder spielte er ernsthaft mit dem Gedanken, sich das Leben zu nehmen. Er schrieb zwei Dichtungen, die Kaiser Otho und Cato vor ihrem Suicid darstellen, und setzt sich selbst eine letzte Frist. Sollten die Türken nicht bis zum 20. Februar den Krieg gegen Österreich begonnen haben, will er aus dem Leben scheiden: *Alles Unglück stürzt auf mich herab. Was soll im nächsten Jahr aus uns werden! Was soll aus meinem Volk werden, was aus meiner Armee? Ich habe keinen Schimmer von Hoffnung, mich zu retten. Trotzdem werde ich alles aufbieten; hier heißt es siegen oder untergehen. Sicherlich werde ich nicht als Feigling sterben, und wenn ich am 20. Februar sehe, daß alles vergebens war, werde ich mich an meine Stoiker und meine Dose halten.*

In dieser ausweglosen Situation rettete den König erneut ein *Mirakel.* Am 5. Januar 1762 starb seine erbittertste Feindin, die Zarin Elisabeth; Nachfolger wurde ihr Neffe, der Herzog von Holstein-Gottorp, der als Peter III. den Thron bestieg. Er war ein glühender Verehrer Friedrichs, kleidete sich im geheimen als preußischer General und hatte dem König seit längerem über einen Sekretär die Feldzugpläne Wiens verraten.

Friedrich sandte umgehend den Freiherrn Bernhard Wilhelm von der Goltz als Gesandten zu Peter III., der am 16. März einen Waffenstillstandsvertrag und am 5. Mai einen Friedensvertrag unterschrieb und ohne Bedingungen Pommern und Ostpreußen zurückgab. Darüber hinaus schloß der Zar am 9. Juni ein Angriffsbündnis mit Friedrich mit dem Ziel der Rückeroberung Schlesiens.

Da unter dem Eindruck der Aussöhnung von Preußen und Rußland Schweden am 22. Mai ebenfalls einen Friedensvertrag schloß, konnte Friedrich den von Bute betriebenen Bruch mit England leicht verschmerzen.

Schon hatte er in Schlesien sein Heer mit einem 20 000 Mann starken russischen Korps unter General Zachar Grigorjewitsch Tschernyschew vereinigt, um gegen Daun zu marschieren, als neue, beunruhigende Nachrichten aus St. Petersburg eintrafen. Der Zar war am 17. Juli gestürzt und ermordet und seine Gemahlin als Katharina II. seine Nachfolgerin geworden. Sie kündigte sofort das Bündnis mit Preußen, doch überredete Friedrich, der die Nachricht am 19. Juli erhielt, General Tschernyschew, den Abmarsch seiner Truppen noch drei Tage hinauszuzögern, damit Daun weiter mit ihm rechnen müsse. Tschernyschew kam der Bitte nach, und Friedrich schlug am 21. Juli die Österreicher bei Burkersdorf.

Daun zog sich nach der Niederlage zurück, und Friedrich begann mit der Belagerung von Schweidnitz, das am 9. Oktober zurückerobert wurde.

In der Zwischenzeit hatten im Westen die Hilfstruppen unter Prinz Ferdinand von Braunschweig die Franzosen am 26. Juni bei Kassel und am 23. Juli bei Lutterberg geschlagen. Als dann am 29. Oktober Prinz Heinrich bei Freiberg in Sachsen das durch österreichische Regimenter verstärkte Reichsheer unter dem Prinzen von Stolberg-Gedern besiegte, war die letzte Schlacht des Krieges geschlagen.

Nachdem England und Frankreich sich am 3. November 1762 in Fontainebleau über das Ende des Krieges geeinigt hatten – der Friede von Paris wurde erst am 10. Februar 1763 geschlossen –, sah Maria

Theresia die Aussichtslosigkeit ihrer Lage ein und stimmte Friedensverhandlungen mit Preußen zu. Sie begannen am 31. Dezember 1762 unter der Vermittlung Sachsens und führten zum Frieden von Hubertusburg am 15. Februar 1763. Friedrich behielt Schlesien und stimmte dafür der Wahl des Erzherzogs Joseph zum Römischen König zu.

Friedrich fühlte sich nicht als strahlender Sieger. Zu viele Opfer hatte dieser Krieg gekostet, zu viele ihm nahestehende Menschen hatte er verloren. Als man ihn zum Friedensschluß mit der Bemerkung beglückwünschte, dieser Tag sei doch wohl der schönste in seinem Leben, entgegnete er nur: *Der schönste Tag im Leben ist der, an dem man es verläßt.*

Ohne Begeisterung kehrte er nach Berlin zurück. *Ich armer alter Mann,* schrieb er an d'Argens, *kehre in eine Stadt zurück, wo ich nur noch die Mauern kenne, wo ich niemanden von meinen alten Bekannten antreffe, wo unzählige Arbeiten mich erwarten, und wo ich in kurzem meine alten Knochen in einer Freistätte lassen werde, die weder durch Krieg noch durch Trübsale und Bosheit beunruhigt sein wird.*

Er wählte seinen Rückweg über das von ihm nun endgültig erworbene Schlesien und über das Schlachtfeld von Kunersdorf. Am 30. März traf er abends um halb neun Uhr in Berlin ein. Den ganzen Tag über hatten die Berliner ungeduldig auf ihn gewartet, um ihm einen festlichen Empfang zu bereiten. Am Frankfurter Tor begrüßte ihn der Magistrat und bat ihn in eine wartende Prunkkarosse. Er jedoch blieb in seinem einfachen Reisewagen, gab dem Kutscher ein Zeichen, der wich in eine kleine Seitenstraße aus und brachte den König auf einem Umweg zum Schloß.

Der Alte Fritz

Was mich betrifft, hatte der König am 6. März 1763, kurz vor seiner Heimkehr, an die Gräfin Camas geschrieben, *so werden Sie mich gealtert und fast schwatzhaft finden; ich bin grau wie ein Esel, verliere alle Tage einen Zahn und bin halb lahm vor Gicht.*

Obwohl vor der Zeit gealtert und krank, machte sich der *alte* Fritz – er war gerade einundfünfzig – mit aller Energie an das *Retablissement,* den Wiederaufbau des vom Kriege schwer heimgesuchten Landes. Am 30. März zurückgekehrt, empfing er am 1. April die kurmärkischen Landräte, um mit ihnen über erste Hilfsmaßnahmen zu reden. Als ihr Sprecher, der Landrat Karl Gottlob von Nüßler, jedoch zu einer längeren Rede ansetzen wollte, unterbrach ihn der König: *Sei Er stille und lasse Er mich reden. Hat Er Crayon* [Schreibstift]? *Nun: so schreibe Er auf: die Herren sollen aufsetzen, wieviel Roggen zu Brot, wieviel Sommersaat, wieviel Pferde, Ochsen und Kühe ihre Kreise höchst nötig brauchen. Überlegen Sie das recht und kommen Sie übermorgen wieder zu mir.*

Aber es blieb nicht bei der im ganzen Lande gewissenhaft durchgeführten Bestandsaufnahme. Friedrich half, schnell und großzügig, denn er verfügte über genügend Mittel. Da er Ende 1762 mit der Fortführung des Krieges hatte rechnen müssen, hatte er seine Kriegskasse auf fast 30 Millionen Taler aufgefüllt und seine Vorräte ergänzt. Das erlaubte ihm nach dem Ende des Krieges, zur ersten Linderung der Not aus den Magazinen eine große Menge an Getreide und Mehl an die Bevölkerung zu verteilen. Die einzelnen Provinzen unterstützte er beim Wiederaufbau mit bedeutenden Geldsummen: Schlesien erhielt 3 Millionen Taler, Pommern und die Neumark 1,4 Millionen, Preußen und die Kurmark je 800 000 und Kleve 100 000 Taler. Neben diese direkten Zuwendungen trat ein die einzelnen Bürger entlastender zeitweiliger Steuererlaß.

Für die Landwirtschaft bedeutete es eine wichtige Unterstützung, daß durch die teilweise Demobilisierung 30000 Männer in ihre Heimatdörfer durften und 35000 im Artillerie- und Verpflegungstransportwesen nicht mehr benötigte Pferde zur Verfügung gestellt wurden.

Neben dem Ausbau der Landwirtschaft setzte Friedrich die innere Kolonisation fort. Er ließ mehrere hunderttausend Morgen Moor und Heidegebiet urbar machen, gründete über 900 Dörfer und zog über 300000 Siedler ins Land. Dabei kümmerte er sich um viele Details, sorgte für den Anbau von Kartoffeln, Klee und Futterrüben und hob den Standard von Viehzucht und Milchwirtschaft.

Eine sehr wichtige Aufgabe bestand in der Ordnung der Finanzen. Im Krieg hatte der König zu einigen Finanzierungstricks greifen müssen. Seit 1758 hatte er durch die Hofbankiers Ephraim, Itzig und Isaak minderwertige Münzen prägen lassen, die bei gleichem Nennwert nur ein Drittel des Silbergehaltes hatten, was zu dem Spottvers geführt hatte:

Außen recht und innen schlimm,
Außen Friedrich, innen Ephraim.

Diese Münzen wurden nun aus dem Verkehr gezogen und zu ihrem tatsächlichen Wert, also einem Drittel des Nominalwertes, zurückgenommen, was zu manchmal erheblichen Verlusten einzelner führte. Entschädigt werden mußten auch die Beamten, die gegen Ende des Krieges statt eines Gehaltes Schuldverschreibungen erhalten hatten; endlich war noch eine Anzahl von Anleihen zurückzuzahlen.

Zur Durchführung seiner Geldgeschäfte gründete der König mit einem Edikt vom 17. Juni 1765 die preußische Staatsbank, deren Grundkapital 400000 Taler betrug. Sie wurde zunächst nur zögernd angenommen; ihr Reingewinn betrug im Rechnungsjahr 1767/68 nur 22000 Taler, stieg jedoch auf 216000 Taler im Rechnungsjahr 1785/86.

Der Wiederaufbau des Landes und die mit Nachdruck betriebene Reorganisation der Armee – ihre Stärke stieg auf 200000 Mann, deren Unterhaltung große Beträge verschlang – erforderten Summen, die durch das Steueraufkommen nicht gedeckt werden konnten.

Um dennoch seine Einkünfte um zwei Millionen Taler jährlich zu erhöhen, beschloß Friedrich, die Verbrauchssteuern aus der allgemeinen Verwaltung herauszunehmen und sie der von ihm am 14. Juli 1766 ins Leben gerufenen *General-Administration der königlichen Gefälle*, besser als *Regie* bekannt, zu übertragen. An der Spitze dieser von Franzosen geleiteten Einrichtung, in der neben 1800 deutschen 200 französische Beamte arbeiteten, standen zuerst fünf, später vier Regisseure, die neben einem festen Gehalt von 15 000 Talern (ein Minister bekam 4000) mit fünf Prozent am Mehrertrag beteiligt waren, was zusätzlich 50 000 bis 100 000 Taler jährlich ausmachte.

Auf Anordnung des Königs senkte die Regie zwar die Abgaben für Getreide und Getreideprodukte, doch erhöhte sie die Verbrauchssteuern für Wein, Branntwein, Bier, Fleisch, Leder und Gewürze ganz erheblich.

Obwohl diese Steuern, verglichen mit den unseren, nicht übermäßig hoch waren, führten sie überall zu Unzufriedenheit, die noch verstärkt wurde durch die Einführung eines staatlichen Monopols für Tabak 1765 und Kaffee 1781.

Friedrich wollte den Verbrauch von Kaffee vor allem deshalb einschränken, weil durch den Import jährlich 700 000 Taler ins Ausland abflossen, wenn er auch andere Gründe vorschob: *Die Unglücksmenschen, sind sie denn von besserem Stande und von zarterer Leibesbeschaffenheit als ich? Ich bin mit Biersuppe aufgezogen worden. Und doch wird niemand behaupten wollen, daß ich mich deswegen schlechter befinde. Ihre Väter kannten nur das Bier, das ist das Getränk, das zu unserm Klima paßt. So aber laufen sie Gefahr, ihren Körper zu ruinieren und ein entartetes Geschlecht zu hinterlassen. Und dabei ruinieren sie auch das Land.*

Der König verkaufte das Pfund gebrannten Kaffee, das in Hamburg fünf Groschen kostete, in seinem Land für vierundzwanzig Groschen. Natürlich forderte ein solches Vorgehen den Schmuggel, der bei den langen, unübersichtlichen Grenzen Preußens leicht möglich war, geradezu heraus. Er war jedoch gefährlich, weil der Kaffee ungeröstet ins Land kam und hier erst geröstet wurde. Dadurch konnten Übertretungen – das Brennen ohne Brennschein wurde mit drei Jahren Festungshaft geahndet – leicht festgestellt werden, zumal der König eigens 4000 Kriegsveteranen als *Kaffeeriecher* losschickte, die zu jeder Zeit unangemeldet jedes Haus betreten und nach Kaffee schnüffeln durften.

Die Erbitterung gegen Zoll- und Regiebeamte wurde so groß, daß diese sich kaum noch unbewaffnet auf der Straße zu zeigen wagten. Es kam zu Mord- und Totschlag und zu regelrechten Volksunruhen. Als der König nach der Einführung der Kaffeeregie eines Tages in Berlin die Jägerstraße entlangritt, erblickte er in der Nähe des sogenannten Fürstenhauses eine johlende Menge. Er schickte seinen Begleiter, einen Heiducken, hin, um nachzusehen, und dieser führte ihn dann zu einer Karikatur: Friedrich, kläglich auf einem Schemel sitzend, hält eine Kaffeemühle zwischen den Knien, mit der Rechten mahlend, mit der Linken gierig nach jeder herausfallenden Bohne greifend.

Der König betrachtete das Bild, dann rief er: *Hängt es doch niedriger, daß die Leute sich nicht den Hals ausrecken müssen!* Zwar brandete großer Jubel auf, die Karikatur wurde in Fetzen gerissen, doch blieb die Unzufriedenheit.

Nur langsam erholte sich die Wirtschaft Preußens. Es gab Schwierigkeiten durch die sich nur schleppend vollziehende Umstellung von der Kriegs- auf eine Friedenswirtschaft sowie durch eine 1766 den Norden Europas erfassende Wirtschaftskrise, der Friedrich ebenso hilflos gegenüberstand wie die an staatlichen Dirigismus gewöhnten Unternehmer. In der Folgezeit blieb der König bei seiner merkantilistischen Wirtschaftspolitik und förderte neben anderen Industriezweigen weiter besonders die Seidenindustrie und die Porzellanmanufaktur.

Eine Hilfe für die Wirtschaft bedeutete die Reorganisation des Postwesens nach dem Vorbild der Akziseregie im Jahre 1766.

So sehr er im ganzen auf Sparsamkeit und haushälterisches Wirtschaften bedacht war: einen Luxus erlaubte sich der König, den er selbst als *fanfaronnade* [Prahlerei] bezeichnet hat. In den Jahren 1763–1766 ließ er aus einem Repräsentationsbedürfnis heraus am westlichen Ende des Parkes von Sanssouci ein zweites Schloß bauen, das das Neue Palais genannt wurde.

Die Form der Selbstregierung übte Friedrich nach dem Siebenjährigen Kriege noch rigider aus. Mit zunehmendem Alter von wachsendem Mißtrauen gegenüber jedermann erfüllt, behielt er sich jede Entscheidung vor und kontrollierte auf seinen regelmäßigen Inspektionsreisen persönlich, ob alle seine Anordnungen bis ins letzte befolgt würden. Er sah sich als ersten Diener seines Staates an, im gewissen Sinne aber auch als dessen Verkörperung. Die Zentralisierung der gesamten Macht in der Hand des Monarchen war so sehr auf seine Person abgestellt, daß Honoré Gabriel de Riqueti, Graf von Mirabeau, der sich 1786/87 in Berlin aufhielt, vorausahnend feststellte, diese kunstvoll konzipierte Maschinerie würde nur so lange fehlerfrei arbeiten, wie die Hand sie leite, die sie konstruiert habe.

An der ständischen Gliederung seines Staates rüttelte Friedrich auch in seinen letzten Jahren nicht. Zwar hatte er aus Kolberg am 23. Mai 1763 in einer Instruktion für den Finanzrat Franz Balthasar Schönberg von Brenckenhoff geschrieben: *ad 1) sollen absolut und ohne das geringste raisonniren alle Leibeigenschaften sowohl in Königlichen, Adeligen als Stadt-Eigentums-Dörfern von Stund an gänzlich abgeschaffet werden, und alle diejenigen, so sich dagegen opponiren würden, so viel möglich mit Güte, in deren Entstehung aber mit der Force, dahin gebracht werden, daß diese von Sr. Kgl. Maj. so festgesetzte Idee zum Nutzen der ganzen Provinz Pommern ins Werk gerichtet werde.* Doch in der Folge tastete er wie vorher die Vorrechte des von ihm als Stütze des Staates angesehenen Adels nicht an.

In der Rechtsauffassung des Königs macht sich der Einfluß neuer Ideen der Aufklärung geltend. Im *Politischen Testament* von 1768 erkennt er die Herrschaft des Gesetzes an: *Es steht dem Herrscher nicht zu, bei den Entscheidungen der Prozesse seine Autorität einzusetzen; die Gesetze sollen allein regieren und die Pflicht des Souveräns beschränke sich darauf, sie zu schützen.*

Allerdings hat der König elf Jahre später, 1779, gegen den von ihm verkündeten Grundsatz der Nichteinmischung in Rechtsverfahren doch verstoßen, wohl weil er vermutete, daß das Recht zuungunsten eines *kleinen Mannes* gebeugt worden war. Es handelte sich dabei um den aufsehenerregenden Fall des Müllers Johannes Arnold. Dieser betrieb eine Wassermühle an einem Flüßchen im Kreise Züllichau, das oberhalb durch das Grundstück des Landrats Georg von Gersdorf floß. Letzterer legte einen Karpfenteich an, durch den der Wasserlauf hindurch und dann wieder in sein Bett zurückgeleitet wurde. Nun behauptete Arnold, wegen Wassermangels könne er nur noch an wenigen Tagen mahlen und verweigerte die Pachtzahlung an seinen Grundherrn, den Grafen Gottfried von Schmettau. Dieser klagte, Arnold wurde verurteilt und, als er weiter die Zahlung verweigerte, die Mühle versteigert. Arnold beschwerte sich bei der Neumärkischen Kammer, die ihn abwies. Darauf wandte er sich direkt an den König, der eine Untersuchung einleitete, die jedoch kein zweifelsfreies Ergebnis brachte. Friedrich war überzeugt, daß nur der adlige Landrat geschützt werden sollte und übergab den Fall dem Kammergericht Berlin, das jedoch nach gründlicher Untersuchung die beiden vorhergehenden Urteile bestätigte.

In höchstem Zorn entläßt der König den Großkanzler Karl Joseph Maximilian von Fürst und Kupferberg, drei am Urteil beteiligte Kammergerichtsräte werden zu einem Jahr Festung verurteilt und das Urteil aufgehoben. Der Landrat von Gersdorf wird entlassen, sein Teich zugeschüttet, und der Präsident in Küstrin wird ebenfalls seines Postens enthoben. Der Müller Arnold jedoch erhält die Mühle zurück. Erst nach dem Tode des Königs ergibt eine neue Untersuchung, daß Arnold, ein notorischer Lügner und Querulant, eindeutig im Unrecht war.

Für die Haltung Friedrichs kennzeichnend sind zwei Randbemerkungen zu diesem Fall. An Minister von Zedlitz schreibt er:

Der Herr wird mir nichts weiß machen. Ich kenne alle Advocaten-Streiche und lasse mich nicht verblenden. Hier ist ein Exempel nöthig, weilen die Canaillen enorm von Meinem Namen Mißbrauch gemacht haben, um gewaltige und unerhörte Ungerechtigkeiten auszuüben. Ein Justitiarius, der chichaniren thut, muß härter als ein Straßenräuber bestraft werden, denn man vertraut sich dem ersteren an, und vor letzterem kann man sich hüten.

An das Kammergericht:

Sie müssen wissen, dass der geringste Bauer, ja, was noch mehr ist, der Bettler ebensowohl ein Mensch ist, Wie Seine Majestät sind und dem alle Justiz gewährt werden muss, indem vor der Justiz alle Leute [gleich] *sind, es mag sein ein Prinz, der wider den Bauer klagt, oder auch umgekehrt, so ist der Prinz vor der Justiz dem Bauern gleich, und bei solchen Gelegenheiten muss nur nach der Justiz verfahren werden, ohne Ansehen der Person.*

Die Rechtsbeugung des Monarchen hatte freilich eine positive Wirkung. Durch die Entlassung von Fürsts wurde der Weg frei für Johann Heinrich Kasimir von Carmer, der für die Entwicklung Preußens zu einem Rechtsstaat von entscheidender Bedeutung wurde.

Aufklärerisches Gedankengut wirkte sich bei Friedrich auch aus in der Fortsetzung seiner Politik der religiösen Toleranz wie in der Förderung des Bildungswesens. Um das Volksschulwesen zu fördern, ließ er 1765 von dem Berliner Realschuldirektor, Oberkonsistorialrat Hecker, für die evangelischen und von dem schlesischen Propst Felbiger für die katholischen Schulen Reglements ausarbeiten, die freilich keine wesentliche Besserung brachten. Am 12. November 1768 mahnte der König das Geistliche Departement und forderte eine sofortige Revision aller Schulen und Bericht darüber. Er verfügte, daß durch die Kriegs- und Domänenkammern allen Beamten aufgetragen würde, die Bauern anzuhalten, ihre Kinder mehr als bisher zur Schule zu schicken und sie allenfalls drei Monate für die Feldarbeit einzusetzen. Außerdem stellte er für die schlecht besoldeten Lehrer eine bessere Bezahlung in Aussicht, ohne zu übersehen, daß dazu riesige Summen erforderlich gewesen wären. So gab es allein in der Kurmark etwa 500 Landschulmeister, die 10 Taler und darunter bis zu nichts für ihre Arbeit bekamen.

Es trug sicher nicht zur Hebung des Landschulwesens bei, daß der König auf Vorschlag des Geheimen Finanzrats Franz Schönberg von Brenckenhoff am 31. Juli 1779 das Geistliche Departement anwies, bevorzugt Kriegsinvalide als Dorfschullehrer anzustellen: *Da Se. königl. Majest. von Preussen, unser allergnädigster Herr, zu resolviren geruhet, daß wenn unter den Invaliden sich welche finden, die lesen, rechnen und schreiben können, und sich zu Schulmeistern auf dem Lande und sonsten gut schicken, sie dazu, besonders an den Orten, wo Höchstdieselben die Schulmeister salariren, employiret werden sollen: So befehlen Se. königl. Majestät Dero Departement der geistlichen Sachen hierdurch in Gnaden, darnach sich zu achten, und die Versorgung der Invaliden auf diese Weise sich angelegen seyn zu lassen. Denn die Leute meritiren untergebracht zu werden, indem sie ihr Leben und Gesundheit für das Vaterland gewaget haben. Das geistliche Departement hat also darunter mit dem Generalmajor Schulenburg zu correspondiren, welcher die Leute, die sich zu Schulmeistern schicken, anzeigen wird.*

Schulenburg sandte am 16. September eine Liste von neunundsiebzig zu Schulmeistern geeigneten Invaliden und fügte hinzu, daß außer diesen und 741 auf andere Weise zu beschäftigenden noch 3443 unversorgte Invaliden übrig blieben.

Mit dieser Art der Invalidenversorgung erwies der König seinen alten Soldaten zweifellos einen größeren Dienst als dem Landschulwesen und den Kindern, ersetzte doch allein oft der Rohrstock pädagogische Qualitäten.

Die Widerstandsversuche von Geistlichem Departement und Oberkonsistorium blieben vergeblich; der König bewilligte lediglich, daß der Einstellung der Invaliden als Lehrer eine Prüfung vorausging, die Schule und Kinder vor dem Schlimmsten bewahrte. Aber wenn Friedrich, etwa veranlaßt durch eine persönliche Bittschrift, durch Kabinettsbefehl eine Ernennung aussprach, gab es kein Mittel dagegen.

Am 5. September 1779 schickte der König eine lange Instruktion über das gesamte Schulwesen an seinen Kultusminister Karl Abraham Freiherrn von Zedlitz, in der er seine Vorstellungen darlegte: *Da ich gewahr geworden, daß bei den Schulanstalten noch viele Fehler sind, und daß besonders in den kleinen Schulen die Rhetorik und Logik nur sehr schlecht oder gar nicht gelehrt wird, dieses aber eine vorzügliche und höchst notwendige Sache ist, die ein jeder Mensch in jedem Stande wissen muß, und das erste Fundament bei Erziehung junger Leute sein soll – denn wer zum besten räsonniert, wird immer weiter kommen als einer, der falsche Consequences ziehet –, so habe Euch hierdurch Meine eigentliche Willensmeinung dahin bekannt machen wollen.*

Im folgenden zählt er die ihm wichtig erscheinenden Fächer auf – u. a. Rhetorik, Logik, deutsche Grammatik, Griechisch, Latein, Metaphysik und Religion –, gibt Ratschläge für das Verhalten von Lehrern und Eltern und schließt: *Ihr werdet sehen, wie das zu machen steht; sonsten ist es auf dem platten Lande genug, wenn sie ein bißchen lesen und schreiben lernen; wissen sie aber zu viel, so laufen sie in die Städte und wollen Sekretärs und so was werden. Deshalb muß man auf dem platten Lande den Unterricht der jungen Leute so einrichten, daß sie das Notwendige, was zu ihrem Wissen notwendig ist, lernen, aber auch in der Art, daß die Leute nicht aus den Dörfern weglaufen, sondern hübsch da bleiben . . .*

Bei dieser Haltung des Königs verwundert es nicht, daß grundlegende Verbesserungen des Schulwesens ausblieben, wenn sich auch Zedlitz mit der Einführung eines Lesebuches und Instruktionen für die Lehrer große Verdienste erwarb.

Von der Berliner Akademie gingen nach dem Tode von Maupertuis keine stärkeren geistigen Impulse mehr aus. Vergeblich hatte der König d'Alembert als Nachfolger gewinnen wollen, versäumte es aber wegen seiner Befangenheit in der französischen Sprache und Kultur, statt seiner deutsche Gelehrte zu berufen.

Nach dem Frieden von Hubertusburg hatte Preußen eine Isolierung in Europa gedroht. England kam für Friedrich als Bündnispartner nicht mehr in Frage, an eine Aussöhnung mit Österreich und Frankreich war nicht zu denken. Es blieb im Grunde nur Rußland übrig, dessen Zarin Katharina II. ihm freilich nicht sehr gewogen war. In dieser Situation kam ihm ein glücklicher Umstand zu Hilfe. Am 5. Oktober 1763 starb August III. von Polen, und Katharina wollte den polnischen Thron mit ihrem ehemaligen Günstling Stanislaus Poniatowski besetzen. Da Wien und Paris einen sächsischen Nachfolger bevorzugten, wurde Friedrich ein willkommener Bündnispartner. Am 11. April 1764 schlossen Rußland und Preußen ein Verteidigungsbündnis. Es war auf acht Jahre befristet und enthielt außer der gegenseitigen Besitzstandsgarantie die Zusicherung von Hilfstruppen oder Subsidien für einen Kriegsfall am Rhein oder auf der Krim.

Am 7. September 1764 bestieg Stanislaus Poniatowski als Stanislaus II. August den polnischen Thron, doch entwickelten sich die Verhältnisse in Polen nicht, wie die Zarin gehofft hatte. Der neue polnische König schloß sich einer Reformbewegung in seinem Lande an und suchte eine Annäherung an Österreich. Darauf schlossen Preußen und Rußland am 4. Mai 1767 eine Geheimkonvention, die für den Kriegsfall mit Polen territoriale Gewinne für beide Teile vorsah. Zwar stellte Österreich in der Folge seine Unterstützung Polens ein, doch schlossen sich polnische Patrioten im Juni 1768 zu Bar in Podolien zu einer Konföderation zusammen und erhoben sich zum Kampf gegen ins Land eingerückte russische Truppen. Im Oktober nahm dann die von Frankreich unterstützte Türkei einen Grenzzwischenfall zum Anlaß und erklärte Rußland den Krieg.

Die Schwierigkeiten Rußlands brachten Friedrich, obwohl er Subsidien zahlen mußte, in eine vorteilhafte Lage. Österreich, das eine Störung des Kräftegleichgewichts auf dem Balkan und im Vorderen Orient fürchtete, umwarb Friedrich ebenso wie die Zarin, die Preußens Unterstützung brauchte. Friedrich wollte zwar das Bündnis mit Rußland fortsetzen, doch schien ihm eine Annäherung an Österreich ein gutes Druckmittel für künftige Verhandlungen zu sein. Deshalb nutzte er die Gelegenheit und führte ein Treffen mit Joseph II. herbei, der 1764 zum römischen König gewählt und nach dem Tode seines Vaters Franz I. am 18. August 1765 Kaiser und Mitregent seiner Mutter Maria Theresia geworden war.

Das Treffen der beiden Herrscher fand vom 25.–28. August 1769 in Neiße in Schlesien statt. Der Besuch Josephs, der mit nur wenigen Begleitern inkognito unter dem Namen eines Grafen von Falkenstein anreiste, bedeutete zugleich die Anerkennung der Abtretung Schlesiens. Friedrich empfing seinen Gast aufs liebenswürdigste, umarmte ihn und tat alles, ihn bis zur Abreise mit Festessen, Manövern und bei zahlreichen Gesprächen für sich einzunehmen.

In einem Brief an seine Mutter äußerte sich der Kaiser mit Einschränkungen lobend über seinen Gastgeber: *Er ist ein Genie und ein Mann, der wunderbar spricht, aber er sagt kein Wort, dem man nicht den Schelm anmerkt.*

Über die Religion war er sehr zurückhaltend, auch in boshaften Geistesblitzen. Er äußerte sich in allem Respekt über Dich und mit großer Achtung über Kaunitz.

Der Geist und das überlegene Genie sind zu bekannt, um sie hier zu rühmen.

Am Ende des Besuches sicherten sich die Herrscher in einer gemeinsamen Erklärung zu, *daß sie, wenn der Kriegsbrand zwischen England und dem Hause Bourbon wieder ausbrechen sollte, den glücklich wiederhergestellten Frieden aufrechterhalten und selbst im Falle eines anderen Krieges, dessen Ursache man derzeit nicht voraussehen kann, die genaueste Neutralität in den Ländern ihres gegenwärtigen Besitzstandes wahren werden.*

Diese Erklärung bedeutete eine Annäherung von Preußen und Österreich und hatte darüber hinaus den erwünschten Effekt, daß Katharina am 23. Oktober 1769 einer Verlängerung des Vertrages mit Preußen um zehn Jahre zustimmte und Friedrich für den Fall des Aussterbens der in Ansbach-Bayreuth regierenden Hohenzollern das Erbe dieses Landes garantierte.

Im folgenden Jahre beunruhigten Friedrich jedoch die großen militärischen Erfolge Rußlands über die Türkei und die Forderungen Katharinas auf die Moldau und die Walachei, die zu einem Krieg zu führen drohten. Darum nutzte er den Gegenbesuch bei dem von Kaunitz begleiteten Kaiser in Mährisch-Neustadt vom 3.–7. September 1770, Friedensvermittlungen anzubahnen.

Zu dem Treffen in Neustadt hatte der Kaiser auch Friedrichs ehemaligen und künftigen militärischen Gegner Daun mitgebracht, dem der König große Hochachtung entgegenbrachte. Obwohl Daun damals noch Feldzeugmeister war, redete ihn der König stets mit *Monsieur le Maréchal* an. Bei einem der Festmahle bat er Daun, neben ihm Platz zu nehmen: *Kommen Sie, Herr Marschall, und setzen Sie sich neben mich; ich habe Sie allemal lieber neben mir als gegenüber.*

Bei einem Empfang stand in dem Zimmer, in dem Friedrich sich gerade befand, die Tür so weit offen, daß man die Gäste im Nebenzimmer nur teilweise sehen konnte. Da der König Laudon vermißte, fragte er einen neben ihm Stehenden, ob er nicht da wäre.

Sire, erwiderte dieser, *dort steht er, hinter der Tür!*

Freilich, meinte Friedrich darauf zu den Stabsoffizieren seines Gefolges halblaut, doch so, daß es der Kaiser hören konnte: *trotz all seiner Verdienste steht er noch immer hinter der Tür!*

Mit der schwierigen Mission, in St. Petersburg wegen eines Friedensschlusses mit der Türkei vorzufühlen, wurde Prinz Heinrich betraut. Dieser stieß zwar bei der Zarin auf grundsätzliches Einverständnis, doch stellte sie so große Gebietsansprüche, daß Friedrich, nachdem Prinz Heinrich sie übermittelt hatte, am 3. Januar 1771 schrieb: *Hörner sind mir am Kopfe gewachsen, lieber Bruder, als ich die Friedensvorschläge empfing, die die Russen anbieten. Niemals kann ich es übernehmen, sie den Türken oder den Österreichern zu übermitteln; denn sie sind wirklich nicht annehmbar.*

Aber dieser Brief war noch nicht in St. Petersburg eingetroffen, da hatte sich die Situation bereits grundlegend geändert. Österreich hatte auf Veranlassung Josephs II., als in Polen die Pest ausgebrochen war, einen Truppenkordon gezogen und im Süden Galiziens die Zips und einige andere polnische Starosteien besetzt. Welche Auswirkung das hatte, zeigt ein Nachtrag, den Prinz Heinrich am 8. Januar 1771 seinem ersten Brief folgen ließ: *Nachdem ich meinen Brief beendet hatte, war ich abends bei der Kaiserin. Sie sagte scherzend, die Österreicher hätten zwei Starosteien in Polen besetzt und das Kaiserliche Wappen an ihrer Grenze aufgerichtet. Dann fragte sie: »Warum sollten denn nicht alle andern auch etwas nehmen?«*

Ich erwiderte, daß Sie, teuerster Bruder, wenn Sie auch in Polen einen Truppenkordon gezogen hätten, doch nicht zwei Starosteien besetzt hielten. »Aber«, fuhr die Kaiserin lachend fort, »warum denn nicht sie besetzen?« Einen Augenblick nachher trat der Graf Tschernyschew heran und sagte im Verlauf einer Unterredung über denselben Gegenstand: »Aber warum wollen Sie nicht das Bistum Ermeland nehmen? Denn es muß doch jeder etwas haben.«

Wenn diese Äußerungen auch nur im Scherze getan wurden, so ist es doch sicher, daß etwas dahintersteckte, und ich halte es für sehr möglich, daß Sie daraus Nutzen ziehen können...

Damit war die Möglichkeit ausgesprochen, zu einer Einigung zu kommen: man nahm als Ausgleich polnische Gebiete. Friedrich war sofort einverstanden, weil er eine Landbrücke nach Ostpreußen zu gewinnen hoffte, doch wollte ihm die Zarin nur das Ermland zubilligen. Doch als Österreich, das die Teilung zunächst ablehnte, am 6. Juli 1771 ein Bündnis mit der Türkei schloß, lenkte Katharina ein, verzichtete auf ihre Gebietsforderungen gegenüber der Türkei gegen Entschädigung in Polen und gestand Preußen mehr zu. Am 17. Februar 1772 schlossen Preußen und Rußland einen entsprechenden Vertrag ab, der die Möglichkeit eines Krieges mit Österreich noch nicht ausschloß. Bald danach aber setzte sich in Wien Joseph über die Bedenken seiner Mutter hinweg und schloß mit Preußen und Rußland am 5. August 1772 den die erste Teilung Polens besiegelnden Vertrag. Rußland erhielt das Gebiet zwischen Düna und Dnjepr und Polnisch-Livland mit insgesamt 1,3 Millionen Einwohnern, Österreich Galizien und Lodomerien mit 2,1 Millionen Einwohnern und Preußen die 1466 vom Deutschen Orden abgetretenen Gebiete, das Ermland und Westpreußen ohne Thorn und Danzig, mit 600000 Einwohnern.

Die Polen hatten keine Macht, sich zu wehren; am 30. September 1773 stimmte der Polnische Reichstag der Teilung zu. Europa schaute zu und konnte oder wollte nicht helfen.

Preußens Zugewinn war der kleinste, aber für Friedrich und seinen Staat wichtig: *Es ist eine sehr gute und sehr vorteilhafte Erwerbung,* schrieb er an seinen Bruder, *sowohl was die politische Lage des Staates als die Finanzen anlangt. Um jedoch weniger Eifersucht zu erregen, sage ich jedem, der es hören will, daß ich bei meiner Durchreise nur Sand, Tannen, Heide und Juden gesehen habe.*

Allerdings legt mir dieses Stück Land auch viel Arbeit auf; denn ich glaube, Kanada ist ebenso zivilisiert wie Pomerellen: keine Ordnung, keine Einteilung. Die Städte sind in einem bejammernswerten Zustande. Culm soll zum Beispiel achthundert Häuser haben, es stehn aber nur hundert. Die Einwohner sind entweder Juden oder Mönche; und andre Städte sind noch erbärmlicher.

Um einen zielstrebigen Aufbau zu ermöglichen, behielt der König sich wie bei Schlesien die Verwaltung selbst vor, vermaß Grund und Boden, gründete Dörfer und Schulen, reformierte das Gerichtswesen und gründete in Elbing eine Handelsgesellschaft als Konkurrenz zu Danzig.

Im übrigen versuchte er, Westpreußen wie seine anderen Landesteile zu regieren. Am 7. Juni 1772 schrieb er an den Oberpräsidenten Johann Friedrich von Domhardt: *Bei Administration derer Ämter muß die Kammer sehr aufmerksam sein und dahin ernstlich sehen, daß die Administratores mit denen Untertanen nicht auf den harten polnischen Fuß umgehen, weil Seine Königliche Majestät alle Sklaverei und Leibeigenschaft abgeschaffet und die Untertanen als freie Leute angesehen und behandelt wissen wollen...*

Schließlich muß unter denen katholischen und evangelischen Untertanen nicht der allermindeste Unterschied gemachet werden, sondern selbige müssen bei der Krieges- und Domänen-Kammer ohne Rücksicht auf die Religion auf gleichen unparteiischen Fuß schlechterdings gehöret und auf alle Weise behandelt werden.

Um seine Ziele zu verwirklichen, strebte er eine gewisse Germanisierung an, wie aus einer Verfügung vom 1. April 1772 an von Domhardt hervorgeht: *Ubrigens glaube ich, daß die Einwohner, besonders in Pomerellen, meist polnischer Nation sein, und die ihnen zugedachte Wohltat der aufgehobenen Leibeigenschaft nicht nach ihrem wahren Wert einsehen und erkennen werden.*

Das sicherste Mittel, diesen sklavischen Leuten bessere Begriffe und Sitten beizubringen, wird immer sein, solche mit der Zeit mit Teutsche zu meliren, und wenn es auch anfänglich nur mit zwei oder drei in jedem Dorffe geschehen kann.

Das Verhalten Kaiser Josephs II. vor der Teilung Polens hatte seinen Ehrgeiz gezeigt, die ihm gegebene Macht auszuweiten. Eine erneute Möglichkeit dazu bot sich ihm, als am 30. September 1777 mit Kurfürst Max Joseph von Bayern die Wilhelmische Linie der Wittelsbacher ausstarb. Rechtmäßiger Erbe war ein Vetter des Verstorbenen, Kurfürst Karl Theodor von der Pfalz, doch machte auch der Kaiser Rechte geltend, die Karl Theodors Gesandter in Wien am

3. Januar 1778 anerkannte, worauf österreichische Truppen das Innviertel besetzten. An die Spitze des Widerstandes gegen den Kaiser setzte sich Friedrich. Er konnte zwar Rußland und Frankreich nicht für ein gemeinsames Vorgehen gewinnen, doch legte auf seine Veranlassung der künftige Erbe Karl Theodors, Herzog Karl von Pfalz-Zweibrücken, Protest beim Reichstag ein, dem sich Sachsen anschloß. Friedrich machte sich zum Sprecher der Reichsstände und forderte den Kaiser zum Rückzug seiner Truppen auf.

Zugleich bereitete er sich auf einen Krieg vor. Am 5. April 1778 rief er seine Generale zu sich: *Meine Herren, die meisten unter uns haben von ihren frühesten Jahren an zusammen gedient und sind im Dienste des Vaterlandes grau geworden: wir kennen einander also vollkommen wohl. Wir haben die Unruhen und Beschwerlichkeiten des Krieges schon redlich miteinander geteilt, und ich bin überzeugt, daß Sie ebenso ungern Blut vergießen als ich. Aber mein Reich ist jetzt in Gefahr. Mir liegt als König die Pflicht ob, meine Untertanen zu beschützen, auch die kräftigsten und schleunigsten Mittel anzuwenden, um das über ihnen schwebende Ungewitter womöglich zu zerstreuen.*

Diesen wichtigen Vorsatz zu bewerkstelligen, rechne ich auf Ihren Diensteifer und Ihre Neigung zu meiner Person, die Sie noch allemal gezeigt haben, und die auch bisher nie ohne Wirkung war. Übrigens können Sie versichert sein, daß ich die Dienste, die Sie Ihrem König und Vaterlande leisten werden, stets mit warmem Herzen und wahrer Dankbarkeit erkennen werde.

Nur darum will ich Sie bitten, daß Sie die Menschlichkeit nicht aus den Augen setzen, wenn auch der Feind in Ihrer Gewalt ist, und daß Sie die unter Ihren Befehlen stehenden Truppen die strengste Mannszucht beobachten lassen.

Ich reise jetzt ab; aber ich verlange nicht als König zu reisen; reiche und schöne Equipagen haben keinen Reiz für mich: doch erlaubt mir mein schwächliches Alter nicht, so zu reisen, wie ich in der feurigen Jugend tat. Ich werde mich einer Postkutsche bedienen müssen, und Sie haben die Freiheit, ebendergleichen zu tun; aber am Tage der Schlacht werden Sie mich zu Pferde sehen, und da, hoffe ich, werden meine Generale meinem Beispiele folgen.

Nachdem weitere Vorstellungen in Wien nicht fruchteten, begann Friedrich am 5. Juli 1778 mit dem Einmarsch in Böhmen den Bayerischen Erbfolgekrieg.

Friedrich wollte mit seiner 80 000 Mann starken Armee von Schlesien über Ölmütz nach Wien vorstoßen, sein Bruder Heinrich sollte von Sachsen elbaufwärts nach Böhmen vordringen. Der Vorstoß endete jedoch an den vom Kaiser und Laudon bezogenen Stellungen. Es kam zu keiner Schlacht; die Preußen litten unter Versorgungsschwierigkeiten und rückten im Oktober in die Winterquartiere; Prinz Heinrich reichte sein Entlassungsgesuch ein.

Der »Kartoffelkrieg« wurde im folgenden Jahr durch russische und französische Vermittlung am 13. Mai 1779 im Frieden von Teschen beendet. Österreich bekam das Innviertel zugesprochen, Friedrichs Erbansprüche auf die Markgrafschaften Ansbach und Bayreuth wurden bestätigt.

Der Kaiser hatte den Frieden von Teschen als Niederlage empfunden, die er nach dem Tode seiner Mutter Maria Theresia am 29. November 1780 wettmachen wollte. Um Friedrich zu isolieren, nutzte er die Verstimmung der Zarin über den Widerstand Preußens gegen ihre auf die Eroberung Konstantinopels zielende Türkeipolitik. Schon vor dem Tode seiner Mutter hatte er sich mit der Zarin in Mohilew getroffen, später ein Geheimabkommen mit ihr abgeschlossen und bei den Verhandlungen vermittelt, die zum russisch-türkischen Vertrag von Ainali Kawak vom 8. Januar 1784 führten, in dem Rußland die Krim zugesprochen wurde.

Die erneuten Bemühungen des Kaisers, im Tausch gegen die Österreichischen Niederlande Bayern zu erlangen, führten zur Unruhe unter den deutschen Fürsten, die sich zusammenschließen wollten. Bereits 1782 hatte es entsprechende Überlegungen von Anhalt-Dessau, Baden und Zweibrücken gegeben, die 1783 von Carl August von Weimar aufgegriffen wurden. Dessau und Weimar fühlten auch in Berlin beim Thronfolger und Minister Ewald Friedrich Freiherrn von Hertzberg vor. Doch dann ergriff Friedrich 1784 aus Furcht vor einer drohenden Isolierung selbst die Initiative, die zur Bildung des deutschen Fürstenbundes führte. Am 27. Juli 1785 entstand zunächst ein Dreikurfürstenbund zwischen Preußen, Hannover und Sachsen mit dem Ziel, das bestehende Reichssystem zu wahren; diesem Bund schlossen sich dann Zweibrücken, Hessen-Kassel, Braunschweig, Gotha, Weimar, Anhalt, Baden, Mecklenburg, Osnabrück und der Kurfürst-Erzbischof von Mainz und Reichserzkanzler, Friedrich Karl von Erthal, an.

Mit der Gründung dieses Bundes hatte Friedrich es dem Kaiser unmöglich gemacht, seine auf Machterweiterung gehende Reichspolitik fortzusetzen.

Menschlich vereinsamte der König nach dem Siebenjährigen Krieg immer mehr. Die von ihm verehrte Mutter und seine Lieblingsschwester Wilhelmine waren gestorben; sie waren die einzigen engeren Verwandten, die ihm wirklich nahegestanden hatten. Die Beziehung zu seinen übrigen Geschwistern war nicht eng: Mit seinen Schwestern Ulrike, der Gemahlin König Adolf Friedrichs von Schweden, und Amalie, der Äbtissin eines protestantischen Stiftes in Quedlinburg, verstand er sich leidlich gut; das Verhältnis zu seinen Brüdern war kühl oder gespannt. Von den übrigen Verwandten liebte er allein Prinz Heinrich, den zweiten Sohn seines Bruders August Wilhelm, der, noch keine zwanzig, 1767 starb und dem Friedrich wie einem Sohn nachtrauerte.

Von seiner Gemahlin Elisabeth Christine lebte er weiter getrennt. Als sie ihn nach seiner Rückkehr aus dem Siebenjährigen Krieg an der Spitze des Hofstaates und vieler Gäste begrüßte, sagte er lediglich: *Madame sind korpulenter gworden.* Manchmal speiste er im Winter in ihrem Schloß in Berlin, ohne jedoch ein Wort mit ihr zu wechseln. Sonst traf er sie allenfalls bei offiziellen Anlässen, wie dem Besuch seiner Schwester Ulrike, die nach dem Tode ihres Gemahls im Jahre 1771 Berlin besuchte. Er stellte seiner Schwester die Gäste vor und sagte, als sie zur Königin traten: *Und hier sehen Sie meine alte Kuh, die kennen Sie schon.* Den fünfzigsten Hochzeitstag im Jahre 1783 nahm er nicht zur Kenntnis. Elisabeth Christine starb, ohne Sanssouci je gesehen zu haben, elf Jahre nach Friedrich.

Die einzige Frau, mit der ihn in dieser Zeit eine herzliche Zuneigung verband, war die eine Reihe von Jahren ältere Gräfin Sophie Karoline de Camas, die Oberhofmeisterin seiner Mutter. In seinen fast zärtlichen Briefen nannte er sie seine liebe oder gute Mama und zeichnete einen Brief vom 2. Juli 1763 an sie mit *Ich bin ewig der älteste Ihrer Anbeter.*

Sonst redete er freilich meist wenig respektvoll von den Frauen; die Zarin Elisabeth, die Marquise de Pompadour und Maria Theresia nannte er schlicht die *drei Huren Europas,* womit er der letztgenannten ohne Zweifel bitteres Unrecht zufügte.

Auswärtigen Besuchern fiel häufig auf, daß in Friedrichs Gesellschaften Damen fehlten. Dr. Moore, der sich als Begleiter des Herzogs von Hamilton 1775 in Berlin aufhielt, teilte diese Beobachtung einer Dame der Hofgesellschaft mit und meinte: *Wie schade für die Frauen, daß der König sie nicht liebt.*

In Anbetracht seines Alters können wir seine Liebe entbehren, antwortete ihm die Dame, *aber es ist hart, daß er uns nicht leiden kann.*

Friedrichs ablehnende Haltung gegenüber den Frauen seit seiner Rheinsberger Zeit ist Gegenstand vieler unbewiesener Behauptungen und Verdächtigungen geworden. Thomas Mann schreibt: *Ein beträchtlicher Teil seiner Bösartigkeit und Unheimlichkeit hat sicher mit seinem Verhältnis zu den Frauen zu tun, welches eigentlich ein Unverhältnis . . . war.* Und er befindet: *Er* [Friedrich] *hat niemals geliebt.*

Zumindest zeigte sich der König manchmal nachsichtig bei einem weiblichen »Fehltritt«. 1760 mußte Frau von Camas feststellen, daß eines der Hoffräulein stark an Umfang zunahm. Nachdem sie zuerst an eine Wassersucht geglaubt hatte, ließ sich bald nicht mehr verheimlichen, daß das Fräulein Mutterfreuden entgegensah. Als sie beim König, der im Felde war, anfragte, wie sie sich angesichts eines solch unglaublichen Skandals verhalten solle, antwortete dieser: *Ich, mit den Schwächen unserer Gattung sehr nachsichtig, hebe nicht den ersten Stein gegen Hof- und Ehrenfräuleins auf, welche Kinder bekommen. Das ist ein sehr gewöhnliches Ereignis, es gibt keinen Hof, kein Kloster, wo es nicht vorfällt. Die Damen pflanzen ihre Art fort, die die bärbeißigen Politiker durch ihre unseligen Kriege zerstören. Ich gestehe Ihnen, daß ich die zu zärtlichen Temperamente mehr liebe als die Keuschheitsdrachen, die über ihres Gleichen unbarmherzig herfallen, und die zanksüchtigen Frauen, die im Grunde boshaft und unheilstiftend sind. Man erziehe das Kind mit Sorgfalt, entehre nicht eine Familie und entferne ohne Aufsehen und Ärgernis das arme Mädchen vom Hofe und schone ihres Rufes so viel als möglich.*

Der König hatte nicht nur die Mutter und Wilhelmine verloren; der Krieg hatte ihm auch seine Freunde und Kampfgefährten Schwerin, Jakob Keith und Winterfeldt genommen.

Nach dem Kriege lichtete sich die Reihe seiner Vertrauten weiter. 1764 war der Marquis d'Argens in einer Erbschaftsangelegenheit in seine Heimat gereist und erholte sich im milden Klima der Provence. Um seine Rückkehr zu beschleunigen, erlaubte sich der König einen schlechten Scherz und verfaßte einen fingierten Brief des Bischofs von Aix, den er in der Umgebung des Marquis verteilen ließ und in dem dieser als Atheist angeprangert wurde. Er schloß: *Zuletzt, liebe Brüder, beschwöre ich Euch, bei der tiefsten Barmherzigkeit Gottes, mit Eifer und Tatkraft zur Verfolgung des Gottlosen zu schreiten, dessen Ausrottung das Ende unserer Plagen und den Segen des Himmels herbeiführen wird.*

Der Marquis bekam es darauf mit der Angst zu tun und kehrte nach Potsdam zurück, doch sehnte er sich nach der Provence zurück. Am 26. September 1768 bat er in einem fast demütigen Brief um Entlassung, um seinen Lebensabend in der Heimat beschließen zu können. Mit dem Brief schickte er durch de Catt sieben Pakete mit Briefen zurück, die Friedrich ihm geschrieben hatte. Der König reagierte beleidigt und antwortete noch am selben Tag mit einem vorwurfsvollen Schreiben, das mit den Worten schließt: *Schließlich mögen Sie, Herr Marquis, tun, was Ihnen beliebt. Zu den Philosophen dürfen Sie nicht mehr gerechnet werden. Sie bestärken mich in der stets bei mir lebendig gewesenen Überzeugung, daß die Fürsten auf Erden nur dazu da sind, um Undankbare zu machen.*

Der Marquis verließ im folgenden Jahr Deutschland. Von unterwegs schrieb er dem König aus Lyon: *Wie groß wäre das Erstaunen der Nachwelt, wenn Plutarch, der sozusagen der philosophische Gefährte Mark Aurels gewesen ist, um den grausamen Späßen und der erniedrigenden Behandlung dieses Kaisers zu entgehen, genötigt gewesen wäre, sein Silbergeschirr und den Schmuck seiner Frau – das einzige, was ihm blieb – zu veräußern, um ruhig am Fuße der Alpen leben zu können, glücklich, die Reden nicht mehr hören zu müssen, von denen einige jedes menschliche Gefühl empören, wie jenes Ansinnen, ein Mädchen, voll schöner Begabung, das Plutarch wie seine eigene Tochter erzogen hatte, mit seinem Hunde zu verheiraten, oder der Vorschlag, ihm seine Stallknechte zu schicken, damit sie ihn zur Heilung seines Gliederreißens striegeln? Glaubt der Philosoph von Sanssouci, daß man Plutarch vorwerfen könnte, Mark Aurel zu Unrecht verlassen zu haben, weil dieser ihm in seinem Palaste drei goldstrotzende Gemächer eingeräumt hatte, aus denen der Philosoph sich nur zitternd hervorwagte, und in die er fast immer mit schmerzbewegtem Herzen zurückkehrte?*

Lange konnte d'Argens sich seiner Heimat und ihres Klimas nicht mehr freuen; er starb 1771.

In den folgenden Jahren verlor der König weitere Freunde. 1773 starb Seydlitz, 1774 Fouqué, der Dompropst in Brandenburg geworden war, 1775 Pöllnitz, *von niemand betrauert als von seinen Gläubigern;* 1778 endlich George Keith, der *Lord-Marschall,* im gesegneten Alter von zweiundneunzig Jahren.

Am längsten blieb dem König Zieten erhalten, den er öfters besuchte. Von einem dieser Besuche berichtete der Geheime Rat von Reckert an den Landgrafen Adolph von Hessen-Philippsthal-Barchfeldt: *Dieser Tagen, hat der Monarch den 84jährigen Helden, den General Ziethen besuchet, ihn noch vieler Umstände von der Torgauer Bataille erinnert, und hierauf den würdigen und Gottes fürchtigen Heerführer, in Gegenwart des Commandeurs geküßet. –*

Häufig dargestellt wurde der Besuch, den der fast fünfundachtzigjährige Zieten dem König 1784 zur Karnevalszeit im Parolesaal des Berliner Schlosses abstattete und bei dem Friedrich den Widerstrebenden drängte, in einem Sessel Platz zu nehmen.

Als Zieten am 27. Januar 1786 starb, war der letzte von Friedrichs Freunden von ihm gegangen.

Die Männer, die den Verstorbenen folgten, gewannen nicht mehr im gleichen Maße die Zuneigung des Königs wie ihre Vorgänger. An die Stelle des Marquis d'Argens als Gesprächspartner trat für einige

Jahre der Oberst Quintus Icilius, der eigentlich Charles Theophile (Karl Gottlieb) Guichardt hieß und in Magdeburg als Sohn französischer Emigranten geboren war. Er hatte in Leiden Theologie studiert, war geistig aufgeschlossen, beherrschte die alten Sprachen und war der Verfasser mehrerer Abhandlungen über das griechische und römische Militärwesen. Er war auf Empfehlung des Herzogs Ferdinand von Braunschweig Ende 1757 zu Friedrich gekommen, der ihn 1759 zum Major und Anführer eines Freikorps machte. Zu seinem lateinischen Namen war er gekommen, nachdem er auf die Frage des Königs nach Caesars fähigstem Adjutanten Quintus Icilius genannt hatte, den es allerdings nie gegeben hat. Der König griff den Namen auf und nannte Guichardt künftig Quintus Icilius oder auch nach einem von Guichardt gekauften Gut *Monsieur Wassersuppe.*

Guichardt war ein eigenwilliger und selbständig denkender Mann, der dem König auch gelegentlich widersprach und deswegen zeitweise in Ungnade fiel.

Im Jahre 1780 wurde der italienische Marchese Girolamo Lucchesini der Gesprächspartner des Königs, der ihn zu seinem Kammerherrn ernannte.

Abwechslung in das eher stille Leben des Königs in den späteren Jahren brachten zahlreiche Besuche auswärtiger Gäste, denn es gehörte für viele einfach dazu, Sanssouci und den berühmten Friedrich gesehen zu haben. Es finden sich klangvolle Namen darunter, wie der Gelehrte Baron Friedrich Melchior Grimm, der Fürst von Ligne oder der Marquis Ségur. Die meisten waren stark beeindruckt von der Person des Königs, und der Letztgenannte schrieb: *Trotz seiner kleinen Gestalt schien er dem geistigen Auge größer als alle anderen Menschen.*

Friedrich fand sich mit dem Älterwerden und den zunehmenden Beschwernissen leidlich gut ab. Am 7. Januar 1768 schrieb er an seinen ehemaligen Vorleser Darget: ... *Das Leben, mein guter Darget, ist eine verdammte Sache, wenn man alt wird. Entweder muß man sich dazu entschließen, mit einem Mal zugrunde zu gehn oder Stück für Stück abzusterben.*

Aber, abgesehen hiervon, kann man doch wenigstens auf eine Art

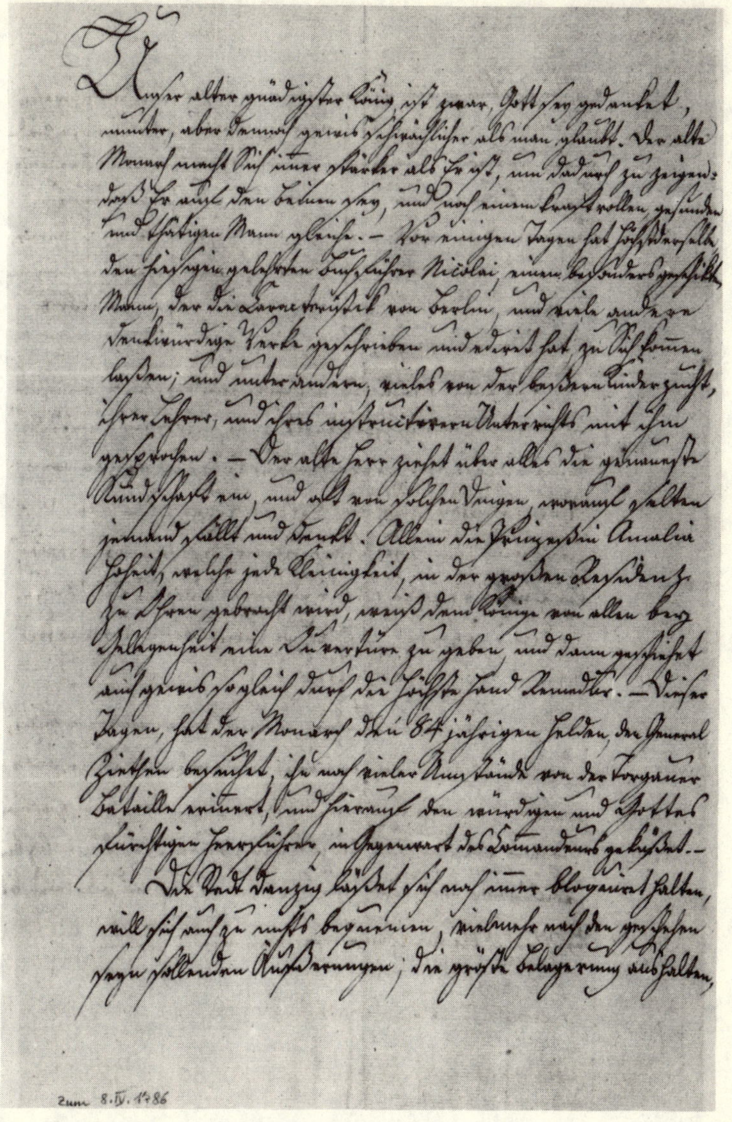
Unser alter gnädigster König ist zwar, Gott sey gedanket, munter, aber dennoch gewiß schwächlicher als man glaubt. Der alte Monarch macht sich immer stärker als Er ist, um dadurch zu zeigen: daß Er auch den [illegible], und noch einem kraftvollen gesunden und thätigen Mann gleiche. — Vor einigen Tagen hat Höchstderselbe den hiesigen gelehrten Buchhändler Nicolai, einen besonders geschickten Mann, der die [illegible] von Berlin, und viele andere merkwürdige Werke geschrieben und edirt hat zu sich kommen lassen; und unter andern, vieles von der besseren (?) Kinderzucht, ihrer Lehre, und ihres instructiveren Unterrichts mit ihm gesprochen. — Der alte Herr ziehet über alles die genaueste Kundschaft ein, und oft von solchen Dingen, woran wohl (?) selten jemand fällt und denkt. Allein die Prinzessin Amalie Hoheit, welche jede Kleinigkeit, in der größten Geschwindigkeit zu Ihren gebracht wird, weiß dem Könige von allen bey Gelegenheit eine Ouvertüre zu geben, und denn geschiehet auch gewiß sogleich durch die höchste Hand Wandel. — Dieser Tagen, hat der Monarch den 84jährigen Helden, den General Zieten besuchet, ihn noch vieler Umstände von der Torgauer Bataille erinnert, und hierauf den würdigen und gottesfürchtigen Heerführer, in Gegenwart des Commandeurs geküßet. —

Die Stadt Danzig läßt sich noch immer bloquirt halten, will sich auch zu nichts bequemen, vielmehr nach den geschehenen sagen sollenden (?) Äußerungen; die größte Belagerung aushalten,

zum 8. IV. 1786

Friedrich bittet den alten Zieten, in seiner Gegenwart Platz zu behalten

Der Geheime Rat von Reckert berichtet von einem Besuch Friedrichs bei Zieten (s. S. 217)

Die Legende gibt Köpfe und Namen derer wieder, die auf der Abbildung S. 218 dargestellt werden: außer dem König und Zieten sind es der Kronprinz, Friedrichs Bruder Ferdinand, Herzog Friedrich von Braunschweig und hohe Offiziere *glücklich sein: man muß sich im Geiste erneuern, von dem Leibe absehen und sich die Heiterkeit des Gemütes bis zum Ende des Stückes bewahren und die letzten Schritte unsers Erdenlaufes mit Blumen bestreuen.*

Zu den Freuden des Königs zählte auch nach dem Kriege unverändert die Musik. Täglich spielte er, manchmal mehrere Stunden, Flöte und komponierte. Er schrieb über einhundert Sonaten und Konzerte, und einer seiner Märsche hat eine besondere Würdigung erfahren. Der König hatte ihn kurz nach Kriegsende komponiert und dem spanischen Gesandten eine eigenhändige Niederschrift geschenkt. Dieser sandte sie nach Spanien, wo Friedrichs Komposition viel gespielt wurde. Eine Zeitlang in Vergessenheit geraten, gewann der Marsch ein Jahrhundert später, im Jahre 1869, bei einem Preisausschreiben des Marschalls Serrano den ersten Preis, wurde zur Nationalhymne gewählt und ist es bis 1922 geblieben.

Erst als der fortschreitende Ausfall der Vorderzähne das eigene Musizieren unmöglich machte und Quantz 1773 gestorben war, schwand des Königs Interesse an der Musik.

Viel Zeit widmete der König dem Lesen. Seit seiner Kindheit, als er es aus Angst vor dem Vater heimlich tun mußte, hat er Bücher geradezu verschlungen: *Ich habe mehr gelesen als alle Benediktiner zusammen.* Auf allen Feldzügen hatte er eine kleinere Bibliothek bei sich. Während der Belagerung von Schweidnitz arbeitete er die sechsunddreißigbändige Kirchengeschichte des Kardinals Fleury durch und machte Exzerpte, die er für sich drucken ließ.

Einen breiten Raum in Friedrichs spätem Schaffen nahm seine schriftstellerische Tätigkeit ein. Sein Ehrgeiz war früher gewesen, ein Dichter zu sein, und 1763 sagte er zu d'Alembert, er hätte lieber die *Athalie* (von Racine) geschrieben als den ganzen Krieg geführt. Von größerer Bedeutung als seine Dichtungen waren seine historischen, philosophischen oder staatspolitischen Werke, die er nun in schneller Reihenfolge schrieb. Schon 1763 vollendete er seine *Geschichte des Siebenjährigen Krieges,* der eine größere Anzahl weiterer Abhandlungen folgte, unter anderem 1765 *Über den Krieg,* 1768 das zweite *Politische Testament,* 1769 *Über die Erziehung,* 1770 *Kritik des*

›Systems der Natur‹ und *Kritik der Abhandlung ›Über die Vorurteile‹*, 1772 *Über den Nutzen der Künste und Wissenschaften im Staat,* 1777 *Regierungsform und Herrscherpflichten* sowie 1779 *Briefe über die Vaterlandsliebe.*

Das größte Aufsehen erregte jedoch die Ende 1780 erschienene, in Briefform verfaßte Schrift *De la littérature allemande; des défauts qu'on peut lui reprocher; quelles en sont les causes; et par quels moyens on peut les corriger (Über die deutsche Literatur; die Mängel, die man ihr vorwerfen kann; deren Ursachen und die Mittel zu ihrer Verbesserung),* die gleich nach ihrem Erscheinen einen Sturm der Entrüstung entfachte und auf heftige Kritik stieß.

Zwei Gründe waren es vor allem, die den Ausfall des Königs gegen die deutsche Sprache und Literatur so hohe Wellen schlagen ließen. Zum einen war er ein deutscher König, der in Deutschland auf dem Höhepunkt seiner Popularität stand und durch seine Siege über Österreich und Frankreich persönlich entscheidend zur Bildung eines deutschen Nationalgefühls beigetragen hatte. Für viele der Jüngeren war er ein Idol; Karl Wilhelm Ramler und namentlich Johann Ludwig Gleim, der Verfasser der *Preußischen Kriegslieder von einem Grenadier,* vergötterten ihn in ihren Dichtungen.

Zum anderen zeugten seine Aussagen von tiefer Unkenntnis. Weder sprach noch las er selbst deutsch. Als Gottsched ihm im Oktober 1757 in Leipzig gesagt hatte, *daß die deutschen Dichter nicht Aufmunterung genug hätten, weil der Adel und die Höfe zuviel Französisch und zu wenig Deutsch verstünden, alles Deutsche recht zu schätzen und einzusehen,* hatte Friedrich ihm geantwortet: *Das ist wahr, denn ich habe von Jugend auf kein deutsch Buch gelesen, und ich rede es wie ein Kutscher; jetzo aber bin ich ein alter Kerl von sechsundvierzig Jahren und habe keine Zeit mehr dazu.*

Friedrich hatte die Entwicklung der deutschen Literatur überhaupt nicht zur Kenntnis genommen; er kannte weder Ramler, Gleim, Ewald von Kleist, Klopstock noch Winckelmann, Herder, Wieland oder Lessing, dessen Werk fast abgeschlossen vorlag. Was er kannte und gelten ließ, bestätigt seine Unkenntnis. *Alles, was ich Ihnen zugestehen kann, ohne mich zum niedrigen Schmeichler meiner*

Landsleute zu machen, sind einige Fabeln von Christian Fürchtegott Gellert, Gedichte von Friedrich Rudolf von Canitz, Idyllen von Salomon Geßler und als Bühnenstück *Der Postzug* von Cornelius Hermann Ayrenhoff, wozu als Prosaautoren noch der Leipziger Geschichtsprofessor Johann Jacob Mascov und der Königsberger General-Superintendent Johann Jakob Quandt treten, von denen der letztere 1740 die Huldigungspredigt gehalten hatte.

Friedrichs Urteil über die deutsche Sprache fällt vernichtend aus: *Ich finde eine halbbarbarische Sprache vor, die in ebensoviele Mundarten zerfällt wie es Provinzen in Deutschland gibt. Jeder Landkreis glaubt, seine Redeweise sei die beste. Es gibt noch keine von der Nation als allgemeingültig anerkannte Sammlung, in der man eine Auswahl von Wörtern und Wendungen fände, die die Regeln für eine reine Sprache vorschreibt. Was man in Schwaben schreibt, ist in Hamburg unverständlich, und der österreichische Stil wirkt in Sachsen unklar. Demzufolge ist selbst ein Schriftsteller mit der schönsten Begabung außerstande, diese rohe Sprache überlegen zu handhaben. . . . Ich höre einen Jargon reden, dem jede Anmut fehlt und den jeder nach seiner Laune handhabt; die Ausdrücke werden wahllos angewandt, die passendsten und bezeichnendsten Wörter vernachlässigt, und der eigentliche Sinn ertrinkt in einem Meer von Nebensächlichkeiten.*

Der König wirft der deutschen Sprache vor, *daß sie weitschweifig, schwer zu handhaben und unmelodisch ist und daß es ihr an der Fülle bildlicher Ausdrücke fehlt, die so notwendig sind, um gebildeten Sprachen neue Wendungen und Anmut zu verleihen.*

Als Beispiel für den schlechten literarischen Geschmack in Deutschland wählt Friedrich das Theater, wobei er in seine harsche Kritik Goethes *Götz* mit einbezieht: *Um sich von dem Mangel an Geschmack zu überzeugen, der bis auf diesen Tag in Deutschland herrscht, brauchen Sie nur ins Schauspiel zu gehen. Da sehen Sie, wie die fürchterlichen Stücke von Shakespeare in deutscher Sprache aufgeführt werden, sehen Sie das ganze Publikum vor Wonne hinschmelzen beim Anhören dieser lächerlichen Farcen, die eines kanadischen Wilden würdig sind. . . . Wo bleibt da die Wahrscheinlichkeit? Es treten Lastträger und Totengräber auf und halten Reden, die ihrer würdig sind; dann kommen Prinzen und Königinnen. Wie kann dies wunderliche Gemisch von Niedrigkeit und Größe, von Possenhaftigkeit und Tragik rühren und gefallen? Man mag Shakespeare solche wunderlichen Verirrungen verzeihen; denn die Geburt der Künste ist niemals die Zeit ihrer Reife. Aber nun erscheint noch ein »Götz von Berlichingen« auf der Bühne, eine scheußliche Nachahmung der schlechten englischen Stücke, und das Publikum klatscht Beifall und verlangt mit Begeisterung die Wiederholung dieser abgeschmackten Plattheiten.*

Von seinem Vorurteil gegenüber der deutschen Literatur wich er auch später nicht ab. So schrieb er am 22. Januar 1784 dem Gymnasialprofessor Myller in Berlin, der eine *Sammlung deutscher Gedichte aus dem zwölften, dreizehnten und vierzehnten Jahrhundert* herausgegeben und ihm ein Exemplar dediziert hatte: *Hochgelahrter, lieber Getreuer, Ihr urteilet viel zu vorteilhaft von denen Gedichten aus dem zwölften, dreizehnten und vierzehnten Säculo, deren Druck Ihr befördert habt und zur Beförderung der deutschen Sprache so brauchbar haltet. Meiner Einsicht nach sind solche nicht Einen Schuß Pulver wert und verdienten nicht aus dem Staube der Vergessenheit gezogen zu werden. In Meiner Büchersammlung wenigstens würde Ich solches elendes Zeug nicht dulden, sondern herausschmeißen. Das Mir davon eingesandte Exemplar mag dahero sein Schicksal in der dortigen großen Bibliothek abwarten. Viel Nachfrage verspricht aber demselben nicht Euer sonst gnädiger König, Friderich.*

Es zählt zu den Eigentümlichkeiten Friedrichs, daß er, obwohl ein deutscher Herrscher, zeitlebens ausschließlich dem Französischen verhaftet blieb und außer antiken Schriftstellern, die er in französischer Übersetzung las, nur die französische Literatur gelten ließ, die er sehr genau kannte. d'Alembert schrieb darüber am 16. Juli 1763 an Mademoiselle de Lespinasse: *Du wärest erstaunt, hörtest Du ihn über unsere Schriftsteller und Theaterstücke reden, als hätte er sein Leben nur mit ihrer Lektüre verbracht. Ich kann keine bedeutende Stelle, namentlich bei unseren Dichtern, zitieren, die er nicht ebenso kennt wie ich, der ich ganz darin lebe. Mehr noch: er hat ein sehr gutes Urteil und einen sehr sicheren und richtigen Geschmack.*

Das Ende

Schon zu Lebzeiten war der König zur Legende geworden. Von weither kamen Menschen, oft nur, um einen Blick auf ihn zu erhaschen. Sie bestachen, wie der Marquis Hippolyte de Toulougeon, mit viel Geld die Wächter in Sanssouci, um, in einem Busch versteckt, ihn sehen zu können. Als die fränkische Gräfin Henriette Egloffstein die königliche Kutsche mit einem *mumienhaften alten Mann in abgeschabter Uniform* gesehen hatte und einen Soldaten fragen ließ, ob dies wirklich der König gewesen sei, antwortete dieser: *I mein Jott, den kennt ja det Kind im Mutterleibe!*

Wenn Friedrich durch die Stadt ritt, erscholl überall Jubel, wo er vorbeikam. Die Bürger grüßten ihn voller Ehrerbietung, und er erwiderte jeden Gruß, indem er den Hut abnahm, was an manchen Tagen mehrere hundert Male geschah. Die Veteranen nannten ihn bei ihrem Gruß respektvoll *Vater* oder *Vater Fritz;* die Straßenjungen folgten ihm johlend und suchten den Staub von seinen Stiefeln zu wischen.

Gleichwohl gab er sich über das jubelnde Volk keinen Illusionen hin. Während seines letzten Besuches in Breslau im August 1785 hatte er ein Gespräch mit Professor Christian Garve, in dem er die Masse der Menschen als *Canaille* bezeichnete.

Garve wehrte ab: *Als Eure Majestät gestern in die Stadt kamen, und alles Volk zusammenlief, um seinen großen König zu sehen, das war nicht ›Canaille‹!*

Setze Er einen alten Affen aufs Pferd, erwiderte der König, *und lasse Er ihn durch die Straßen reiten, so wird das Volk genauso zusammenlaufen.*

Der Gesundheitszustand des Königs hatte sich im letzten Jahrzehnt seines Lebens erheblich verschlechtert. Die Gichtanfälle an Füßen, Knien und Händen nahmen so zu, daß er sich oft kaum zu bewegen vermochte. Er litt an eiternden Hämorrhoiden, an Koliken, an Abszessen an Ohr und Knien und an Wassersucht, und heftige, lang andauernde Fieberanfälle begleiteten die Krankheiten.

Seine Krankheiten hätten ausgereicht, um zehn Männer umzubringen, äußerte Graf Mirabeau nach einem Besuch. Aber der König ließ sich durch alle seine Beschwerden nicht unterkriegen: *Diese Litanei von Gebresten hindert mich nicht daran, fröhlich zu sein, und ich werde, wenn man mich begräbt, ein lachendes Gesicht bewahren.*

Unbeeindruckt erfüllte er weiter seine Pflicht, ohne sich zu schonen: *Es ist nicht nötig, daß ich lebe, sondern daß ich tätig bin.* Während des Bayerischen Erbfolgekrieges, in den er sich hatte fahren lassen müssen, saß er wieder zu Pferde, bis zu zehn Stunden am Tag, ohne ein Zeichen der Schwäche zu zeigen.

Er erledigte nicht nur bis zum Tode seine täglichen Geschäfte im Kabinett, sondern nahm wie eh und je auch die täglichen Paraden ab und reiste zu den jährlichen Manövern wie zu den Inspektionen der einzelnen Provinzen. Die letzte Reise führte ihn im August 1785 nach Schlesien, wo er am 24. August beim Manöver sechs Stunden bei strömendem Regen im Sattel saß.

Das Fieber am folgenden Tag beachtete er nicht, doch fühlte er sich nach seiner Rückkehr nach Potsdam schlecht und erlitt am 18. September einen Schlaganfall. *Sprechen Sie nicht davon!* lautete seine Anordnung, doch setzte darauf eine deutliche und endgültige Verschlechterung seines Gesundheitszustandes ein. Er konnte nicht mehr an den Herbstmanövern teilnehmen und verbrachte den Winter im Stadtschloß von Potsdam.

Als man ihm am 27. Januar 1786 den Tod Zietens meldete, trug er die Nachricht gefaßt und meinte: *Unser alter Zieten hat auch bei seinem Tode noch sich als Soldat gezeigt. Im Kriege kommandierte er immer die Avantgarde, auch mit dem Tode hat er den Anfang gemacht. Ich führte die Hauptarmee, ich werde ihm folgen.*

Ruhig, ja heiter sprach er von seinem bevorstehenden Tod: *Wenn man alles gesehen und von allem in der Welt gekostet hat, kann man sich darauf vorbereiten, sie ohne Bedauern zu verlassen. Man verliert dabei wahrlich recht wenig.* Im Rückblick auf sein Leben konnte er sagen, daß er Preußen vergrößert und in den Kreis der Großmächte hineingeführt hatte und seinem Thronfolger einen gefestigten Staat und eine gefüllte Staatskasse hinterließ.

Als im April die ersten wärmenden Sonnenstrahlen durch die Wolken drangen, zog der König in sein geliebtes Sanssouci um. Seine Beine waren geschwollen und eiterten; ein hartnäckiger Husten schmerzte und ließ ihn nicht zur Ruhe kommen. Der zu Rat gezogene Arzt, Professor Christian Gottlieb Selle von der Berliner Charité, vermochte keine Linderung zu schaffen, zumal Friedrich ein ungeduldiger und besserwisserischer Patient war.

An einem warmen Frühlingstag wollte der König noch einmal reiten und ließ sich auf seinen Schimmel *Condé* setzen, doch brach er nach wenigen Schritten im Sattel zusammen.

Er wurde zusehends schwächer und konnte nachts nur noch wenige Stunden schlafen. Ironisch sagte er zu dem ihn besuchenden Herzog von Kurland, wenn er einen guten Nachtwächter brauche, bitte er sich dieses Amt aus; er könne gut wachen.

Wie um noch möglichst viel zu erledigen, befahl der König seine Kabinettsräte, statt um sechs oder sieben, bereits morgens um vier zu sich: *Mein Zustand nötigt mich, Ihnen diese Mühe zu bereiten, die für Sie nicht mehr lange dauern wird. Mein Leben geht zur Neige; die Zeit, die ich noch habe, muß ich nutzen. Sie gehört nicht mir, sondern dem Staate.*

Im Juni war die Wassersucht so weit vorangeschritten, daß der König den ihm seit längerem bekannten hannoverschen Leibarzt Johann Georg Ritter von Zimmermann kommen ließ.

Am 24. Juni, so berichtet Zimmermann, wurde er vom König empfangen. Dieser *hatte einen alten, großen, schlichten, vor Jahren abgetragenen Hut mit einer ebenso alten weißen Feder auf dem Kopf. Er war gekleidet in einen Überrock aus hellblauem Atlas, vorn herunter ganz von spanischem Tabak gelb und braun gefärbt. Übrigens war er in Stiefeln. Er lehnte ein erschrecklich geschwollnes Bein auf ein Taburett, das andre hing.*

»Sie finden mich sehr krank.«

»Den Blick, Eure Majestät, finde ich seit fünfzehn Jahren, da ich die Ehre hatte, Sie hier zu sehen, nicht verändert. In den Augen Eurer Majestät sehe ich keine Verminderung ihres Feuers und ihrer Kraft.«

»O ich bin sehr gealtert und bin sehr krank.«

»Deutschland und Europa werden nicht gewahr, daß Eure Majestät alt und krank sind.«

»Meine Geschäfte gehen ihren gewöhnlichen Weg.«

»Eure Majestät stehn des Morgens um vier Uhr auf und verlängern und verdoppeln dadurch Ihr Leben.«

»Ich stehe nie auf, denn ich gehe nie zu Bette. In dem Lehnstuhl, wo Sie mich sehen, werden meine Nächte hingebracht.«

»Eure Majestät schrieben mir: das Atemholen werde Ihnen seit sieben Monaten sehr beschwerlich.«

»Engbrüstig bin ich, aber die Wassersucht habe ich nicht. Sie sehen indessen, wie meine Beine geschwollen sind.«

»Wollen Eure Majestät erlauben, daß ich Ihre Beine etwas näher besehe?«...

Der Arzt untersuchte den König. Dann fragte dieser:

»Man kann mich nicht heilen, nicht wahr?«

»Erleichtern, Sire!«

Zimmermann verordnete dem König zur Entwässerung Löwenzahnsaft, den dieser nur widerstrebend nahm. Als das Mittel jedoch bald und gründlich wirkte, war Friedrich voll des Lobes: *Ihr Mittel, mein lieber Herr Zimmermann, ist ein medizinischer Kurier, der auf den ersten Befehl geradezu und mit der möglichsten Schnelligkeit am Orte seiner Bestimmung eintrifft. Ihr Mittel hat Geist, denn es weiß, wo mein Übel sitzt. Sie sind ein Mann, der gerade dahin trifft, wohin er zielt. Sie tun Wunder, denn ich bin heute mehr erleichtert, als ich es noch je durch irgendein Mittel gewesen bin. Ich befinde mich besser, als ich mich noch in meiner Krankheit befunden habe.*

Kaum fühlte sich der König besser, da aß er an einem Mittag mit Muskatblüten und gestoßenem Ingwer gewürzte Bouillon, in Branntwein gekochtes Rindfleisch, eine in Butter gebackene und mit Knoblauchsaft beträufelte Polenta, *zur Hälfte aus türkischem Weizen und zur Hälfte aus Parmesan. Endlich beschloß der König, indem er den herrlichen Appetit lobte, den ihm der Löwenzahn machte, die Szene mit einem ganzen Teller Aalpastete, die so heiß und so stark gewürzt war, daß sie in der Hölle gebacken schien . . .*

Natürlich war ihm dieses Essen nicht bekommen. Er mußte sich übergeben, und von Krämpfen geschüttelt sagte er bekümmert zu dem eilends herbeigerufenen Zimmermann: *Ich bin nichts mehr als ein altes Gerippe; ich tauge zu nichts mehr, als auf den Schindanger geworfen zu werden.*

Obwohl der König sich bald darauf auch mit Sahnebaisers und grünen Heringen den Magen verdarb, gelang es Zimmermann doch, Friedrichs Beschwerden zu lindern. Sogleich verlangte er darauf am 4. Juli, zu reiten: *Mit äußerst großer Mühe ward der König um elf Uhr auf sein Pferd gebracht. Er ritt drei Viertelstunden im großen Garten zu Sanssouci, mehrenteils im Galopp, und kam außerordentlich matt und entkräftet zurück. Bei Tafel hatte er gar keinen Appetit, und gleich nachher mußte er sich erbrechen.*

Am 10. Juli verließ Zimmermann Potsdam, herzlich bedankt vom König: *Adieu, mein guter, mein lieber Herr Zimmermann. Vergessen Sie den guten alten Mann nicht, den Sie hier gesehen haben.*

Wenn auch die Kräfte des Königs nun sichtlich abnahmen, arbeitete er wie gewohnt bis Mitte August weiter. Am 15. August schlief er gegen seine Gewohnheit bis gegen elf Uhr vormittags. Darauf nahm er seine Arbeit auf und gab seine Anordnungen für den folgenden Tag, doch war seine Unterschrift kaum mehr zu entziffern.

Am 16. August verschlechterte sich der Zustand des Königs, seine Sprache wurde stockend, und er versank in einen betäubungsähnlichen Schlummer. Am Abend wurde er noch einmal wach und machte, gestützt auf seine Kammerhusaren, einige Schritte. Darauf schlief er ein, bis ein Hustenanfall ihn weckte. Sein Kammerhusar Strützki kniete nieder, um ihn zu stützen und ihm Erleichterung zu verschaffen. Um zwanzig Minuten nach zwei am Morgen des 17. August verschied der König so, in den Armen seines Husaren.

Friedrich hatte gewünscht, neben seinen Hunden in der Gruft auf der Terrasse seines Schlosses Sanssouci begraben zu werden. Sein

Nachfolger erfüllte diesen Wunsch nicht und ließ den König in der Garnisonskirche von Potsdam beisetzen, in der schon Friedrich Wilhelm I. seine letzte Ruhestätte gefunden hatte. Von dort wurden die Särge der beiden im Frühjahr 1945 in die Elisabethkirche nach Marburg an der Lahn gebracht, bis sie im Jahre 1952 auf der Burg Hohenzollern bei Hechingen in der Schwäbischen Alb eine neue Heimat fanden.

Äusseres und Wesen

Friedrich war nicht ganz mittelgroß (fünf Zoll, fünf bis sechs Fuß) und trotz seiner starken Beine wohlproportioniert. In jüngeren Jahren bot er eine graziöse Erscheinung, im Alter hielt er seinen Körper weit nach vorn gebeugt, den Kopf zur rechten Seite geneigt – wohl eine Folge seines ständigen Flötenspiels. Das Gesicht, mit zunehmendem Alter immer stärker vom häufigen Aufenthalt im Freien bei jeder Witterung gegerbt und braunrot gefärbt, war durch starke und ernsthafte Züge geprägt. In jungen Jahren wirkte sein Mund angenehm, doch ließ der frühe Verlust der Vorderzähne das Gesicht älter erscheinen. Beim Sprechen waren seine Gesichtszüge beseelt, was sich beim Hören von Musik noch verstärkte. Er hatte eine reine und angenehme Tenorstimme, die beim Kommandieren seiner Truppen laut und vernehmlich klang.

Das auffallendste waren seine lebhaften blauen Augen, deren scharfem und durchdringendem Blick, wie oft berichtet wird, keiner widerstehen konnte.

Als der aus einfachen Kreisen stammende berühmte Mathematiker, Astronom, Physiker und Philosoph Johann Heinrich Lambert zum Mitglied der Berliner Akademie der Wissenschaften berufen worden war, empfing ihn der König an einem Abend zu einem Gespräch. Dabei blickte er ihn so scharf an, daß Lambert immer verlegener wurde, ins Stottern geriet und die Fragen Friedrichs kaum zu beantworten wußte. Darauf löschte Friedrich die Lampe, und Lambert beantwortete, da ihn der Blick des Königs nicht mehr traf, ungezwungen und frei alle an ihn gerichteten Fragen.

Bei anderer Gelegenheit hatte Friedrich einen bekannten Schauspieler aus Paris kommen lassen, damit er vorspreche. Dabei musterte er ihn so eindringlich, daß der Franzose nach einiger Zeit entnervt aufgab und sagte: *Ew. Majestät, ich sehe sehr wohl, daß ich hier nicht viel Eindruck machen kann; erlauben Sie daher in Gnaden, daß ich morgen abreisen darf.* Was der König lächelnd gewährte.

In seiner Jugend hatte Friedrich geglaubt, er würde nicht alt werden, was seine zeitweilige Lebensführung allerdings auch befürchten lassen konnte. Christian Gottlieb Selle (1748–1800), der 1785 nach dem Tode Muzels, durch den er an die Charité gekommen war, Leibarzt Friedrichs wurde, berichtet in seiner *Krankheitsgeschichte des Höchstseeligen Königs von Preußen Friedrichs des Zweyten Majestät* (Berlin 1786), daß der König schon früh einen sehr empfindlichen Magen hatte, so daß er sich oft übergeben mußte. Das war nicht zuletzt auch die Folge einer unvernünftigen Ernährung und die Vorliebe für zu stark gewürzte Speisen, die zu immer gereizten Verdauungswegen führten. Um sich Linderung zu verschaffen, ließ er sich durch Rhabarber purgieren.

Bald nach seinem Regierungsantritt begannen die Gichtanfälle, die später chronisch wurden und zu fast unerträglichen Schmerzen führten. Er meinte, die Gicht vom Vater geerbt zu haben, der sie sich durch den Genuß von Rheinwein zugezogen habe und den er deshalb wegen seiner Säure mied. Allerdings richtete er sich in seiner Ernährung sonst nicht nach dem Rat seiner Ärzte und schränkte sich bei erneuten Gichtanfällen allenfalls für einige Tage im Essen und Trinken ein und suchte die Krankheit auszuschwitzen und auszuspülen.

Bald nach 1740 litt der König auch zum ersten Mal an Hämorrhoiden, gegen die er sich durch Aderlässe und leichte Abführmittel behandeln ließ. Zu Beginn des Ersten Schlesischen Krieges befiel ihn das sogenannte Viertägige Fieber, gegen das er sich selbst das damals von den Ärzten noch nicht verordnete Chinapulver verschrieb.

Sieht man von einer vorübergehenden Hemiplegie, einer halbseitigen Lähmung im Jahre 1737 ab, so hat Friedrich vor seiner letzten und tödlichen Erkrankung außer der Gicht keine ernstere Krankheit gehabt. Er war im ganzen, berücksichtigt man sein Leben, ein zäher und lebenswilliger Mensch. Befiel ihn eine schmerzhafte Krankheit, war er ein geduldiger und sanfter Patient; und es galt stets als sicheres Zeichen der Besserung, wenn er ungeduldig und unzufrieden wurde.

Als er einige Jahre vor seinem Tod besonders stark von Gicht und Wassersucht geplagt wurde, mußten ihn seine Leibärzte auffordern, jede Erregung zu meiden. Während dieser Zeit saß er einmal, *halb in Blei eingelegt,* und forderte zu trinken. Der bedienende Kammerhusar benahm sich so ungeschickt, daß er Friedrich begoß, worauf dieser ingrimmig sagte: *Ja, wenn ich mich nur ärgern dürfte, wie wollte ich dich . . . Aber die Ärzte haben es mir verboten, Kerl! Das ist dein Glück!*

Daß sein aufreibendes Leben und das zunehmende Alter ihn schwächten, konnte ihm als denkendem Menschen nicht verborgen bleiben, und er pflegte öfters zu sagen, man dürfe *nicht unbillige Prätensionen* [Ansprüche] *hegen und ewig zu leben wünschen.* Eine Turmuhr bestünde aus Stahl und hielte niemals länger als zwanzig Jahre. Er wollte, wie – nach Sueton – Kaiser Vespasian, *stante pede* (im Stehen) sterben, aus dem vollen schaffenden Leben heraus. In den letzten Jahren äußerte er sich manches Mal über den bevorstehenden Tod: *Ich bin eine abgelebte Maschine,* pflegte er zu sagen, *der Teufel wird mich bald holen.*

Allerdings wollte er diesen Termin so lange wie möglich hinausschieben. Er beschäftigte sich selbst mit Fragen der Medizin und prüfte die Ärzte, denen er sich anvertraute, ebenso gern wie die Regimentswundärzte, die seine Soldaten behandelten. Häufig erteilte er bei unterschiedlichsten Krankheiten ungefragt seinen Rat, dessen Befolgung für die Patienten jedoch nicht unbedingt von Nutzen war. Sein Wissen soll er großenteils dem seinerzeit bekannten *Dictionnaire de la Santé (Gesundheitslexikon)* entnommen haben, das allerlei Roßkuren enthielt.

Als vorzügliches Medikament schätzte Friedrich, wie wir schon sahen, den Rhabarber und empfahl ihn oft. Im Siebenjährigen Krieg begegnete ihm in Sachsen eine Reihe von Wagen mit Kranken. Auf seine Frage erzählten sie ihm, daß sie an Durchfall litten.

Was gibt der Feldscher dagegen?

Oh, antwortete ein biederer Märker, *he geft uns sonne geele Pulver, da wert et ümmer ärger darna!*

Nein, nein, sagte Friedrich, *das ist schon recht. Das wird Rhabarber sein.*

Ja, riefen alle, *das ist es.*

Das ist sehr gut, sagte Friedrich, *dabei bleibt nur, so werdet Ihr bald gesund werden.*

Daß Friedrich sich um die Gesundheit seiner Soldaten sorgte, beweist auch sein Befehl an die Feldschere, bei und nach langen Fußmärschen von Zeit zu Zeit die Füße der Soldaten auf ihren Zustand zu kontrollieren.

Neben dem Rhabarber schätzte der König das Aderlassen bei verschiedenen Krankheiten, und er legte Wert darauf, dafür immer eine zuverlässige Kraft zu haben.

Als einmal der »Chirurgus«, der ihn eine Zeitlang zur Ader gelassen hatte, seinen Dienst quittierte, fragte er den Regimentsfeldscher Engel, ob er keinen zuverlässigen Nachfolger wisse. Der schlug einen Mann vor, den Friedrich sogleich zu sich zu rufen befahl.

Hör Er mal, sagte Friedrich zu ihm, *Er soll mich zur Ader lassen, aber ich will, daß Er mich nicht anders behandelt als einen Burschen meiner Garde, denn in diesem Punkt sind wir alle gleich. Aber zeigt Er Furcht bei mir, gerät es nicht.*

Darauf band der Chirurg des Königs Arm ab und schlug in die Ader, verfehlte sie jedoch, so daß kein Blut kam. *Sieht Er wohl, Er hat sich gefürchtet. Komm Er her und schlag noch einmal, aber ohne Furcht.*

Dieses Mal gelang es, und Friedrich sagte befriedigt: *Da sieht Er, was die Furcht macht. Er soll mir von nun an immer zur Ader lassen, aber ohne Furcht.*

Wie das Chinapulver probierte er auch sonst allerlei Heilmittel selbst aus. Als er krankheitshalber einige Zeit sehr schlecht geschlafen hatte, meinte ein Leibhusar, der »Chirurgus« war, nachdem der König über seine Schlaflosigkeit geklagt hatte: *Sire, ich sehe mit großer Verwunderung, daß auch der geschickteste Arzt in seiner Kunst fehlen kann. Ich habe in meiner Hausapotheke eine Medizin, die nicht nur den Schlaf herbeibringt, sondern auch für einen guten Appetit sorgt.*

Friedrich lachte und fragte: *Nun, Du hast wohl Lust, Dir den Titel eines Hofdoktors zu erschleichen?*

Nein, Sire, dazu habe ich nicht genug Talent; aber ich möchte wohl als Ungelehrter etwas ermöglichen, worüber ein gelehrtes Kollegium einen ganzen Tag umsonst beratschlagt hat.

Der König ging auf den Vorschlag ein, nahm das vorgeschlagene Mittel und schlief so tief und fest, daß er erst um sieben Uhr am Morgen erwachte. Darüber war er hocherfreut, füllte seine Tabatiere mit Friedrichsdor und gab sie dem Leibhusar mit den Worten: *Sieh, mein Lieber, das ist für Deine Treue gegen meine Person! Für Deine Kunst sollst Du noch besonders belohnt werden!*

Über die Schlafgewohnheiten Friedrichs ist vieles erzählt worden. In seiner Jugend hatte er sehr wenig geschlafen. Oft saß er bis Mitternacht an der Tafel und stand am folgenden Morgen in aller Frühe auf, entweder um zu musizieren oder um dem Exerzieren der Soldaten beizuwohnen. Gern und wiederholt erzählte er später, er habe, als er im Sommer 1734 bei den Truppen seines Vaters am Rhein gewesen sei, mit einigen Kameraden versucht, überhaupt nicht mehr zu schlafen, sondern fortwährend tätig zu sein, um so gewissermaßen doppelt so lange zu leben wie andere Menschen. Das habe er, mit der Hilfe von reichlich Kaffee, vier Tage lang ausgehalten, dann aber habe die Natur ihr Recht verlangt. Er habe die Augen nicht mehr aufhalten können, sei selbst bei der Tafel eingeschlafen und habe dann diesen Versuch aufgegeben.

In den späteren Jahren sollten ihm sechs bis sieben Stunden Schlaf genügen, doch wurden es manchmal auch acht oder neun. Während der Wintermonate, von November bis Februar, ging er abends zwischen neun und zehn zu Bett und stand am anderen Morgen zwischen fünf und sechs auf. In den Monaten danach legte er sich von Woche zu Woche früher zu Bett und stand dann um vier Uhr morgens auf; zur Zeit der Berliner Musterung war er jedoch bereits um halb drei auf und saß um vier im Sattel.

Er legte großen Wert darauf, auf die Minute pünktlich geweckt zu werden, und stand, wenn wichtige Geschäfte oder Reisen es erforderten, sofort auf, sonst schlief er manchmal wohl eine viertel oder halbe oder, selten, eine Stunde länger.

Mit zunehmendem Alter bereitete ihm das frühe Aufstehen oft

Mühe, und manchmal schlief er länger, als er sich vorgenommen hatte. Dann ärgerte er sich über sich selbst und befahl seinen Kammerlakaien, ihn nicht länger als befohlen schlafen zu lassen und ihn, falls er protestieren würde, mit Gewalt zu wecken. Wenn sie ihn dann beim Wort nahmen, knurrte er sie zwar zunächst ungnädig an, war ihnen im nachhinein jedoch dankbar.

Als ihn anläßlich der jährlichen Musterung in der Nähe von Crossen einmal der Kammerhusar befehlsgemäß um zwei Uhr morgens weckte und der König sah, daß das Wetter erbärmlich schlecht war und es in Strömen goß, da seufzte er doch tief: *Ach, wär ich doch nur ein Kriegsrat geworden!*

Friedrichs Tageslauf, von dem er nur sehr selten abwich, hatte entsprechend der jeweiligen Jahreszeit einen stets gleichbleibenden Ablauf. Im Frühjahr, Sommer und Herbst war er durch die Reisen und Manöver bestimmt und öfters variabel, im Winter war er minutiös festgelegt.

Eine Viertelstunde vor dem Aufstehen wurde im Schlafzimmer das Kaminfeuer angezündet, vor dem sich der König ankleidete. Darauf setzte er sich an den Tisch und sah, während er rasiert und frisiert wurde (was nicht länger als fünf bis sechs Minuten dauern durfte), die in der Nacht eingegangene Post durch. Die wichtigere las er selbst, die übrige ging an den Geheimen Kabinettsrat, damit von jedem ein Auszug erstellt würde. Danach erhob er sich, wusch Gesicht und Hände mit einer nassen Serviette, setzte seine *Haartour* ([Teil-] Perücke) auf und frisierte sich selbst noch einmal. Dann setzte er den Hut auf, den er in der Regel nur bei Tisch oder in Gegenwart hochgestellter Persönlichkeiten ablegte, und ließ sich im Vorzimmer vom Adjutanten des ersten Bataillons der Garde Meldung erstatten.

Nachdem er zunächst kaltes Wasser und danach Kaffee mit einem Teelöffel weißen Senf als Vorbeugung gegen einen Schlaganfall zu sich genommen hatte, ließ er sich von den Kabinettsräten vortragen und sah deren Briefauszüge sowie die Bittschriften durch und schrieb oder diktierte die Antworten.

Anschließend legte er die Uniform an, empfing Generale und

Stabsoffiziere zu einer Lagebesprechung und begab sich zu Truppenparaden oder Manövern oder unternahm einen Spazierritt.

Mit dem Glockenschlage zwölf begab er sich zur Tafel, die sich in der Regel mehrere Stunden bis etwa vier Uhr hinzog.

Daran schlossen sich Empfänge, Kabinettsgeschäfte und Lektüre durch den Vorleser an, ehe um sechs Uhr das Konzert begann. Meist präludierte der König bereits eine Viertelstunde früher, danach spielte er drei Konzerte oder hörte wohl auch einem von Quantz zu, womit die Musik, die er bei jeder sich über Tag bietenden Gelegenheit übte, für den jeweiligen Tag zu Ende war.

Nach dem Konzert empfing der König noch einen Gelehrten oder einen anderen Gesprächspartner, wie lange Zeit den Marquis d'Argens oder nach dessen Tod 1771 den Obersten Quintus Icilius; er las selbst vor und disputierte dann mit seinem Gast über das Gelesene.

Wenn er dann allein war, mußte ihm einer der Köche den Speiseplan für den folgenden Tag vorlegen – und auf die Seite den Preis für jedes Gericht setzen. Gefiel ihm eine Speise nicht, ersetzte er sie durch eine andere.

Vor dem Schlafengehen entkleidete Friedrich sich vor dem Kamin, zog sein Nachtgewand an, legte die Haartour ab, band sich ein Tuch um den Kopf und darüber statt einer Nachtmütze ein Kopfkissen, von dem ein Zipfel die Stirn bedeckte und zwei unter dem Kinn zusammengebunden waren. Danach trat er ans Bett, ließ die Hose bis auf die Knie fallen, setzte sich auf den Bettrand, worauf ihm der Kammerbediente die Stiefel und die Hose abnahm. Dann legte er sich nieder. Sein Lieblingshund schlief bei ihm im Bett, aber es waren weder ein Mensch noch ein Nachtlicht in seinem Zimmer. Wohl wachten im Vorzimmer zwei Bediente, die er mit einer Klingel am Bett hereinrufen konnte. In Sanssouci wachte statt dessen ein Unteroffizier mit sechs Grenadieren, die um sechs Uhr abends an- und am anderen Morgen zwischen vier und fünf wieder abrückten.

Wie die einzelnen Tage in ihrem Ablauf einander ähnelten, so war auch das ganze Jahr von einem bestimmten Rhythmus geprägt.

Wenige Tage vor Weihnachten begab Friedrich sich von Potsdam nach Berlin, wo nach dem Neujahrsempfang die Karnevalszeit mit Opern, Bällen, Gastmählern und sonstigen Lustbarkeiten begann, die der König mehr der Königlichen Familie, des Hofes, der Gesellschaft, der Berliner und der auswärtigen Gäste als seinetwegen beging, den es eher zu den großen Wachtparaden hinzog. Höhepunkt war der Krönungstag am 18. Januar, nach dem der König, oft noch vor seinem Geburtstag am 24. Januar, nach Potsdam zurückkehrte. Nach dem Bau von Sanssouci wechselte er Ende März oder Anfang April dorthin.

Im Februar begannen gleichzeitig die Manöver in der Kurmark, im Herzogtum Magdeburg und in Pommern. Ab Mai musterte der König seine Truppen, am 17./18. Mai bei Berlin, am 22./23. Mai bei Potsdam, am 26./28. Mai bei Magdeburg, am 2. Juni in Küstrin, am 3./4. Juni bei Stargard in Pommern und am 8./10. Juni in Preußen. Neben der Inspektion der Truppen fand er noch Zeit für Gespräche mit den Präsidenten und Direktoren der einzelnen Kammern und Justizkollegien, mit Landräten, Beamten und Forstleuten, und überall durften Bittsteller ihre Anliegen vortragen, so daß er bis ins letzte Detail informiert war.

Nach der Rückkehr von Preußen nach Potsdam oder Sanssouci fand die Ministerrevue statt, bei der sämtliche Minister des Generaldirektoriums ihre Jahresetats vorzulegen hatten. Daran schloß sich eine kurze Phase der Entspannung an, während der er eine Trinkkur mit Eger Mineralwasser machte und eine kleine Gesellschaft von sogenannten Brunnengästen um sich versammelte.

Am 14./15. August trat er dann die Reise nach Schlesien an; am 20. August traf er in Neiße ein, wo vom 23.–25. die Truppenmusterung stattfand. Am 25. oder 26. reiste er weiter nach Breslau, wo er sich in der Regel drei bis fünf Tage aufhielt und sich über die Probleme des Landes informierte. Ende des Monats beendete er den Aufenthalt in Schlesien mit einer dreitägigen Truppenschau.

Anfang September kehrte er nach Sanssouci zurück, beobachtete das Artilleriekorps bei Berlin und seit 1764 die am 22./23. September stattfindenden Herbstmanöver bei Potsdam, womit die jährlichen Inspektionsreisen ihr Ende fanden.

Mehrfach erwähnt wurden bereits die Eßgewohnheiten Friedrichs, in denen er sich deutlich von seinem Vater unterschied. Hatte dieser sich mit einer einfachen und bürgerlichen Kost begnügt, so stellte Friedrich größere Ansprüche. Zwar aß und trank er nicht üppig oder unmäßig, doch liebte er leider Speisen, denen sein Magen oft nicht gewachsen war, und die ihm viele Unpäßlichkeiten bereiteten. Aber er wurde auch durch häufigen Schaden nicht klug, so daß Büsching mit Recht bemerkt: *Im Essen war Er gar nicht Herr und Meister über sich selbst, sondern folgte Seinem Appetit, der oft so heftig war, daß wenn der Küchenzettel, welcher Ihm des Abends für den Mittag des folgenden Tages gebracht wurde, Speisen enthielt, die Er vorzüglich gerne aß, Er ihn nicht nur am folgenden Morgen und Vormittag mehrmals und mit Vergnügen ansahe, sondern auch die Mittagsstunde kaum erwarten konnte.*

Und manchmal konnte Friedrich sie in der Tat nicht abwarten, so daß die Tafel eine Viertelstunde eher beginnen mußte. Gewöhnlich wurden acht Schüsseln aufgetragen, von denen vier auf französische, zwei auf italienische Art und die restlichen beiden nach der persönlichen Vorliebe des Königs zubereitet waren. Besonders liebte er stark Gewürztes, und als Lieblingsspeisen werden Polenta, Kuchen, Pasteten, Mehl- und Käsespeisen, Schinken sowie Saurer und Grüner Kohl genannt – kein Wunder, daß sein schwacher Magen rebellierte. Um Gerichte nach seinem Geschmack zu bekommen, schrieb Friedrich seinen Köchen vor, wie sie sie zubereiten sollten.

Einmal ließ er drei von ihnen kommen und setzte eine Prämie für das wohlschmeckendste Gericht aus. Den Gewinner fragte er, welche Zutaten er zu seinem Rezept genommen habe.

Ew. Majestät, halb Sauerkohl und halb Borsdorfer Äpfel.

Gut, es hat mir geschmeckt; hier hast du zwölf Dukaten.

Die Vorliebe für das Herzhafte zeigte sich auch im Zweiten Schlesischen Krieg. Als Friedrich vor der Schlacht bei Striegau mit seiner Armee bei Silberberg stand, wurde er plötzlich von so großem Hunger befallen, daß er seinen Leuten befahl, ihm etwas zu essen zu beschaffen, und ihnen drohte, wenn das nicht umgehend geschähe, sie selbst zu essen. Da man nichts zur Verfügung hatte, fragte man ihn, ob er von den in Silberberg hergestellten Würsten essen wolle. Friedrich hatte keine Einwände, wenn man ihm nur schnell welche beschaffte. Das geschah, und mit größtem Appetit aß er eine ganze Schüssel leer und rief dann: *Adieu Saucisses!* [Würste] *Salvelat – und alle Würste, die nur in der Welt sind; gegen diese Würste seid Ihr nichts!*

Von da ab mochte er keine anderen als Silberberger Würste, und bald schickte er einen Koch an den von ihm geschätzten Abt Tobias des Klosters Kamenz mit einem Brief: *Mein lieber alter Tobias, ich schicke Euch einen meiner Köche, der durch Eure gütige Vorsorge Silberberger Würste, die ich für die allerschmackhaftesten halte, die mir vorgekommen sind, wird machen lernen.*

Der Abt wunderte sich, zumal der Koch, der ihm das Schreiben überbracht hatte, glaubhaft versicherte, daß er die Würste mindestens ebenso gut, wenn nicht besser herstellen könne. Bloß hätte der Hunger seinerzeit dem König die Würste so schmackhaft erscheinen lassen. Dessen ungeachtet durchfuhr der Koch dann ganz Silberberg und erkundigte sich nach dem besten Wursthersteller, um dessen Rezept zu erfragen.

Nach der Schlacht bei Roßbach hatte der König zum Mittagessen eine Schüssel mit Meerrettich, der ihm außergewöhnlich gut schmeckte. Er ermunterte seine Tischgesellschaft, auch zuzugreifen, weil Meerrettich so gut zu dieser Kampagne passe. *Er hat Geist, meine Herren, und stärkt das Gehirn, und das haben wir jetzt sehr nötig.*

Um zur Mittagstafel im königlichen Schloß zurückzukehren: Als Nachtisch wurde das Obst gereicht, das in der jeweiligen Jahreszeit vorhanden war. Gewöhnlich trank der König zum Essen Bergerac, den er mit Wasser mischte, manchmal auch Champagner oder Ungarwein.

Meist lud er etwa sieben bis zehn Personen, die er täglich selbst bestimmte, zur Tafel ein. Sie war der ständige Höhepunkt des Tages, bei dem der fast ausschließlich französisch sprechende Herrscher seine Gäste lebhaft und geistreich zu unterhalten verstand.

Er sprach – vorwiegend allein – über Politik, Geschichte, Militaria, Medizin und – meist abfällig – Religion und würzte seine Rede mit einer großen Zahl von Anekdoten und Geschichten über Kaiser,

Könige, Fürsten und andere Größen. Sie kehrten häufig wieder, vor allem, wenn Gäste erstmals geladen waren; und so blieb es nicht aus, daß ständige Gäste viele der Erzählungen bis zum Überdruß hören mußten. Je länger die Tafel dauerte und je mehr er trank, desto weniger legte der König seinem oft beißenden Spott Zügel an und verschonte dann auch manche seiner Gäste nicht.

Häufig erzählte er bei der Tafel aber auch von den zahllosen Streichen, die er in seiner Jugend anderen gespielt hatte oder durch seine Freunde hatte spielen lassen. Dabei erwartete er, daß seine Gäste (und auch die anwesenden Bedienten) ihrer Freude lautstark Ausdruck verliehen und, wenn sie Zeugen gewesen waren, die Wahrheit der Geschichten bestätigten.

Meist dauerte die Tafel bis vier oder fünf Uhr, und während dieser Stunden griff Friedrich gern und häufig zum Glas.

Gegenüber dem Mittagessen spielten die Soupers eine bescheidenere Rolle, und auch das nur bis zum Siebenjährigen Krieg. Mit Rücksicht auf seine Gesundheit verzichtete er seit dieser Zeit völlig auf das Abendessen. Zwar gab er im Winter bisweilen ein kleineres Souper für einige Gäste, doch nahm er dabei selbst nichts mehr zu sich.

Der Gesamtetat für die Küche betrug jährlich 12 000 Taler, für die der Küchenschreiber das Essen für den König sowie für die Adjutanten und die Domestiken liefern mußte. Brot und Getränke waren zwar nicht darin enthalten, und für größere Gastmahle, bei denen bis zu dreißig Gerichte aufgetragen wurden, zahlte Friedrich gesondert. Dennoch langte das Geld nur selten, und der König entließ immer wieder Küchenschreiber oder schickte wohl auch einmal einen nach Spandau, aber letztlich bezahlte er doch stets die Küchenschulden, allerdings immer in der – meist berechtigten – Überzeugung, vom Personal betrogen worden zu sein.

An Fredersdorff schrieb er einmal: *ich kan recht guht eßen und die Köche könn die Selbige eßen machen, nuhr Müssen Sie nicht die Hälfte von denen Ingredientzen Stehlen, sonst gehen alle Thage 11 Thaler mehr drauf, ich versichere dier daß unßer fras nicht kostbahr, aber nur Delicat ist.*

1784 schrieb er unter eine Küchenabrechnung über 25 Taler, 10 Groschen, 1⅕ Pfennig Extraausgabe: *Gestohlen, denn ungefähr 100 Austern sind auf dem Tisch gewesen, kosten 4 Thaler; die Kuchen 2 Thaler; Quappenleber 1 Thaler; der Fisch 2 Thaler; die Kuchen auf Russisch 2 Thaler, macht 11 Thaler, das übrige ist gestohlen. Da ein Essen mehr heute ist gewesen, Hering und Erbsen kann 1 Thaler kosten, also was über 12 Thaler, ist impertinent gestohlen, Friedrich.*

Aber alle solche Donnerwetter halfen nur für kurze Zeit, dann gingen die Unterschlagungen weiter.

An die Kleidung stellte Friedrich, ganz im Gegensatz zur Ernährung, nur geringe Ansprüche. Gewöhnlich trug er die einfache Uniform seines Garderegiments, geziert mit einem Achselband und einem Stern; zu offiziellen Anlässen legte er die Galauniform dieses Regiments an. Nach dem Siebenjährigen Krieg war die Uniform seine einzige Kleidung, die bei Empfängen von blauem Samt und reich mit Silber bestickt war. Den großen schwarzen Hut mit weißen Federn trug er gewöhnlich so, daß die große Seitenkrempe über Stirn und Augen, die vordere Krempe auf eine Seite kam.

Er besaß nur wenig Kleidung, und auch diese war häufig in vernachlässigtem Zustand. Mal hatte die Hose ein Loch, mal waren Hemd und Schnupftuch zerrissen. Er besaß weder Schlafrock noch Pantoffeln oder Nachtmütze. Statt des Schlafrockes trug er ein Kittelhemd (casaquin).

Seit dem Siebenjährigen Krieg kam es vor, daß er gelegentlich befahl, einen abgetragenen Rock wenden zu lassen. *Ihr wißt nicht,* meinte er, *was das für ein gutes Tuch ist; ich bekomme so leicht nichts dergleichen wieder.*

Seine Uhr trug der König statt an einer Kette meist an einer Rundschnur, an der ein Schlüssel hing. Als er bei einer Parade einen Offizier mit einer schweren, reich verzierten Uhrkette an sich vorbeimarschieren sah, fragte er ihn: *Herr! Was hat Er da?*

Der Offizier wußte zunächst nicht, was der König meinte, bis dieser auf die Uhrkette wies.

Ew. Majestät, erwiderte er stolz, *das ist meine Uhrkette!*

So, meinte Friedrich spöttisch, *ich glaubte, es sei ein ganzes Glokkenspiel. Laß Er doch das Zeug weg!*

Alte Stiefel legte der König erst ab, wenn sie völlig abgetreten waren und einer der Kammerlakaien ein Paar neue für ihn ausgetreten hatte.

Im Siebenjährigen Krieg ließ er sich, als ihm ein Paar Stiefel fast von den Füßen fielen, in Breslau ein Paar neue anfertigen und gab sie einem Lakaien zum Einlaufen, vergaß aber, sie danach zurückzufordern. Als er zwei Monate später die Stadt verließ und ihm die Stiefel wieder einfielen, waren sie inzwischen nicht nur ausgetreten, sondern bereits ziemlich abgetragen. Er fragte daher den Lakaien: *Sind das meine neuen Stiefel?*

Ja, Ihro Majestät.

Die sind ja zerrissen. Du solltest sie doch nur austreten.

Das hab ich auch getan, Ihro Majestät.

Das sehe ich. Gib mir nur meine alten wieder her und schaff mir innerhalb von vierzehn Tagen ein paar neue heran. Die hier kannst du behalten. Aber tritt mir die neuen nun nicht wieder so aus, sonst mußt du sie bezahlen.

Mit fortschreitendem Alter konnte der König die in Berlin aufkommenden Herrenmoden immer weniger leiden, wie die großen Schuhschnallen, die kleinen runden Hüte, die weißen Mäntel (die ihn an die Österreicher erinnerten) und besonders die großen Muffs, die in der französischen Kolonie sehr beliebt waren. Als er einmal mit einem General am Fenster des Schlosses stand und einen braun gekleideten Franzosen mit einem ungewöhnlich großen Muff über die lange Brücke gehen sah, sagte er: *Sehe Er einmal! Der trägt einen ganzen Hammel!*

Als er bei einer Parade in Küstrin einen jungen wohlgekleideten Mann mit einem der erwähnten kleinen runden Hüte an einem Wagen stehen sah, den er zu Pferde passierte, fragte er ihn, was er in der Hand halte.

Oh, Ihre Majestät, es ist nur ein Hut!

Pfui, werfe Er das Ding weg!

Der junge Mann zögerte, doch als Friedrich ihn noch einmal

aufforderte, »das Ding« wegzuwerfen, ließ er den Hut wirklich fallen, und der König ritt weiter.

Nachlässig wie seine Kleidung war häufig auch Friedrichs Frisur. Er trug das Haar hinten in einem Zopf zusammengebunden, an den Seiten wenig sorgfältig in Locken gerollt. Oft war die Perücke ungleichmäßig gepudert, ein Zeichen dafür, daß er nur wenig Zeit für seine Toilette verwendete. Neumodische Frisuren lehnte er für sich und bei anderen ab. Während der Karnevalszeit in Berlin sah er bei einem Empfang unter den ihm vorgestellten Bürgern einen mit einer auffallenden Haartracht. Entsetzt beschrieb er sie am folgenden Tag einem seiner Generale und forderte: *Sorgen Sie mir ja dafür, daß meine Offiziere das nicht nachmachen!*

Mit den Jahren wurde Friedrich nicht nur immer nachlässiger in seiner Kleidung, sondern auch in bezug auf die Sauberkeit. Zwar wischte er sich morgens flüchtig Gesicht und Hände mit einer Serviette ab, aber das vermochte kaum Abhilfe zu schaffen. Nächtliche Schweißausbrüche, die das Trocknen von Hemd und Bettwäsche am Kamin erforderlich machten, sowie der übermäßige Gebrauch von Schnupftabak hinterließen dauernde Spuren.

Seine Fingernägel schnitt er ebenso mit einer der Scheren, die er stets bei sich trug, wie die Barthaare, damit er sich seltener rasieren lassen mußte. Bei der Tafel bediente er sich oft der Finger statt der Gabel und bekleckerte sich und seine Kleider, die immer schmutziger wurden. Fleischstücke für seinen jeweiligen Lieblingshund legte er, um sie kühl werden zu lassen, einfach neben seinen Teller, und diese Flecken ließen zusammen mit denen von vergossenem Wein und verschüttetem Schnupftabak nur zu deutlich erkennen, wo der Monarch gesessen hatte.

Friedrich empfand selbst das Unschickliche seines Aussehens. Seinem Vorleser Henri de Catt gegenüber gestand er: *Ich bin nicht für den Prunk, die Repräsentation, den eitlen Schein; so bin ich, mein Herr, nehmen Sie mich, wie ich bin. Eins freilich könnte besser sein. Nämlich mein Gesicht, das immer ganz mit spanischem Schnupftabak vollgeschmiert ist. Das ist eine verwünschte Angewohnheit, die ich da an mir habe. Sagen Sie selbst, sehe ich nicht ein bißchen wie ein Schwein aus?*

Ich muß gestehen, Majestät, erwiderte de Catt höflich, *daß Ihr Gesicht ebenso wie Ihre Uniform recht voll Tabak sind.*

Das eben, mein Herr, entgegnete Friedrich, *nenne ich eben ein bißchen Schwein. So lange meine gute Mutter* [Frau von Camas] *lebte, war ich reinlicher oder, um mich genauer auszudrücken, weniger unreinlich. Diese zärtlich besorgte Mutter ließ mir alljährlich ein Dutzend neuer Hemden mit hübschen Manschetten machen, die sie mir überall nachschickte, wo ich war. Seit dem unersetzlichen Verlust, den ich durch ihren Tod erlitten habe, kümmert sich niemand mehr um mich – aber rühren wir nicht an diese Saite.*

Thomas Mann sieht in diesem offensichtlich bewußten Vernachlässigen der äußeren Erscheinung einen Ausdruck des von ihm so betonten menschenverachtenden Zynismus. Es paßt in das gesamte Bild Friedrichs, daß er bei seinem Tod kein ordentliches Hemd besaß, das als Leichenhemd hätte dienen können, weshalb man ein feines und noch ungebrauchtes seines Kammerhusaren, des späteren Kriegsrats Schöning, nahm, das dieser von seiner Braut geschenkt bekommen hatte.

Friedrich war in seiner persönlichen Lebensführung einfach. Von den für die Hofstaatskasse bestimmten Summen der Staatseinkünfte verwendete er nur einen verschwindend geringen Teil für den Hofstaat oder für seine Person.

Der Hofstaat war relativ klein und einfach; für Tafel und Kleidung benötigte er nur wenig. Die Kasse seiner Hand- und Dispositionsgelder war weniger für seine persönlichen Bedürfnisse als zu Zahlungen für andere, meist Bittsteller aus unterschiedlichsten Anlässen und Motiven. Allerdings gab er bei Ausritten und auf Reisen den ihn überall bedrängenden Bettlern, oft invaliden Soldaten, nicht viel, meist acht Groschen, und auch auf die zahllosen Bettelbriefe wegen eines Geschenks oder Gnadengehaltes reagierte er meist negativ.

Auf der anderen Seite gab er jährlich größere Summen an einzelne Städte oder Institutionen. So gab er der Stadt Berlin gewöhnlich Summen zwischen 2000 und 10 000 Talern, die er durch Prediger an Bedürftige verteilen ließ. Und in Zeiten großer Not, bei Dürre, Unwetter oder Überschwemmungen, stellte er vor allem in den letzten

Jahren seiner Regierung oft enorme Summen als Hilfe für die Betroffenen aus seiner Privatschatulle zur Verfügung.

Vielen unschuldig in Not Geratenen, besonders häufig alten Soldaten und deren Familien gegenüber, erwies er sich als sehr großzügig; doch öfter lehnte er, und das nicht nur im privaten Bereich, Zahlungen kategorisch ab. *Ich habe kein Geld, Ich kann keinen Groschen geben, Ich bin der große Mogol* [Großmogul] *nicht* oder ähnliche Wendungen kehren namentlich in den Randbemerkungen immer wieder.

Die persönliche Anspruchslosigkeit nahm allerdings manchmal schon komische Züge an. Als er einmal sechs Paar schöne lange Manschetten geschenkt bekam, schnitt er eine nach der anderen mit der Schere in der Mitte durch und sagte dann zu seinem Vorleser de Catt: *Jetzt hätte ich also 12 Paar Manschetten! Sehen Sie, welch' kluger Haushalter ich bin und wie ich aus allem Vorteil zu ziehen und alles zu vervielfachen weiß. Was brauche ich so lange Manschetten? Ich kann ebensowenig lange wie schöne Manschetten brauchen, denn wie Sie vielleicht schon bemerkt haben werden, habe ich die üble Angewohnheit, mit der Feder über die Manschetten zu streichen. Wären sie nun schön, so könnte ich meine Feder nicht mehr so zwanglos daran abwischen. Was ich da treibe, ist zwar nicht das denkbar Schönste, aber ich nehme es damit nicht so genau.*

Ein anderes Mal hatte er sich durch eines seiner Handlungshäuser verschiedene Dinge aus Italien kommen lassen. Der Sendung waren auch einige Karten für einen Gelehrten in Berlin beigefügt. Man legte dem König auf sein Verlangen das Verzeichnis der Transportkosten vor und fragte, ob er den – sehr geringen – Anteil, den die Karten ausgemacht hatten, übernehmen wolle. Seine Randbemerkung: *Ei, warum nicht gar! Was gehet mich der Schulmeister R. an; läßt er sich Karten kommen, kann er dafür bezahlen, nicht einen Pfennig.*

Oft war er, sicher nicht zu Unrecht, mißtrauisch, daß man ihn zu übervorteilen suchte. 1740 wollte er General Ehrenreich von Sydow ein Haus abkaufen, um es zum Gouvernementshaus zu machen. Als dieser seiner Ansicht nach zu viel dafür haben wollte, fuhr er auf und sagte: *Ich weiß ja, daß Ihm mein Vater so viel an Materialien dazu geschenkt hat, und er will mich so sehr übersetzen; es ist schon gut, Er kann sein Haus behalten und hingehen, wo er will.* – Und seit dieser Zeit hat Friedrich Sydow nicht mehr beachtet.

Friedrich war davon überzeugt, daß sein Personal die für bestimmte Aufgaben zur Verfügung gestellten Mittel ohnehin veruntreue. Als er einmal in Begleitung eines Generals im Reisewagen zu einem Manöver fuhr und der Sitz einbrach, meinte er nur gelassen: *Mein lieber M., darüber braucht Ihr Euch nicht zu wundern. Nur dürft Ihr nicht glauben, daß ich nicht etwa genügend Geld zur Verfügung stelle, das Gerät in Ordnung zu halten. Ich gebe, was man verlangt. Aber selbst wenn ich noch mal so viel gäbe, würde es nicht besser sein, denn ich werde stets betrogen.*

Es gab freilich etwas, bei dem Friedrich keine Sparsamkeit kannte, und das waren seine Tabatieren. Der König hatte zwar eine starke Abneigung gegen das Rauchen, war jedoch ein leidenschaftlicher Schnupfer und soll nach Büsching *immer ein Paar tausend Pfund* spanischen Schnupftabak, *Spaniol,* vorrätig gehabt haben. Er trug ständig zwei gefüllte kostbare Tabaksdosen in den Taschen mit sich herum; fünf bis sechs standen in seinen Zimmern in greifbarer Nähe, und über hundert wurden, gewissermaßen zum Wechseln, in Kästen aufbewahrt. Jährlich kamen weitere hinzu, und obgleich er viele verschenkte, hinterließ er bei seinem Tod einhundertunddreißig meist kostbare Dosen. Allein für die Jahre 1770–72 liegen Rechnungen in Höhe von 195 000 Reichstalern für vierundzwanzig gelieferte Tabatieren vor, meist hergestellt von Berliner und Potsdamer Goldschmieden, vor allem den Gebrüdern Jordan. Die billigste hatte eintausendfünfhundert, die teuerste zwölftausend Taler gekostet. Man schätzt die Gesamtsumme, die Friedrich im Laufe seines Lebens für diesen seinen einzigen wirklichen Luxus ausgegeben hat, auf etwa 1,75 Millionen Reichstaler. Man hat unterschiedliche Gründe für diese, verglichen mit seinem sonstigen Handeln, Verschwendungssucht angeführt. Man hat darauf verwiesen, daß die Bestellungen sozusagen eine Arbeitsbeschaffungsmaßnahme gewesen seien, die eine Reihe von Arbeitsplätzen geschaffen oder erhalten habe. Man hat, einleuchtender, darauf hingewiesen, daß Schnupftabaksdosen im 18. Jahrhundert nicht nur ein weitverbreiteter Gebrauchsgegenstand bei hoch und niedrig war, sondern auch ein sehr beliebtes Geschenk. In der Tat hat Friedrich neben Erzeugnissen der Berliner Porzellanmanufaktur und Gobelins sehr häufig Tabatieren als »Presenter« an Verwandte, Freunde, Generale und viele hochgestellte Persönlichkeiten verschenkt. So nahm er, wenn er zum Karneval nach Berlin reiste, stets für Geschenkzwecke zwei Kästen voll Tabaksdosen mit, die, wie Nicolai erzählt, auf einem Kamel transportiert wurden, das er im Siebenjährigen Krieg vom Grafen Tschernyschew erhalten hatte, als ein russisches Korps bei der preußischen Armee diente.

Aber der eigentliche Grund für den Besitz der zahlreichen Tabatieren dürfte doch gewesen sein, daß der König an den edlen, reich verzierten Goldschmiedearbeiten einfach eine tiefe, wenn auch sehr teure Freude hatte.

Friedrich besaß einen scharfen Verstand und eine schnelle Auffassungsgabe. Das ließ ihn, wenn andere ihm nicht folgen konnten, rasch ungeduldig werden und führte oft dazu, daß er seine Gesprächspartner kaum zu Wort kommen ließ. Als ihm der von Jean Le Rond d'Alembert als Lehrer für die Kadettenschule geschickte Dieudonné Thiébault vorgestellt wurde, begrüßte er ihn: *Guten Abend, mein Herr, ich freue mich, Sie begrüßen zu dürfen.* Er erkundigte sich bei seinem Gast, wie sein Name geschrieben würde, doch hatte dieser noch nicht zu Ende geantwortet, da fragte der König schon weiter, woher er stamme, ob seine Eltern noch lebten, welchen Beruf der Vater habe, was er bisher getan habe, wo seine Interessen lägen, ob er verheiratet sei, auf welchem Wege er angereist sei, wie er sich unterwegs verständigt habe, ob er schon den Lehrplan der Kadettenschule kenne, wen er für den bedeutendsten Schriftsteller halte, warum Voltaire für ihn nicht der beste sei und ob Racine grammatisch richtig schreibe. Ehe Thiébault richtig zu Wort gekommen war, dankte ihm der König für seinen Besuch und entließ ihn.

Der König mochte es nicht, wenn ihm jemand in die Rede fiel oder gar widersprach, wenn er einen Befehl erteilte.

Gewöhnlich schloß er seine Befehle mit den Worten: *Versteht Er mich auch recht?* Danach erst durfte man Verständnisfragen stellen oder, wenn man glaubte, er habe geirrt, Zweifel anbringen und sie begründen. Dabei hörte er aufmerksam zu und änderte auch gegebenenfalls seine Meinung.

Im Siebenjährigen Krieg hatte der König bei einem Marsch in Sachsen in der Gegend von Freiberg und Nossen einen Ingenieur vorausgeschickt, der die Marschwege für die Truppen erkunden sollte. Dieser Offizier erstattete Friedrich Meldung, worauf der König seinen Adjutanten sogleich den Marschbefehl diktierte. Dabei verwechselte er zwei gleichlautende Dorfnamen, worauf ihm der Offizier ins Wort fiel, um den König auf den Fehler aufmerksam zu machen. Der jedoch ergriff ihn bei der Hand und führte ihn, ohne ein Wort zu sagen, zur Tür hinaus. Nachdem er das Diktat beendet hatte, ließ er den Ingenieur wieder hereinführen, hörte sich ruhig an, was er zu sagen hatte, und ließ, da er seinen Irrtum einsah, den Marschbefehl ändern.

Bei anderer Gelegenheit sprach Friedrich eingehend mit einem Gärtner über eine neue Anlage bei Sanssouci. Als dieser ihn dabei unterbrach, um einen Gedanken zu verdeutlichen, blickte ihn der König mißbilligend an und sagte: *Erst ich, dann Ihr*.

Seine geistige Überlegenheit führte den König leicht zum Spott. Ein adliger Bittsteller schrieb, er stamme aus einer unglücklichen Familie und ersuche Ihre Majestät, ihn zu versorgen. Friedrich antwortete, er wisse nicht, daß die Familie unglücklich sei. Alle Angehörigen seien doch recht glücklich, denn sie seien dumm und reich.

Sicherlich war Friedrichs Spott oft berechtigt. Auf einer Reise nach Westfalen hielt der König in Schauen, einer reichsfreien Herrschaft der Herren von Grote, um die Pferde zu wechseln. Der Grundherr empfing Friedrich und gab seiner Freude Ausdruck, den Monarchen auf seinem freien, souveränen Boden begrüßen zu dürfen. Worauf der König lächelnd zu seinem Gefolge sagte: *Hier treffen sich also zwei Potentaten dieser Erde*.

Ausgeprägt war Friedrichs Freude am Bonmot. Als im März 1784 die Erfindung des Heißluftballons durch die Brüder Montgolfier für Schlagzeilen sorgte und der voraussichtliche Nutzen für die Nachwelt betont wurde, meinte Friedrich zum französischen Gesandten: *Die Elemente wären damit so ziemlich verteilt. Rußland verbreitet seine*

Herrschaft über die Erde, Frankreich will in der Luft gebieten, England beherrscht das Wasser; mir bleibt also nur Feuer zu kommandieren übrig.

Bekannt und gefürchtet war Friedrichs beinahe untrüglich gutes Gedächtnis. Noch nach Jahren und Jahrzehnten erinnerte er sich an Ereignisse, Orte oder Personen, wobei sich sein Personengedächtnis durchaus nicht nur auf Leute von Rang und Namen, sondern ebenso auf einfache Soldaten oder andere Untertanen erstreckte.

Er erkannte Soldaten, die er als Kronprinz in seinem Regiment gehabt hatte, auf Anhieb noch nach vierzig Jahren wieder; und zum Erstaunen seiner Offiziere erinnerte er sich bei Paraden oder Manövern noch nach Jahren an einzelne Soldaten und erkundigte sich nach ihnen.

Immer wieder gab er Proben seines erstaunlichen Gedächtnisses, und viele glaubten, der Teelöffel Senf, den er morgens in seinen Kaffee tat, habe dazu beigetragen.

In der Tat ist es verblüffend zu lesen, wie lange und intensiv Friedrich verschiedene Informationen speicherte. In einigen preußischen Gebieten Westfalens mußten die Untertanen zu bestimmten Terminen Geldleistungen an ihre Ämter entrichten. Da sie dazu manchmal zehn bis zwölf Stunden Weg auf sich zu nehmen hatten, kamen viele Klagen auf. Endlich erging eine Verfügung, daß man diese Leistung durch eine größere Einmalzahlung ersetzen könne, doch mußte jeder Einzelfall dem König vorgelegt werden.

Als kurz vor dem Bayerischen Erbfolgekrieg 1778/79 wieder ein solcher Fall anstand, unterschrieb Friedrich nicht, sondern schrieb an den Rand: *Was will man mit dem Gelde machen?*

Nach Ende des Krieges sollte der König wiederum eine Vorlage abzeichnen, doch er vermerkte nur am Rande: *Ich habe schon einmal gefragt, was mit dem Gelde geschehen soll?*

Bei einer der jährlichen Musterungen der Truppen in Preußen kam eine Frau zum König und bat ihn, er möchte doch ihrem Sohn, der bei der Garde in Potsdam war, Urlaub geben, damit er sie besuchen könne.

Das geht nicht, erwiderte der König. Als er nach Potsdam zurückkam, bestellte er dem Soldaten einen Gruß von seiner Mutter und sagte ihm, daß es ihr gut gehe.

Im nächsten Jahr bei der Musterung sah der König die Frau erneut kommen, und ehe sie etwas sagen konnte, versicherte er ihr, ihr Sohn sei gesund, und es wäre ihm lieb, wenn sie nach Potsdam kommen und ihn besuchen wolle.

Als nach der Schlacht bei Leuthen (5. Dezember 1757) dem König in Breslau gefangene österreichische Offiziere vorgestellt wurden, sprach er mit vielen über ihre Eltern, Großeltern und Verwandten und erkundigte sich dabei nach so vielen besonderen Umständen, daß die auf diese Weise Geehrten voller Bewunderung waren und nicht begreifen konnten, woher der König derartig mannigfaltige Kenntnisse von Dingen haben konnte, die sie selbst kaum so genau kannten.

Allerdings konnte das gute Gedächtnis des Königs von Nachteil für die sein, die er in schlechter Erinnerung hatte, denn er behielt auch alles Negative. Als man ihm einmal die Ausfertigung einer Urkunde über die Altersversorgung eines Unteroffiziers zur Bestätigung vorlegte, malte er, statt zu unterschreiben, einen Galgen mit einem daranhängenden Mann, weil er sich genau erinnerte, daß der Soldat sich etwas hatte zuschulden kommen lassen, das die vorgeschlagene Vergünstigung ausschloß.

Oft führten schlechte Erinnerungen an etwas oder jemanden auch zu Vorurteilen bei Friedrich, an denen er zäh festhielt. Auf seinen Reisen pflegte er zum Beispiel öfters durch das Städtchen Strausberg im Bezirk Frankfurt/Oder zu kommen. Einmal stieg er dort aus, bis ein Vorspann beschafft wurde, und ging in ein Haus, dessen Kaminabzug vermauert war. Da es kühl war, befahl er, ein Feuer zu machen. Das geschah unverzüglich, ohne daß man an den Abzug dachte. Bald füllte dicker Rauch die Stube, und Friedrich mußte hustend das Haus verlassen. Seine Leute, die mit so etwas nicht hatten rechnen können, hatten sich zerstreut und waren nicht zu finden, so daß dem König nichts übrig blieb, als sich in den Wagen zu setzen und zu warten. Die Episode hatte ihn so gegen dieses

»Lumpennest« eingenommen, daß seine Bewohner so gut wie nie einen gnädigen Bescheid auf ihre Bitten und Anträge erhielten.

In einem anderen Fall konnte er ein Regiment, das zur Zeit seines Großvaters, Friedrichs I., einen Aufstand angezettelt hatte, deswegen nicht leiden, obwohl es zu seinen Zeiten gut war. Bei einem Manöver teilte er die Befehle aus, überging aber einfach den Chef dieses Regiments. Der informierte sich anderweitig und verhielt sich besonders vorbildlich, konnte aber Friedrichs Meinung über das Regiment nicht ändern.

Der König mäkelte weiter: *Das Regiment reitet äußerst schlecht; es taugt überhaupt nichts!*

Aber bei Torgau hat es doch getaugt, entgegnete der General.

Das ist wohl wahr, aber es ist ein rebellisches Regiment, blieb Friedrich bei seiner Meinung.

Eine besondere Bedeutung für ein positives oder negatives Vorurteil spielte dabei oft der Name. Hatte er beim König einen guten Klang, wie etwa der der Familie von Kleist aus Pommern, die viele tüchtige Offiziere gestellt hatte, so war dieses stets von Vorteil für jeden Träger dieses Namens. Umgekehrt hatte es ein Mensch mit einem dem König in schlechter Erinnerung haftenden Namen schwer, einen solchen Eindruck zu verwischen.

Bei einer Parade fiel dem König ein junger Offizier vorteilhaft auf, und er fragte ihn nach seinem Namen. Nachdem er diesen gehört hatte, fragte er sogleich nach dem Beruf des Vaters. Als er dadurch erfuhr, daß der Offizier der Sohn eines Kriegs- und Steuerrats war, den er in Ungnade entlassen hatte, bemerkte er später zum Regimentschef: *Der Vater war ein Taugenichts. Der Sohn wird nicht besser sein. Er kann gehen, wohin er will.*

Der Vorgesetzte des jungen Offiziers erwiderte: *Ew. Majestät halten zu Gnaden, er ist ein tüchtiger Offizier, und der Sohn kann nicht für die Sünden seines Vaters büßen.*

Nun, gut; mag er bleiben. Sobald er sich jedoch das geringste zuschulden kommen läßt, muß er zum Teufel gejagt werden.

Eine Marotte war Friedrichs Abneigung gegen fremdsprachige und besonders gegen latinisierte Familiennamen, die auf -ius endeten. Als ihm die Bestallung des Referendars Haccius zum Kriegs- und Domänenrat bei der Kammer in Minden vorgelegt wurde, schrieb er: *Jedoch mit dem Beding, daß er Hase heiße und den -cius weglasse. F.*

Büßen für seinen Namen mußte ein gewisser Salpius, der sich um ein Stipendium bewarb. Friedrich strich einfach seinen Namen und vermerkte am Rande: *kein Salpius die andern mus ich glauben das sie guht ausgesuchet Seindt.*

Und seinen Sekretär Swasius nannte er in seinen Randbemerkungen stets nur »Swatz«.

Ebenso änderte er schwer auszusprechende oder ihm klanglich mißfallende Namen. Bei einem Truppenbesuch in Pommern fragte er einen Offizier nach dessen Namen.

Jutrzenka, antwortete dieser.

Nein, er heißt eigentlich Morgenstern, übersetzte Friedrich den Namen, und der Offizier mußte von der Zeit an den deutschen Namen führen.

Auf seinen Befehl mußte die preußische Familie Pockrzwinicky, aus der mehrere Offiziere in seinem Dienst standen, den eingedeutschten Namen Bock führen.

Allerdings konnte es, weil Friedrich sich stets auf sein Gedächtnis verließ, bei Einstellungen oder Verpflichtungen zu Irrtümern kommen, wenn er Personen oder Namen verwechselte. So wollte er etwa den Pariser Bildhauer Lambert Sigisbert Adam verpflichten, stellte aber dessen weniger begabten Bruder Kaspar Balthasar ein. Nach dessen Tod holte er dann einen Sigisbert, der aber weder nach Namen noch gar nach Talent ein Adam war. Und statt des gewollten Geschichtsmalers Karl Van Loo bekam er dessen Neffen Karl Amadeus.

Friedrich war ein intellektuell hochstehender Mensch, was besonders im niveauvollen Gespräch mit seinen Rheinsberger Freunden oder den Teilnehmern der Tafelrunde in Sanssouci seinen Ausdruck fand. Gleichwohl erlaubte er sich Scherze, die oft wenig geistreich oder geschmackvoll waren.

Eines Abends war der langjährige Gesprächspartner des Königs, der Marquis d'Argens, nicht zum Souper erschienen, angeblich, weil er sich nicht wohl fühlte. Darauf verkleidete sich Friedrich als Priester und zog mit der ganzen, in schwarze Kutten gehüllten Tafelrunde zu den Gemächern des Marquis. Dieser hörte die mit Glockenklang nahende Prozession und legte sich – er hatte es sich in einem reichverzierten Morgenrock bequem gemacht – schnell zu Bett. Da öffnete sich schon die Tür, die Hereintretenden bildeten einen Halbkreis, der »Priester« trat an das Bett, lüftete die Decke – und schüttete d'Argens eine Flasche Öl auf seinen kostbaren Morgenrock. Worauf sich die Prozession schweigend entfernte.

In seinen letzten Jahren las der Marquis viel in den griechischen Kirchenvätern und kam in seinen Gesprächen mit dem König häufig auf sie zu sprechen.

Friedrich argwöhnte, d'Argens habe inzwischen Zweifel an seiner Überzeugung bekommen, daß mit dem Tode wirklich alles vorbei sei und daß er nicht stark genug sei, so zu sterben, wie er gelebt hatte.

Kein Wort mehr von Euren Kirchenvätern! wehrte er ab. *Das sind Bücher, die nichts enthalten, Körper ohne Seele!*

Da er jedoch einsehen mußte, daß er den Marquis nicht überzeugen konnte, wollte er sich auf eine andere Weise schadlos halten. Als d'Argens im Neuen Schloß in Potsdam die für ihn und seine Frau – übrigens die einzige Frau, die je in einem der Schlösser Friedrichs hatte wohnen dürfen – bestimmten Gemächer betrat, zeigte der König ihm eine prachtvolle Ausgabe der Kirchenväter: *Hier habt Ihr auch Eure Freunde in all ihrer Glorie!*

Erfreut ergriff der Marquis einen Band – und mußte feststellen, daß dieser wie alle anderen leeres Papier enthielt.

Bevorzugte Zielscheibe des Spottes war Karl Ludwig Freiherr von Pöllnitz, der nach einem abenteuerlichen Leben, das ihn durch ganz Europa geführt hatte, nach Berlin gekommen, 1835 unter Friedrich Wilhelm I. Kammerherr, 1840 unter Friedrich Oberzeremonienmeister geworden war und als eine Art Hofnarr betrachtet wurde.

Pöllnitz machte das nicht das geringste aus, er hatte nur eine, immer gleichbleibende Sorge, und das waren seine Schulden. Seine Verschwendungssucht kannte kaum Grenzen, und auf die Frage Friedrich

Wilhelms, des Vaters Friedrichs, wie hoch sein Jahreseinkommen, zum Kuckuck, eigentlich sein müßte, hatte er ungerührt geantwortet: *Wenigstens 400 000 Taler, und auch damit würde ich noch nicht auskommen.*

Von Zeit zu Zeit bezahlte Friedrich einige der Schulden des Barons, der aber bald wieder von einer Meute von Gläubigern gehetzt wurde. Schließlich wurde es dem König zu bunt, und er weigerte sich, künftig irgendwelche Schulden zu tilgen.

Bei seiner verzweifelten Suche nach einer neuen Geldquelle stieß Pöllnitz endlich auf eine sehr reiche Adlige, die eine Verlobung jedoch von seinem Übertritt von der reformierten zur katholischen Kirche abhängig machte. Da Pöllnitz in dieser Hinsicht von keinerlei Skrupeln geplagt wurde – er trat insgesamt dreimal zur katholischen und zweimal zur reformierten Kirche über –, erbat er am 3. März 1744 seinen Abschied, den ihm der König mit einem humorvoll verfaßten Schreiben vom 11. März gewährte. Zu Pöllnitzens Pech platzte die Verlobung, und sein Versuch, seinen Gläubigern durch den Eintritt in ein Kloster zu entkommen, scheiterte. In dieser Not wandte er sich erneut an den König und bat am 11. Juli reumütig um Wiederaufnahme, die dieser mit einem, allerdings sehr mahnenden, Brief am 24. Juli 1744 gewährte.

Eines Tages ließ der König Pöllnitz rufen und befahl, er solle ihm etwas vorlesen. Man brachte Pöllnitz einen Stuhl, dessen Sitz auf Friedrichs Befehl mit Pech bestrichen worden war. Pöllnitz setzte sich und las etwa eine Viertelstunde. Als er sich dann erheben wollte, zog er den Stuhl mit sich in die Höhe. Vergebens mühte er sich zu befreien, und Friedrich freute sich über seine komischen Anstrengungen.

Endlich wurde es Pöllnitz zu viel; er zog ein Messer aus der Tasche und schnitt so viel aus dem Polsterstoff des Stuhls ab, als an seinen Beinkleidern festsaß. Dann verließ er, ohne eine Miene zu verziehen, das Zimmer und begab sich zur Hofgesellschaft.

Bei einer anderen Gelegenheit bemerkte Pöllnitz an der Tafel zum König, daß das Rindfleisch zur Zeit knapp und schlecht sei.

Mit den Truthähnen geht es mir ebenso, meinte Friedrich, *auch sie sind dieses Jahr teuer und kaum zu bekommen.*

Darauf ging Pöllnitz hin, besorgte einen fetten Truthahn, den er Friedrich mit folgenden Worten schickte: *Sire, un coq d'Inde* (Ew. Majestät, ein Truthahn).

Sofort ließ Friedrich einen abgemagerten Ochsen kaufen, ihm die Hörner vergolden und schickte ihn Pöllnitz mit den Worten: *Pöllnitz, un bœuf* [Pöllnitz, ein Ochse].

Manchmal wußten sich die vom König Geneckten allerdings zu wehren. So schenkte der König dem Grafen von Schwerin einmal eine Tabatiere mit einem Affenbild. Der dankte höflich und schickte schnell einen Boten mit der Dose nach Berlin und ließ das Bild des Affen durch eins des Königs ersetzen.

Am anderen Tag bei der Tafel nahm er eine Prise aus der Dose, und Friedrich fragte ihn: *Nun, gefällt Ihm die Dose?*

Ja, Ew. Majestät, erwiderte Schwerin, *sie ist mir um so lieber, als sie mit dem verehrungswürdigen Bild Ew. Majestät geschmückt ist.*

Friedrich stutzte, ließ sich die Dose reichen und sah wirklich sein Bild statt dem des Affen. *Euer Einfall ist gut und macht Euch alle Ehre.* Nach der Tafel schenkte er Schwerin eine andere, prächtigere Dose mit einem Bild von sich und meinte: *Ich bin auf Eurer Tabatiere nicht so recht getroffen. Hier ist ein ähnlicheres Porträt von mir.*

Was seine Person anging, konnte der König oft sehr empfindlich reagieren, und sei es nur, daß jemand eine ihm zugedachte Wohltat ablehnte.

Nachdem Moses Mendelssohn durch die Fürsprache des Marquis d'Argens das Schutzprivilegium erhalten und der König ihn schätzengelernt hatte, bot er ihm einige Zeit später an, eine Seidenmanufaktur in Potsdam aufzubauen, wozu ihm Friedrich 20 000 Taler als Grundkapital schenken wollte. Doch Mendelssohn lehnte ab mit der Begründung, er wolle Bernard, der bereits eine Seidenmanufaktur in Potsdam besäße und in dessen Haus er von Jugend an gewesen, keine Konkurrenz machen.

Der König akzeptierte diese Haltung von Edelmut und Dankbarkeit und rühmte sie mehrfach, so 1771 gegenüber dem kursächsischen Minister Freiherrn von Tritsch. Insgeheim aber fühlte er sich verletzt. Das zeigte sich, als man ihm Mendelssohn von der Akademie als

Mitglied vorschlug. Er lehnte zwar nicht ab, sondern er antwortete überhaupt nicht: auffallend für ihn, der sonst die unwichtigsten Briefe beantwortete.

Auch Kritik konnte Friedrich nicht gut vertragen. Im Siebenjährigen Krieg kam ein sehr erfahrener Offizier ins Lager des Königs bei Leipzig. Friedrich fragte ihn nach seinem Eindruck vom Lager, das er selbst angelegt hatte. Der Offizier, der das nicht wußte, äußerte sich offen und kritisch über die Anlage, worauf Friedrich ihm auf der Stelle den Rücken kehrte und mit ihm auf Jahre nicht mehr sprach.

Da er alles besserwissen wollte, handelte er manchmal sogar gegen eigene Einsicht. Nach dem Regierungsantritt riet der Departementschef im Generaldirektorium, Freiherr Samuel von Marschall (+1749) dem jungen Monarchen zur Abschaffung der Rekrutenkasse, die er zwar selbst geschaffen hatte, ihm aber nicht mehr opportun schien.

Friedrich überlegte kurz und entschied: *Nein, sie soll bleiben.*

Als Keyserlingk den König später darauf ansprach und ihn daran erinnerte, daß er als Kronprinz sehr gegen diese Kasse gewesen sei und sie als für das Land höchst schädlich hatte abschaffen wollen, antwortete Friedrich: *Ja, ich hätte es auch getan, wenn der mich nicht dazu hätte überreden wollen.*

Dennoch umgab sich der König nicht nur mit kritiklosen Jasagern, sondern schätzte in seiner Umgebung gerade die Männer mit Haltung, die ihm zu widersprechen wagten. Zu ihnen zählte sein alter Flötenlehrer Quantz. Friedrich spielte nur Flöten von Quantz, die dieser aus Ebenholz drehen ließ, deren Löcher er jedoch selbst bohrte, um die Instrumente besonders klangrein zu haben.

Nach dem Zweiten Schlesischen Krieg hatte er dem König wieder eine neue Flöte überreicht, von der dieser nach einigen Tagen behauptete, sie wäre nicht richtig gestimmt. Das traf Quantz an seiner empfindlichsten Stelle, er widersprach heftig, nahm die Flöte, blies und versicherte, alle Töne klängen absolut rein. Da Friedrich ebenso bei seiner Meinung blieb, kam es zu einem erregten Wortwechsel. *Wenn ein großer Herr es vertragen könnte, die Wahrheit zu hören,* sagte Quantz endlich erregt, *so würde Ew. Majestät gleich wissen, daß es nicht an der Flöte liegt...*

Wie, was? rief Friedrich auffahrend, *ich soll die Wahrheit nicht vertragen können. Sag Er, was wahr ist!*

Ich habe Ew. Majestät wiederholt gebeten, erklärte Quantz nun ruhiger, *die Flöte nach dem Spiel nicht in der Hand oder unter dem Arm zu halten. Sie tun es aber doch, dadurch wird die Flöte ungleich erwärmt, und deshalb klingt sie unrein; nicht aber, weil sie unrein gestimmt ist.*

Das ist nicht wahr, rief Friedrich zornig und ließ Quantz stehen.

Von da an spielte der König auf einer anderen Flöte, zeigte Quantz deutlich seine Ungnade und sprach kein Wort mehr mit ihm.

Eines Abends, vor Beginn des Konzerts, ging er jedoch auf Quantz zu, lächelte freundlich und sprach, daß alle es hören konnten: *Mein lieber Quantz, ich habe die Flöte seit acht Tagen auf die verschiedenste Art untersucht und nun gefunden, daß er recht hat. Ich werde die Flöte nicht mehr in der Hand warm werden lassen.*

Man hat Friedrich oft Härte, Menschenverachtung und Gefühlsroheit bis zum Zynismus vorgeworfen. Zahlreiche Äußerungen belegen, daß der König wenig vom menschlichen Geschlecht gehalten hat. *Die große Menge unserer Gattung ist dumm und böse, . . . Jeder Mensch hat ein wildes Tier in sich; nur wenige wissen es zu zähmen, die meisten lassen ihm die Zügel schießen, wenn nicht die Furcht vor den Gesetzen sie davon zurückhält,* schrieb er am 31. Oktober 1760 an Voltaire.

Wenn er auch positive Seiten des Menschen nicht leugnet, so haben Veranlagung und Erfahrung ihn selbst doch eher zu einer pessimistischeren Sicht der Dinge kommen lassen.

Härte hat Friedrich vor allem gezeigt, wenn es um die Ordnung im Staat ging oder er in seinem Rechtsempfinden verletzt wurde. Zwei Bauern, Havenbrook und sein Nachbar Mertens, hatten einen Prozeß wegen eines Ackers, der dem ersteren zugesprochen wurde. Aufgebracht und ohne auf Warnungen zu achten, trieb der letztere dennoch sein Vieh auf den Acker Havenbrooks. Der schickte seinen neunzehnjährigen Sohn, um Mertens von dem Acker zu treiben. Es kam zu einem Handgemenge, Mertens erhielt einen Schlag auf den Kopf und starb am Abend danach.

Der junge Havenbrook wurde angeklagt und zu einer dreijährigen Zuchthausstrafe verurteilt. Als man Friedrich das Urteil zur Unterschrift vorlegte, schrieb er darunter: *Seid Ihr Richter, Studierte und gelehrte Räte, so sollt Ihr Euch schämen, dergleichen Urteil und Sentenz abzufassen. Ich will nach der Vernunft und dem Recht der Natur, daß Havenbrook geköpft und sein Körper verscharrt werden soll.*

Ebenso hart urteilte er, wenn die Ordnung in der Armee gefährdet schien. Ein Soldat, der dem König sonst sehr gefiel und der sich deswegen manche Freiheiten herausnehmen durfte, beleidigte während der Wache einen Offizier. Als dieser ihn zu arretieren drohte, ging er mit dem Bajonett auf ihn los, freilich ohne ihn zu verletzen. Er wurde verhaftet und der Vorfall dem König gemeldet, der ein Kriegsgericht bestellte, das den Gefangenen zum Tode verurteilte. Der König bestätigte das Urteil, doch jedermann glaubte an eine Begnadigung, allen voran der Verurteilte, der sich weigerte, sich auf den Tod vorzubereiten und noch auf dem Weg zur Gerichtsstätte sicher war, mit dem Leben davonzukommen. Doch Friedrich blieb hart, und der Soldat wurde zur Aufrechterhaltung der Subordination erschossen.

Aber solche Fälle sind seltener als die Sarkasmen des Königs im täglichen Gespräch. Während seines jährlichen Winteraufenthaltes zur Karnevalszeit in Berlin erzählte man ihm, daß der Theaterprinzipal Koch gestorben war. Als man ihm wenige Tage später berichtete, daß auch die Gattin eines geistlichen Würdenträgers gestorben sei, sagte er trocken: *Ei, da kann er ja des Kochs Witwe nehmen.*

Zynischer klingt ein Wort des Königs während der Schlacht von Torgau, in der Friedrich, der ein starker Schnupfer war, einen neben ihm reitenden Offizier um eine Prise bat. Erstaunt, weil der König ihm sonst nicht sehr gewogen war, bot dieser seine Dose an. In diesem Augenblick schlug eine Kanonenkugel ein und riß Dose und Arm des Offiziers weg. Der König: *Schade um den Tobak.*

Aber solche Gefühlskälte machte nur einen Teil seines Wesens aus; ebenso häufig, vielleicht sogar häufiger, sehen wir den König mitfühlend, weich, manchmal fast sentimental. Wenn er etwa aus Racines

Britannicus seine Lieblingsstelle über die Pflicht des Fürsten und das Glück des Volkes rezitierte, konnte er nie die Tränen unterdrücken; als er vor der Akademie seine Gedenkrede auf seinen verstorbenen Lieblingsneffen Heinrich vortragen wollte, versagte ihm nach wenigen Worten vor Schmerz die Stimme. Nach Schwerins Tod vor Prag trat er an das Lager des Gefallenen und rief mit Tränen in den Augen: *In dir hab ich meinen Vater verloren!* Ebenso nahe ging ihm der Tod seiner Generale Keith, Seydlitz und Zieten.

Aber es bedurfte nicht des Todes eines hochrangigen Waffengefährten, um des Königs Trauer zu wecken. Im Jahre 1774 kam er auf seiner Reise nach Schlesien am 15. August nach Köpenick. Während des Pferdewechsels machte sich der dortige Landjäger, Bock, bereit, um wie gewöhnlich dem König voranzureiten. Friedrich forderte ihn auf, dieses Mal zu Hause zu bleiben, weil das Wetter sehr schlecht sei und er alt sei und kränklich aussehe. Bock jedoch saß auf und ritt vor dem Wagen des Königs her. Doch nach ungefähr einer Viertelmeile traf ihn der Schlag. Der König war außer sich, ließ anhalten und bemühte sich selbst um den Alten. Er befahl, daß ihm zur Ader gelassen wurde, doch schließlich zeigte sich, daß keine Hoffnung mehr bestand. Jetzt erst fuhr der König weiter, doch war er während der Reise zutiefst niedergeschlagen.

Auch bei geringeren Anlässen zeigte der König schnell Mitgefühl. Bei einem Besuch der Oper in Berlin hörte der König während der Vorstellung ein ungewöhnliches Geräusch. Er erkundigte sich und erfuhr, daß ein Kaufmann, Ölschläger, ohnmächtig geworden sei. Sofort zog er einen Flakon mit einem Duftwasser aus der Tasche und schickte ihn ihm durch seinen Pagen zu. Nicht genug damit, fragte er noch mehrere Male, ob es dem Mann wieder besser ginge.

Ähnlich half er auf einer Reise im Jahre 1751 nach Westfalen, bei der er aus dem Wagen sah, wie ein Bauer, auf einem Vorgespann sitzend, plötzlich ohnmächtig vom Pferde fiel. Sogleich ließ er anhalten, zog seinen Flakon aus der Tasche und befahl, ihn dem Bauern unter die Nase zu halten. Es dauerte nicht lange, bis der Bauer zu sich kam, und als er die Riechflasche des Königs, die er für eine Schnapsflasche hielt, sah, meinte er bewundernd: *Ach lieber Herr König, dat loone en Gott im Himmel, wenn he sonnen Schnaps hat, davon schon dat Rucken helpt, so mag he noch woll besser schmecken.*

Friedrich lachte herzlich und ließ dem Bauern den Flakon zurück.

Kennzeichnend wurde für Friedrich ein mit steigendem Alter immer stärker wachsendes Mißtrauen. Er glaubte – sicher nicht ganz zu Unrecht – von vielen hintergangen zu werden.

Das war jedoch nicht immer so. Vor allem vor 1757 war er oft sehr vertrauensselig und unterband nicht selten sogar ordnungsmäßig erforderliche Untersuchungen oder Prüfungen.

Als der Direktor des Königlichen Schauspielhauses, Baron von Sweets, gestorben war, sollte eine eigens zu bildende Kommission seine Geschäftsunterlagen prüfen. Man ersuchte den König, diese Kommission zu autorisieren, doch er winkte ab: *Ei was! Ich will nicht, daß man nach dem Tode dieses ehrlichen Mannes in seinen Papieren herumwühlen und seine Erben beunruhigen soll; ich weiß, daß er ehrlich gewesen ist, und dechargiere ihn hiermit.*

Bei anderer Gelegenheit hatte der Generalmajor der Artillerie, Beauvray, für einen Auftrag des Königs zehntausend Taler aus der königlichen Kasse erhalten. Als er um Abrechnung gebeten wurde, nahm er ein Blatt Papier und schrieb: *10 000 T. empfangen, 10 000 T. ausgegeben.* Die Beamten waren damit natürlich nicht zufrieden und trugen den Fall dem König vor. Der entschied: *Laßt mir den ehrlichen Mann in Frieden, ich dechargiere ihn!*

Ein Kriegsrat, der während des Siebenjährigen Krieges viele Geschäfte im Auftrag des Königs getätigt hatte, bat Friedrich nach Ende des Krieges, er möge die Gnade haben, zu befehlen, wem er seine Abrechnung vorlegen solle. Friedrich erwiderte: *Niemandem; ich kenne Euch als treuen und zuverlässigen Mann und erteile Euch hiermit die nötige Decharge.*

Diese Gnade allerdings brachte den Kriegsrat in Verlegenheit, weil er nämlich aus eigenen Mitteln Vorschüsse geleistet hatte, die er nun nicht zurückfordern mochte.

Besonderes Mißtrauen brachte Friedrich den Feldproviantbedienten entgegen, die im Siebenjährigen Krieg bei der Armee gedient hatten. Er unterstellte ausnahmslos allen, daß sie ihn betrogen und sich bereichert hatten.

Die Witwe eines verstorbenen Proviantkommissars klagte wortreich beim König, ihr Mann sei dahingeschieden und, da er im königlichen Dienste stets ehrlich und uneigennützig gewesen sei, habe er nichts zurücklegen können und sie in bitterer Armut zurückgelassen. Friedrichs sarkastische Randbemerkung auf die Bittschrift:

Ich habe den Esel an die Krippe gebunden, warum hat er nicht gefressen?

Als er einmal mit einem Prinzen zu einer Musterung reiste und seine Anwesenheit zahlreiche Menschen angelockt hatte, fragte ihn sein Begleiter, wovon diese Menschen sich wohl alle ernährten.

Sie betrügen sich untereinander, antwortete der König, *und mich betrügen sie alle.*

Diese illusionslos mißtrauische Haltung gegenüber jedermann spricht auch aus zwei Randbemerkungen des Jahres 1782: *Das mus ich glauben, ohngeachtet ich kein volkomen Ueberzeugung davon habe, als des Herrn Stats Ministers Sein attest.*

Das mus ich vor guht annehmen, weillen ich das Folk nicht kenne.

Friedrich hatte, verglichen mit den Potentaten seiner Zeit, nur wenig Personal. In den letzten Jahren waren es zwei Leibpagen, die bei der Tafel aufwarteten und ihn auf Spazierritten und Reisen zu Pferde begleiteten; unmittelbar um sich hatte er lediglich zwei Kammerlakaien und zwei Kammerhusaren. Schöning, der seit 1766 als Lakai und seit 1769 als Kammerhusar im Dienste des Königs stand, berichtet (*Friedrich der Zweite, König von Preussen. Über seine Person und sein Privatleben.* Berlin 1801) in Übereinstimmung mit anderen Vertrauten, daß Friedrich gegen seine Domestiken im allgemeinen *äußerst streng* war und sie für wirkliche oder vermeintliche Verfehlungen *mit harten Worten, Faust- und Stockschlägen* strafte. Bei schweren Vergehen gab es Arrest, Entlassung oder Versetzung zum Militär. Erst in den letzten Jahren seines Lebens verhielt der König sich seinen Bedienten gegenüber freundlicher und nachsichtiger.

Häufig suchte er seine Dienerschaft selbst aus, d. h., sie stammten oft aus der Garde und waren ihm angenehm aufgefallen. Bei der Auswahl ließ er sich gern vom Äußerlichen bestimmen, von Wuchs, Gesicht oder Haarfarbe. Er schätzte ein natürliches Wesen, einen offenen und ehrlichen Charakter, erwartete aber keine besonderen geistigen Fähigkeiten. Büsching meint sogar: *Er hat vorsetzlich unterschiedene ganz unwissende Leute, die weder lesen noch schreiben konnten, zu seinen Bedienten . . . angenommen, in der Meynung, daß Er von ihnen nichts Nachtheiliges und Gefährliches zu befürchten hätte.*

Das ist gewiß übertrieben, auf der anderen Seite läßt sich nicht leugnen, daß die oft vom Zufall bestimmte Auswahl der Dienerschaft dazu beigetragen hat, daß er mit ihr nicht nur Freude hatte. Manchmal ließ er sich von einem spontanen Eindruck leiten, so, als er einige Jahre vor seinem Tod einen auswärtigen Handwerksburschen, den er am Schloß vorbeigehen sah, aufgrund seines sympathischen Äußeren von der Straße her in seinen Dienst holte. Und da er mit ihm zufrieden war, ließ er auch noch dessen Brüder nach Potsdam nachkommen.

Allerdings konnte ihn auch sein Hang zu Vorurteilen beeinflussen. Während des Feldzuges von 1761 ließ er sich von seinem damaligen Geheimkämmerer Leining zwei Leute vorstellen, von denen er einen zum Lakaien nehmen wollte. Einer kam aus Schlesien, der andere aus Berlin. Der König stellte einige Fragen, so auch nach der Herkunft, ließ die beiden aus dem Zimmer gehen und sagte zu Leining: *Den Schlesier will ich behalten.*

Leining versuchte Friedrich den Berliner zu empfehlen, der seiner Ansicht nach geeigneter erschien, doch Friedrich antwortete: *Nein, die Berliner Luft taugt nichts. Ich bin auch nicht viel nutz, weil ich da geboren bin.*

In Berlin geboren, das ist wahr, entgegnete darauf Leining, *aber in Potsdam gemacht.*

Strenger noch als bei seinen Offizieren sah der König darauf, daß seine Diener nicht verheiratet waren und möglichst nicht einmal Frauenbekanntschaften hatten. Das führte naturgemäß zu heimlichen Übertretungen, die er jedoch in aller Regel mit Entlassung bestrafte.

Einmal versuchte einer der Kammerdiener, der bereits mehrere Male vergeblich um eine Heiratsgenehmigung gebeten hatte, den

König zu überlisten. Als dieser von der Tafel kam und durch den Genuß von reichlich Wein sehr aufgeräumt war, wollte er die Gunst der Stunde nutzen und wiederholte seine Bitte. Schlagartig jedoch verfinsterte sich das Gesicht des Monarchen: *Glaubst du Narr, daß du jetzt mit mir machen kannst, was du willst? Fort mit dir, ich will dich nicht mehr sehen!*

Manchmal genügte ein geringer Anlaß, sich die Ungnade des Königs zuzuziehen.

Bei einem Essen setzte der Küchenmeister ein durchbrochenes Porzellangeschirr auf die Tafel und verfing sich mit seinen langen Manschetten darin. Er erschrak und gab sich alle Mühe, frei zu kommen, und geriet in immer größere Verlegenheit. Friedrich begann herzhaft über den komischen Anblick zu lachen, worauf der erleichterte Küchenmeister ebenfalls zu lachen begann. Das aber schien Friedrich so unschicklich, daß er sofort eine sehr kühle Miene aufsetzte. Er verübelte dem Küchenmeister sein Verhalten so, daß er ihn, wenn auch mit einem Gnadengehalt, entließ.

Nicht jeder der Entlassenen nahm diese Schmach einfach hin. Bekannt und viel diskutiert wurde der Fall des Kammerhusars Deesen im Jahre 1775. Dieser hatte sich den Unwillen Friedrichs zugezogen, der ihn dazu verurteilte, Trommelschläger zu werden. Vergeblich warf sich Deesen zu Füßen seines Herrn, der ihn wegstieß und, als dieser sich an ihm festklammerte, mit Gewalt abführen ließ. In seiner Verzweiflung erschoß sich Deesen, weil er für sich keinen anderen Ausweg sah. Friedrich war sehr betroffen und sagte am anderen Tage zu dem von ihm zur Tafel geladenen Generalleutnant Wilhelm Dietrich von Buddenbrock: *Die Welt wird mich wieder beschuldigen, daß ich ein Tyrann bin. Aber ich mußte den Menschen doch strafen; ich konnte seine Bubenstücke doch nicht ungeahndet lassen! Ich kann die Leute doch nicht mit mir machen lassen, was sie wollen!*

Es gibt jedoch auch zahlreiche Beispiele dafür, daß der König seinen Dienern Fehler nachsah. Der Marquis d'Argens erzählt, daß einmal ein Diener mit einem kompletten kostbaren Porzellanservice auf dem blank gebohnerten Boden ausglitt und das Geschirr zerbrach, ohne daß Friedrich ein Wort darüber verlor.

Ein anderes Mal goß ein Bedienter beim Auftragen der Speisen einem der Gäste des Königs Soße über seine Kleidung, weil ein anderer ihn versehentlich angestoßen hatte. Beide erblaßten vor Schreck, doch Friedrich ließ sie ohne ein Wort gehen. Danach meinte er zu dem bekleckerten Gast: *Ich bedaure, daß Sie einen Flecken auf Ihre Kleidung bekommen haben. Aber die Diener haben sich auch entsetzlich erschreckt. Es war deutlich zu sehen, daß beide ohne Schuld waren.*

Namentlich langjährigen Bedienten gegenüber verhielt sich der König freundlich und nachsichtig. Zu ihnen gehörte der Kammerlakai Müller, den er eines Tages im Vorzimmer in die *Jungfrau von Orleans* vertieft fand.

Was machst du da mit dem hirnlosen Zeug?

Ihre Majestät, da muß der Verfasser, der das geschrieben hat, ohne Hirn gewesen sein.

Du dummer Teufel, du urteilst darüber wie der Blinde über die Farbe!

Darauf verließ Müller das Zimmer und sagte im Hinausgehen:

Ich sehe wohl, Ihre Majestät, ein Wort ergibt das andere; zanken mag ich mich nicht mit Ihnen, denn Sie behalten doch immer Recht!

Damit machte er die Tür hinter sich zu und ging singend die Treppe hinunter. Als kurz darauf Quintus Icilius hereinkam, meinte Friedrich lachend: *Was ist der Müller nicht für ein glücklicher Kerl! Ich sage ihm die Wahrheit, er lacht – Ich schelte ihn, und er singt, weil er sich nicht mit mir streiten will. Wäre doch alle Welt so friedfertig gegen mich!*

Ein anderes Mal mußte Müller dem König ein Glas Wasser bringen. Als dieser es annahm, trat Quintus Icilius herein, und Müller verließ den Raum.

Es ist gut, daß Er kommt, rief Friedrich, *ich will Ihm etwas zu lesen geben.* Er nahm das Papier und stieß dabei das Glas herunter, das er, ohne hinzuschauen, darauf gesetzt hatte. Nun rief der König den Kammerlakaien und fuhr ihn an, weil dieser das Glas so unvorsichtig abgesetzt habe. Müller wollte erklären, doch Friedrich wies ihn aus dem Zimmer.

Quintus Icilius wies nun den König darauf hin, daß er selbst das Glas auf das Papier gesetzt habe. Friedrich rief den Diener herein und entschuldigte sich bei ihm.

Der König hatte von seiner Mutter eine kostbare Vase aus japanischem Porzellan erhalten, die er nicht zuletzt deshalb in Ehren hielt, weil sie auf das Fußgestell eigenhändig ihren Namen mit Tinte gesetzt hatte. Damit die Tinte nicht abgewischt werden konnte, hatte Friedrich eine silberne Kapsel darüber machen lassen. Dem Kammerlakaien Müller widerfuhr nun das Unglück, die Vase beim Staubputzen fallen zu lassen, so daß sie zerbrach.

Bestürzt stand er noch da, als der König schon ins Zimmer trat und sehr ungehalten reagierte. Müller sollte so lange nur die Hälfte seines monatlichen Gehaltes bekommen, bis der Schaden ersetzt sei.

Wirklich wurde dem Lakaien ein halbes Jahr lang nur die Hälfte seines Einkommens bezahlt. Dann aber rief Friedrich ihn allein zu sich und sagte: *Da du den Abzug deines Gehaltes mit Geduld getragen hast, sollst du jetzt dafür das Doppelte als Ersatz haben. Aber sei künftig vorsichtiger.*

Zu den Bedienten, die sich einige Freiheiten gegenüber dem König herausnehmen durften, zählt auch Friedrichs Leibkutscher Pfund, der 1775 nach zweiundvierzigjähriger Dienstzeit *Alters und kränklicher Zufälle wegen* entlassen wurde. Schöning bestreitet zwar sehr heftig, daß der König diesem irgendwelche Vorrechte zugebilligt habe. Im Gegenteil: *Zehn oder zwölf Jahre vor seinem Ende jagte ihn der König weg, und mit genauer Not behielt er noch auf die dringendste Vorstellung des Oberstallmeisters Grafen von Schwerin eine kleine Pension.*

Doch einige glaubwürdige Anekdoten sprechen gegen Schöning, dessen Beurteilung Pfunds von einer gewissen Animosität geprägt scheint.

Einst fuhr Pfund den König, und dieser verlangte, einen anderen als den eingeschlagenen Weg zu nehmen:

Fahr jenen Weg, er ist näher und besser.

Das muß ich wohl besser wissen, entgegnete Pfund, *ich bin ihn in meinem Leben oft genug gefahren.*

Du sollst ihn aber nicht fahren!

Seien Sie nur still, Ew. Majestät, ich verstehe es besser, wie und wo man fahren muß, versetzte Pfund und hieb auf die Pferde ein, daß sie nur so davonstoben.

Was soll ich machen? meinte Friedrich zu seinem Reisebegleiter, *ich muß schon tun, was Herr Pfund will, weil er es besser versteht.*

Bei anderer Gelegenheit fuhr er – ganz wie der König es gern hatte – wie der Teufel los, doch so ungestüm, daß der Wagen stürzte. Friedrich griff zornig nach seinem Krückstock, doch protestierte Pfund lautstark: *Wat denn! Wat denn! haben Ew. Majestät noch nie eine Schlacht verloren?*

Empfindlicher, nämlich an der Geldbörse, traf Pfund den König 1767, als der ihm anläßlich der Hochzeit einer seiner Nichten mit dem Erbstatthalter von Holland den Befehl erteilte, er solle den Leibkutscher und die übrigen Stallbediensteten des Bräutigams in eine Berliner Wirtschaft einladen und ihm die Rechnung zuschicken lassen.

Pfund ließ sich den Befehl vom anwesenden Geheimkämmerer schriftlich geben, ging in einen der besten Gasthöfe Berlins *(Stadt Paris)* und bestellte das Feinste an Essen und Trinken.

Als der König die enorme Rechnung erhielt, bestellte er Pfund und fragte zornig: *Kerl! Wie kannst Du Dich unterstehen und mir eine solche Rechnung schicken, auf der allein über 100 Flaschen vom besten Champagner stehen?*

Pfund ließ sich nicht aus der Fassung bringen und sagte dreist: *Was! Glauben Ihre Majestät vielleicht, der Leibkutscher des Erbstatthalters sei so ein armer Teufel wie ich? Der Kerl säuft nichts als Champagner, und was hätte ich ihm sonst vorsetzen sollen?*

Friedrich lachte: *Wenn das so ist, werde ich die Rechnung wohl zahlen müssen.*

Wie Pfund, so half auch anderen Bedienten oft ihre Schlagfertigkeit. Während des Siebenjährigen Krieges pflegte der König eine Zeitlang abends nichts zu sich zu nehmen als gesottene Brezeln, französischen Weichkäse, *Poste de Meaux* genannt, und Tiroler Wein.

Als der König 1760 aus dem Winterquartier in Leipzig nach Meißen zog, vergaß man, diese Käsesorte mitzunehmen. Wie er nun abends sein Essen bestellte, fehlte zu seinem großen Ärger der Käse, der zwar durch eine Staffette geholt wurde, aber nicht mehr am selben Tage eintraf.

Immer noch ungehalten über die Vergeßlichkeit seiner Leute fragte Friedrich am folgenden Morgen einen Kammerbedienten beim Anziehen: *Wieviel Esel habe ich bei mir?*

Der Kammerdiener, der ahnte, worauf der König hinauswollte, antwortete, ohne zu zögern: *Mit mir haben Ew. Majestät fünf Esel bei sich.*

Friedrich, der das wohl hatte hören wollen, bemerkte: *Dann hätte doch wohl einer davon so klug sein können, meinen Käse mitzunehmen.*

Ein anderer Bedienter betrug sich einmal so unverschämt gegen ihn, daß er ihm eine Ohrfeige gab. Dabei waren die Haare des Dieners in Unordnung geraten, worauf dieser seelenruhig zum Spiegel ging, um seine Frisur wieder in Ordnung zu bringen.

Schurke, fuhr Friedrich ihn an, *was unterstehst du dich!*

Ach, Ew. Majestät, ich wollte nur die Leute im Vorzimmer nicht sehen lassen, was zwischen uns beiden vorgefallen ist.

Friedrich lachte und ließ ihn gehen.

Auch bei schweren Verfehlungen konnte Friedrich nachsichtig sein. Einer seiner alten Bedienten hatte Alkoholprobleme, was er jedoch dem König verheimlichen wollte. Der hieß ihn, wenn er getrunken hatte, im Zimmer auf der Ritze zwischen zwei Dielenbrettern geradeaus gehen und schickte ihn, war der Alte dazu nicht mehr im Stande, fort, seinen Rausch auszuschlafen, ohne ihn zu bestrafen.

Viele der alten Angestellten hingen sehr an ihrem König. Wenn er gut gestimmt war, konnte ihn auch eine eigentlich unentschuldbare Schlamperei nicht verärgern. Einmal war er allein in seinem Kabinett und klingelte nach den Kammerlakaien, doch es erschien keiner. Ungeduldig ging er ins Vorzimmer, fand auch dort keinen und ging weiter bis zur ersten Schildwache.

Geh hin und hol mir einen Lakaien!

Der Soldat präsentierte und erwiderte: *Nein, Ew. Majestät, das kann ich nicht, ich stehe hier auf meinem Posten. Aber wenn Ew. Majestät mich ablösen wollen, so will ich gehen.*

Friedrich nahm das ihm hingehaltene Gewehr und wartete damit so lange, bis der Posten zurückkam. *Ihr seid ein braver Soldat; Ihr versteht Euren Dienst,* lobte ihn der König und gab ihm ein kleines Geschenk.

Der Gärtner Krause der Ältere, der schon unter seinem Vater gedient hatte, brachte ihm stets die schönsten Früchte aus den königlichen Gärten in Charlottenburg. Sogar als Friedrich nach der Schlacht bei Kunersdorf bei Fürstenwalde im Lager war, ließ er seinem Herrn durch seinen Sohn eine Kiste voll besonders guten Obstes bringen. Der König nahm sie eigenhändig in Empfang und sagte gerührt: *Denkt der alte Krause noch an mich!*

Einmal stand er am Fenster und vernahm hinter sich ein leises Geräusch. Er schob den Vorhang zur Seite und sah, wie ein Page eine Tabaksdose vom Tisch nahm, sie betrachtete und dann eine Prise Schnupftabak probierte. Der König ließ ihn gewähren; doch als er das Fenster geschlossen hatte und wieder ins Zimmer trat, zeigte er die Dose dem Pagen und fragte: *Gefällt Dir die Dose?* Der war so bestürzt, daß er kein Wort hervorbringen konnte, doch als der König seine Frage wiederholte, murmelte er ein schüchternes Ja.

Gut, dann nimm sie, meinte Friedrich, *sie ist Dein; für zwei ist sie zu klein.*

Einen anderen Pagen betraute er öfters mit vertraulichen Aufgaben oder unterhielt sich leutselig mit ihm. Einmal ließ er dabei zwei Tassen Schokolade bringen. Der Kammerhusar servierte sie und bot dem König die erste an. Der jedoch wehrte ab und sagte lächelnd: *Du hast überhaupt keine Lebensart. Der Herr da* [auf den Pagen zeigend] *ist der Gast, ich bin der Gastgeber. Den Gästen aber soll man, meine ich, zuerst präsentieren.*

Mit zunehmendem Alter häufen sich die Beweise von Freundlichkeit und Freigiebigkeit gegenüber den Bedienten. Er beschenkte sie zu Weihnachten mit individuell ausgewählten kleineren Gaben und ließ den ihm besonders Vertrauten und Nahestehenden oft bedeutendere Dotationen zukommen.

Namentlich in der Zeit seiner letzten Krankheit behandelte er seine Leute rücksichtsvoll und sehr geduldig.

Eine Sonderstellung unter den Bedienten nahm Fredersdorff ein, der dem König seit der Küstriner Zeit treu gedient hatte und zum

Kämmerer und Verwalter der Privatschatulle aufgestiegen war. Der König hatte ihm nach der Thronbesteigung das Rittergut Zarnikow geschenkt, das seinen Besitzer zu einem wohlhabenden Mann machte. Fredersdorff besaß des Königs Vertrauen in besonderer Weise, aber wohl nicht, weil er, wie Voltaire boshaft schrieb, *dem König auf mehr als eine Weise gedient hatte.* Da Fredersdorff an ähnlichen Krankheiten wie der König litt, erteilte der König ihm unablässig gute Ratschläge, bat ihn, sich vor Quacksalbern in acht zu nehmen und schickte ihm den eigenen Leibarzt. Aus den zahlreichen Briefen, die Friedrich an seinen Vertrauten schrieb, sprechen eine beim König sonst seltene herzliche Zuneigung und tief empfundene Fürsorge: *ich habe gemeinet, du häst* [hättest] *mihr lieb und wirst mir nicht den chagrin* [Kummer] *machen, Diehr umbs leben zu bringen. nun weis ich nicht, was ich davon glauben sol! glaube, daß ich es recht gut mit dihr meine, und daß dir in der Diet* [Diät] *und gebrauch der Mitel nichts vorgeschrieben wirdt, als was zur erlangung deiner gesundheit nothwendich ist. ich bite Dihr, folge doch hübsch und erinnre Dihr, daß du mir heilich versprochen hast... Du Könst Dihr auf mihr verlassen, daß ich nicht mehr Sorge vohr mihr haben könte, wann ich krank wäre als vor Dihr!*

Als der Leibarzt Cothenius Fredersdorff besucht hatte, schrieb der König: *Es thuet mihr recht leit, daß das Fiber Dihr noch nicht verlassen wil. ich wolte es Dihr gerne abnehmen! ich Sitze dem Cothenius So viel auf dem hals, als Möglich... ich Küsse den Docter, wann er Dihr gesundt macht!*

Täglich mußte Fredersdorff dem König über sein Befinden schreiben, was er so ausgiebig tat, daß Friedrich ihm einmal schreiben mußte: *Du Schreibest mihr 20 briwe alle dage; ich Kan ohnmöglich auf al das tzeuch antworten!*

Bei anderer Gelegenheit bittet er Fredersdorff, sich nicht mit dem Schreiben zu übernehmen. Wenn er sich nicht wohl fühle, möge er ihm nur zwei- oder dreimal die Woche mitteilen, wie er sich fühle.

Geradezu rührend ist ein Brief, in dem der König schreibt: *wohr heüte Mittag die Sone Scheint, So werde ich ausreiten. Kome doch am fenster, ich wolte Dihr gerne Sehen! aber das fenster mus feste zu-*

bleiben; un in der Camer mus Stark feüer Seindt! ich Wünsche von hertzen, das es sich von tagezu-tage mit Dihr besseren Möhge. gestern habe ich Deine besserung Celebriret mit 2 butteillen ungerschen wein.

Viel ist über des Königs Verhältnis zu Tieren geschrieben worden.

Eine fast zärtliche Zuneigung verband ihn mit seinen Hunden, von denen ihn stets einige ausgewählte umgaben. Sie begleiteten ihn überall hin, auf seinen Spazierritten, bei den Manövern wie auf seinen Feldzügen. Zur Karnevalszeit wurden sie, wie Nicolai erzählt, in einer sechsspännigen Kutsche nach Berlin gefahren, die Tiere auf dem Vordersitz, der begleitende Lakai auf dem Rücksitz.

Im Schloß lagen in den königlichen Gemächern kleine Lederbälle, mit denen die Hunde spielten. Sie durften sich eigentlich alles herausnehmen, sprangen auf Tische, Stühle und Kanapees, die sie beschmutzten und zerrissen, ohne daß es ihnen verboten worden wäre. Ein Bedienter war für sie da, der sie zu füttern, pflegen und spazieren zu führen hatte – wobei er sie nur mit *Sie* anzureden wagte: *Biche, seien Sie doch artig! – Alkmene, nun bellen Sie doch nicht so!*

Einst fragte der König einen Pagen, ob er auch die Hunde stets pünktlich füttere. *Sicher,* erwiderte dieser, *erst sorge ich für Ihro Majestät, dann für Ihre Hunde und zuletzt für mich!* Friedrich bemerkte nichts zu dieser Antwort, doch am anderen Morgen sagte er zu dem Pagen: *Kaffee für mich, Zwieback für meine Hunde, und diese goldene Uhr für dich!*

Neben dem königlichen Schloß in Sanssouci ließ Friedrich eine eigene Begräbnisstätte für seine Hunde einrichten; über dem Grab eines jeden Tieres lag ein länglicher Quaderstein, in den der Name des betreffenden Hundes eingemeißelt wurde.

Der jeweilige Lieblingshund hatte seinen Platz im Arbeitszimmer des Königs an seiner Seite auf einem eigenen, mit zwei Kissen bedeckten Stuhl; er wurde eigenhändig an der Tafel gefüttert und schlief nachts im Bett bei seinem Herrn.

Als Friedrich im Siebenjährigen Krieg Ende des Jahres 1760 in Leipzig im Winterquartier lag, trat eines Abends der Marquis d'Argens ins Zimmer. Der König hockte auf dem Boden, vor sich eine

Schüssel mit Frikassee, von dem die Hunde fraßen. Friedrich hatte ein Stöckchen in der Hand und hielt damit Ordnung unter den Tieren. D'Argens betrachtete die Szene und rief: *Wie werden sich jetzt die fünf europäischen Großmächte, die sich gegen den Marquis de Brandebourg verschworen haben, den Kopf zerbrechen, was er wohl tut. Vielleicht glauben sie, daß er einen gefährlichen Schlachtplan für den nächsten Feldzug schmiedet – oder Geld dafür sammelt; vielleicht glauben sie, er brüte Pläne aus, die Gegner zu entzweien oder neue Verbündete zu suchen: er aber sitzt seelenruhig in seinem Zimmer auf dem Boden und füttert die Hunde!*

An einem Abend schrieb Friedrich, einer wichtigen Angelegenheit wegen, länger als gewöhnlich. Sein Lieblingshund, der genau die Stunde wußte, zu der der König zu Bett ging und dem die Zeit zu lang wurde, sprang von hinten auf den Stuhl, zog dem König die Feder aus der Hand, sprang herüber und sah ihn an. Zu sehr vertieft in seine Arbeit, schickte Friedrich das Tier weg und fuhr fort zu schreiben. Doch kurz darauf wiederholte der Hund das ganze, worauf der König laut lachte und sagte: *Du hast Recht; es ist Zeit, zu Bett zu gehen. Komm nur!*

Bei anderer Gelegenheit, als der König etwas mit einem Gast besprach, sprang der Lieblingshund auf einen dabeistehenden Tisch und rückte dem Mann die Perücke von der rechten auf die linke Seite. Dieser geriet ins Stottern, der König jagte das Tier fort. Der Vortragende hob erneut an zu sprechen, aber wieder kam der Hund und zog an der Perücke. Völlig verwirrt stand der Mann, der sich natürlich seinen Unmut nicht anmerken lassen durfte.

Friedrich jedoch lachte und meinte: *Sieht er wohl, er hat Unrecht; mein Hund weiß es sogar, und er erinnert ihn daran, die Wahrheit zu reden.*

Zahlreiche Geschichten kann man namentlich bekannten Hunden zuordnen. Einer von ihnen, eine Hündin namens Diane, sprang eines Abends mit einem gebratenen Stück Huhn erst auf den Schoß und dann auf den Schreibtisch des Königs. Dort legte sie ihr Abendessen auf einen Brief, den Friedrich gerade an den damaligen Landrat von Stettin, Hübner, geschrieben hatte. Bald troff der Brief von Fett, doch

Friedrich lachte nur: *Geh, Diane; du erinnerst mich daran, daß ich den Brief fett machen soll. Du bringst mich um mein Geld. Marsch, runter.*

Dann griff er zur Feder und schrieb unter den Brief: *Mein lieber Landrat Hübner! Der Brief soll und muß fett sein, wie er sehen wird. Meine Diane hat mich daran erinnert. Also nehme er die beigefügten 100 Friedrichsd'or an von seinem wohlaffectionierten König F.*

Einer der ganz besonderen Lieblinge des Königs war die Hündin Biche, die den König auf seinen ersten Feldzügen begleitete. Eine nicht auszurottende Legende erzählt, daß Friedrich sich einmal auf der Flucht vor einer Schar Panduren unter einer Brücke versteckt und sie sich so verständig und stille verhalten habe, daß sie von den Feinden nicht entdeckt worden wären.

Historisch ist aber, daß Biche 1745 in der Schlacht bei Soor in die Hände der Österreicher fiel. Die Gemahlin des Generals Nadasdy nahm das Tier an sich und mußte mehrfach angemahnt werden, ehe sie sich entschließen konnte, es zurückzugeben. Als Biche endlich zurückkehrte, wurde sie von Generalleutnant von Rothenburg, dem Friedrich sie als seine treueste Freundin vorgestellt hatte, in Empfang genommen. Der König saß in seinem Zimmer und schrieb, als Biche ins Zimmer kam. Unbemerkt sprang sie auf den Tisch und legte ihre Vorderbeine um seinen Hals. Friedrich freute sich so sehr, daß ihm die Tränen in die Augen traten.

Noch stärker als an Biche hat Friedrich an einer anderen Hündin, Alkmene, gehangen. Als ihm ihr Tod nach Schlesien gemeldet wurde, befahl er, ihren toten Körper im Sarge in Sanssouci in seine Bibliothek zu stellen. Nach seiner Rückkehr besuchte er das schon verwesende Tier und ließ es in der Gruft beisetzen, die er für sich selbst bestimmt hatte.

Neben den Hunden, die er bei sich hielt, hatte er in Potsdam noch weitere vierzig, fünfzig oder achtzig in einem Zwinger, die von zwei Jägern versorgt und betreut wurden.

Doch nicht nur um seine eigenen Hunde trug er Sorge. Bei einem Besuch in Pommern ritt Friedrich durch Stettin. Ein kleines Mädchen mit seinem Hund wollte ihn aus der Nähe sehen, gerade als das Pferd des Königs in Trab fiel. Sofort lief das Hündchen hinterher und schnappte nach den Fesseln des Pferdes. Ein Feldjäger nahm seine Parforcepeitsche und schlug so nach dem Hund, daß sich die Peitsche um den Hund wickelte, der nicht mehr loskam und zu jaulen anfing. Das Jaulen des Tieres und der Aufschrei des Mädchens ließen den König sich umdrehen. Der Feldjäger befreite den Hund gerade von der Peitschenschnur, der König beruhigte das Mädchen und ließ ihm zehn Friedrichsdor geben; der Feldjäger aber bekam für seine Unbeherrschtheit drei Tage Arrest.

Ein weniger ausgeprägtes Verhältnis hatte Friedrich zu anderen Tierarten, wenn ihm auch einige der Pferde, die ihn in mancher Schlacht getragen und ihm das Leben gerettet hatten, ans Herz gewachsen waren.

Friedrich war ein guter, wenn auch oft sehr verwegener Reiter, was zu einer größeren Zahl von Stürzen führte, die jedoch meist glimpflich verliefen. Er besaß in der Regel etwa vierzig bis sechzig Pferde, zu Ausbruch des Siebenjährigen Krieges sogar rund einhundert. Eine Vorliebe hatte er für englische Pferde, farblich bevorzugte er Braune, Füchse und Schimmel. Wenn die Pferde eingeritten und von ihm zum ersten Mal bestiegen worden waren, legte er ihnen Namen bei, die im allgemeinen auf ihr Äußeres oder ihre Eigenschaften bezogen waren, wie der Sternrappe, der junge Braune, der lange Fuchs, der Tiger, der Springer, der Zornige oder Zerberus. Manchmal gab er ihnen jedoch auch den Namen historischer Persönlichkeiten, wie Caesar, oder von Politikern seiner Zeit, wie Brühl, Choiseul, Kaunitz oder Pitt.

Drei der zahllosen Pferde, die er geritten hat, waren ihm besonders ans Herz gewachsen. Das erste war der sogenannte Mollwitzer Schimmel, der noch seinem Vater gehört und ihn auf seinem Ritt aus der Schlacht von Mollwitz getragen hatte und, etwa vierzig Jahre alt, 1762 einging und von den königlichen Reitknechten auf dem Hof des Kutschenstalles begraben wurde. Die beiden anderen waren Caesar und Zerberus, die er in zahlreichen Schlachten des Siebenjährigen Krieges geritten hatte.

Ihnen blieb das Schicksal ihrer Artgenossen erspart, die in den Schlachten von Hohenfriedberg, Chotusitz, Hochkirch, Liegnitz,

Torgau oder Kunersdorf unter ihrem Reiter verwundet oder totgeschossen wurden.

Als Kronprinz und auch noch in den ersten Regierungsjahren hatte Friedrich zeitweise eine Vorliebe für Affen, von denen er immer einige in seinem Zimmer hielt, sie auf absonderliche Art kleiden ließ und ihnen Namen gab. Sie kannten ihn so gut, daß sie – meist – seinen Befehlen gehorchten, nicht aber den Wärtern und seinen Bedienten.

Eines Tages hatte sich ein Affe losgerissen und unter einem Tisch versteckt. Der König glaubte, er sei ins Vorzimmer gelaufen, öffnete die Tür und rief: *Nun, Herr Hofrat, will er hinaus?* Ein Kanzleidiener, der im Vorzimmer wartete, um dem König etwas zu überbringen, glaubte, er sei gemeint, und näherte sich geschmeichelt und mit vielen Verbeugungen. Friedrich seinerseits war erstaunt, ihn statt des Tieres zu sehen und sagte: *Ich habe ihn nicht gemeint. Doch sei's drum. Er mag Hofrat sein.* – Und der Mann wurde wirklich Hofrat!

Friedrich mochte sonst allerdings keine exotischen oder wilden Tiere. Kurz nach seinem Regierungsantritt erhielt er von einem Sohn des Berliner Kaufmanns Demissy, der sich in Livorno niedergelassen hatte, einen Tiger geschenkt. Der König dankte und erklärte, er nähme das Geschenk an, doch sei er kein Freund wilder Tiere und gebe es an seinen Vetter, den Markgrafen Karl, weiter.

Ein anderes Mal schickte ihm seine Schwester Ulrike, Gemahlin König Adolf Friedrichs von Schweden, einige Rentiere und Lappen, die mit ihnen umgehen konnten. Da sie im Winter ankamen, durften sie vor den Augen des Königs auf dem Stallplatz mit den Tieren fahren, und Friedrich klopfte ihnen dankend auf die Schultern. Dann aber sagte er: *Lappländer! Lappländer! Diese Leute können sich an das hiesige Klima nicht gewöhnen.* Deshalb schickte er sie zurück in ihre Heimat; die Rentiere brachte man in den Grunewald, wo sie bald eingingen.

Die Randbemerkungen

Aus kaum einer anderen Quellenart sprechen Wesen und Wirken Friedrichs so unmittelbar und unverfälscht wie aus den sogenannten Randbemerkungen oder Marginalien (von lateinisch *margo* = der Rand), die in knapper und präziser Form wiedergeben, wie der König bei der Niederschrift über einen Menschen oder Sachverhalt urteilte. Da sie nicht wie seine politischen, historischen, philosophischen oder literarischen Schriften für die Öffentlichkeit, sondern nur für seine unmittelbaren Mitarbeiter bestimmt waren, brauchte er sich bei ihnen keine Zurückhaltung aufzuerlegen und konnte seinen spontanen Eingebungen freien Lauf lassen. So findet in ihnen Friedrichs geistreicher, treffender und oft bösartiger Witz, seine Neigung zu Übertreibungen und drastischen Bemerkungen ebenso ihren Ausdruck wie seine mit zunehmendem Alter von wachsendem Mißtrauen begleitete Verbitterung und Menschenverachtung. Mit Recht hat man daher die Randbemerkungen des Königs mit Selbstgesprächen verglichen, die ein anschauliches und unretuschiertes Bild seines Charakters vermitteln.

Ihre Entstehung verdanken sie Friedrichs Arbeits- und Regierungsstil. Da er die von seinem Vater übernommene Kabinettsregierung zu einer alle Bereiche umfassenden Allein- und Selbstregierung entwikkelte, liefen alle Fäden in seiner Hand zusammen. Die diplomatische Korrespondenz führte er persönlich; in allen Fragen der inneren Verwaltung sandten ihm die Minister, deren Stellung sich in keiner Weise mit der heute üblichen vergleichen läßt, ihre Immediatberichte zu, und der König entschied allein durch Marginalresolutionen oder Kabinettsordres.

Neben dieser politischen Korrespondenz empfing der König täglich aus allen Bevölkerungsschichten und Landesteilen ungezählte Bittschriften und Immediatgesuche, die die Petenten unter Umgehung des Behördenwegs unmittelbar an ihn richteten und die er alle gewissenhaft bearbeitete und durch eigenhändige oder diktierte Anweisungen erledigte.

Daß er dieses oft gewaltige Pensum überhaupt erledigen konnte, verdankte der König seinem Arbeitsstil. Gewöhnlich stand er morgends um vier Uhr, im Winter um fünf Uhr auf. Ein Page brachte die Korrespondenz. Soweit sie nach Postbericht oder Siegel wichtig erschien oder von Adligen stammte, öffnete er sie selbst. Von den anderen Eingängen hatten seine Kabinettsräte in einem Nebenraum Auszüge anzufertigen. Diese *Extrakte* wurden dann dem König vorgelegt, und er setzte auf die freie halbe Seite seine Randbemerkungen. Diese in eine angemessene schriftliche Form zu bringen, war Aufgabe der Kabinettssekretäre. Besonders nahe unter diesen stand ihm bis zu dessen Tode im Jahre 1768 der von seinem Vater übernommene und ihm treu ergebene August Friedrich Eichel. Dieser brachte des Königs Randbemerkungen oder, wenn Friedrich auf seinen Vortrag mündlich *resolvierte* (entschied), dessen mündliche Entscheidungen in eine unterschriftsreife Form. Nach Ranke war Eichel *ein Mann von einer unermüdlichen Arbeitsamkeit, die aus Liebe zur Sache und persönlicher Hingebung entsprang, scharfsinnig und einsichtsvoll, nur ein wenig pedantisch und nicht ohne eine zaghafte Scheu bei den unberechenbaren Bewegungen des Genius, den er vor sich sah.*

Hauptfundort für die Randbemerkungen, die sich über die gesamte Regierungszeit Friedrichs erstrecken, sind die für 1764–1786 vorliegenden, in ihrer Entstehung eben skizzierten *Extrakte* sowie die sogenannten *Minüten* (nach französisch *minute* = Konzept, Urschrift), eine fortlaufende Sammlung von Abschriften der ausgefertigten Kabinettsordres. Daneben finden sie sich verstreut in zahlreichen anderen Verwaltungsakten wie auch in Privathand.

Die Randbemerkungen, die zahlenmäßig kaum zu erfassen sind und zu einem Großteil als verloren gegangen gelten müssen, haben seit jeher große Beachtung gefunden und sind von Biographen und

Anekdotensammlern, wie Nicolai, Büsching, Preuß oder Müchler, gern benutzt worden.

Um als moderner Leser Sprache und Ton der Randbemerkungen richtig verstehen zu können, muß man sich vergegenwärtigen, daß die oft grobe Ausdrucksweise nicht allein ein Merkmal von Friedrichs individueller Sprache ist, sondern in seiner Zeit gang und gäbe war. Was Friedrichs Deutsch angeht, sei daran erinnert, daß er, französisch erzogen, sich in seinen Schriften wie in seinem privaten und diplomatischen Schriftverkehr fast ausschließlich der französischen Sprache bediente. Das Deutsche sprach er nach eigenem Bekunden »wie ein Kutscher«. Da deutsch jedoch die Amtssprache in Preußen war, wurden ihm alle Vorlagen in deutsch vorgelegt, und Friedrich mußte seine Entscheidungen deutsch formulieren.

Friedrichs Deutsch spottet jeder Beschreibung wie allen Regeln von Rechtschreibung und Zeichensetzung. Große und kleine Anfangsbuchstaben werden vertauscht, Worte willkürlich zusammengezogen oder getrennt, so daß es oft schwierig ist, zu verstehen, was gemeint ist. Man mag noch erkennen, wenn der König schreibt: *es Sihet Sehr nach Crich aus;* schwieriger wird es sicher, aus *Carels baht* Karlsbad herauszulesen. Da Friedrich gewissermaßen nach Gehör schrieb, tut man gut, sich im Zweifelsfalle einen Satz laut vorzulesen, dann wird man leichter erkennen, daß *Man mus im Rundt abweisen* bedeutet *Man muß ihn rund abweisen.* Findet man schriftliche Äußerungen des Königs, auch bei den Randbemerkungen, in korrektem Deutsch abgefaßt, darf man sicher sein, daß es sich um ein Diktat, eine Bearbeitung oder eine Übersetzung handelt.

Der eher geringe deutsche Wortschatz des Königs strotzt vor Kraftausdrücken und Beleidigungen. *Ehsel, Scheker* oder *Schlüngel* zählen dabei noch zu den harmloseren; *erts Spitsbube* (Erzspitzbube) und *hure* (zwar nicht im heutigen und engeren Sinne gebraucht, aber doch ein ehrenrühriges Schimpfwort) zählen zum gröberen Kaliber. Häufig wiederkehrende Worte und Redewendungen sind *Wint, ist nicht Kluch, dummes Zeuch, das ist Nersch* (närrisch), *das Wehre was Nutze, das ist ein obstinates Volk* oder *ich habe kein geldt, ich habe kein leihhaus,* aber auch *guht, gantz guht* oder *bené.*

Einige Eigenarten verraten den Einfluß des Berlinischen auf Friedrichs Sprache, so die Verwendung des Wortes *mank* (unter, darunter), der Gebrauch von *mir* statt *mich* oder die Wiedergabe des i als ü, wie in *Schlüngel, würklich* oder *stünkend.*

Oft bedient sich Friedrich in den Randbemerkungen auch der französischen und lateinischen Sprache. Dabei fällt auf, daß, obwohl er doch alle seine Werke und die Mehrzahl seiner Briefe französisch schrieb, seine Rechtschreibung auch im Französischen recht fehlerhaft war. So setzt er auf einen deutsch abgefaßten Bericht eines Ministers aus dem Jahre 1750 die Randbemerkung: *guht Fr pourquoi faite vouis ces pieces en allement* (Pourquoi faites-vous ces pièces en Allemand; warum verfassen Sie diese Schriftstücke in deutsch?).

Noch schlechter war es um sein Latein bestellt. Sein Vater hatte ja in seiner Instruktion von 1718 das Erlernen der lateinischen Sprache ausdrücklich untersagt. Friedrich hat zwar mit Hilfe seines Lehrers Duhan heimlich etwas Latein gelernt; doch wenn man die Randbemerkungen zum Maßstab nimmt, mit mäßigem Erfolg. Dennoch verwendet er gern und häufig lateinische Brocken. Auf Unterstützungsanträge schreibt er *habet nihil* statt *habeo nihil* (ich habe nichts); auf einen Bericht der Stadt Elbing schreibt er: *es wirt at Deliberandi* (statt: *ad deliberandum* = zur Erwägung) *genommen.* Ein anderes Mal gibt er einen *consilium abigundi* (statt: *abeundi),* was er sonst deutsch ausdrückt: *Kan zum Teufel gehn.*

Zum Schreiben verwendete Friedrich, wie damals allgemein üblich, den oft kratzenden und hakenden Federkiel, seine Schrift war eckig, »wie mit dem Krückstock« gehauen. Nach dem Siebenjährigen Krieg wird die Schrift allmählich unsicherer, bedingt durch das zunehmende Alter und vor allem die Gicht, die ihn später zwang, mit der Linken schreiben zu lernen, worunter die Lesbarkeit noch mehr litt. Konnte er vor Schmerzen gar nicht mehr schreiben, wurden die Kabinettsordres in seiner Gegenwart mit einem besonderen Siegel und einem Zusatz versehen: *Auf seiner Majestät allergnädigsten Specialbefehl ist gegenwärtige Ordre, anstatt Dero höchsteigenhändigen Unterschrift, wegen Dero chirograischen Zufalls an der rechten Hand, mit der Kammerpetschaft in Dero Gegenwart bedruckt worden.*

Die letzte Randbemerkung, die der König kurz vor seinem Tod auf eine Monatsabrechnung schrieb, ist kaum noch zu entziffern.

Bei der Anwendung der deutschen Sprache und Schrift setzte der König als Unterschrift die zusammenhängenden Buchstaben *Fdch* unter das betreffende Schriftstück, manchmal auch nur *Fch, Fh* oder *F.*

Gelegentlich ergänzte der König seine Randbemerkungen noch durch kleine Randzeichnungen. So malte er häufiger einen Galgen, um deutlich zu machen, was die Leute seiner Ansicht nach eigentlich verdient hätten. Und auf einen Immediatbericht zweier Geistlicher über eine Verwandtenehe malte er einen Eselskopf mit zwei überlangen Ohren. Um jeden Zweifel zu beseitigen, schrieb er noch darunter: *Consistorialgesicht.*

Was den Inhalt der Randbemerkungen angeht, darf man Friedrichs häufige Beleidigungen und Drohungen nicht wörtlich nehmen, sonst hätte die Mehrzahl seiner Minister und Kammerpräsidenten und viele andere, zum Teil hochgestellte Persönlichkeiten, gehenkt werden, in der Karre gehen oder beim Teufel enden müssen. Im Gegensatz zu solchen Randbemerkungen stehen zahlreiche, die die Sorge des Landesvaters namentlich um die einfachen Untertanen zum Inhalt haben. Immer wieder fordert er bei Naturkatastrophen, Mißernten oder Kriegszerstörungen, *aber den ärmsten muß zuerst geholfen werden,* und oft mahnt er die Beamten, das Volk nicht zu *plaquen und chikanieren.*

Da eigentlich alle Bereiche des öffentlichen und privaten Lebens in den Eingaben, auf die der König seine Randbemerkungen setzte, zur Sprache kommen, vermitteln sie neben einem anschaulichen Bild seines Wesens zugleich die ungewöhnliche Vielfalt von Problemen, mit denen er konfrontiert wurde.

Friedrichs Preußen war streng nach Ständen gegliedert, und der König sah es nicht gern, wenn die in gesellschaftlicher und sozialer Hinsicht deutlich erkennbaren Grenzen nach oben oder unten überschritten wurden. Nach des Königs Willen sollte der Adlige seine Güter verwalten und die Offiziere und höheren Beamten stellen; der Bürger

Handel und Gewerbe treiben und die Wissenschaften pflegen; der Bauer seinen Acker bestellen und als Soldat dienen.

Der erste Stand war der Adel, der eine Reihe von Privilegien genoß und dem allein viele Aufstiegsmöglichkeiten in Heer und Verwaltung offen standen. Von den zweiundsechzig vom König während seiner Regierungszeit ernannten Wirklichen Geheimen Etatsräten war nur ein einziger bürgerlich, Michaelis, der es dann auch bis zum Minister brachte. Nur der Adel durfte Rittergüter besitzen; nur seine Mitglieder durften Degen und dreieckige Hüte tragen oder auf Maskenfesten in Dominos von rosa Farbe auftreten.

Mit der Bevorzugung des Adels war allerdings auch die Forderung verbunden, sich standesgemäß zu verhalten.

Mit Hilfe von etwa einhundert Marginalien oder »Mariginalien«, wie er sie in seiner unbekümmerten Rechtschreibung an dieser Stelle nennt, hatte Friedrich die Instruktion für das Generaldirektorium von 1722 in die von 1748 umgeschrieben. Das längere Marginal zum Artikel 17, in dem er die Vorrechte befürwortet, schließt mit den Worten vom Edelmann,

> *Deßen Söhne das Landt Defendiren* [verteidigen] *und die Racce davon so guht ist, das sie auf alle art meritiret* [verdient], *Conserviret zu werden.*

Dem Versuch, das Wahlrecht bei Landratswahlen im Crossenschen Kreise über die adligen Rittergutsbesitzer hinaus auszudehnen, begegnet er:

> *Nein die adlichen Sollen in Keinem Stück in ihren privilegia gekrenket werden, Sie sollen allein wehlen.*

Als das Generaldirektorium dem König meldete, es habe den Bürgermeister Wolff zu Strausberg mit einer Untersuchung wegen Beeinträchtigung der Königlichen Forsten durch einige adlige Anlieger beauftragt, warnt Friedrich:

> *Aber sie müßen mir die Edelleute auf Keines Wegs Chicanen machen, oder ich setze ihren Wolf auf der Vestung.*

Auf einen Vorschlag, adlige Güter weniger zu belasten, antwortet er 1767:

ist sehr nützlich und bey jetzigen tzeiten ohnomgänglich nessesoir [nötig].

Als der Kommerzienrat Damerow bittet, ihm das zum Aufbau seines abgebrannten Gehöftes aus den Königlichen Forsten zugeteilte Bauholz zu schenken, befindet er:

das geschihet nuhr denen adlichen, burger krigen nichts.

Allerdings will er nur den wirklich Bedürftigen helfen. Auf den Antrag des Grafen Stanislawski, von der Zahlung der russischen Kontributionsreste befreit zu werden, antwortete er:

das ist gegen alle Billigkeit das die Reichen die nichts gegeben haben die armen denen ist genommen worden nicht helfen Sollen.

Getreu seinem Grundsatz *Edelleute Müßen Gühter haben* unterstützte er in wirtschaftliche Not geratene Adlige, damit sie ihre Güter halten können, aber nur, wenn die Not nicht selbst verschuldet war. Als eine adlige Witwe um einen Vorschuß von 100000 Reichstalern bat, um die auf ihrem Gut liegenden Schulden zu tilgen, schrieb er:

ich kan Sie Nicht helffen wann die Edelleute alles durchbringen und Liderlich Seindt kan ich sie nicht helfen.

Ein adliger Gutsbesitzer bei Nauen, dessen Gehöft niedergebrannt war, bittet um Auszahlung der von seinem Vetter ererbten Kassenscheine. Friedrichs Antwort:

das gehet Glat nicht an. überdehm hat er vihl Korn auf die bohdens gehat und nichts verkaufen wollen also geschiet ihm gantz recht.

Der Graf N. auf Polnisch-Nettko schildert dem König seine angeblich ohne eigenes Verschulden entstandene Notlage und bittet um ein Geschenk von einigen Tausend Talern.

Er möchte sich Schämen, da er zu leben hätte zu prätendieren [sich anzumaßen] *ich sol ihm Geld geben was vohr Rouinierte Familien destinieret* [bestimmt] *ist, er möchte nur Vernünftig wirtschaften, So würde er genug haben, aber Brot Dieben gebe ich nichts.*

Dem verschuldeten Kapitän von Ripperde empfiehlt er:

er mus eine Reiche Frau heirahten und mit ihr geldt das guht liberiren.

Damit der Adel seine Güter hielte, lehnte er den Ankauf von adligen Gütern durch den Staat immer wieder ab:

ich Wil keine adlichen gühter kaufen umb den Adel nicht zu verringern.

ich kaufe keine adliche gühter, denn ich habe Edelleute nöhtiger.

ich kaufe den adel nicht aus, Sondern Suche ihm zu erhalten und vermehren.

gehet nicht an, ich kaufe keine adliche gühter, wolte contrair Lieber den Adel mehr possesioniret sehen.

Folgerichtig lehnte er die Erwerbung von Adelsgütern durch Nichtadlige ab. Als der Landwirt Filegel aus Grätz bittet, für 20000 Taler ein adliges Gut in Preußen kaufen zu dürfen, antwortet Friedrich mit einem seiner häufigen Namenwortspiele:

Flegels haben Wir genung im lande, dergleichen Colonien Dihnen nicht, überdem Kan er kein adliches guht kaufen Weil er nicht von Adel ist.

Bei allem Wohlwollen für den Adel aber wehrte er sich gegen unberechtigte Ansprüche. Auf Klagen der pommerschen Ritterschaft, durch den Kolberger Festungsbau würden der Landwirtschaft Arbeitskräfte entzogen, schreibt Friedrich:

Einen bösen Brief. Sie sind unruhige mißvergnügte Leute, bei denen alle Meine Wohlthaten nichts fruchten wollen, die um so weniger sich zu beschweren Ursach haben, da Ich alles bei der Festung bezahle, denen Ich dahero, sich in ihre Schranken zu halten, wohlmeinend rathen kann und muß.

Für die Bevorzugung des Adels erwartete der König aber auch standesbewußtes Denken und Handeln. Das Gesuch der verwitweten Frau von Hake, in einer Lotterie Taft ausspielen zu lassen, beschied er:

ob sie Meinet das ich so Einfeltig bin nicht zu Merken das Sich Kaufleute hinter ihr gestochen haben umb mit Taft die Contrebande zu Machen? Sie mögte Mihr mit Solchen unbesonnenen Bitten verschonen oder ich würde sehr übele Opinion von ihr haben.

Und auf den Antrag des kurmärkischen Adels, ihm Akzise- und Zollfreiheit auf Arrak und Rum zu erteilen, schrieb er:

Nein. Es schickt sich nicht für den Adel, daß er Branntwein trinkt.

Auch Berufe, die er als bürgerlich erachtete, sollten Adlige nicht ergreifen. Als er hörte, daß der Sohn einer adligen Witwe Kaufmann werden wollte, meinte er:

ist das erlaubet, daß adliche Kinder Kaufburschen werden?

Einem Kreis der Adligen allerdings war der König nicht gewogen – den Grafen, gegen die er nach Aussage eines zeitgenössischen Schriftstellers eine *Idiosynkrasie* (Überempfindlichkeit, starke Abneigung) hatte.

Auf den Antrag des Generalmajors von Arnim, einen Grafen als Fahnenjunker nehmen zu dürfen, antwortet er:

Nein Keinen Grafen will ich nicht haben.

Auf Oberstleutnant von Rochows Gesuch, dem Leutnant Grafen von Truchseß wegen Krankheit den Abschied zu geben, schreibt Friedrich:

An die Grafen im Dienst ist nichts, halten niemals lange aus er kann den Abschied kriegen.

Ein Graf hatte den König ersucht, seinem Sohn eine militärische Laufbahn zu ermöglichen. Der König setzte unter die ablehnende Kabinettsordre eigenhändig:

Junge Grafen, die nichts lernen, sind Ignoranten in allen Ländern. In England ist der Sohn des Königs nur Midshipman [Leutnant] *auf einem Schiffe, um die Manöver dieses Dienstes zu lernen. Im Fall nun aus einem Grafen was werden und er der Welt und seinem Vaterlande etwas nütze werden soll, so muß er sich auf Titel und Geburt nichts einbilden; denn dieses sind nur Narrenspossen; sondern es kommt nur allezeit auf sein Mérite personel* [persönliches Verdienst] *an. F.*

Die verwitwete Gräfin von Dohna bittet ebenfalls, ihrem als Stabskapitän dienenden Sohn krankheitshalber den Abschied zu geben. Friedrichs Antwort:

Die Grafens Seindt alle krank, wenn Sie dihnen.

Da alle höheren Positionen in Verwaltung und Heer des Staates dem Adel vorbehalten blieben, waren die Anträge auf die Erhebung in den Adelsstand entsprechend zahlreich. Da Friedrich aber die Zahl der Adligen klein halten wollte, wurden solche Anträge in der Mehrzahl negativ beschieden. Am ehesten ließ er noch soldatische Verdienste gelten. Einem sehr verdienten hohen Beamten, der um die Verleihung des Adelsprädikates bat, antwortete er:

> *On ne devient pas annobli par la plume mais par l'épée* (man wird nicht durch die Feder, sondern durch das Schwert geadelt).

Dagegen befürwortete er das Gesuch eines bürgerlichen Artilleriemajors, Sohn eines Generalchirurgus, der »Renovierung« seines Adelsstandes beantragte, weil die Familie früher adlig gewesen sei.

> *er ist nichmahlen Ädel Man gewesen Sein Vater Wahr Regiments Feldscher aber weil er ein guhter officir ist werde ihm den adel accordieren.*

Sonst aber fielen die Bescheide in aller Regel ablehnend aus. Der Kammerrat Zimmer aus Fürstenwalde dankte dem König für die Erlaubnis zum Ankauf eines adligen Gutes im Polnischen und bat, da in der Gegend fast alle Gutsbesitzer von Adel seien, ihn zu nobilitieren. Friedrichs unverblümte Antwort:

> *Sein Vater hat das Vermögen mit Dieberey zusammengebracht dergl. Leute kann ich nicht adeln.*

Ein Major a. D., der seine Tochter an einen reichen Gutsbesitzer verheiratete, bat, diesen zu adeln:

> *Man adelt nur diejenigen Leute, die Verdienste haben und sich vorzgl. meritiert gemacht. Aber nicht Kerls die bloß reich werden.*

Auf die Eingabe des Kriegsrats Krause um die Erneuerung des angeblichen früheren Adels der Familie schreibt Friedrich:

> *Wenn man solche Schäker adeln wollte, so müßte man es in der Raserei thun.*

Einem reichen Bürgerlichen war es gelungen, im Klevischen Adelsgüter zu erwerben und eine Adlige zu heiraten. Wiederholt bemühte er sich vergeblich um die Verleihung des Adels; auf den letzten Antrag schrieb Friedrich:

> *Ich habe Edelleute genug in meinem Lande, und mag sie nicht unnütz vermehren.*

Darin zeigt sich auch Friedrichs Abneigung gegen Heiraten zwischen den Ständen. Einem Generalleutnant, der bat, seinem adligen Schwager zu erlauben, eine Bürgerliche zu heiraten, antwortete er:

Fui wohr Er So was vohrschlagen Kan.

In einer Randbemerkung aus dem Jahre 1777 weist der König die Bürger auf ihre Aufgaben hin:

Bürger können Handelsleute sein da thun sie besser, wenn sie ihr Geld ins Commerce stechen, da verdienen sie mehr als wenn sie Güther haben. Güther ist nur Sache der Edelleute die müssen Güther haben aber Bürger nicht allenfalls in Westpreußen, von den Pohlen Güter, da geht es eher an.

Deshalb lehnt er den Erwerb von Gütern außer in Westpreußen gewöhnlich ab. Ein Kaufmann Simon in Stettin bittet, das Gut Craatzen in der Neumark für 40000 Reichstaler kaufen zu dürfen. Friedrich:

40000 Rthlr. in Negotio erbringen 8% in Güther nur 4 also versteht er sein Handwerk nicht, ein Schuster muß Schuster sein. Ein Kaufmann muß handeln und keine Güter haben.

Und dem Kaufmann Wulff aus Königsberg, der ein kleines adliges Gut kaufen möchte, antwortet er:

er Sol sein geldt in Seiner fabrique Stechen, das ist ein würkliches guht vohr ihm.

Daß die Bürger ihre finanziellen Probleme, auch wenn sie politisch bedingt waren, selber lösen sollten, geht aus einem Bescheid auf eine Eingabe der Potsdamer Bürgerschaft hervor, mit der sie den König baten, ihnen beim Aufbringen von 32000 Reichstalern zur Tilgung einer Schuld aus der österreichischen Kontribution zu helfen:

Sie mögen Sehen wie Sie die Schulden betzahlen Können ich werde das Liderliche Gesindel nicht einen Groschen geben.

Auch innerhalb des Bürgertums wünschte der König keine Veränderung der gesellschaftlichen Strukturen; so war er gegen ein allgemeines Streben nach höherer Bildung.

Der »Küch Schreiber« der Königin bat um Unterstützung, damit die ältesten drei seiner sieben Söhne ihre Studien fortsetzen könnten:

Tischler fabricant schreiber bei amtsleuten soldat, Bildhauer etc. das Seyndt professions wohr seine Kinder von Leben können.

Ein Kantor, der um Bewilligung des freiwerdenden kurmärkischen Stipendiums für seine beiden Söhne bittet, erhält zur Antwort:

Weis nicht, ob dergleichen zu vergeben habe und es ist ja überhaupt nicht nötig daß jeder Kantor seine Söhne studieren läßt, sie können auch Schneider werden.

Ein anderes Mal bewirbt sich der Sohn eines Feuerspritzenmeisters um dieses Stipendium:

Was wil ein Feuer Spritzen Meister Sohn Studieren? Der Mus feuer Spritzen vom Vahter lernen.

Die andern müßen ausgesuchet werden nach Capassité.

Beschwerden der Bürger über Beeinträchtigungen durch die Armee lehnte Friedrich ab. Als sich die Stadt Frankfurt an der Oder über Einquartierung beschwert, antwortet er:

das Kan ja nicht anders Seindt ich kan das Regiment nicht in der Taschen Stecken, alleine es werden die Casernen wieder Erbauet werden.

Und als die Neumärkische Kammer sich beschwert, daß beim Exerzieren des Rothenburgischen Regiments jedesmal fünfzig Bürger und Bauern zum Halten der Pferde angefordert würden, antwortet er:

Pedanten, müßen nicht die Pferde gehalten werden wan die Dragoner absitzen, und was vohr ein unglük ist es, wen eine Schuster und bekerjungens das jahr 5 oder 6 mahl Die Dragohner Pferde halten.

Allerdings dürfen die Soldaten ihrerseits nicht in die Rechte der Bürger eingreifen. Als die Potsdamer Bürger sich beschweren, *daß viele Soldaten von der hiesigen Garnison und deren Liebsten, so in den Kasernen wohnen, sich gleichfalls auf den Mehl- und Victualienhandel legen,* verfügt er:

Die Bataillons müssen denen Burschen, wenn sie nicht concessionirt sind, dergleichen nicht verstatten.

Da die Bauern im Gegensatz zu den Städtern, die weitgehend vom Wehrdienst befreit waren, den Großteil des für Friedrich lebenswichtigen Heeres stellten, sorgte er nach Kräften für sie. Er verbot das »Bauernlegen«, das Einziehen von Bauerngütern durch den Adel, und suchte die Belastungen der Landbevölkerung so gering wie möglich zu halten.

Das Generaldirektorium berichtete dem König, auf eine Beschwerde der Gutsuntertanen von Birgstall über einen Beamten sei dieser angewiesen worden, *daß er sich des Schlagens der Leute enthalten soll.* Friedrich mahnt:

> *Das Directorium Mus Scharf drauf halten das die Beambten die leüte nicht plaquen und das durch anschläge von denen Cameren den unterthanen nicht das leben So Sauer und Knap gemacht werde das Sie nicht dabei bestehen können Sonderlich in der Cur Mark.*

Die Forderung des Königs an die adligen Gutsherren, die Frondienste der Bauern erträglicher zu gestalten, stieß bei diesen auf geringe Gegenliebe. Deshalb heißt es in einer Randbemerkung, die er als Grundsatz in die Domänenpachtverträge aufnehmen ließ:

> *ob man es nicht So einrichten könte, das der bauer die Woche 3 Tage, högstens 4, dinte. Dießes wird was geschrei geben, alleine vohr den gemeinen Man ist es fast nicht auszu Stehen, wan er 6 tage oder 5 die woche dinen Sol...*

Auch sonst setzt er sich für die Bauern ein, so in dem Artikel der Instruktion *Beteiligung der Untertanen an den Wolfsjagden:*

> *die bauren Sollen mit denen Wolfs jagen nicht nach der Jäger ihr plaisir veksiret werden Sondern nuhr wan es die Noht und umbstände erfordern.*

Andererseits hält er gewisse Belastungen für tragbar. Als ihn Kolonisten des Amtes Wollup bitten, ihnen den Hofdienst von 15 Tagen im Jahr zu erlassen, antwortet er:

> *Da Können Sie nicht darüber Klagen an anderen öhrten müßen die unterthanen 2 Mahl die Woche Herrn Dienste thun.*

Auf den Vorschlag, pommersche Hofbesitzer, die, obwohl es ihnen gut ging, sich weigerten, etwas für die Behebung von Kriegsschäden zu tun, als warnendes Beispiel von ihren Höfen zu exmittieren (auszuweisen), schreibt er:

> *guht aber es muß nicht mehr, als 2 oder 3 derer halstarigsten betreffen.*

Der Armee gebührte nach Friedrichs Ansicht der höchste Rang im

Staate, verdankte er vor allem ihr doch den Aufstieg Preußens zu einer in ganz Europa anerkannten Macht. Ihre Führung lag allein in seinen Händen, und auch kein Minister durfte die Rechte der Militärs schmälern:

die Herren Ministers bleiben beim Tintfaß und laßen die Naße aus alle Militaria.

An anderer Stelle schrieb er auf einen Vorschlag seiner Minister:

Wenn die Minister über Verhandlungen räsonieren, sind sie kluge Leute, wenn sie aber vom Kriege reden, ist es, wie wenn ein Irokese von der Astronomie spricht.

Entsprechend dieser Rangordnung nehmen die Offiziere auch im gesellschaftlichen Leben eine bevorzugte Stellung ein. Im Rangstreit zwischen einem jungen Fähnrich und dem Legationsrat von Schwerin, einem Neffen des Feldmarschalls, der in des Königs Augen nur ein »Schreiber« war, entschied er zugunsten des Fähnrichs. Wie wir schon sahen, gehörten dem Offizierskorps fast ausschließlich Adlige an; eine Ausnahme bildeten die damaligen »technischen Truppen«, Artillerie und Ingenieurkorps, sowie die neuerrichteten Husareneinheiten und die wenig angesehenen Garnisonsbataillone. Deren Offiziere waren häufig Bürgerliche, die bei Bewährung im Krieg in den Adelsstand erhoben wurden. Die bürgerlichen Offiziere, die er während seiner Feldzüge aus Personalnot auch bei den Kerntruppen hatte einsetzen müssen, wurden später ohne viel Federlesens in die Garnisonsbataillone versetzt oder einfach verabschiedet.

Wenn bei den Randbemerkungen trotz der wohlwollenden Einstellung des Königs gegenüber seinen Offizieren die negativen Bescheide überwiegen, so liegt das daran, daß es sich bei den Petenten meist um Offiziere handelt, die ihm einmal, und sei es vor Jahrzehnten, unliebsam aufgefallen waren.

Die Geringschätzung des Königs bürgerlichen Offizieren gegenüber wird deutlich aus seiner Antwort auf das Gesuch des Kammerdirektors Lehmann, seinen Sohn, der als Premierleutnant zu einem Garnisonsregiment versetzt wurde, zu adeln:

Ich liebe Kein unadlich geschmeis unter der armée es ist genung das Sein Sohn bei Einem Garnison regiment als Officir passiret.

Da der König den Offizieren den höchsten gesellschaftlichen Rang im Staate zubilligte, reagierte er um so empfindlicher, wenn ein Offizier sich unehrenhaft betrug oder um seinen Abschied bat. Geschah dies gar im Krieg, hatte der Betroffene so gut wie keine Chance, noch einmal wieder eingestellt zu werden.

Ein Vetter des Ministers von Herzberg war als Offizier wegen seines Verhaltens kassiert (entlassen), aber mit Rücksicht auf Herzberg mit Nachsicht behandelt worden. Doch auf die Bitte des Ministers, ihn in einem Garnisonsregiment anzustellen, reagierte Friedrich unwirsch:

Mein Militaire ist Keine Straf-Anstalt. Er kann aber seinen Vetter in ein Zuchthaus schicken. Ich habe nichts dagegen.

Noch deutlicher wird er gegenüber einem Kapitän von E. Dieser hatte in der Hoffnung auf eine reiche Heirat seinen Abschied erbeten und erhalten, dann jedoch nach dem Scheitern seiner Heiratspläne um Wiedereinstellung gebeten:

Die Armee ist Kein Bordell, wo man herein und heraus laufet, hat er quittirt, so hat er Keine Ambition, und dergleichen Officirs sind mir ein Gräuel.

Der Landesdirektor von Grävenitz bittet um die Entlassung seines Sohnes vom Regiment, weil er ihm die Güter übergeben will. Entrüstet schreibt Friedrich:

eine Schöne Uhrsache umb des Sohnes Seine Demission zu fordern er Kan Mehr gelück bey der Armée Machen.

Und dem Rittmeister von Borke, der mehrmals um seinen Abschied gebeten hatte, schreibt der König empört auf das letzte Gesuch:

abscheit vohr Einen preussen der nicht dinen Wil, und also den man Gott danken mus Das man ihn los wirdt.

Bei anderer Gelegenheit lehnte Friedrich jedoch ein Abdankungsgesuch ab. Er hatte bei einem Truppenbesuch in Ostpreußen im Jahre 1754 dem Obersten von S. seine Unzufriedenheit mit dessen Regiment ausgesprochen. Darauf reichte dieser sofort sein Abschiedsgesuch ein mit der Begründung, daß er krank sei. Friedrich, der den Offizier sehr schätzte, wollte ihn nicht jedoch verlieren, ließ ihm einen versöhnlichen Brief schreiben und setzte eigenhändig hinzu:

Mir geht es auch nicht immer, wie Ich es gern haben möchte, deswegen muß Ich immer König bleiben. Rhabarber und Geduld wirken vortrefflich.

Dem bewährten General von Manteuffel dagegen gewährt er die erbetene Demission:

es Thäte mihr Leidt das ein So brawer General zu alt würde zu Dinen ich accordiere ihm den abschiet und lasse ihm 2000 Fl. pension aufs Regiment.

Versetzungsanträge liebte der König bei seinen Offizieren ebenso wenig wie bei seinen Beamten. Als der Kapitän und Quartiermeister Leutnant von Diebisch ihn zu einem Regiment zu versetzen bittet, antwortet er:

er weis Selber nicht was er Wil, erst ist er bei die Cadetts gewesen – denn Quartir Meister nuhn Wider bey ein Regiment, Wint, Wint, Wint.

Oberstleutnant von J. bittet um Versetzung nach Schlesien, weil er sich dort einkaufen will. Friedrich:

Deswegen Mus er nicht in Schlesien Placirt werden Sonst ligt er auf die gühter und negligiret [vernachlässigt] *Seine fonction.*

Sehr ungern bewilligte der König Heiratsgesuche seiner Offiziere, weil Heiraten seiner Meinung nach zu einer Beeinträchtigung ihrer Pflichterfüllung führte – und im Todesfalle zu Versorgungsansprüchen der Hinterbliebenen. Unstandesgemäße Verbindungen lehnte er in aller Regel ab.

Major von Dantzsch vom Kleistschen Husarenregiment hatte um Heiratserlaubnis gebeten:

Officirs von die Husaren Musen nicht alle heirathen – Setzt nur Geschleppe im Felde.

In einem anderen Fall heißt es:

Wann er heirathen will kann er den Abschied Kriegen Ich will Keine geheiratet Lieut [-nant] *bey den Husaren.*

Oberst von Lossow, der für zwei seiner Offiziere um Heiratsdispens eingekommen ist, erhält zur Antwort:

Wann Huzaren Weiber nehmen So Seindt Sie Selten nach dem ein Schus pulver wert aber wen er Meinte daß Sie doch guht Dinen würden, so wollte ich es erlauben.

Der Rittmeister M. beim Korps Bosniaken bittet, die Tochter des ehemaligen Leutnants Schimmelpfennig heiraten zu dürfen:

So mag er die heyrathen aber Ich sage ihm zum voraus daß wenn er sie im Felde schlept oder nur nach die Winter Quartiers Kommen läßt, er vom Regt. Kommt.

General von Seydlitz bittet, Leutnant von Knobelsdorff vom Stachowschen Regiment, der sich mit seiner Tochter verlobt, eine Kompanie zuzuteilen, damit er heiraten kann. Friedrich belehrt ihn:

Companies werden nicht um Weiber allhier vergeben.

1746 teilte der König General von Bronikowski in einer bissigen Kabinettsordre mit:

Ich gebe Euch auf Eure Vorstellung wegen Versorgung Eurer Schwester durch eine Heirat mit dem Kornett von Zmiewsky in Antwort, daß die Husaren nicht durch die Scheide, sondern durch den Säbel ihr Glück machen müssen.

Kapitän von Frankenberg ersucht um die Erlaubnis zur Heirat mit der Tochter des Predigers Sellin, die ein beträchtliches Vermögen aus Stralsund erwartet:

Wenn die Off. heyrathen wollen, sind die Parthien immer reich und Kaum ist der Mann tod hat die Frau nichts und bittet um Pension.

Als Major von S. ein Fräulein von Kummer ehelichen will, antwortet der König mit einem seiner zahlreichen Wortspiele:

Der Mensch hat schon so Kummer genug, wozu will Er sich neuen auf den Hals laden? Indeß habe Ich nichts dagegen.

Manchmal sind die Gesuche recht merkwürdig. Da der Stabskapitän Hohendorf vom 2. Gardebataillon mit seiner Braut nicht einig geworden ist, bittet er, *ihn mit einem General-Befehl darunter zu assistiren.* Friedrich findet:

Es ist ja wunderlich, daß er pretendiert, ich Sol Leute zwingen, ihn zu heirathen; er Sol mihr nicht mit dergleichen wieder Kommen.

In einem ähnlichen Fall schreibt er:

Keine Order nichts mit gewalt.

Ein Major, der den König um die Genehmigung für seine vierte Vermählung bittet, erhält den Bescheid:

Von jetzt ab Kan sich der Major v. d. H. so oft Verheirathen als er will.

Die Schwierigkeit, eine Heiratsgenehmigung zu erhalten, führte dazu, daß viele Offiziere nicht heirateten und Verhältnisse hatten, die oft nicht ohne Folgen blieben.

Zwei adlige Leutnants bitten den König um eine bescheidene Pension für ihre Mutter, die angebliche Witwe des Oberstleutnants von D. Friedrich schreibt zurück:

Er ist niemals verheurathet gewesen, Ihre Mutter war eine schlichte hure, und sie sind bastarde.

Ein Artillerieleutnant, ein natürlicher Sohn des verstorbenen Oberst von K., bittet den König, ihn zu legitimieren:

Wer wird alle hurkinder naturalisieren.

Major von B. beantragt die Erlaubnis zur Heirat mit einer Nichtadligen, mit der er zwei Kinder hat:

Keine Heirat die für einen Offizier unanständig ist.

Ein verabschiedeter Leutnant möchte eine Bürgerliche heiraten:

ich bekümre Mir nicht um seine amours.

Leutnant von Bork aus dem Halleschen Regiment, der vier Kinder von einem Bürgermädchen hat, bittet um eine Erziehungshilfe, *indem es lauter Jungens sein, die dereinst für das Vaterland streiten können.*

Friedrichs Replik: *Es ist eine unerhörte Forderung, daß Ich seine Hurenkinder ernähren soll.*

In seiner Einstellung den Offizieren gegenüber wurde der König durch deren »Conduite«, ihre Führung, bestimmt. Über jeden Offizier wurde eine genaue Konduitenliste geführt, auf die Friedrich jedoch nicht angewiesen war, da er in seinem fast untrüglichen Gedächtnis noch über Jahrzehnte jede Einzelheit behielt. Zwar verwechselte er manchmal die Namen, aber die Verdienste wie Verfehlungen hatte er sich unauslöschlich eingeprägt, wobei er das Verhalten des einzelnen mit dem seiner Truppe gleichsetzte.

Als Kapitän von Br. vom Neumärkischen Regiment den König in Anbetracht seiner langjährigen *responsablen* (verantwortlichen) Dienste bittet, ihn zum überzähligen Major zu ernennen, hält ihm Friedrich vor:

Das Regiment ist beständig vohr den Feindt gelaufen und muß er notwendig allerwegen mitgelaufen seindt, ich avancire die Officiers die den Feindt geschlagen haben, aber nicht diejenigen, die nirgends sich gehalten haben.

Oberst von L. bekommt 1767 bei seiner Bewerbung um die Stelle eines Regimentskommandeurs zu lesen:

Er Mögte Sich Seiner Strafbahren Conduite ano 1757 Erinnern und judiciren [urteilen] *ob ich einen Menschen von Solcher wenigen fermetet* [Charakterfestigkeit] *meiner Tage zum General machen Kan.*

Major von Wobersnow bittet um eine Unterstützung:

er hat die Stadt Ordensburg verbrennen laßen und das Regiment hat den ganzen Krieg geberenheitert [gebärenhäutert = auf der faulen Haut gelegen] *Solche Leute Krigen nichts.*

Generalmajor von Sieburg bittet um die Aufhebung des Befehls, mit dem die Invaliden seines Regiments von jeder Versorgung ausgeschlossen werden:

Das Regiment hat gegen den Feind nicht angebissen.

Sieburg wiederholt seine Bitte, *da sein Regiment bei Zorndorf, Kunersdorf und bei der Spierschanze bei Kolberg sich gut gehalten habe:*

das ist nichts. Bei Zorndorf hat das Regiment gelaufen daß ich Sie erst am andern Tag zurückgekrigt habe und bei Kunersdorf seindt sie nicht 8 Minuten ins Feuer geblieben.

Der Quartiermeister Leutnant von H. bittet, der König möge ihn aus der seit einigen Jahren verhängten Ungnade befreien. Dieser bescheidet ihn:

Seine Conduite ist nicht ein Schus Pulver Nutze – er hätte 10mal meritieret auf die Festung.

Graf W. bittet den König um eine Kompanie. Friedrich erteilt ihm die Antwort:

Wenn er erst eine beßere Conduite und ein Vernünftiger und gesetzter Mann und Officier würde alle Narrens Possen aus dem Kopf ließe, Möchte sich selbst erinnern, wie oft er hat in arrest gesessen, wegen seiner üblen Aufführung, cassiert und alles. Ich frage den Teuffel nach dem Grafen, eine vernünftige Aufführung macht einen guten Officier aus.

Oberst von L. möchte wieder in Gnaden vom König aufgenommen werden:

ich Mache Keinen general, den es an fermeté [Festigkeit] *fehlet Sonst gehet es mihr wie bei breslau und bei maxsen.*

Die zahlreichen Negativbeispiele dürfen aber nicht darüber hinwegtäuschen, daß der König seinen Offizieren im Grunde sehr wohlwollend gegenüberstand. Als Generalleutnant von Wunsch ihn bittet, sich angesichts des auch damals offensichtlichen »Beförderungsstaus« bei der Errichtung neuer Regimenter der älteren Stabskapitäne und Premierleutnants zu erinnern, antwortet Friedrich:

Alte Officiers sind ein Schatz den man beym Regt. zu conservieren suchen muß. Ich werde zu seiner Zeit schon hier fortzuhelfen wißen.

Wie wir oben sahen, gewährte Friedrich Pension an verdiente Offiziere – aber nur an solche –, vornehmlich an invalide. Oft allerdings wurde dafür das Gehalt des Stellennachfolgers um den Pensionsbeitrag gekürzt. Angehörige gingen in der Regel leer aus. Einige Beispiele für solche Randbemerkungen:

ich gebe Keiner Cammer Directors Wittwe pension das ist nuhr vohr die Officiers.

da Seindt blesierte [blessierte, verwundete] *officiers die haben Sie Nothiger als geheimen Raht Wittwen.*

Auf das Pensionsgesuch eines ehemaligen Generals antwortet der König:

Ich habe ihm ein Regt. geben wollen das hat er refusirt [abgelehnt]. *Die Pensions sind nur vor invalide nicht aber vor faule Officiers.*

Als rastloser Arbeiter hatte der König wenig Verständnis für Anträge auf Urlaub oder Reisen ins Bad oder ins Ausland.

Der Quartiermeisterleutnant von Manstein beantragt fünf Wochen Urlaub zum Besuch seiner kranken Mutter:

auf 14 tage weillen er noch Sehr Wildt und Roh ist, lenger nicht.

Einem Grafen, der eine Urlaubsverlängerung für seinen Sohn, Leutnant beim Regiment Gensdarmes beantragte, teilte er deutlich seine Meinung mit:

Die langen Urlaubs taugen nicht vohr junge Leute.

Daß seine Offiziere ins Bad fuhren, sah Friedrich nur sehr ungern. Zum einen glaubte er, Kuren verweichlichten nur, zum andern tat es ihm um das Geld leid, das dadurch ins Ausland ging. Deshalb pflegte er diesbezügliche Urlaubsgesuche in der Regel auch abzuschlagen. Dem General von Kleist antwortete er 1763:

Keine Narredeien von Bäder; Er Sol nicht haßelieren [verschwenden; auch: sich albern benehmen].

Und Kornett von Oertzen, der wegen eines Ohrenleidens nach Karlsbad wollte, erhielt folgenden Bescheid:

das Carels baht kan nichts vohr die ohren.

Auslandsreisen hielt der König für Geldverschwendung. Als ein adliger Stabsoffizier einen Urlaub von acht Monaten nach Polen beantragte, beschied er ihn:

was wil er in Pollen Machen, alle Pollen Suchen Schutz auf meine grentze.

Naturgemäß sind Randbemerkungen, die Unteroffiziere und Mannschaften betreffen, zahlengemäß geringer. Auch aus ihnen spricht die Fürsorge des Dienstherrn, der allerdings Vergehen hart strafen läßt. Der Oberjägermeister von Schlieben hatte gemeldet, daß in Schönebeck die Wilddieberei überhand nähme und sich unter den Wilddieben der Soldat Schimmelpfennig befände. Friedrich entschied:

20 Mal Spißruhten durch 200 man.

Das war eine überaus harte, aber sozusagen »militärische« Strafe. Als dagegen zuvor von Schlieben angefragt hatte, ob die alten Edikte von 1669 und 1672 – nach denen Wilddiebe erschossen werden konnten, die sich zur Wehr setzten – wieder in Kraft treten und ein ertappter Wilddieb, der beurlaubte Musketier Samkow, entsprechend bestraft werden solle, verfügte der König:

Sie Sollen mihr Keinen Musquetir dot Schißen oder ich laßen vom oberjägermeister bis zum Heide läufer hangen.

Hier zeigt sich wieder, daß der König auch in den unteren Schichten der Bevölkerung den Soldaten den Vorrang einräumte.

Als einige Verwaltungssekretäre seine Entscheidung erbaten, in welchem Range sie im Vergleich zu Soldaten stünden, urteilte Friedrich:

Mit einem Freikorporal, und ist dieser mit zu Felde gewesen, so hat dieser den Vorrang vor Euch.

Dabei muß man wissen, daß Freikorporale jugendliche Offiziersanwärter mit Unteroffiziersrang waren.

Ähnlich entscheidet der König auf den Antrag eines Unteroffiziers, das von ihm erlangte Schneidermeisterrecht ausüben zu dürfen:

Ein Unterofficier ist ja mehr wie ein Schneider.

Die Mehrzahl der Randbemerkungen gilt der Versorgung namentlich der invaliden »Kameraden« des Königs.

Eine Anfrage, ob die Magistrate bevorzugt auf der Versorgungsliste stehende Invalide für Unterdienste einstellen sollten, antwortet er:

freilich dann das Seindt leute die ihr bluht und gesundtheit vor das landt geopfert haben.

Als der König einen Feldwebel zum Zollverwalter ernannt hatte, konnte dieser die vorgeschriebene Kaution nicht stellen, weshalb die Kammer beim König vorstellig wurde:

Der feldwebel Sonder Raisoniren Sol es Krigen, es wundert mihr das die Exselentzen nicht einem ihrer Laquaien zu dießem Dienst vohrschlagen.

Auch bei Verfehlungen stellte der König sich vor seine alten Kameraden. Das Generaldirektorium fragte an, ob der Torschreiber W. wegen ungebührlichen Benehmens abgesetzt werden soll:

Man muß alte Soldaten, die mit ihrem Blute dem Vaterland gedient haben, nicht verstoßen.

Ein Soldat war wegen eines Zollvergehens zu 2000 Talern Geldstrafe verurteilt worden:

Bevor Ich gegenwärtiges Urtheil bestätige, bin Ich doch neugierig, die Mittel zu wissen, deren man sich bedienen will, einen Soldaten 2000 Thaler bezahlen zu lassen.

Diese Einstellung machten sich manche zunutze. Ein Mann war *wegen Vergehens wider das 6. Gebot mit einer ledigen Weibes-Persohn* zu 15 Talern Geldstrafe verurteilt worden, worauf er flugs Soldat wurde und die Strafe verweigerte. Da er damit dem unmittelbaren Zugriff der Zivilbehörden entzogen war, bat das 4. Departement des Generaldirektoriums den König um eine Entscheidung:

> *Was hat das Directorium Mit Meine Mußquetirs zu thun, wen ein jeder Minister der Huret Solte nach denen gesetzen gestraft werden so weis ich gewis das es Mit einige Schlecht aus Sehen würde, und die genigen die Selber nicht reine Seindt die Wollen meine Musquetirs verdamm?*

Auch in anderen Fällen wird deutlich, wie Friedrich das Militär gegen die Zivilbehörden in Schutz nimmt und ihm den Vorzug gibt. Auf einem Bericht des Klevischen Kammerdirektors Wermuth über Vorfälle in seinem Kanton vermerkt er:

> *Sie Sollen Sich und die Camer in ihren Schranken halten und wohr Sie Sich mit dem Militär abgeben wollen, wehre ich Sie wekjagen.*

Als die Westpreußische Kammer beantragt, wegen der in Marienwerder auch für die Kriegsräte fühlbaren Wohnungsnot die Garnison zu verlegen, antwortet Friedrich:

> *Ihr seyd alle Narrens: Meint Ihr, daß Ich um einen Krieges-Rath (was eigentlich ein Dieb ist, der mit Beamten und Defraudeurs* [Betrügern] *unter einer Decke sticht), meint Ihr, daß Ich um solche Schlüngels einen einzigen Dragoner umquartieren sollte, so betriegt Ihr Euch sehr; unter 100. Krieges-Räthe Kann man immer mit gutem Gewissen 99. hängen lassen: dann wann einer ehrlich mank sie ist, so ist es viel: ich wünsche daß der Her Vorhof* [der Kammerdirektor] *unter der kleinen Zahl begriffen sey, aber ich wollte nicht davor schweren. Ein wenig modester gegen das Militarium.*

Seit 1723 war in Preußen die Zivilverwaltung im Generaldirektorium zusammengefaßt, das für Domänen, Steuern und Polizei zuständig war, während Justiz und Geistliches beim Geheimen Ratskollegium blieben. Die außerpreußischen Angelegenheiten wurden im Auswärtigen Departement bearbeitet, das dem König unmittelbar unterstellt war. Das Generaldirektorium hatte zunächst vier Minister, denen Friedrich einige Fachminister zuordnete. Da der König sich jedoch jede Entscheidung letztlich selbst vorbehielt, waren diese Minister lediglich seine Handlanger, die, ohne zu *räsonnieren,* seine Befehle auszuführen hatten.

Die noch aus dem Jahre 1722 von seinem Vater stammende Instruktion für das Generaldirektorium hatte er durchgehend mit etwa einhundert Randbemerkungen in die Form gebracht, die 1748 als neue Instruktion herauskam.

Aus dem Regierungsstil Friedrichs ergab sich zwangsläufig, daß die seinen machtlosen Ministern nachgeordneten Beamten herzlich wenig zu entscheiden hatten. Sie hatten seine Weisungen widerspruchslos auszuführen – sonst konnte er sehr empfindlich reagieren – und dabei ehrlich und fleißig zu sein. Er bestand auf umgehender Erledigung der Dienstgeschäfte, wie er selbst ja alle wichtigen Vorlagen – bis auf die Todesurteile, die er erst nach gründlicher Überlegung am zweiten Tage unterschrieb – am Eingangstage bearbeitete. Die Beamten hatten im Sommer um 8 Uhr, im Winter um 9 Uhr zu erscheinen und sollten das Amt erst nach Erledigung aller Amtsgeschäfte verlassen.

Die Einschätzung der Beamtenschaft bis hinauf zum Minister läßt sich aus folgender Randbemerkung deutlich ablesen:

> *Die Herren Seindt bestellet, Meine Arbeit zu Exsecutiren* [auszuführen] *aber nicht zu Intervertiren* [ändern], *oder die genigen, die Sich nicht in Ihre Schranken halten, werde ohne facon cassiren. Sie müßen gehorsamer Sich regiren laßen und nicht regieren.*

Noch deutlicher heißt es zum Artikel 8 der Geschäftsanweisung *wegen des Contributionswesens:*

> *N B es mus nicht der Geringste Neue impost* [Warensteuer] *auf dem Lande geleget werden der nicht Mit des Königs eigene handt Kan justificiret werden und handelt ein president dagegen so Kömt er auf Evich auf der festung.*

Zu den Domänenkammern heißt es in der Instruktion:

> *Wan Sich die Domainen Camern unterstehen, Neue anlagen zu Machen, So mit des Königs eigne handt nicht legitimiret Sindt, es sei mit Contributiones, wie es vor diesen die Renthey einnehmer gemacht haben, So Sol der President mit Infamer Cassassion*

bestraft werden, ist er von adel, Degradieret und auf Seine Lebetage in der Carre.

Um sich ein *erliches und habiles* (fähiges) Beamtentum zu schaffen, behielt sich der König die Auswahl der Beamtenanwärter, Stellenbesetzungen und Beförderungen selbst vor.

Der Staatsminister von Derschau berichtet, daß der kurmärkische Kammerpräsident von S. gestorben und ein neuer zu wählen sei:

Man mus nur ein wenig wehlen, denn mit einem Schlüngel ist mir nicht gedient, aber überhaupt ist mir nicht viel an ihm verlohren.

Klare Anforderungen stellt er, als ein Departement für die durch den Tod eines Kriegs- und Oberrechnungsrates freigewordene Stelle den Oberauditeur Klaß vorschlägt:

1. ist er Ehrlich, 2. verstehet er Rechnungs Sachen? 3. ist er fleisich? ein juriste ist Kein Rechenmeister.

Das Generaldirektorium schlägt als Nachfolger des verstorbenen Oberrevisionsrates Schüler den Assessor Kircheisen vor:

wan es Kein formaliste ist guht.

Das 1. Departement macht Vorschläge für die Besetzung des Direktorenpostens an der Königsberger Kammer. Friedrich prüft und fordert:

ich muß dar einen rechten Hardieu [wohl zu französisch *hardi* = kühn] *Tüchtigen Kerel haben, der Schohn geheirathet ist, und dorten Keinen anhang haben Kan, und der Meine orders Sonder Einwendung exsecutiret.*

Für eine Stellenbesetzung im 1. Departement kommen als Kandidaten die Geheimen Finanzräte Pappritz, von Auer und Kammerdirektor von Bugenhagen in Frage:

auer Taucht nicht Papritz Kenn ich nicht Sie Sollen mihr 3 Subjecta her Schiken da werde ich ein aus Suchen, Der Bugenhagen mus noch bei der Camer bleiben.

Minister von Boden schlägt vor, einen Kriegsrat aus der Kurmärkischen Kammer, Beichow, der seinen Dienst dort nicht mehr zu versehen imstande sei, in die Oberrechenkammer zu versetzen:

Daß dieses meine Idee nicht wäre, ohnvermögende Leute in die Rechenkammer zu setzen. Wenn der p. Beichow nichts nutze wäre, so müßte er weggeschaffet werden, aber in der Rechenkam-

mer müßte ich Leute haben, die recht geschickt wären und die arbeiten könnten, an dergleichen Leuten es ihr so schon fehle.

Ein Departementsdirektor schlägt als Nachfolger eines verstorbenen Landrats einen Adligen vor, der den schon seit langem kranken Landrat bereits seit Jahren zur Zufriedenheit der Stände wie der Kriegs- und Domänenkammer vertreten habe. Friedrich hatte den Aspiranten bei einer Besichtigungsreise kennengelernt und an seiner modischen Kleidung und seiner gezierten Art Anstoß genommen:

Ich kenne ihn auch. Er ist ein Affe. Man muß einen andern wählen und geschieht dies nicht, so werde ich schon einen bessern finden.

Aus den Bewerbern für das freigewordene »Creis-Physikat« in Lebus wählt der König den,

der am Menschlichsten und am wenigsten leute umgebracht hat.

Mit einem Wortspiel reagiert der König auf die Frage, ob der nicht gut beurteilte Domänenamtmann Ochsen für die Stelle eines Steuerrats in Giebichenstein in Frage komme:

Keinen Occsen zum Steuer Rath.

Er weigert sich, eine Stelle in der Minden-Ravensbergischen Bauverwaltung mit einem Beamten aus der Berliner Kammer zu besetzen:

nichts aus der berlinischen Kamer, es Seindt lauter Schlüngels.

Empfindlich reagiert Friedrich, als Oberst von Rebeur sich beunruhigt zeigt über die angebliche Übergehung seines Sohnes, des Kammerpräsidenten, bei der Ernennung zum Minister:

ich habe nichts gegen Seinen Sohn aber ich vehle [wähle] *zum Minister nach meinem guht dünkken.*

Der Major a. D. du Moulin bewirbt sich um eine Anstellung in der Pommerschen Kammer:

das währe den Bock zum Gertner gemacht.

Der älteste Rat der Kammer von Halberstadt, von Arnstadt, wird zum Kammerdirektor vorgeschlagen:

ich kene Ihm es ist ein hesechen [Häschen] *man mus einen vernünftigen menschen vohrschlagen.*

Auf verschiedene Vorschläge für die Besetzung einer Regimentsschreiberstelle schreibt Friedrich:

ich werde mihr Selber einen Schaffen, der Weit von denen Intrigen der Rähte ertzogen, der Ehrlich ist, arbeitet und einen Claren verstand hat.

Friedrich erwartete von seinen Beamten wie von sich selbst korrekte Pflichterfüllung. In den Randbemerkungen für die Instruktion von 1748 heißt es:

Wen Sie fleisich arbeiten, So können sie ihre arbeit des morgens in Curenten [laufenden] *Sachen in 3 Stunden verrichten; wenn Sie Sich aber Historien vertzehlen, tzeitungen lesen, So ist der gantze Tag nicht lang genug . . . N. B. Sie Sollen nicht durch Partikularia ihre tzeit Mit wunderliche Disputen zubringen, und wan Sie Sich nicht in 6 Minuten vergleichen können, so Sol Sofort Relatio at Regem* [Bericht an den König] *gemacht werden.*

Friedrich besteht auf prompter Erledigung der Dienstgeschäfte. Im Januar 1755 rügt er:

wie können jetzunder Sachen von 52 [1752] *vorkommen? Das ist nicht erlaubet und zeiget eine große Negligeance. es ist gar nicht erlaubet. So abscheulich faul zu Seindt!*

In einigen Randbemerkungen stellt der König sich selbst als Vorbild hin:

Man sieht, daß Er nie Soldat gewesen ist. Die ganze Bagatelle Kann ich, wenn ich nach Berlin komme, mit einem Federstrich abmachen.

Diesen Winter in Berlin Kan ich dieses alles mit Einem Pfederstig in richtigkeit bringen.

Weitschweifigkeit und überflüssige Schreiben waren ihm verhaßt. Als ihm sein Geheimer Rat von Brandt 1765 langatmig über eine Audienz des hessischen Gesandten beim Kurfürsten von Mainz berichtete, mahnte der König:

er Schreibet den Teufel ein ohr ab. Er Sol nicht schreiben als wan es der mühe Wert ist.

Als Brandt dann aber mit der nächsten Post dem König eine Liquidation über Portoausgaben in Höhe von 113 Talern einreichte und um deren *allergnädigste Anweisung submissest* [ergebenst] und in *Ehrfurcht ersterbend* bat, platzte dem König der Kragen:

ich werde ihm Kein geldt zu Schreiben Schicken, den Er Schreibet sich die Finger ab er Sol Schreiben, was Nöthig ist und nicht So Vihl unnützes Zeuch dar Er mihr mit behelligt.

Schließlich verfügt er:

man mus nicht antworten sonst schreibt er von Ewigkeit zu Ewigkeit.

Einem Major, der ihn offensichtlich öfters mit Anträgen belästigt hatte, schreibt er:

Ich kann zu seiner Correspondenz nicht einen à parten Sekretair halten.

In vielen Einzelfällen gibt er seiner Unzufriedenheit deutlich Ausdruck. Dem Regierungspräsidenten von Alvensleben in Magdeburg gibt er zu verstehen:

er ist Faul und Negligeant [nachlässig], *er mach Sich in acht nehmen.*

Die Kurmärkische Kammer teilt ihre Unzufriedenheit mit drei Landräten mit:

am Directorio man Mus wan Sie ihre Devoir [Pflicht] *nicht thun andere in ihre Stelle setzen.*

Lob und Tadel sind in den Randbemerkungen höchst ungleich verteilt. Ersteres fließt nur sehr spärlich aus der Feder des Königs. Auf ein Schreiben an den Minister von Hoym von 1778 setzt er eigenhändig:

Ich bin sehr von ihm zufrieden, bei dieser Gelegenheit hat er wie ein rechtschaffener Mann seine Sachen expediret.

Als Kammerpräsident von Domhardt für die Zusage des Königs dankt, seinem Sohn eine Anstellung zu geben:

ich habe ihm gesehen er hat verstant und wan er erstlich mehr gebraucht wird So kan er guht werden.

Die weiteren Beispiele aber haben einen anderen Ton, den Friedrich von seinem Vater übernommen hat. Die Vielzahl von schriftlichen Verlautbarungen an das Generaldirektorium erklärt sich daraus, daß Friedrich seine Minister im Gegensatz zu den Offizieren nur selten sah; ihr Inhalt macht es verständlich, daß sie in einem besonderen Schrank, dem »Nasenspind« verwahrt und vor fremden Augen geschützt wurden.

Einem das Generaldirektorium in scharfen Worten tadelnden Schreiben von 1766 fügt Friedrich eigenhändig hinzu:

ich erstaune über der impertinenten Relation so sie mir schicken, ich entschuldige die Ministers mit ihre Ignorence, aber die Malice [Bosheit] *und corruption des Concipienten* [Verfassers] *muß exemplarisch bestraft werden sonsten bringe ich die Canaillen niemahls in der Subordination.*

Auf einen Bericht des Generaldirektoriums wegen eines geplanten Havelabflusses setzt er:

Das Directorium weis vihl was überschwemmungen Seindt, Sie laßen got ein guten Man Seindt und wan Sie Nuhr lange Schlafen vihl eßen und wenig arbeit haben So ist ihm alles geleich, Dießes Solte mit güldenen Buch Staben in der versammlung des höchst löblichen Directorio geschriben werden.

Als das Direktorium sich gegen den Vorwurf schlechter Finanzwirtschaft wehrt:

es wundert mich, das Sie Solche Liderliche wirtschaft Excusiren. Da habe ich keine Ministers dazu nöthig und darf ich nuhr Liderliche Studenten das geldt anvertrauen. über dehm, wohr Sie mihr den Kopf zu Tol machen, Cassire ich einen Schönen Morgen das gantze Directorium und Stelle eine neue Wirtschaft an.

Bei anderer Gelegenheit urteilt er über eine Rechtfertigung derselben Behörde:

das ist Faule Eier und Stünkende butter.

Auf die Reinschrift eines Schreibens an die Magdeburgische Kriegs- und Domänenkammer über die Anpflanzung von Maulbeerbäumen setzt er statt Unterschrift den Vermerk:

Der Consipient ist ein Eßel, und die Ministres haben das Rescript nicht durchgelesen, es hält nichts in Sich Solkes Dumes habe ich Meiner Tage nicht gesehen.

Das Generaldirektorium fragt an wegen der Ausräumung eines Wasserbassins in dem Bornimschen Vorwerksgarten:

Sie Seindt nicht kluch.

1780 urteilt er über den Kammerpräsidenten von Kleve:

Ich muß schlecht von Euch sein informieret worden, oder Ihr seid ein Esel, daß Ihr die Provinz nicht kennet oder ein Windbeutel, der sich um nichts Kümmert; man Kann Keinen dummeren Bericht machen als den Ihr mir da schicket.

An die Westpreußische Kammer schreibt er:

Ihr seid Erzschäkers, die das Brot nicht wert sind, das man Euch gibt, und verdient alle weggejagt zu werden. Wartet nur, daß ich nach Preußen komme.

Auf einen Bericht der Preußischen Kammer über Kornmangel schreibt er:

Die Preußesche Camér und der President zu erst Seindt Eßels, die sich auf andere leute raports verlaßen. Meine officirs, die in Preußen ligen, Klagen über Keinen Mangel nicht.

Auf der Reinschrift einer Verfügung an die Neumärkische Kammer, in der am Schluß eine Untersuchung befohlen wird, streicht er diesen Passus und schreibt:

Die Ehsels würden was Rechtes untersuchen.

Ärgerlich reagiert der König auf Eigenmächtigkeiten oder Widerspruch. Bei einem vor seiner Order getätigten Pferdekauf schreibt er:

Sie Sol der Teufel holen wohr Sie ohne Mein Spetzial befel eine Klaue ankaufen. Wer die Ferde bestellet hat, mach Sie bezahlen.

Der Chefpräsident der Schlesischen Kammern hatte einem kassierten Kriegsrat eine Kanzlerstelle im Stift Trebnitz besorgt:

Was ist das vor Manier, daß, wenn ich eine Canaille aus der Kammer jage, ein Minister sich Canaillen-Protecteur macht! Der Kerl soll sogleich fort und ich will den Namen wissen von dem [der ihn] *ersetzet. Nehmt Euch in Acht, daß Maß ist beinahe voll, und wo Ihr nicht Eure hartnäckige Tücke und Euer infames Interesse conteniret so kommt Ihr, so wahr ich lebe, zeitlebens in die Festung Dieses ist die letzte Warnung. Ich habe Augen und Ohren, die alles wissen, was in Schlesien passiret.*

Das 1. Departement hatte es gewagt, einer durch Kabinettsordre verfügten Gehaltsregelung eines gewissen Camman zu widersprechen:

Fickfackereien und Minister intrigen. Caman Sol das Traktament [Löhnung] *haben oder ich Werde Meine autoritét gebrauchen.*

Einem Oberstleutnant des Ingenieurkorps hatte der König ein Traktament von 2000 Reichstalern ohne Abzug gebilligt. Das Departement erkundigt sich, ob er auch von der Zahlung der *Stempeljura* (Stempelkosten) befreit sei:

Die Leute verstehen nicht deutsch. Wan ich schreibe: ohne abzuch, ist Clar: Ohne Juhra. Oh, was hätten die Ministers nöhtig, noch in der Schule zu gehen, da würde der Rector Zeit vertreib haben.

Sehr bemüht war der König, sich eine redliche und unbestechliche Beamtenschaft zu schaffen, wie aus einer Randbemerkung zum Artikel 30 der Instruktion von 1748 hervorgeht, die unter dem Eindruck der in diesem Jahre aufgedeckten großen Unterschlagungen des Rendanten Liebherr steht:

Das Directorium sol alle Cassen Nach Sehen, die berlinische Contributzien Casse und dieselben aus denen provintzen, ob sich nicht mehr Libhern finden und Mus jetzunder der alte Sauerteig ausgefeget werden. Des Landes Interesse ist des Königs und Mus Mit der Schärfe darnach gesehen werden, das richtige rechnungen und jährliche Schlüße ordentlich gemacht werden, ob einer die Stände und bauren betriget oder den König Imediat, ist einthundt [gleichgültig] *un wehr Sich von Solchen Schelmen bestechen läßet, der Meritiret den Strang, es Sitzen dergleichen Noch im Directorio, ich nenne keinen Menschen, aber Sie Mögen Sich in acht nehmen, den der Höller ist gleiche Strafe mit dem Dip wert.*

Vorwurfsvoll fragt der König auf einem Antrag auf Niederschlagung eines Betrages, den ein Zollverwalter der Kasse schuldet:

Warum wirdt nicht beßere aufsicht auf alle Cassirers gehalten?

Aus einer Reihe von Randbemerkungen spricht das – berechtigte – Mißtrauen des Königs. Der Kassierer der Berliner Alten Münze war gestorben und hatte 4798 Taler hinterlassen. Als das Kammergericht fragt, ob man den Erben den Nachlaß aushändigen dürfe, schreibt Friedrich:

Sie Müßen aber betzahlen N B ob er nicht bei der Müntze gestolen hat.

Den Kurmärkischen Kammerpräsidenten beschuldigt Friedrich, an den von einem Steuerrat begangenen Unterschlagungen mitschuldig zu sein:

er hette beßer Sollen das auge auf das liederliche gesmeiße von Räthen haben die wie die Raben Stehlen.

1764 heißt es auf einem Extrakt:

dieses Mahl betzahlen aber es ist greulich gestollen.

Bei allen seinen Bemühungen gab sich Friedrich jedoch keinen Illusionen hin, weil er wußte, daß bis in die höchsten Stellen hinein korrupte Männer saßen, die sich vieler Verfehlungen schuldig machten.

Auch die um eine kleine Pension bittende Witwe eines im Gefängnis verstorbenen Handlungs-Companie-Präsidenten erhält einen ablehnenden Bescheid:

das ist zu viehl der Mann hat mihr bestohlen.

Bei Anträgen auf Gehaltserhöhungen, Sonderzuwendungen wie Beförderungen zeigte sich der König meist recht zurückhaltend.

Das Generaldirektorium beantragt eine Gehaltszulage von 300 Reichstalern für den Kurmärkischen Kammerdirektor:

1200 Rthlr ist genung vohr einen Director, sie müsen erst etwas Rechtes Machen Was hat der Schurke bis dato gethan? Nichts, davohr Krigt er Keine Zulage.

Als dieselbe Behörde Zulage für einige Sekretäre bei der Generalkasse beantragt:

Ein Segretair mit 20 Rthr monatlich ist genug geldt. Was vorn Servis destiniert ist, muß nicht an Tagedieben gegeben werden.

Der Bereiter Brandhorst beantragt eine Zulage:

wen er nicht Mehr haseliren wirdt und vernünftig Reiten wird.

Als derselbe später aus Gesundheitsgründen um eine andere Stellung bittet und auf seine fünfundzwanzigjährige Dienstzeit verweist:

Er ist 25 Jahre ein Schlüngel gewesen.

Der Kanalaufseher des Finowkanals bittet um mehr Diäten:

die Schurken Kriegen mihr zufiel Dieten darüber leiden meine Sachen, und Spilen sie sie nur in der Länge absonderlich die Bau Sachen, worauf die Herren Ministres ein wachsames Auge haben Müßen.

Der begüterte Landrat des Kreises Küstrin beantragte nach dem Siebenjährigen Krieg, im Gegensatz zu den zahllosen härter betroffenen Bauern, eine Entschädigung für die im Krieg erlittenen Verluste:

am jüngsten Tag Krigt ein jeder alles Wieder was er in diesen Leben verlohren hat.

Ein neumärkischer Beamter, den der König noch aus seiner Küstriner Zeit kannte, wird zur Beförderung vorgeschlagen:

Ich habe Gröben vor Jahren gekannt; damals war er ein Erznarr, was er nun ist, das weiß ich nicht.

1766 beklagte sich ein Oberauditeur (Gerichtsbeisitzer, Militärjustizbeamter) beim König, daß statt seiner, des mit dreißig Dienstjahren Dienstältesten, ein anderer zum Generalauditeur befördert worden sei.

Friedrich, ebenso verärgert über die Kritik an seiner Maßnahme wie über die Ansicht, eine Beförderung könne allein ersessen werden:

ich habe ein haufen alte Maulesels im Stal die lange den Dienst machen aber nicht das Sie Stalmeisters werden.

Dazu paßt eine andere Randbemerkung:

es kommt auch nicht auf lange Dienste sondern guhte an.

Auf den Antrag des Präsidenten von Loeben, für seine Übersiedlung vierundzwanzig Pferde requirieren zu dürfen, schreibt der König:

Damit tzihet man ein 24 Canon fort. Ein president ist für Solchen Schwehren Transport nicht wichtig genung. Loeben sol 8 pferde haben und wan er corpulenter wirdt 10 bis 12.

Friedrich duldete nicht, daß seine Beamten das Volk *hudelten* oder *chicanirten.* Der Gardesoldat Schweinicke hatte sich über die ungerechtfertigte Erhöhung der Wiesenpacht beschwert, das Departement nach Meinung des Königs unbefriedigend geantwortet:

Der gleichen garstige chicanen So man die leute macht haße ich und werde ich den ersten Camer raht der leute umb ihre poßeßions chicaniret in der Care Schicken. Das Sol allen Cameren Communitziret werden.

Bei einer Meinungsverschiedenheit zwischen der Kurmärkischen Kammer und der Stadt Fürstenwalde rügt Friedrich:

das Seindt garstige chicanen da Man Mihr nihmalen den Vohrtrag

Thun Sol Die Camer Sol die Stat fürstenwalde zufrieden laßen oder der President wirdt das bad bezahlen.

Dieselbe Kammer wollte von Bauern, denen der König nach einer schlechten Ernte unentgeltlich Saat- und Brotkorn hatte geben lassen, später Geld zurückerstattet haben:

Wie könnt Ihr der Kammer das zugeben und wie kann diese sich unterstehen, wenn ich den armen Unterthanen einmal etwas geschenket habe, ihnen nachher etwas abzunehmen? Das ist ganz unverantwortlich und ganz und gar gegen meine landesväterliche Gesinnung.

Im Justizwesen betont der König in seinen Randbemerkungen ebenso wie im *Politischen Testament* von 1752 die Unabhängigkeit der Justiz:

ich kan die Justiz an Ihrem Lauf nicht alterirn [ändern].

die gesetze des Landes können nicht Cesiret werden.

Die Gläubiger des Grafen von Giannini bitten, das ihre Forderungen betreffende Urteil aufzuheben:

Die Justiz verfassung im lande Kan auf Keiner art geändert werden Weillen die Gesetze regieren Müßen.

Ähnlich heißt es ein anderes Mal:

Den Spruch vom Cammergerichte Kan ich nicht umwerfen. Das seindt die Gesetze des Landes.

Graf von Reder bittet um Schutz gegen ein Urteil zu seinen Ungunsten:

er kan Keine Violance von mir fordern – meine Schuldigkeit ist die Gesetze zu unterstützen und nicht umzuwerfen.

Der Geheimrat von La Motte bittet, das gegen seinen Schwager, den ehemaligen Ordenskanzler von Münchow, ergangene Urteil nicht öffentlich bekannt machen zu lassen:

es Mus in dergleichen Fällen gerade durchgegangen und derjenige welcher infamien begehet und wenn er von Königlichen Geblüte wäre bestraft werden.

Ein Herr von Marschall beantragt die Änderung eines gegen ihn gefällten Urteils in der Berufungsinstanz:

die gesetze Seynd vor alle Leute, sie mögen Marschall heißen oder nicht und Wenn ihm das nicht ansteht, so Kan er aus dem Lande gehen Wie sein Bruder.

Friedrich prüfte gewissenhaft alle ihm vorgelegten Urteile und sprach sich öfters für eine Milderung namentlich bei leichteren Vergehen aus.

Das Generaldirektorium spricht sich in einem Bagatellfall für eine vierwöchige Festungshaft aus:

Zu 8 Tage. Ministers die nicht wißen was in der Care [Karre] *gehen heißet, können schon schwehre uhrtels fällen. 4 Wochen ist viel 8 Tage ist zu einer Correction genung.*

In einem Schreiben an Fredersdorff von 1745 lesen wir:

der Clempner der Sol los Seindt, zwei blecherne Platten Seindt nicht werth einen Menschen nachher Spandau zu schaffen.

Ein Schäfer in der Neumark hatte in religiösem Wahn seinen Sohn getötet, weil Abraham den seinen auch hatte opfern wollen. Er wurde zum Tode auf dem Rad verurteilt, doch Friedrich wandte ein:

Galgen und Rad bessern solche Narren nicht. Bringt den Kerl ins Tollhaus und laßt ihn dort menschlich und vernünftig behandeln.

In einem anderen Fall wollte ein Petent, ein wegen Zollhinterziehung verurteilter Kaufmann, die bekannte Bibelfestigkeit des Königs nutzen, um Straferlaß zu erlangen. In seiner Bittschrift führte er Psalm 101, Vers 6 *(Meine Augen sehen nach den Treuen im Lande, daß sie bei mir wohnen; und ich habe gern fromme Diener),* und Psalm 118, Vers 6 *(Der Herr ist mit mir, darum fürchte ich mich nicht),* an und rückte so Friedrich neben David. Doch der König belehrte ihn:

Der König David hat nie mit Contrebandiers [Schmugglern] *zu thun gehabt und also hat der Herr Patron seine Bibellecture hier sehr unnütz angebracht; weil er mir aber die Ehre erwiesen hat, Mich mit dem König David zu vergleichen, so Kann man den Schlingel laufen lassen, Kommt er wieder, so marchirt er mit sammt seinem König David nach Spandau.*

In einem anderen Falle jedoch hilft auch die Bibelkenntnis des Antragstellers nichts. General von Wallrave hatte die Baupläne der preußischen Festungen an fremde Höfe verkauft und war zu lebenslanger Festungshaft verurteilt worden. Darauf richtete er eine

Bittschrift an den König, die außer Anrede, Datum und Unterschrift nur aus dem wörtlich abgeschriebenen 88. Psalm *(Gebet in schwerer Anfechtung und naher Todesgefahr)* besteht. Friedrichs ganze Antwort:

> *Psalm 101*
>
> (In diesem *Davids Regentenspiegel* genannten Psalm heißt es Vers 3: *Ich hasse den Übertreter und lasse ihn nicht bei mir bleiben;* Vers 4: *Den Bösen leide ich nicht;* Vers 7: *Falsche Leute halte ich nicht in meinem Hause; die Lügner gedeihen nicht bei mir.)*

Einen Antrag des Generaldirektoriums auf Milde bei einer Akzise-Unterschlagung lehnt er ab:

> *Nein, er muß nach denen Gesetzen gestrafet werden, und befremdet es mir sehr, daß die Herren Ministres die Contrebandiers so ouverment* [offen] *protigiren.*

Manchmal erschien dem König bei besonders schweren Verbrechen die verhängte Strafe der Richter nicht streng genug. Ein Handwerksbursche hatte das Kind seines Meisters mit einem Hammer erschlagen und war zu lebenslänglicher Zuchthausstrafe verurteilt worden:

> *Das ist nichts als ledige und Dumme Vohrwort. Der Kerl hat ein Kind umgebracht, wenn er Soldat So würde er ohne Prister exsecutirt, und weilen diese Canaille ein Bürger ist, So macht man ihn melancholisch, umb ihn zu retten. Schöne Justitz.*

Besonders empfindlich reagierte Friedrich auf Urteile, die seiner Meinung nach eine ungerechte Behandlung eines »kleinen Mannes« darstellten.

Ein Querulant in Westpreußen hatte sich 1772 über eine angeblich ungerechte Behandlung durch ein Justizkollegium zuerst beim Justizminister und schließlich beim König selbst beschwert. Der witterte eine Schikane gegenüber dem Petenten und schrieb unter die einen Bericht fordernde Kabinettsordre:

> *Ich werde der Herren ihre Administration einmahl examiniren lassen, denn mir deucht die Gevatterschaft gilt in dem Lande viel mehr, als die Justiz. Ich habe den Menschen gesprochen, er ist nicht toll, aber 5 werden nicht mehr vor gerade angenommen*

werden, wer nicht gerade geben wird, den werde ich tüchtig auf die Finger klopfen.

Und in derselben Angelegenheit heißt es unter einer späteren Kabinettsordre an das Westpreußische Obergericht:

Ich werde künftig Jahr hinkommen. Ich spreche alle Leute, und Ich werde nichts grade gehen lassen. Nunmehro daß Preußen ein Land mit dem hiesigen macht, werde Ich so darauf sehen als wie auf die hiesige Provinzen, und Gnade Gott demjenigen, der nicht redlich und ehrlich in Justizsachen verfähret! Quod bene notandum.

Wirkliche oder vermeintliche Übergriffe der Domänenbeamten oder der Gutsherrschaft bei der ihnen zustehenden Gerichtsbarkeit wehrte Friedrich stets ab:

Man mus aus keinen Lumpereyen grosse Sachen machen, und das arme Volk mus nicht unterdrückt werden, und kein Mensch mus gegen Sie Tirannisch verfahren.

Schläge gehören nicht datzu, und ist dieses gahr nicht nach meinen Verordnungen und mus der die gegeben hat darher gestrafet werden. Das ist Justiz. Sonst kan ein jeder arme Leute beleidigen.

Mit seiner merkantilistischen Wirtschaftspolitik suchte Friedrich die heimische Industrie zu fördern und gegen unerwünschte Konkurrenz (dazu zählten Mecklenburg und Sachsen ebensogut wie Schweden) zu schützen. Zu diesem Zweck griff er wiederholt zum beliebten Mittel der Schutzzölle *(Imposte)*. Zum Artikel 30 §12 der Instruktion *Alles frembde Getreide, Butter, Käse, Bier und Branntwein soll impostiret werden* heißt es:

Dießes mus Strenge gehalten werden und Sol das Directorium es So vort exsecutiren. N. B. alle jahr komen vohr 60 000 Rthlr Käße ins Landt. Solche Negligence ist nicht aus zu Stehen.

An anderer Stelle lesen wir:

es Mus aller fremder Damast glat verbohten werden.

Als die Neumärkische Kammer 1741 angesichts der zu erwartenden guten Ernte vorschlug, das Branntweinbrennen wieder zu erlauben, verband er die Erlaubnis mit einem Einfuhrverbot:

> *Das ist recht Meclenburgisch getreide mit Placaten verbohten Die Holsteinische butter auch und Suma alle aus Wertige Danréen [denrées =* Lebensmittel] *und Wahren.*

Der Landrat des Kreises Anklam möchte Korn aus Schwedisch-Pommern einführen:

> *er wil ein Monopolium haben das gehet nicht an, aber wan das Korn Teüer ist Mus die Camer die zufuhre aus Schwed pomern öffnen.*

Den Weinhändlern war es verboten, Wein aus Franken oder anderen Weinanbaugebieten zu importieren. Da aber ihre Fahrzeuge auf der Fahrt dorthin Landeserzeugnisse mitnahmen und so ein gewisser Ausgleich stattfand, fragte das Generaldirektorium an, ob das Verbot aufrecht erhalten werden solle:

> *wen Wein eingeführet würd leiden die brauers Wint Wint es Sol beim alten bleiben, noch dartzu So alles Mecklenburgische und Schwedische korn Stark Impostiret werden, alle Säksische Wahren Impostiret Suma was fremde ist umb Unsern eigenen Debit zu fawerisiren. Wohr ich zurüke Kome in berlin So wirdt gros Lermen werden wohr nicht alle fremden Sachen butter Stof und wahren Stark Impostiret Sein.*

Der König ist überzeugt, daß der Zoll für ausländische Weine zu niedrig sei:

> *Der Einheimische Wein Sol 2 gr accise geben, der ausländische aber 12. Das Directorium mus wohl eben durstig gewesen sein, das es um Wohlfeillen Preis des weines bei Zeiten sorget.*

Obwohl, wie Friedrich auf Anfrage erfahren hatte, das schlesische Papier ausländischem an Qualität unterlegen und zu teuer sei, entscheidet er:

> *es Sol Schlesisches und Einheimisch papier gebraucht werden wan es auch Schlechter wie das fremde sei, man Mus das formaht an denen Mühlen Schicken.*

Hier zeigt sich ebenso deutlich wie im folgenden, daß Friedrich Schlesien als Teil seines Reiches sieht. Auf eine Anfrage, ob in Schlesien hergestellte Waren zollfrei die Grenze passieren dürfen, antwortet er:

> *es ist ja mein Landt so müssen sie gleiche beneficia wie die andern geniesen.*

Ein »türkischer Papiermacher« hatte beantragt, die Einfuhr *türkischen,* d. i. bunten, Papiers zu verbieten, weil er sich wegen des hohen Preises der Farben sonst nicht mehr behaupten könne:

> *Der Kerel Mus Conserviret werden, man mus die farben die er vohr seine Fabrique gebraucht, von allen Impost vor ihm exsimiren, und alle dergleichen ahrt fremde Papire verbihten.*

Das Generaldirektorium beantragt, in der Grafschaft Hohenstein auswärtiges Scheiben- und Hohlglas einführen zu dürfen, weil die Entfernung von den Glashütten in Magdeburg zu groß und die Wege über den Harz zu mühselig und schlecht seien:

> *wohr Könen vernünftige leute Solche Thorheiten vohr Schlagen die Behmen führen ihr glas zu Wagen über die höchsten gebürge, und haben es So gahr bis hier verkaufet. Die anstalten, umb das glas von Magdeburg dahin zu führen müssen besser arangihret werden, ich Kenn die wege, Sie Seindt bei weitem nicht So Schlimm als die Behmischen.*

Besondere Bedeutung maß er Importbeschränkungen für Kaffee bei, dessen Genuß er am liebsten verboten hätte:

> *Il faut exstirper l'usage du caffé, autant qu'il est en nous* (Man muß den Gebrauch von Kaffee ausmerzen, soweit es sich um unser Land handelt).

Auf eine Beschwerde der Kaufmannschaft in Anklam, daß die Akzise-Direktion einen zu hohen Zoll auf Kaffee erhebe, äußert sich Friedrich ähnlich:

> *der Caffé Müßte billich gantz verbohten werden das wehre noch beßer, wie in Schweden Schon geschehen ist.*

Als die Ältesten der Berlinischen Material-Handlung 1781 dem König die Nachteile der Einfuhrbeschränkung von Kaffee vortragen, begründet er diese in einer längeren Randbemerkung, die beginnt:

> *Sie müßen wissen das jährlich vor Caffé an 700000 Rthlr. aus dem Lande gehen und daß dadurch die Brauereien gantz abscheulich leiden.*

Darum ist er gegen Ausnahmen. Die Priesterschaft von Giebichenstein war wegen unerlaubter Kaffeeeinfuhr mit einer Geldstrafe belegt worden. Als sie sich unter Berufung auf ihre alte Akzisefreiheit an den König wendet, antwortet dieser:

Sie sollen es machen wie ihre Väter und des Morgens Biersuppe essen so werden sie des Caffees halber nicht bestraft.

An anderer Stelle betont er noch einmal, warum er an dem Regiewesen festhält:

Den jetzigen Überschuß muß ich haben, und was die Regie angehet hat sich der Herr an mich zu adressiren, denn sie wird sich ohngeachtet aller seiner sourden [heimlichen] *und infamen Intriguen souteniren.*

Um eine einheimische Industrie aufzubauen, förderte Friedrich Entstehung und Weiterausbau der Seiden-, Porzellan-, Metall-, Leder-, Papier- und Zuckererzeugung, unterstützte den Handel und ließ zu seiner Förderung Kanäle bauen.

Dazu zog er auch auswärtige Fachleute ins Land. Ein niederländischer Kaufmann will im Klevischen ansässig werden:

In meinen Landen kann sich etablieren, was will.

Denn der König weiß, daß er solche Hilfe braucht. Er tadelt den Oberpräsidenten Domhardt, weil es in Westpreußen noch nicht ausreichend Ziegeleien gibt und die Ziegel über See herangeschafft werden müssen. Er empfiehlt den Westpreußen holländische Fachkräfte, denn

Ohngelekte Bären sind sie noch ein wenig in Städte Sachen und in Manufacturen und Industrie gegen policirte Provintzien.

Etwas anders schreibt er zum Artikel 12 der Dienstanweisung für das Generaldirektorium:

N. B. leine-Webers auf dem platen lande, weillen unßer volk faul und von selbsten keine lust zu der arbeit hat, mus man suchen auß der Laußnitz einige Spiner zu krigen und solche Eintzeln in verschidener Ämter ansetzen; das exsempel des verdinst wirdt unßere leute animihren es nach zu machen.

Aber bei aller Förderung bleibt Friedrich stets wachsam und mißtrauisch. Auf einen Antrag zur Gewährung von 2000 Talern für den Ausbau von zwei Gazefabriken schreibt er:

ich kan nicht Alle Tage geldt an das betrigerüsche folk geben.

Der Seiden- und Gazefabrikant Baron bittet um ein Geschenk von 5000 Reichstalern für seine Fabrik:

ich bin Mit die pressenter So angeführet worden, daß der Baron nichts krigen wird.

Ein Kaufmann namens Wind möchte eine Fabrik für Kastorhüte bauen. Die Antwort spielt mit den Namen und dem Wort Wind, immer wiederkehrender Begriff für Unzuverlässiges oder Dummes:

Ich brauche keinen Wind in meinen Landen, weil ich schon genug habe.

Den Antrag auf Konzessionierung und Unterstützung einer Arrak- und Rumfabrik beschcidet er sehr ablehnend:

ich wills den Teufel thun ich wünsche daß daß giftig garstige Zeug gar nicht da Wäre und getrunken würde.

Zwei zweifelhafte »Erfinder« wollen eine Erfindung gemacht haben, mittels der sie aus Flachs Seide machen könnten, und bitten um Unterstützung. Friedrich teilt das Mißtrauen des Generaldirektoriums:

eine Nützliche Erfindung Recompensiret [belohnt] *man aber eine die nitz nutze ist giebt man nicht einen fening vohr.*

Die »Tabaks Planteurs« zu Jerichow in der Altmark bescheidet er:

Das geht nicht an, ihr Toback taugt da nicht, und ist also nichts wehrt. sie können dafür Färbe-Kräuter und andere solche Sachen pflanzen die besser und nützlicher sind.

Friedrichs besonderes Augenmerk galt der Seidenerzeugung und -verarbeitung, wie eine größere Zahl von Randbemerkungen verdeutlicht. Er ist unzufrieden, daß in der Kurmark die meisten Seidenbauer nur vier bis acht Pfund Seide gewinnen:

es ist noch Sehr wenig in der Churmark können mit leichter Mühe 12 Pfund Seide gemacht werden, es Seindt Faule Esels.

Als der Herzog von Braunschweig durch einen Berliner Gärtner 2000 junge Maulbeerbäume kaufen will, entscheidet der König:

wiehr brauchen Sie Selber.

Seine Detailkenntnis spricht aus folgenden Notizen:

das kan nicht Seindt die Wahre Uhrsache ist das die leüte nicht

Würmer genung haben, Sie zu früh ausbrüten lassen und nicht atent genung Seindt Sie mit trockene Blätter zu futern.

an böhmen [Bäumen] *felet es nicht, aber an Würmer, wan dan beßer darauf gesehen wirdt, müßen Schon 20/m Pfund Seide gewonnen werden, es fehlet an Würmer Sahmen, darauf Komt alles an, alles übrige ist Vint.*

das ist nichts. Die leüte gehen mit den Würmern nicht recht umb hier ist die Seide gut gewesen.

Sorge um Förderung und Erhalt finden wir öfters. Der Seidenzeugfabrikant Bernhard verpflichtet sich zum Aufbau einer Fabrik mit einhundert Webstühlen für den Fall, daß er drei Fabrikhäuser und 20000 Reichstaler erhielte:

antwohrt hier Seindt 4 häußer die Krigt derjenige welcher Sich angagihret 60 Stühle Damast und Gros de Tour darein antzulegen wan sich der jude dartzu angagihret so krigt er die 20000 mit.

Der Strumpffabrikant Grimbert aus Versailles, der bereits neun Webstühle aufgestellt hat, erbittet ein Haus in Potsdam und 2000 Taler Vorschuß:

er Mus an Ursinus Schriftlich zeigen was ihm ist versprochen worden, 9 Stülle ist eine Lumperei wan er Mehr etabliren wolte Könte man ihm wohl vohrschus geben aber man Mus wißen ob er ein guter industrienser Mensch oder eine liederliche Canaile ist.

Dieser Grimbert will auch Berliner Arbeitskräfte einstellen:

alle die Berliner Seindt faul Deufelstzeuch die lieber Stellen als arbeiten wollen. Das mus man den Grimbert Sagen.

Der Seidenfabrikant Treitschke meldet dem König, daß er aufgrund von nicht selbst verschuldeten Ereignissen gezwungen sei, seinen Gläubigern sein Vermögen abzutreten:

Das Directorium Mit Ursinus die Sache zu Examiniren er Wirdt den Großen Herrn gespilet haben, und das ist an seiner banqueroute Schuldt.

Man Mus die Fabrique Erhalten, es Mag Sie Krigen wehr wil wihr Müsen Suchen einen Menschen zu krigen der Sie übernimmt wan ich auch Noch Solte Douceurs [Schmeicheleien] *dartzu geben.*

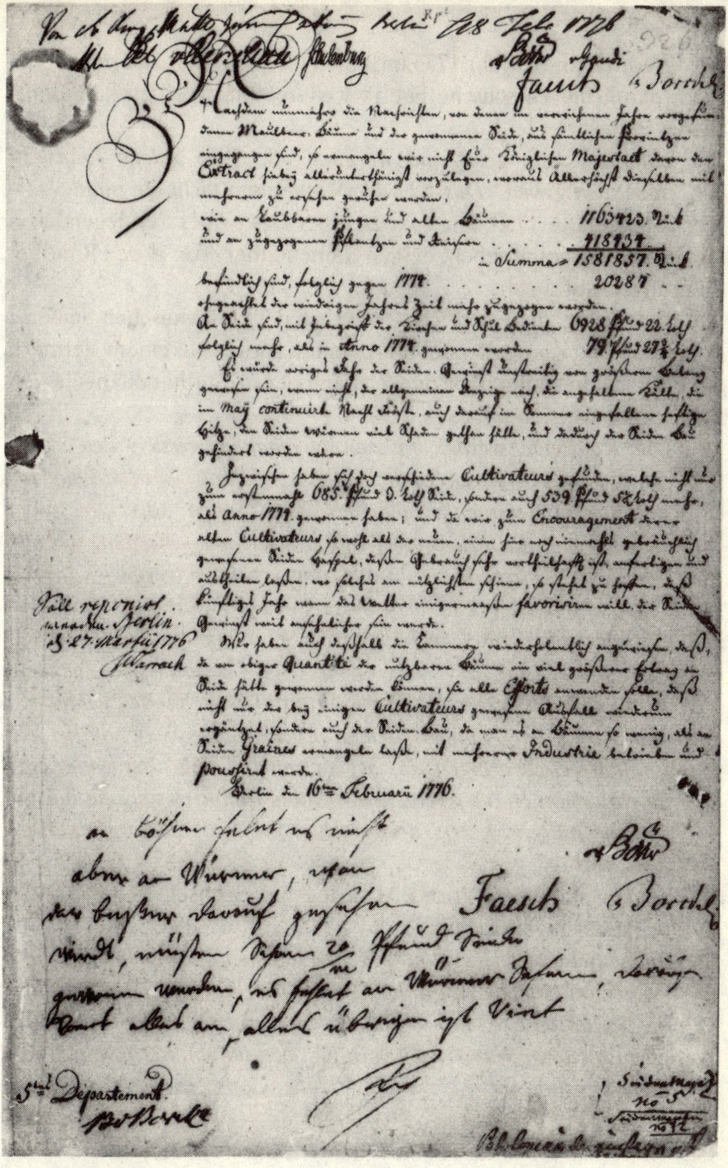

[illegible] 28 Febr. 1776

Faesch v. Borcke

Nachdem nunmehro die Nachrichten, von denen im verwichenen Jahre vorgefundenen Maulbeer-Bäume und der gewonnenen Seide, aus sämtlichen Provinzen eingegangen sind, so ermangeln wir nicht Euer Königlichen Majestaet davon den Extract hiebey allerunterthänigst vorzulegen, woraus Allerhöchst dieselben mit mehreren zu ersehen geruhen werden,

wie an Laubbaren jungen und alten Bäumen 1163423 Stück
und an gezogenen Pflanzen und Hecken 418434
in Summa 1581857 Stück

befindlich sind, folglich gegen 1774. 20287 [illegible]
ohngeachtet der winterigen Jahreszeit mehr gezogen worden.
An Seide sind, mit Einschluß der [illegible] und Schul Bedienten 6928 Pfund 22 Loth
folglich mehr, als in Anno 1774. gewonnen worden 79 Pfund 27½ Loth.

Es würde voriges Jahr der Seiden-Gewinst unstreitig von größerem Belang gewesen sein, wenn nicht, der allgemeinen Anzeige nach, die eingefallene Kälte, die im May continuirte Nacht Fröste, auch darauf im Sommer eingefallene heftige Hitze, den Seiden Würmern viel Schaden gethan hätte, und dadurch der Seiden Bau gehindert worden wäre.

Inzwischen haben sich doch verschiedene Cultivateurs gefunden, welche nicht nur zum erstenmahle 685 Pfund 8 Loth Seide, sondern auch 539 Pfund 5½ Loth mehr, als Anno 1774 gewonnen haben; und da wir zum Encouragement derer alten Cultivateurs sowohl als der neuen, einen hier noch niemahls gebräuchlich gewesenen Seiden Haspel, dessen Gebrauch sehr vortheilhaft ist, verfertigen und austheilen lassen, wo solches am nützlichsten schiene, so stehet zu hoffen, daß künftiges Jahr wenn das Wetter einigermaßen favorisiren will, der Seiden Gewinst weit ansehnlicher sein werde.

Soll reponirt werden. Berlin d. 27. Martii 1776 [illegible]

Wir haben auch deshalb die Cammern wiederhohlentlich angewiesen, daß, da an obiger Quantité der nutzbaren Bäume ein viel größerer Belang an Seide hätte gewonnen werden können, sie alle Efforts anwenden sollen, daß nicht nur der bey einigen Cultivateurs gewesene Ausfall wiederum ergänzet, sondern auch der Seiden Bau, da man es an Bäumen so wenig, als an Seiden Graines ermangeln lässet, mit mehrerer Industrie betrieben und poussiret werde.

Berlin den 16ten Februarii 1776.

v. Borcke Faesch v. Borcke

an Bäume fehlet es nicht aber an Würmer, wann der [illegible] darauf gesehen wirdt, müßten sicher 20/m Pfund Seide gewonnen werden, es fehlet an Würmer Saamen, darauf kömt alles an, alles übrige ist Wint

Fr

5tes Departement.
v Borcke

[illegible]

Als Friedrich im Notjahr 1773 um eine Hilfe von 7000 Talern gebeten wird, damit die Hirschsche Fabrik weitergeführt werden kann, antwortet er:

> *Ich habe kein geldt und wer kan alle Tage Solche fonds zu fabriquen geben? Das kan der Montesuma nicht ein mahl.*

Der König hatte 1753 den Text zu einer Oper über den legendären Aztekenkönig geschrieben, dessen Name seither öfter in den Randbemerkungen auftaucht.

Die Bedeutung, die Friedrich namentlich der einheimischen Seiden-, Porzellan- und Zuckerherstellung beimißt, spricht aus einem Vermerk auf einer Aufstellung über den Zustand der in Berlin neuangelegten Fabrikationsbetriebe:

> *Die Kaufleute werden müssen angehalten werden den Debit* [Absatz] *der Wahren zu beförderen und mus man sie alle ins Rahthaus zusammenkriegen und Ihnen Sagen, sofern sie nicht unseren Manifacturiérs alle Wahren abnehmen werden, ich alle franzöche Wahren hier zu verkaufen verbieten werde.*

Friedrich hatte die Seidenfabrik Suffert in Halle, die nur drei Webstühle in Betrieb hatte, in Verdacht, Schmuggelgut aus Sachsen einzuführen:

> *3 Stülle ist ein pretexst* [Vorwand] *umb Contrebande zu Machen und unter den Nahmen Seiner arbeit französische Stoffe aus Leibtzich einzubringen, das ist gleich einzu Sehen aber wan er eine fabrique von 10 oder 12 gehende Stülle Etabliren wil und das die wie die hißige Metiers nachgesehen werden, da kan ich darin Entriren.*

Auf seinen ständigen Wirtschaftskrieg mit Sachsen nehmen auch andere Äußerungen Bezug:

> *meine Seidenfabriken und parchenfabriken müssen in aufnahme komen und machen mihr die Saksen Streiche So verbihte ich ihnen die Schlesische Wolle, so fält ihr gantzer Laußnitzer debit, und Manufacturen Was Transitus ist gibt den hohen impost nicht, nur die Consumtion.*

Randbemerkung Friedrichs zur Seidenraupenzucht (s. S. 317)

Dieser Bericht mus zuferläsich Sein, und weillen ich mihr durchaus von den Saksen nicht wil betrigen lassen So muß Wohl dabei beobachtet werden das die Schlesische Interesse respectivé Saksen nicht leiden.

unßere Kaufleute können Nach Frankfurt am Main handellen ohne Saksen zu berühren durch das manffeldische und Hessen.

Um das Manufakturwesen in Riesenburg zu beleben, schlug man dem König vor, bei entsprechender Kürzung an anderen Orten verstärkt Militäraufträge dorthin zu vergeben:

Man muß nicht Petrum ausziehen um Paulum zu bekleiden.

Auch um die Förderung der einzelnen Handwerke bemühte sich der König, ohne jedoch in ihre Vorrechte einzugreifen. Eine aus Metz nach Berlin gezogene Französin bittet, ihrem Sohn, *so die Perruquier Profession* erlernt hat, das Meisterrecht zu verleihen:

ich kan den professionisten [Handwerkern] *in iren privilegien Keinen Tort thun Sie Sol mihr was fordern das von Mihr Dependiret* [abhängt] *das kan geschehn.*

Ein auswärtiger Maurergeselle möchte sich als Meister in Berlin niederlassen:

Wohr nicht Meisters genung Seindt Kan Man ihm an Nehmen wohr er nicht faul wie die berliner Seyndt ist.

Auch in diesem Bereich sieht der König auf Ordnung. Das Generaldirektorium beantragt, den Bäckermeister Schultze, der Brot und Semmeln zu leicht gebacken hatte, zu vier Wochen Festungshaft zu verurteilen:

Ist ganz recht, und dergleichen exemplarische Bestrafung notwendig.

Bei den Äußerungen Friedrichs zum Bauwesen muß man zuerst darauf hinweisen, daß er gegen Baumeister eine fast ebenso große Aversion wie gegen Grafen und »Pfaffen« hatte. In einer Randbemerkung zum Artikel 19 der Instruktion für das Generaldirektorium lesen wir:

Alle unßere landtbau Meisters sindt Idiohten oder betriger, also erneüere ich die orders Ehrliche Mauer oder Zimmermeisters zu solchen bau zu Employiren, paleste seindt nicht zu bauen, Sondern Schaf Ställe und Wirtschaftsgebeude, das kan ein Mauerer So guht als paladio (der berühmte italienische Architekt Palladio); *in der Cuhrmark Sollen inskünftige alle ambtsgebeude Masif und solide gebauet werden, das ist Evich.*

Der erste Generaldirektor der Bauten seit der Thronbesteigung, von Knobelsdorff, war eigenwillig und oft, so beim Bau von Sanssouci, anderer Meinung als der König. In einer Kabinettsordre an Knobelsdorff rügt Friedrich die Verzögerung der Übersendung des Bauplans für eines der Häuser, das Friedrich ihm geschenkt hatte, und fügt hinzu:

Ich komm Mein Tage nicht mit Ihm aus der Stelle. Er executiret nichts, wie Ich es haben will, und ist faul wie ein Artilleriepferd.

Auf eine Anfrage, ob die Kuppel des Turms der Jerusalemkirche abgenommen werden solle, was auch Knobelsdorff für notwendig halte, schreibt der König:

Knobelstorff verstehet es nicht Sie Sollen einen guhten Zimmermann darum Consultiren und deßen Raht folgen.

Sehr hart ist auch das Urteil über einen Nachfolger Knobelsdorffs, Gontard:

Weillen der Gontar, ein Esel ist, der nicht Schablons machen läßet und nicht versteht was proporciones Seindt.

Als ihm der »Inspektor der Immediatbauten, Schlösser und Gärten« Neuffer eine Kostenzusammenstellung für die Innenarbeiten im Neuen Palais vorlegte, fand der König alle Posten zu hoch. Zornig zeichnete er neben die einzelnen Personen Galgen mit Gehenkten und schrieb jeweils: *Der ist für . . ., der für . . .* Als er sich anschickte, auch für Neuffer einen zu zeichnen, wehrte der ab: *Mich verschonen Ew. Majestät, ich habe keinen Anschlag gemacht und verstehe auch nichts vom Bauen,* worauf der König den schon begonnenen Galgen löschte. Heftige Zornausbrüche des Königs begleiteten den Bau des Finowkanals (1744–1746), der ihm nicht schnell genug ging. Das Generaldirektorium berichtet am 2. April 1744 über Schwierigkeiten. Er bemerkt:

Solche Idioten und Schelme wie die Landtbaumeisters bei denen Cameren Seindt Seindt [!] *in der Welt nicht zu finden, und ich befehle es So Schtrikte als Möglich das in denen Provintzen So Wohl als in Berlin die Kerels Kürtzer gehalten werden, und die Schlechten wek gejaget werden. Es Sol ein anschlach von denen Interessen des fühne Canals gemacht werden und Sol er Sonder raisoniren 12ten October fertig Seint oder ich laße den Landtbaumeister hangen, unddas Directorium Sol davohr responsabel Sein.*

Auf einen anderen Bericht über Verzögerungen bei den Bauarbeiten schreibt er:

alle euhre Baumeisters und Entrepreneurs synt Schelme und Betrügers.

Ich will wetten, das wan ich mihr von der Sachen melire So Soll es Möglich werden, aber wen ich immer in Berlin sesse So Solte wohl 66 Jahr an den Canal gearbeitet werden, und würde doch nichts daraus.

Aus dem Bereich der Landwirtschaft ist eine Randbemerkung Friedrichs aufschlußreich, die zeigt, daß er sich intensiv um die innere Kolonisation bemühte. Ein Beamter klagt, von ihm geschickte Ulmer Kolonisten seien aus Unzufriedenheit zurückgekehrt. Friedrichs Antwort:

er hat leute geschicket die Peruquiers und Comédianten gewesen Seindt Solche leute Kan man zum Ackerbau nicht gebrauchen.

Auch im Bereich der Landwirtschaft erstrebt Friedrich Autarkie. Das Generaldirektorium meldet am 8. November 1783, *daß die Hühnerzucht in der Kurmark und im Magdeburgischen besser als sonst poussirt* [vorwärtsgetrieben] *würde, und die Residenzen Berlin und Potsdam bald ihren Eierbedarf aus Königlichen Provinzen erhalten könnten, ohne ferner der Zufuhr aus Sachsen benöthigt zu sein:*

ist ganz recht! denn die Hüner brüten hier so gut wie in Sachsen.

Das größte Verdienst erwarb sich Friedrich durch die Schaffung von Kornmagazinen, für die er in guten Erntejahren zu niedrigem Preis Getreide kaufte, das dann in Notzeiten, wie den Notjahren 1770–1772, zur Verfügung stand.

Als daher zwei Kammern 1769 beantragen, wegen der guten Ernte Getreide ausführen zu dürfen, reagiert der König verärgert:

Sie Seindt nicht gescheit, den wen alles häufig wek geschicket würdt, und es fehlet wohr Krigen wihr brodt? ich habe es im Magdeburgischen erlaubet und in pommern 6/m Wiespel [Wi(n)-spel = norddt. Getreidemaß, in Preußen = 24 Scheffel = 13,19 hl], *aber So lange ich nicht gewisse Listen habe, von was korn in denen provintzen gewonnen wirt So kan ich nicht mahlen anders als im blinden Tapen . . . ins gelache herein werde ich nicht agiren.*

In einem anderen Jahr bittet das Generaldirektorium wegen Getreidemangels in der Kurmark um eine Einfuhrgenehmigung für Getreide:

Sie Seindt nicht gescheit, in Saksen ist das Koren dobelt So Teüer wie hier, ich habe die Magazine geöffnet, und dießes ist Suffisant [genügend].

Im Hungerjahr 1771 fügt Friedrich einem Schreiben an die Kurmärkische Kammer den Zusatz zu:

bei Seehausen in der alte Mark sol durch der überschwemmung der Elbe ein Brodtmangel sindt. Warum wirdt mihr das nicht sofort berichtet?

Im folgenden ebenso schlechten Jahr schreibt er auf den Vorschlag, den Fonds beim Seidenmagazin zu erhöhen:

jetzunder da ein jeder brodt Sucht in der Hungers Noht wehre es Töhrich 80 000 vohr Seide auszugeben.

ich kan ohnmöglich in dem unglücklichen Jahr alle Tage geldt geben.

Die Finanzsituation ist über lange Zeit gekennzeichnet durch den kriegsbedingten Geldwertschwund. Die Münzreduktion, die Aussortierung der im Krieg geprägten minderwertigen Münzen (»Emphraimiten«), machte nur langsame Fortschritte, die Erwartungen an das Münzgesetz von 1750 erfüllten sich nicht. So schreibt Friedrich auf einen Bericht des Generalmünzdirektors Graumann:

ich bin Mit des Herrn Geheimden Raht administration der Berlinischen Müntze schlecht zufrieden.

Und zu dem Punkt, *daß sie die valuta nicht anders als durch Wechselbriefe erhalten können,* bemerkt der König:

ist nicht Wahr, das geldt aus dem Tresor hat keine Weksel nöthig. Die Wirdt Schaft gehet nicht ich werde einen Müntz Director in berlin Setzen der Unter des Herrn Geheimen Raht orders arbeiten wirdt aber der doch meine ordres ehr und besser pariren wirdt als der infame Müntzmester der Schon 10 mahl den Galgen verdinet hat.

In Finanzdingen hält Friedrich sich an die im *Politischen Testament* dargelegten Grundsätze:

Wenig für sich selbst ausgeben, am rechten Ort und dann hinreichend spenden, Erleichterungen schaffen, ehe es zu spät ist, den Hilfsbedürftigen schon entgegen kommen, den Pfennigen des Staates ein guter Haushalter sein, sie ohne Unordnung und sparsam verwalten, das sind bürgerliche Eigenschaften, die ebenso weit von dem Geiz wie von der Verschwendung entfernt bleiben.

1740 berichtet der Neumärkische Kammerpräsident von Werner, daß der Haushaltsansatz für Diäten wieder überschritten werden müsse:

ich Sol Dietengelder ausgeben, die provintz ist Ruiniret und der President Samt die Krigs Räthe Sollen mihr noch bestehlen? nein aber Künftig frühjahr mus aus dem Directorium eine ordentliche Commission hin, der President mus Wek gejaget werden und dar mus gantze Neue anstalten gemacht werden.

Der König tadelt die Mißwirtschaft des Generaldirektoriums bei der Extraordinarienkasse:

was das vohr wilde haußhaltung ist, vor diesen wußten die Ministers vihl besser zu wirtschaften.

Auf eine Anfrage im Dezember 1746, aus welchem Etat man das Geld für die Swine-Hafenanlage nehmen soll:

ich bin nicht reich genung umb das geldt beütelweise aus dem Fenster zu Schmeißen ich mus zum wenigsten eine gegrundete Hoffnung haben das das Capitahl wohl angewandt ist das die Zinsen darvohr einkommen werden, und das im fal Thlr. 12000 betzahlet werden es damit genung Sein wirdt und nicht noch 12000 Rthlr. werden mußen im jahr 48 zugeschoßen werden. Hier auf erwarte positive antwohrt.

Das Generaldirektorium beantragt zu Reparatur der Oderdämme bei Zellin 968 Rthlr 1 Gr 4 Pf:

Wan nur die Baumeisters nicht solche Esels wären als unsere alle sind, so wäre das alles mit besserer Menage [sparsame Wirtschaft] *zu machen 900 Rthlr ist genung.*

Mehrere an der Elbe gelegene Gemeinden beantragen die Wiederherstellung weggeschwemmter Elbebrücken auf Staatskosten:

Wenn mein Vater oportet [es gebührt sich] *schrieb, so wußte man, was es bedeuten sollte; jetzt will man mir das oportet vorschreiben! ich habe keinen Pfennig.*

Die Neumärkische Kammer legt eine Schadensrechnung über Manöverschäden vor:

Das ist etwas stark, wollen sie die Luft nicht auch in Anschlag bringen, die wir hier eingeschepfet haben.

Die für den Bau von Magazinen in Prenzlau und Schweidtnitz bewilligten 24000 Reichstaler reichten nicht aus, es seien 29432 erforderlich:

sie Müssen Sich nach der Decke Strecken ich Gebe nicht einen Heller mehr.

An die Minden-Ravensbergische Regierung schreibt er:

ich kann keinen Groschen geben.

Der Karmeliterkonvent bittet um 10000 Taler, um seine im Krieg zerstörte Kirche aufbauen zu können:

patientia [Geduld]. *Es Seindt so viele Städte abgebrannt, die den Vorzug vohr einer Kirche haben.*

Auch bei privaten Anträgen auf Hilfe verhält Friedrich sich meist ablehnend.

Prinz Georg von Hessen-Darmstadt beantragt ein Darlehen, das er mit Zinsen in jährlichen Raten zurückzahlen will:

Er möchte sich bei Banquiers melden. Ich wäre keiner.

Ein Herr von Gersdorf in Schlesien bittet um eine Unterstützung:

es ist Schon alles vohr die Schlesiers Reguliret die armsten und verschuldesten haben eine Kleine hülfe gekrigt aber weil ich nicht wie Montesuma Reich bin kan ich nicht allen leuten geben.

Eine ähnliche Antwort erhält Kapitän von Below, der um ein Darlehen von 2000 Talern bittet:

ich kan nicht Eintzellenen leute helffen, ich werde die gantze Provintz assistieren und da wirdt er mit begrifen werden.

Graf von Sandrasky bittet um ein Darlehen in Höhe von 300000 Talern zu 4 oder, lieber noch 3%, um sein Gut erhalten zu können:

Das Kan nicht Sein, ich bin der große Mogol nicht.

Wie Montezuma erwähnt der König auch den Großmogul mehrfach als Symbol für einen unermeßlich reichen Herrscher.

Daß der König jede noch so kleine Einnahme begrüßt, zeigt folgende Randbemerkung. Ein Offizier war zu einer Geldstrafe von 100 Talern verurteilt worden, weil er im königlichen Forst einen Hirsch geschossen hatte:

Hat nichts zu sagen, für den Preis stehn mehr Hirsche zu Diensten.

Im Gegensatz zu seinem geistig engstirnigen Vater bemühte sich Friedrich, im Sinne eines aufgeklärten Absolutismus, um eine weitgehende Liberalisierung des gesamten geistigen und kulturellen Lebens. Er schaffte die Pressezensur, bis auf den politischen Teil, ab, trat für religiöse Toleranz ein, förderte die Schulen und Hochschulen und stand Literatur und Kunst aufgeschlossen gegenüber.

Ausdruck der liberalen Haltung ist die bekannte spöttische Randbemerkung Friedrichs als Antwort auf die Anfrage eines Stadtmagistrats, wie ein Bürger zu bestrafen sei, der Gott, den König und den Magistrat gelästert habe:

Daß der Arrestant Gott gelästert hat ist ein Beweis, daß er ihn nicht kennt; daß er mich gelästert hat, vergebe ich ihm; daß er aber einen edlen Rat gelästert hat, dafür soll er exemplarisch bestraft werden und auf eine halbe Stunde nach Spandau kommen.

Als die Berliner Buchhändler Voß und Spener ohne Genehmigung eine Schrift des vom König selbst schriftstellerisch bekämpften La Mettrie verlegt hatten, lehnte Friedrich eine Bestrafung ab:

Was in Potsdam gedruckt wird geschihet unter meinen augen und wen es vohr einigen fafen [Pfaffen] *nicht gefelt, so verbittet man ihnen auch nicht, dergleichen Impertinentzien zu Drucken.*

Diese Haltung bestätigt er in einer anderen Randbemerkung:

alle Bücher Seind hier Erlaubet zu verkaufen.

In einer Reihe von Randbemerkungen wird die religiöse Toleranz betont.

Auf die Anfrage, ob die Krefelder Katholiken eine Schule bauen und durch einen Geistlichen ihrer Konfession trauen und taufen lassen dürfen, antwortet der König am 6. April 1743:

> *in Meinem Landte Seindt alle Religionen frei und also Sol ihnen die Schule verstatet werden.*

Ob die schlesischen Katholiken Buß- und Bettag mitbegehen müssen?

> *Sie mögen nach Ihrer façon beten und Mus man Sie bei ihre gebreuche Lassen.*

Auf eine Ministeranfrage, ob die von den Böhmischen Brüdern selbst bestellten Geistlichen geistliche Amtshandlungen vornehmen dürfen:

> *Sie können thun was Sie Wollen, wenn Sie nuhr nichts gegen die Landesgesetze und guhten Sitten lehren.*

Obwohl Friedrich als Haupt der evangelischen Kirche in Preußen das Recht dazu hatte, mischte er sich ungern in die Anstellung von Geistlichen ein. Als Generalmajor von Apenburg ihn bittet, dem Feldprediger Pachnow seines Regiments die durch den Tod des Stelleninhabers freie Pfarrstelle in Grünhagen zu erteilen, antwortet Friedrich:

> *Ich milire mihr nicht gern mit Pfaffensachen.*

Als sich jedoch ein sehr junger Kandidat um eine begehrte und stets mit verdienten Pfarrern besetzte Pfarrstelle bewarb, schrieb er:

> *2. Samuelis Cap. 10 Vers 5.*
>
> (Der Schluß des Verses lautet: *Und der König ließ ihm sagen: Bleibet zu Jericho, bis euer Bart gewachsen ist; so kommt wieder.)*

Manchmal versuchte der König auch, eine Stelle ganz einzusparen. Als das Geistliche Departement 1744 um die Bestellung eines Predigers für das Armenhaus des Almosenkollegiums in Magdeburg bittet, antwortet er:

> *Das Al Mosen Wesen ist nicht um einen Priester zu salieren* [besolden], *Sondern den Armen guhtes zu Thun, es soll nach der Toure* [Reihe] *von einer jeden Kirche in Magdeburg so mehr als 2 predigers hat einer dorten predigen gehen, und die Woche über die Kranken etc. besuchen.*

Friedrich verbat sich strikt jede Einmischung von Theologen in Angelegenheiten, die er sich vorbehielt. So schrieb er 1745 auf einen

Antrag der Universität Halle, das Komödiantenwesen abzuschaffen:

Das ist das geistliche Muckerpack schuldt dran, sie Sollen Spillen und Franke oder wie der Schurke heißt, Soll darbei Seyndt.

Auf den Bericht, der den Vollzug seines Befehls meldete, schrieb er:

ins künftige werden die Herren Pfafen wohl vernünftiger werden und nicht gedenken das Direktorium und mihr Nasen anzudrehen.

Die Halischen Pfafen müssen kurz gehalten werden; Es seindt Evangelische Jesuiter und Mus Man Sie bei alle Gelegenheiten nicht die Mindeste Auctorität einräumen.

Einige Male greift er jedoch bei biblischen Ehehindernissen (Heirat unter Verwandten) ein. So bescheidet er das Magdeburgische Konsistorium:

Ich als Wicarius Jesu Christi und Ertzbischoff zu Magdeburg befehle, das sie Ehlich zusammengegeben werden.

Nachdem in einem anderen Fall in Glogau die Dispens erteilt worden war, bitten die evangelischen Geistlichen *auf das Demüthigste,* sie mit der Trauung zu verschonen. Darauf Friedrich:

Wen sie ihn nicht Trauen wollen So Sol das pahr nuhr aufs Rahthaus gehen machen ihren Contract wie in Holandt, und ich Delarire Kinder Ehlich geboren.

Im übrigen zeigt eine Vielzahl von Randbemerkungen, daß Friedrich von den Theologen herzlich wenig hielt. Ein Vierteljahr nach seinem Regierungsantritt beantragten die Prediger, ihnen ihr Deputatgetreide wieder in Naturalform zukommen zu lassen:

Nein, es Mus bei des Seligen Königs vervahrungen bleiben, wenn auch 100 pristers heute den geistlichen abschiet nehmen, so Kan man Morgen 1000 wieder Krigen. Soldaten Krigen Brodt, aber Prister leben von das Himlische Manna was von da oben Kömt, und ist ihr Reich nicht von dißer Welt, sondern von jener, weder petrus noch paulus haben brodt korn gekrigt, und ist im Neuen testament Kein Apostel-Magacin zu finden.

Die weiteren Randbemerkungen zeugen ebenso von dieser Haltung des Königs wie von seiner Schlagfertigkeit und seiner Bibelfestigkeit. Der Hofprediger Kochius in Potsdam bittet um die nächste freiwerdende Stelle:

Jesus Saget, mein Reich ist nicht von dießer Welt. So müßen die prediger auch denken, denn Predigen Sie Nach Ihrem Thodt im Duhm von Neuen Jerusallem.

Der Prediger Berlens in Hiesfeldt bittet in Anbetracht seiner langen Amtszeit um eine Gehaltszulage:

Die Apostel haben gar Kein Gehalt gehabt, der Priester ihr Reich ist nicht von dieser Welt.

Der Abbé Francheville bittet um eine Präbende, weil er mit seinem Gehalt von 400 Talern nicht auskomme:

400 Rthlr. vohr einen Pfafen der nichts zu thun hat ist mehr wie zufihl.

Die Mönche des Kapuzinerklosters in Rehwalde bitten um ein Almosen:

Sie müssen arm sein. Sie machen ja ihr Gelübde der Armuth, mithin müssen sie auch ihrem Gelübde gemäß die Armuth ertragen und nicht wie vornehme und reiche Herren leben wollen. Zehn Thaler schicken.

Der Feldprobst Kletschke beantragt, ihm die den Regimentskommandeuren zustehende Besetzung der Feldpredigerstelle zu übertragen:

Sein Reich ist nicht von dieser Welt.

Der Prediger Pels in Bernau bittet um Erhöhung seines jährlichen Gehalts von 186 Talern um 150 Taler:

Die aposteln Seindt nicht gewinn Süchtig gewessen. Sie haben umb Sonst gepredigt, der Herr Pels hat keine apostolische Sehle und denket nicht, das er alle gühter in der Welt vohr nichts ansehen muß.

Ein Landgeistlicher bittet, der König möge seiner Gemeinde befehlen, ihm Futter für ein Pferd zu stellen, damit er nicht mehr zu Fuß in seine Filiale gehen müsse:

Es heißt nicht: reitet in alle Welt, sondern gehet in alle Welt und prediget allen Völkern.

Ein Pfarrer beantragt beim König ein Stückchen Land für Siedlungszwecke:

Paulus machte Christen Aber keine Kolonisten.

Ein Landprediger bittet, ihm die Jagd in dem an das Dorf angrenzenden Wald zu erlauben:

Die Pfaffen sollen singen und beten und ihre Bauern zum Guten ermahnen. Was will der Narr mit der Jagd.

Der Prediger Moldenhawer in Königsberg hatte einen Ruf als Domprediger in Hamburg erhalten und bat den König, ihn annehmen zu dürfen. Der gab seine Zustimmung, doch Moldenhawer besann sich und bat, er möchte doch lieber seine Stelle in Königsberg behalten dürfen:

der ferfluchte Pfafe weis Selber nicht was er wil, hohle ihn der Teufel.

(In der Kanzleisprache des Oberkonsistoriums las sich dieser Bescheid so: *Der König lasse es bey der dem Moldenhawer einmal ertheilten Dimission bewenden.)*

Ein ebenso reicher wie geiziger Kircheninspektor in Potsdam war dafür bekannt, daß er bei Hochzeiten und Kindtaufen durch die Kurrendeknaben Speisen und Getränke nach Hause bringen ließ. Als die Predigerwohnungen an seiner Kirche neu gebaut wurden, beantragte der Inspektor beim König den Einbau zweier eingemauerter Spinde in einem Hausflur:

Da kennt Ihr mich noch nicht, daß ich Euch soll Spelunken bauen, wo Ihr Euren Raub und Fraß darunter verbergen könnt.

Das Karmeliterkloster in Exin bittet um Unterstützung, um die abgebrannte Kirche wiederaufbauen und das gerettete Wunderbild würdig unterbringen zu können:

Die Stadt muß erst aufgebauet werden, die geht vor. Das beste Miracel das die Mutter Gottes jetzt thun könte, wäre, daß sie ihm Geld schaffte ihre Kirche wieder aufzubauen.

Auch die Eingaben von Kirchengemeinden erfahren eine ähnliche Beantwortung. Ein Pfarrer in Pommern hatte in einer Predigt Zweifel an der Auferstehung des Leibes am Jüngsten Tage geäußert. Daraufhin bittet die Gemeinde um einen anderen Pfarrer:

Der Pfarrer bleibt. Wenn er am jüngsten Tage nicht mit auferstehen will, kann er ruhig liegenbleiben.

Die vereinigte reformierte und lutherische Gemeinde bei der Jerusalems- und Neuen Kirche in Berlin hatte vom König kurz nach dessen Regierungsantritt ein Stück Land unweit des Potsdamer Tores für einen Kirchhof erhalten. Bald danach hatte Friedrich das Land auf Vorstellung des Forstdepartements jedoch zum Tiergarten geschlagen. Darauf bat die Gemeinde, er möge ihr statt dieses Land den Garten des Kanoniers Fritzen als Friedhof kaufen und 600 Taler sowie das Baumaterial für eine Mauer um den neuen Friedhof schenken. Friedrich antwortet:

Es ist So viel Sandt vohr der oranienburger Landtwehre da macht Kirchhöwe aber nicht aus guht Landt.

Der Vorstand der Katharinenkirche in Potsdam bittet den König, von dem geplanten Bau von Bogengängen um die Kirche Abstand zu nehmen, weil dadurch zu wenig Licht einfalle:

Seelig sind, die da nicht sehen und doch glauben.

Eine ablehnende Haltung hatte der König gegenüber den Juden. Er hielt die Zahl der für sie ausgestellten Schutzbriefe gering und sah sie lieber an der polnischen Grenze als in seinen Städten.

Ein Jude aus Magdeburg erbittet die gleichen Rechte wie die christlichen Kaufleute:

Der Jude Sol Sich So vohrd aus Magdeburg Paquèn oder der Commandant wird Ihm heraus Schmeißen.

Die jüdischen Kaufleute Itzig und Benjamin aus Breslau bitten, sie in den ihnen gewährten christlichen Rechten zu schützen:

was wegen ihres Handels ist, behalten sie. Aber daß sie ganze Fölkerschaften von Juden zu Breslau anbringen und ein ganzes Jerusalem draus machen wollen, das kann nicht seyndt.

Der Schutzjude Cohn bittet um ein Privileg auf Königsberg:

ich mach liber die Juden auf der Polnischen Grentze als in den großen Stätten haben, wohr Sie nicht Sehr Reich Sindt.

Um den Bildungsstand zu heben, förderte Friedrich das Hochschul- und Schulwesen und brachte die von seinem Vater vernachlässigte Akademie der Wissenschaften zu neuer Blüte. Mit seiner ersten Kabinettsordre vom 6. Juni 1740 berief er den von Friedrich Wilhelm I. verbannten Philosophen Wolff zurück:

wen der Wolf hier Kommen wirdt so hat es Keine Schwirichkeit, den Unsere accademie mus nicht zur parade Sondern zur Instruction sein.

Seine Vorstellungen über die Lehre an den preußischen Universitäten werden aus einer Notiz zu den Richtlinien für Universitäten von 1770 deutlich:

Sie müßen in der Medicin besonders bei der borhavens [Boerhave] *Methode bleiben, in der Astronomie Neuton* [Newton] *in der Metafisik Loc* [Locke] *in der historischen Kendtschaften die Methode des Tomasius folgen, im übrigen wirdt eine visitation vihlen Nutzen haben, wan sie einem gescheiten Menschen comitiret* [beauftragt] *wirdt.*

Die Wissenschaft mußte jedoch, wenn sie Unkosten mit sich brachte, hinter die Tagespolitik zurücktreten. Als Maupertuis, der Akademiepräsident, im Juli 1747 bittet, Mittel für eine neue Professur zu bewilligen, antwortet Friedrich:

Der König ist arm wie eine Kirchenmaus, er gründet eine große Zahl von Bauernansiedlungen; wenn für diese gesorgt sein wird, wird man an Astronomen denken.

Für seine Hochschulen und Schulen wollte er gute Lehrkräfte verpflichten, wie aus einer Randbemerkung von 1742 hervorgeht:

Sie haben aber zu viel Professores. Sie sollen wenige und tüchtige berühmte Männer nehmen, wodurch die Universitäten am besten in Flor kommen. Pedanten und faule Bäuche schaden mehr als sie nützen.

Auf den Vorschlag des Kurators der Universitäten, Freiherrn von Fürst, für die Besetzung eines medizinischen Lehrstuhls in Halle schreibt er:

wen er habil ist guht aber wo er ein Esel ist mus man einen andern suchen.

Professor Klotz in Halle, der 500 Taler Gehalt hat, bittet, eine ihm vom König von Polen angebotene, wesentlich höher dotierte Professur in Warschau annehmen zu dürfen:

Nein. Man muß Im flatiren [schmeicheln, gut zureden] *mit Einer Zulage.*

Nach dem Tode von Klotz schlägt Minister von Zedlitz vor, zwei Professoren einzustellen, einen für Ökonomie und Finanzwesen sowie einen, der »Rhetorique« lehren soll:

> *Die Öconomie lernet man bey den Bauern, und nicht auf Universeteten, man mus Suchen einen guten Literateur in der Stelle des Klotzen zu Kriegen, und Keinen Öconome, als einen Bauren, der Weis mehr davon als Teoristen.*
>
> (Ein »Literateur« ist für Friedrich ein »Kenner der schönen Wissenschaften«.)

Dem Professor für »Dichtkunst und Beredsamkeit« Lindner in Königsberg wird eine Schuldirektorenstelle in St. Petersburg angeboten:

> *ich wil nicht das man mihr Leute aus dem Land debauchire* [abwirbt].

Ein Professor W. aus Lingen bittet 1768 um seine Entlassung, um einen Ruf nach Herborn annehmen zu können:

> *Wan er Dort mehr Krigt und das es Kein extraordinairer Kopf ist, guht.*

Eine Rarität unter den Randbemerkungen ist eine, in der Friedrich sich in gewisser Weise entschuldigt. Auf Veranlassung des Ministers von Zedlitz war der Historiker Fischer mit einem jährlichen Gehalt von 200 Talern zum außerordentlichen Professor in Halle ernannt worden. Im *Courir du Bas-Rhin* las der König jedoch, daß das Gehalt 2000 Taler betrage, worauf er schriftlich Zedlitz heftige Vorwürfe über eine solche Verschwendung machte. Der korrigierte in seiner Antwort den Irrtum, wies darauf hin, daß der König selbst das Gehalt bewilligt habe und schloß mit den Worten: *Es tut mir aber leid, daß Ew. Königl. Majestät einem lügenhaften Zeitungsschreiber mehr Glauben schenken können als mir.* Friedrich schickte den Bericht zurück mit der Randbemerkung:

> *I nun, man kan doch fragen?*

Auf die Studenten, namentlich die aus Halle, ist der König in seinen Marginalien nicht gut zu sprechen. Auf das Reglement für die Hallenser schreibt Friedrich:

> *Die fornehme leute ihre Sottisen werden mit geldt bestrafet, und*

der geringen ihre mit Kartzer. Sonsten Müßen die Vähter beutels vohr die Kinder ihre Thorheiten büssen, und dar frägt die Jugendt nichts nach.

Als die Stadtkämmerei einen Antrag auf Gebührenbefreiung stellt, knüpft er die Zusage an die Bedingung, daß sie

Ihre rasende Studenten in besserer Zucht halten.

Angesichts der schlechten Bezahlung war es vor allem auf dem Lande nicht leicht, geeignete Lehrkräfte zu bekommen. Meist waren sie gezwungen, nebenher einen Beruf, oft den des Schneiders, auszuüben. Auf ein Verzeichnis der Orte, in denen neue Planstellen mit einem Gehalt von 120 Talern geschaffen werden sollen, schreibt Friedrich:

Die Oehrter Seindt ganz gut ausgesucht, die schlechten Schulmeister Seindt Schneiders die Meisten, und Müßte Man Sehen ob man Sie nicht in kleinen Stetten könne Schneidern lassen, oder wie Man Sie Sonsten Unterbringet damit die Schuhlen desto ehr im guhten Stande kommen können, was eine Interessante Sache ist.

Auch aus nichtpreußischen Landen läßt er Lehrer einstellen. Auf die Anfrage des Ministers von Zedlitz vom 8. Dezember 1771, ob er in Brieg einen sächsischen Lehrer anstellen dürfe:

Die Saksen haben beßere Schulmeister wie wihr, absonderlich werden Sie in hiesigen provinzen von großen Nutzen seindt.

Der König entzog den Geistlichen die Aufsicht über die Schulen. Den Vorschlag, die Kontrolle des Joachimsthalschen Gymnasiums dem Hofprediger Noltenius zu übertragen, lehnte er ab:

keinen Pfafen, da kommt nichts mit heraus.

Ähnlich heißt es, als Professor Sulzer als seinen Nachfolger im Lehramt bei der Akademie den französischen Prediger Moulines vorschlug:

thut mir leid daß er Kränklich ist, indessen ist ein Pfaffe zu dergl. Posten nichts nuze.

Friedrich förderte zwar das – französische – Schauspiel und die – italienische – Oper, doch zeigen die Randbemerkungen nur, daß er von Künstlern und ihrem Beruf meist keine hohe Meinung hatte.

Eine Witwe hatte ihren siebzehn Jahre alten Sohn im »opern tantzen« unterrichten lassen und bittet, ihn als »Figurant-Tänzer« einzustellen:

Soll sich was schämen soll ihren Sohn eine ordentliche profession lernen laßen, das sind ja lauter Narrenpossen.

Die Sängerin G. bittet um Verlängerung ihres Engagements:

Sie Kan Gahr nicht Singen und Mag nuhr je ehr geliber zurücke gehn.

1744 hatte Friedrich bekannt geben lassen, *jeder dürfe seine Bitten, Gesuche und Beschwerden eigenhändig bei ihm vorbringen und der genauesten Erwägung sicher sein.* Da zahllose seiner Untertanen von dieser Möglichkeit Gebrauch machten, kam es in der Folge zu einer Flut von Immediatgesuchen.

In der Regel sind es Beschwerden oder Bitten sehr unterschiedlicher Art. Da es keinen gesetzlichen Renten- oder Pensionsanspruch gab und Altersversorgungen fast ausschließlich den Offizieren, nicht aber deren Familien zugebilligt wurden, gibt es zahlreiche Bitten um Versorgung oder Unterstützung.

Die Witwe des Obersten von Bülow bittet um Pension:

Sie hat zu leben deswegen hat Sie Bülow geheiratet.

Auf das Gesuch einer Unteroffizierswitwe, die mit drei Kindern in großer Armut lebt und um eine kleine finanzielle Unterstützung bittet, schreibt Friedrich:

2 Gulden. Aber sie ist jung, mus ihr gesagt werden, sie mus hübsch arbeiten.

Versorgungsansprüche anderer hatten ebenso wenig Aussicht auf Erfolg. Auf einen Antrag auf Versorgung einer Pfarrerstochter im Jahre 1783 schreibt Friedrich:

Die Prister Döchter, warum heirathen sich die Huren nicht, wenn Sie gebrechlich Seindt So kan Man Sie versorgen, seindt Sie gesundt So können Sie heirathen oder arbeiten, das Komt ihrem Stande zu.

Ein gewisser Pierre Chalié bittet, ihm die seiner verstorbenen Ehefrau, einer Hebamme, gewährte Pension weiter zu gewähren:

Er kan ja nicht accouchiren [entbinden].

Der Generalchirurgus Perrier bittet, die »chirurgiens pensionaires« unter seine Aufsicht zu stellen:

Ich will keine Frantzosen Mehr sie seynd gar zu liderlich und machen lauter liderliche Sachen.

Um ihre Söhne und Töchter zu versorgen, bemühten sich viele adlige Offiziere oder deren Ehefrauen um kirchliche Pfründen. Auf das Gesuch des Generals von Rotkirch um eine solche Präbende für seine Tochter schreibt Friedrich:

es seynd 30 bis 40 anwartschaften auf jeder Stelle. Er soll hübsch Jungens Machen die kann ich alle unterbringen aber mit die Madames weiß ich nirgends hin.

Frau von S. bittet, die Anwartschaft auf eine Stelle im Kloster Neuendorf auf die jüngere Tochter zu übertragen:

Sie soll ihre Töchter nur hübsch heiraten lassen das ist das beste.

Frau von Holwede bittet um eine Präbende für ihren Sohn:

ich habe Keine Prepende an Müsichgängers zu vergeben.

Eine andere Adlige bewirbt sich mehrfach für sich selbst um eine leitende Stelle im Marienstift zu Königsberg. Friedrich hört, daß die Stelle gar nicht frei ist:

So diehnt ihr solches zur Antwort. den ich Kan die leute nicht Toht Schlagen.

Zum Allzumenschlichen zählt der Wunsch nach Titeln und Orden oder Privilegièn, der immer wieder an Friedrich herangetragen wird und auf den er meist ironisch oder bissig reagiert. Begehrt war bei Adligen der Kammerherrentitel, bei Bürgern der eines Kommerzien-, Hof-, Kriegs- oder anderen Rates.

Herr von Bredow auf Görne bittet, um leichter eine Erbschaft erlangen zu können, um den Titel eines Kammerherrn:

Kammer-Herren Seindt Tag Diebe die habe ich nicht nöthig.

Graf von Sandraski bittet um Erlaubniß, seinen ältesten Sohn zu Füßen legen zu dürfen, auch daß Se. Majestät geruhen möchten, ihn zum Kammerherrn dergestalt, daß er ihn bei sich behalten könnte, allergnädigst zu ernennen:

Beim Kammerherrn Kömmt nichts heraus das heißt nur auf gut deutsch einen Hoffschlingel.

Ein Inspektor bittet um den Titel Kriegsrat. Friedrich läßt ihm schreiben, die Verleihung dieses Titels sei im Frieden nicht möglich, doch wolle er ihn zum »Wagenrat« ernennen. Um das Wagenrat zog er einen Kreis und fügte eigenhändig hinzu:

Ich meine nicht Wagenrad sondern Wagenrat.

Ein Pferdearzt möchte den Titel Hofrat:

Die Pferde gehören so wenig zu meinem Hofe, als der Pferdearzt unter die Räte. Indessen hat der Supplikant seine Verdienste, und in dieser Hinsicht soll er künftig den Titel Vieh-Rath führen.

Ein Tabakverwalter erbittet den Titel Kommissionsrat:

Ich kenne ihn zu wenig, als daß ich Ihm Kommissionen antragen sollte, Passender für ihn ist der Titel: Tabacksrath, den Ich Ihm hierdurch beilege, und Ihm gegen Entrichtung der Gebühren zu führen erlaube.

Ein anderes Mal ist er bereit, einem Tabakhändler den Titel »Saucenrath« zu verleihen, und dem Inhaber einer Notenfabrik, der »Kgl. Kommissionsrat« werden will: »Music Rath«.

Als der Königsberger Buchhändler Kanter jedoch bittet, ihm den Titel eines Kommerzienrates zu verleihen, antwortet Friedrich ablehnend:

Buchhändler, das ist ein honneter Titel.

Der Bereiter Wolny hatte in England Pferde eingekauft und möchte daraufhin Stallmeister werden:

Er hat brav bei Seinen Einkauf gestohlen, er Sol zufrieden seindt, das ich dazu Stille schweige aber ihm davor zum Stallmeister machen – so nerrsch bin ich nicht.

Der Landrat Rehfeldt möchte »Leib- und Hofmedicus« werden:

Ich habe keinen Leibmedicus und auch keinen Hoffmedicus und ich halte keinen Hoffmedicus und brauche auch keinen, so kann er das doch seyn ohne leib oder hoff Medicus zu heißen.

Friedrich hatte den durch Friedrich I. gestifteten Orden »de la Generosité« aufgehoben. Ein alter Offizier, der den Orden von Friedrich Wilhelm I. erhalten hatte, möchte ihn weiter tragen:

Meinetwegen mag Er alle aufgehobenen Orden tragen.

Der Klevische Erblandmarschall Baron von Quadt auf Gatrop bittet um die Erlaubnis, den ihm vom Markgrafen von Baden-Durlach verliehenen Hausorden tragen zu dürfen:

Das wird ihn mehr beschimpfen als beehren.

Der adlige Gutsbesitzer von Qu. war in den Grafenstand erhoben worden und beantragte beim König, bei seinen Ausfahrten einen Postillon mit einem Posthorn mitführen zu dürfen, was ein Privileg der königlichen Post war:

Ich erlaube Euch alle Arten von Hörner zu tragen, nur keine Posthörner.

Ein Kammerherr teilt dem König stolz mit, er habe für eine Schrift über die Genealogie des dänischen Prinzen von diesem eine Dose und einen Brillantring erhalten:

ich gratulire daß die Bettelei so gut reussirt.

Zwei Präsidentengattinnen in Kleve bitten den König zu entscheiden, welcher von ihnen der höhere Rang gebühre:

Die größte Närrin geht voran.

Friedrich, die Religion und die Theologen

Friedrich hat sich, sicherlich auch aufgrund der eigenen religiösen Erziehung in der Kindheit, schon in seiner Jugend der Religion entfremdet. Diese Entwicklung fand ihren Abschluß in der Rheinsberger Zeit, in der er nach Lavisse *mit der Religion endgültig abgerechnet zu haben* scheint: *Er verwirft die Religion nicht nur, er verachtet und haßt sie.* Abfällig äußert er sich über Erlösung, Offenbarung, Propheten und das Evangelium und will nicht einmal den Namen des Sohnes Gottes hören. Am liebsten möchte er die Religion abgeschafft sehen; aber er weiß, daß dieser Wunschtraum sich nie erfüllen wird, denn die Menschen werden niemals die *kindlichen Albernheiten des Glaubens* ablegen, weil sie immer *schwach und blöde* sein werden: *Die Religion ist eine alte Maschine, die nie abläuft.*

Das Vorhandensein von Religionen sieht er in der Schwachheit der menschlichen Natur begründet, wie er am 5. Oktober 1777 an d'Alembert schreibt: *Es gibt wenig Menschen, die nicht furchtsam und leichtgläubig wären, und, wenn man ihnen nicht eine Religion verkündet hätte, hätten sie selbst sich eine gemacht. Das ist der Grund, weshalb man fast überall auf unserem Planeten irgendwelchen Religionskult gefunden hat. Sobald solche Religionen Wurzel gefaßt haben, verlangt das fanatische Volk, daß man sie respektiert, und wehe denen, die es seinem Irrtum zu entreißen unternähmen, da sehr wenig Menschen genügend Verstand haben, um folgerichtig denken zu können. Nichtsdestoweniger hat natürlich jeder Philosoph die Pflicht, den Fanatismus zu bekämpfen, weil dieses Delirium Greueltaten, Verbrechen und die abscheulichsten Handlungen hervorbringt.*

Schon vorher hatte Friedrich am 13. September 1766 an Voltaire geschrieben: *Der Aberglaube ist eine Schwäche des menschlichen*

Geistes; er haftet diesem Wesen an, ist immer gewesen und wird immer sein. Die Gegenstände der Anbetung können wechseln wie Ihre Moden in Frankreich; aber was macht es für einen Unterschied, ob man sich vor einem ungesäuerten Brotteig, vor dem Stier Apis, vor der Bundeslade oder vor einem Heiligenbild niederwirft? Es lohnt sich nicht, dazwischen zu wählen; der Aberglaube ist derselbe, und die Vernunft vermag nichts dabei.

Friedrich findet das Christentum entartet. In einem Brief vom 18. Oktober 1770 an d'Alembert lesen wir:

Unsere heutigen Religionen gleichen der Religion Christi ebensowenig wie derjenigen der Irokesen. Jesus war Jude, und wir verbrennen die Juden; Jesus predigte Langmut und wir verfolgen; Jesus predigte gute Moral und wir üben sie nicht aus; Jesus hatte keine Dogmen aufgestellt, und erst die Konzilien haben dafür gesorgt; kurz, ein Christ aus dem dritten Jahrhundert ist schon einem aus dem ersten nicht mehr ähnlich. Jesus war eigentlich ein Essäer; er war durchtränkt mit der Moral der Essäer, die viel von derjenigen Zenos hat. Seine Religion war ein reiner Deismus, und wie haben wir sie ausgeschmückt! Wenn ich unter diesen Umständen die Religion Christi verteidige, so verteidige ich nur diejenige aller Philosophen, und ich gebe alle die Dogmen preis, die nicht von ihm sind.

Gleichwohl muß er sich mit der Existenz der Kirchen abfinden, die zu seinem Bedauern wohl noch für Jahrhunderte Bestand haben werden. Am 25. November 1769 schreibt er an d'Alembert:

Ich weiß nicht, welcher Engländer es war, der der christlichen Religion das Horoskop gestellt, ihre Dauer berechnet und dabei ihr Ende auf den Schluß unseres Jahrhunderts festgesetzt hat. Ich würde gar nicht böse sein, dies Schauspiel zu erleben; indessen mir scheint, daß es so schnell nicht gehen wird und daß die Hierarchie ihre verachteten Absurditäten vielleicht noch ein paar Jahrhunderte hindurch aufrecht erhalten wird, zumal sie ja durch die Verzückung des Volkes gestützt werden.

Ähnlich heißt es in einem Schreiben an denselben vom 10. November 1781:

Die Herrschsucht und die Politik der Fürsten werden die Macht des

Heiligen Stuhls in allem, was ihren Interessen entgegen ist, verringern; aber Dummheit, Leichtgläubigkeit und Aberglaube der Völker werden noch viele Jahrhunderte hindurch die Narrheit der einmal akkreditierten Märchen aufrechterhalten. Denken Sie daran, wieviele Jahrhunderte das Heidentum bestanden hat, und schließen Sie daraus, daß die Philosophen niemals über die Schwachköpfe die Oberhand gewinnen werden und daß man in allen Jahrhunderten kaum einen Philosophen auf 100000 Bewohner unseres Himmelskörpers wird rechnen dürfen. Zu diesen Gründen nehmen Sie bitte die allgemeine Erziehung, die sich nur damit beschäftigt, Vorurteile und Irrtümer dem zarten Gehirn einer Jugend einzuprägen, die davon, nachdem sie sie einmal mit der Milch eingesogen hat, für den Rest ihrer Tage einen tiefen Eindruck beibehält. Möglich und wahrscheinlich ist aber, daß man der Zahl nach die Mönche und Kleriker, die Organe und die Trompeten des Fanatismus, stark vermindern wird und daß die Kirchenfürsten, wenn sie in ihrer Macht beschränkt werden, Toleranz üben werden, da sie dann durch Verfolgungen nichts mehr zu gewinnen haben werden. Das ist es, bis wohin mich meine Wahrscheinlichkeitsrechnung führt. Zu glauben aber, daß alle Menschen einmal ohne Irrtümer sein, daß sie alle Philosophen sein werden, ist aus den oben angeführten Gründen unmöglich; durch Vernichtung des Fanatismus sie tolerant zu machen, ist alles, was man wird erreichen können. Lassen wir also die Welt gehen, wie sie geht! Begnügen wir uns damit, frei denken zu können!

Und noch einmal äußert er sich zu diesem Thema am 18. Mai 1782 gegenüber d'Alembert:

Schmeicheln Sie sich nicht damit, daß wir bis zu dem Zeitpunkt gekommen wären, wo die Vernunft über die Menschen herrschen wird. Denken Sie daran, daß erst unlängst ein deutscher Fürst Messen auf seiner Gattin Leib hat lesen lassen in der festen Zuversicht, daß sie davon schwanger würde. Ferner müssen Sie wissen, daß in Sachsen eine Sekte Geister beschwört, wie die Zauberin von Endor, und hören Sie weiter, daß die Freimaurer in ihren Logen eine religiöse Sekte bilden, die – und das will viel sagen! – noch abgeschmackter ist als die bekannten Sekten. So steht es mit unserem armen Menschengeschlecht und so wird es bleiben bis zum Ende der Jahrhunderte. Torheiten, Fabeln, das Wunderbare siegen immer über Vernunft und Wahrheit!

Auch zur Disziplinierung des Volkes hält er die Religion ungeeigneter als das Gesetz, wie er im Dezember 1766 Voltaire erklärt:

Sie glauben, ich sei der Meinung, das Volk habe den Zaum der Religion nötig, um gezügelt zu werden; ich versichere Ihnen, daß das nicht meine Ansicht ist; im Gegenteil, die Erfahrung läßt mich ganz der Meinung Bayles beipflichten. Ohne Gesetze würde eine Gesellschaftsordnung nicht bestehen können, wohl aber ohne Religion, wofern nur eine Macht da ist, die durch Leibesstrafen die Menge zwingt, den Gesetzen zu gehorchen.

Wenig schmeichelhaft äußerte er sich entsprechend seiner Grundhaltung auch über die einzelnen christlichen Konfessionen. Gegenüber dem Fürstbischof von Breslau, Kardinal Philipp Ludwig von Sinzendorff, unterscheidet er sie so: *Die Calvinisten behandeln Gott als ihren Diener, die Lutheraner als ihresgleichen, die Katholiken aber als ihren Gott.* Die hier zuletzt Gelobten kommen in einer anderen Äußerung dafür um so schlechter weg: *Die Reformierten essen ihr Brot ohne ihren Gott; die Lutheraner essen mit und unter ihrem Brot ihren Gott; die Katholiken essen ihren Gott ohne Brot.*

Er selbst stand noch am ehesten dem Protestantismus nahe, den er verschiedentlich *unsere Religion* und sogar *unsere heilige Religion* genannt hat. Dabei dachte er als Oberhaupt der Lutheraner und Reformierten auch praktisch, so wenn er auf einen Plan von Zedlitz zur Verbesserung der Volksschulen schrieb: *Aber Luthers Katechismus soll bleiben, denn es ist das beste Schulbuch für den gemeinen Mann.*

Friedrich glaubte an die Existenz Gottes, wenn er auch manchmal Zweifel hatte und als Gebet vorschlug: *Oh Gott, wenn es einen Gott gibt, erbarme dich meiner Seele, wenn ich eine habe.*

Doch in der Ende November 1780 erschienenen Schrift *De la littérature allemande* schreibt er zu den Aufgaben eines Philosophieprofessors: *Wenn er Spinozas System da angreift, wo es die Existenz des höchsten Wesens zu leugnen scheint, so wird es ihm leicht fallen, es in nichts aufzulösen, besonders, wenn er die Bestimmung jedes Dinges, den Zweck aufzeigt, wozu es geschaffen ist. Alles, selbst das Wachstum eines Grashalmes, beweist das Dasein Gottes.*

Dagegen zweifelte Friedrich an der Unsterblichkeit der Seele und, angesichts der Zustände in der Welt und seiner eigenen Leiden, an der Vorsehung Gottes. Dieser kümmere sich nicht um den einzelnen, wie er seinem langjährigen Vorleser Henri de Catt sagt: *Gott pfeift auf Sie und auf mich!*

Wenn Friedrich sich auch bewußt als Ungläubigen darstellt, so bekennt er doch am 10. Januar 1739 Herrn von Camas: *Der lebendige Glaube ist nicht meine besondere Tugend, aber die christliche Moral ist nichtsdestoweniger die Richtschnur meines Lebens.*

1738 trat Friedrich in die Freimaurerloge ein, doch zog er sich bereits wenige Jahre später wieder zurück. Kurz vor Ausbruch des Siebenjährigen Krieges verbot er sogar seinen Ministern, soweit sie Freimaurer waren, den Besuch der Loge, die er später, wie wir oben sahen, für eine religöse Sekte hielt, die *noch abgeschmackter ist als die bekannten Sekten.* Kurz vor seinem Tode sagte er zu dem ihn damals behandelnden Arzt Zimmermann: *Alchemie und Theurgie* [eine Art von Magie, die Götter für die eigenen Zwecke gewinnen will] *haben ihren Ursprung in der Freimaurerei; ich verlache alle diese Torheiten!*

Obwohl Herrscher über einen christlichen Staat mit überwiegend protestantischer Bevölkerung, wohnte Friedrich während seiner gesamten Regierungszeit nur neunmal einem Gottesdienst bei, doch hat er andererseits niemanden daran gehindert, in die Kirche zu gehen.

Gern umgab Friedrich sich mit – häufig französischen – Freidenkern und erging sich bei der Tafel in nicht enden wollenden Glaubens- und Gotteslästerungen, die in aller Regel zu allgemeinen Heiterkeitsausbrüchen führten. Doch respektierte er den Glauben anderer und enthielt sich jeder spöttischen Bemerkung, wenn der von ihm geschätzte Baron Fouqué unbeirrt sein Tischgebet sprach.

In solchen Fällen nahm er auch Kritik hin. General von Buddenbrock, der Spötteleien über seinen christlichen Glauben nicht duldete, sagte einmal, nachdem er lange geschwiegen hatte: *Wenn Ew. Majestät mir künftig erlauben wollen, bei Ihnen zu speisen, so muß ich gehorsamst bitten, mich mit solchen Dingen verschonen zu lassen, denen ich nicht beipflichten kann und die ich nur mit Unmut hören kann.*

Sofort wurde der König ernsthaft und mahnte die Anwesenden: *Wenn Buddenbrock das nicht hören kann, soll man von anderen Dingen reden!*

Noch deutlicher wurde bei anderer Gelegenheit der alte Zieten. Friedrich hatte ihn an einem Karfreitag zur Mittagstafel eingeladen, doch Zieten entschuldigte sich damit, daß er an diesem hohen Feiertag zum Gottesdienst und zum Abendmahl gehe und danach gern in Andacht allein sei.

Wenige Tage später fragte der König in einer ausgelassenen Tischrunde in Sanssouci: *Nun, Zieten, wie ist Ihnen das Abendmahl am Karfreitag bekommen? Hat Er den wahren Leib und das wahre Blut Christi auch ordentlich verdaut?*

Die Anwesenden brachen in ein schallendes Gelächter aus, Zieten aber erhob sich, verbeugte sich vor dem König und sprach mit fester Stimme:

Ew. Königliche Majestät wissen, daß ich im Kriege keine Gefahr gefürchtet und überall, wo es darauf ankam, mein Leben für Sie und das Vaterland gewagt habe. Diese Gesinnung beseelt mich auch heute noch, und wenn es nützt und Sie befehlen, so lege ich mein graues Haupt gehorsam zu Ihren Füßen. Aber es gibt einen über uns, das ist der Heiland und Erlöser, der für Sie wie für mich gestorben und uns alle mit seinem Blute teuer erkauft hat. Diesen Heiligen lasse ich nicht antasten und verhöhnen, denn auf ihm beruht mein Glaube, mein Trost und meine Hoffnung, im Leben und im Tode. In der Kraft dieses Glaubens hat Ihre brave Armee mutig gekämpft und gesiegt. Unterminieren Ew. Majestät diesen Glauben, dann unterminieren Sie zugleich damit die Staatswohlfahrt. Das ist gewißlich wahr. Halten zu Gnaden.

Totenstille herrschte an der Tafel; alle schauten auf den sichtlich betroffenen König, der aufstand und sprach: *Glücklicher Zieten! Ich habe allen Respekt vor Seinem Glauben! Halte Er ihn fest; es soll nicht wieder geschehen.*

Da danach kein rechtes Gespräch mehr in Gang kommen wollte,

hob der König die Tafel auf und nahm Zietens Arm: *Komme Er mit in mein Kabinett!*

Schon im Feld während des Siebenjährigen Krieges hatte Zieten den König in dem schweren Jahr 1761 mit seinem tiefen Glauben beeindruckt. Selbst in der größten Not hatte er niemals sein Gottvertrauen verloren und hatte versucht, damit auch Friedrich aufzurichten.

Hat Er sich etwa einen neuen Alliierten verschafft? fragte Friedrich spöttisch.

Nein, Ew. Majestät, nur den Alten da oben, und der verläßt uns nicht, der streitet für uns und läßt uns nicht sinken.

Der König brachte es nicht über sich, angesichts des gläubigen Vertrauens in Zietens Gesicht, eine seiner zynischen oder hämischen Bemerkungen zu machen. Im Grunde wußte er selbst, daß nur ein Wunder ihn retten konnte.

Als nach Wochen die Katastrophe abgewendet war, kam Friedrich auf Zietens Äußerung zurück:

Er hat recht gehabt, Sein Alliierter hat Wort gehalten.

Ebenfalls im Siebenjährigen Krieg ritt Friedrich mit Zieten in der Frühe eines Tages neben den Soldaten, die plötzlich ein religiöses Morgenlied anstimmten. Ungehalten meinte er: *Wollen die Kerls wohl die Mäuler halten und das Grölen bleiben lassen.*

Darauf sagte Zieten begütigend: *Ew. Majestät, das müssen Sie den Burschen nicht verwehren, denn das bißchen Religion ist noch das einzige, was vielen von ihnen bei all den Mühseligkeiten, die sie ausstehen müssen, den Mut erhält.*

Nun, so singt weiter, rief Friedrich den Leuten zu, *singt nur!*

Selbst ungläubig, versicherte sich der König bewußt geistlicher Hilfe für seine Soldaten. Nach dem Einmasrsch in Schlesien setzte er einunddreißig neue lutherische Prediger ein, die auf seinen Befehl im Glogauischen ihre erste Predigt halten mußten über 5 Mose 20, 10ff.: *Wenn du vor eine Stadt ziehst, um gegen sie zu kämpfen . . .*

Und als das Land weitgehend erobert war, mußte auf Friedrichs ausdrücklichen Befehl gepredigt werden über 1 Makk 15, 33f.: *Das Land, das wir erobert haben, ist unser väterlich Erbe . . .*

Friedrich wußte, was er an seinen *Bibelhusaren,* wie er die Feldprediger gern nannte, hatte. Als er einmal mitbekam, wie sich einige Offiziere über sie lustig machten, mahnte er: *Ich will, daß jeder Feldprediger, dessen Aufführung gut ist, in Ehren gehalten wird, denn er ist an Gottes Statt!*

Und als 1759 nach der Schlacht von Kunersdorf viele der Feldprediger die Verwundeten nach Stettin begleiteten, ermahnte er die Zurückgebliebenen, den unzufrieden murrenden Soldaten ins Gewissen zu reden und sie aufzurichten.

Daß Friedrich wußte, wieviel selbst zum Tode verurteilten Mördern der geistliche Beistand bedeutete, zeigt ein Schreiben vom 17. April 1765 an das Generalauditoriat, mit dem er einen solchen Beistand untersagte:

Se. Königl. Majestät sind durch die frevelhafte Mordtaten, welche verschiedentlich hier und da von boshaften Leuten an Unschuldigen geschehen, und davon von den Deliquenten die Ursache eines Ueberdrusses von ihrem Leben vorgegeben worden, die aber dabei in dem Aberglauben gestanden, als ob sie durch den Besuch der Prediger oder Geistlichen vor ihrer wohlverdienten Hinrichtung in ihrem Gewissen deshalb beruhigt werden würden, bewogen worden, hierdurch zu verordnen, daß wenn forthin es geschehen sollte, daß jemand eine dergleichen Mordthat beginge, alsdann demselben, er sei auch von was für einer Religion er wolle, andern zu einem um so mehr schreckenden Exempel, während seines Arrestes und bei seiner Hinrichtung, kein Prediger oder anderer Geistlicher zugelassen, sondern derselbe ohne dergleichen zum Tode gebracht werden soll.

In Friedenszeiten achtete der König streng darauf, daß die Soldaten ihre Feiertage hielten. Einmal hatte er der Potsdamer Garnison Befehl gegeben, vor das Tor zu marschieren, wo er bereits wartete. Während er noch hielt, läuteten plötzlich die Glocken, und er fragte den Kommandeur der reitenden Artillerie, den damaligen Hauptmann und späteren Oberstleutnant von Anhalt, was das bedeute.

Es ist heute Karfreitag, Ew. Majestät.

Den Teufel auch! rief Friedrich erschrocken, ritt dem Kommandanten von Potsdam, General Lestwitz entgegen und tadelte ihn, daß er ihn nicht auf den Feiertag hingewiesen habe. *Ich,* fügte er hinzu, *habe mehr zu bedenken.*

Der König beachtete keinen kirchlichen Feiertag. Einmal ritt er an einem Pfingstmontag an einer Potsdamer Kirche vorbei und hörte Gesang.

Was feiern sie denn heute für ein Fest? erkundigte er sich bei dem neben ihm reitenden Stabsoffizier.

Es ist Pfingsten, Ew. Majestät.

Aha, zum Andenken an den Tag, da die Apostel betrunken waren.

Das hat ihnen zwar die Medisance [üble Nachrede; Verleumdung] *von jeher nachgeredet,* antwortete der Offizier, *aber man hat es ihr nie geglaubt.*

Friedrichs areligiöse Haltung wie seine politische Überzeugung ließen ihn Abstand nehmen vom Gottesgnadentum der Monarchie, und er reagierte sehr ungnädig, wenn jemand ihn über die Sterblichen erhob. Wie General von Rüchel berichtet, war Friedrich nach dem Siebenjährigen Krieg Pate bei dem Sohn eines von ihm geschätzten Generals geworden. Der die Taufe vollziehende Prediger hatte schon bei der Predigt dem König zu plump geschmeichelt und profanierte schließlich die Taufformel, indem er sagte: *Friedrich, ich taufe dich im Namen Friedrichs des Großen . . .*

Hochrot vor Zorn fuhr dieser ihn darauf an: *Halt, Priester! Er ist ein Narr! In meinem Namen will Er das Kind taufen? Was hat es davon, wenn ich gestorben bin? Taufe Er nach der kirchlichen Vorschrift, sonst jage ich Ihn zum Teufel.*

Aus demselben Grunde reagierte Friedrich auch 1783 bei einer Reise durch Oberschlesien gereizt, als polnische Untertanen nach alter Tradition ihre Bittschriften kniend überreichten. Sofort befahl er Zedlitz, durch das Breslauer Oberkonsistorium von allen Kanzeln das Niederknien vor ihm verbieten zu lassen, weil solches nur Gott zukomme.

Als Herrscher begrüßte Friedrich das Nebeneinander verschiedener Konfessionen in seinem Staat. In seinen *Memoires pour servir à l'histoire de la maison de Brandebourg* schreibt er *(Von Aberglauben und der Religion,* 3. Artikel): *Wenn es in der Welt nur eine Religion gäbe, würde ihr Hochmut und ihr Despotismus schrankenlos sein; die Geistlichen würden ebensoviele Tyrannen sein, die das Volk mit aller Strenge behandeln und Nachsicht nur bei ihren eigenen Verbrechen üben würden; Glaube, Ehrgeiz und Politik würden ihnen die ganze Welt unterwerfen. Da es aber jetzt mehrere Religionen gibt, kann keine von ihnen, ohne es hinterher bereuen zu müssen, die Bahnen der Mäßigung verlassen. Das Beispiel der Reformation ist für den Papst ein Zügel, der ihn hindert, sich seinem Ehrgeiz hinzugeben, und mit Recht fürchtet er den Abfall seiner Gläubigen für den Fall, daß er mit seiner Macht Mißbrauch treibt; daher wird er sparsam mit seinen Exkommunikationen, seitdem eine solche Maßnahme ihn Heinrich VIII. und das Königreich England kostete. Die katholische und die protestantische Geistlichkeit, die sich gegenseitig mit kritischen Blicken beobachten, sind beide genötigt, wenigstens den äußeren Zustand zu wahren; so bleibt das Ganze im Gleichgewicht... Betrachtet man die Religion lediglich vom Standpunkt des Politikers, so scheint die protestantische für die Republiken wie Monarchien die geeignetere zu sein. Sie paßt am besten zu dem Geist der Freiheit, der das Wesen jener ist... In den Monarchien ist die protestantische Religion, die von niemandem abhängt, ganz der Regierung unterworfen, während die katholische einen geistigen, höchst mächtigen, in Komplotten und Ränken fruchtbaren Staat in dem weltlichen Staate des Fürsten bildet.*

Ähnlich heißt es in Friedrichs Instruktion, die er dem Major Adrian Heinrich von Borcke für die Erziehung eines seiner Neffen in die Hand gab: *Wenn er* [der junge Prinz] *einige Jahre älter ist, kann man ihm eine kurze Übersicht über die Lehren der Philosophen und der verschiedenen Religionen geben, jedoch ohne ihm gegen eine derselben Haß einzuflößen; vielmehr soll man ihm klarmachen, daß sie alle Gott anbeten, wenn auch auf verschiedenen Wegen. Er soll den Geistlichen, der ihn unterrichtet, nicht allzu hoch schätzen und soll nichts glauben, worüber er nicht vorher nachgedacht hat. Die katholische Religion ist in Schlesien, im Herzogtum Cleve und andernorts ziemlich verbreitet. Wenn dieser Knabe ein fanatischer Calvinist würde, wäre alles verloren. Es ist dringend nötig, sogar den Geistlichen daran zu hindern, daß er aus frommem Eifer Beschimpfendes gegen die Papisten äußert. Ande-*

rerseits soll der Hofmeister seinem Zögling auf geschickte Weise zu verstehen geben, daß es im Hinblick auf die Verfolgungen durch die Päpste nichts Gefährlicheres gibt, als die Vorherrschaft der Katholiken in einem Staate, denn ein protestantischer Fürst ist in seinem Lande weit mehr Herr als ein katholischer.

Im *Fürstenspiegel* von 1744 für den Herzog Karl Eugen von Württemberg warnt Friedrich: *Hüten Sie sich also vor dem Fanatismus in der Religion, der Verfolgungen hervorbringt... Durch Toleranz werden Sie Verehrung ernten, durch Verfolgung aber Abscheu erregen.*

Aber es war sicherlich nicht allein ein Akt der Berechnung, der Friedrich veranlaßte, religiöse Toleranz zu üben. Diese besaß im Hause Hohenzollern Tradition, und er führte sie in der ihm eigenen Art weiter. So gestattete er, außerhalb und oberhalb der Konfessionen stehend, 1773 den vom Papst verbotenen und von ihm nicht gerade geschätzten Jesuiten das Wirken in seinen Landen.

Den berühmtesten Ausdruck fand Friedrichs religiöse Toleranz in der schon erwähnten berühmten Randbemerkung vom 22. Juni 1740 *(Die Religionen Müsen alle Tolleriret werden...)*.

Den Katholiken, denen bereits sein Vater 1732 mit der Auflage, daß sie nicht missionierten, freie Religionsausübung gewährt hatte, räumte Friedrich weitere Rechte ein. Am 22. November 1746 genehmigte er in Berlin den Bau der Hedwigskirche; am 4. Dezember desselben Jahres gestand er gegen rechtliche Bedenken Coccejis den ostfriesischen Katholiken freie Religionsausübung zu: *ich erlaube ihnen das Freye exserzisse ihrer Religion, nebst Pater und was dazu gehöret.*

Obwohl die – aus dem Jahre 1610 stammenden – Statuten der Universität Frankfurt/Oder dies nicht zuließen, ernannte er den katholischen Mediziner Dr. von Steinhaus zum a. o. Professor: *Das thuet nichts, wan er Habil ist, die Doctores Seindt überdem zu gute Fisici um glauben zu haben.*

Umgekehrt erlaubte er im Jahre 1784 dem protestantischen Herzog von Kurland, eine evangelische Schloßkirche auf einer seiner schlesischen Besitzungen zu bauen: *Durchl. Herzog, freundlich lieber Vetter! Nach denen Grundsätzen Meiner Regierung haben alle Nationen eine vollkommene Gewissensfreiheit; und Ew. Liebden können dahero ohne alles Bedenken die in Dero Schreiben bemerkte evangelische Kirche, nach Dero eigenem Gutfinden erbauen lassen...*

Wie den größeren christlichen Konfessionen gewährte Friedrich auch den Orthodoxen wie unterschiedlichen kleineren evangelischen Gruppierungen das Recht, ihre Religion ungehindert ausüben, nicht jedoch missionieren zu dürfen, so den Unitariern, den Schwenckfeldern, den Hussiten und den Brüdergemeinen (Böhmische, Mährische Brüder, Brüderunität, Herrnhuter).

Eine Sonderstellung nahmen die Juden ein, für die Friedrich, weniger aus religiösen als aus rassischen und sozialpolitischen Gründen, nicht *portiert* war. Deshalb hielt er die Zahl der Schutzbriefe, ohne die sie keine Aufenthaltserlaubnis hatten, möglichst klein, und 1775 heißt es in einer Randbemerkung, daß er *Juden genung* in seinem Lande habe.

Seine Einschätzung wird deutlich, als einer seiner Tischgesellschafter ihm im Scherz zu einer neuen *Acquisition* (Neuerwerbung) gratulierte.

Und, worin besteht diese? wollte Friedrich wissen.

Ein reicher Jude hat sich in Ew. Majestät Staat niedergelassen und ist Christ geworden.

Über diese Acquisition freue ich mich bestimmt nicht, sagte Friedrich und fuhr nach einer kleinen Pause fort: *Ich glaube, der Patron ist des Sündenbocks überdrüssig geworden und hat sich nun unter die Schafe begeben. Aber die guten Schafe mögen sich in acht nehmen, daß er nicht ihr Bock wird und ihre Wolle an seinen Hörnern sitzen bleibt.*

Waren sie jedoch seine Untertanen, genossen die Juden den gleichen Schutz wie alle. Ein Schutzjude hatte sich beim König über einige seiner Offiziere beschwert, die Geld geliehen und, statt es zurückzuzahlen, ihren Gläubiger schikaniert hatten. Darauf schrieb Friedrich an den Kommandeur der Offiziere:

Herr Obrist! Was er hält für schlechte Ordnung bey seinem Regimente! Seine Officiers insultiren ja meine treuen Unterthanen, die ihn und mich ernähren müssen, aller Orten. Das rathe ich ihm, daß er das sogleich abstellet, und die jungen Fähnrichs in Zucht hält, oder ich werde ihn besonders dafür ansehen. Vorzüglich schaff er mir dem Juden Ruhe, denn dieser Unterthan ist mir so werth als ein anderer. Weiß er was? Richte er sich hierunter auf das genaueste nach meiner Willensmeynung, und laß er sich dieses zur Warnung und Befolgung dienen.

So wie er selbst Toleranz übte, verlangte Friedrich sie auch von den einzelnen Konfessionen. Scharf wandte er sich am 23. April 1756 an den Koadjutor von Breslau, Philipp von Schaffgotsch, wegen der sogenannten Kontroverspredigten:

Da meine landesväterliche Vorsorge und Absicht, währender Zeit Meiner Regierung in Schlesien, jedesmal mit dahin gegangen ist, daß unter den dasigen Unterthanen beyderseitiger dort etablirten Religionen allemal ein gutes Vernehmen und Einigkeit unterhalten werden möge, sonder daß dadurch jemanden in Seiner Religionsmeynung zunahe getreten werde: Ich aber in Erfahrung komme, wie zeithero in verschiedenen der dortigen catholischen Kirchen und Klöster, aus einer üblen und schädlichen alten Gewohnheit, die sogenannten alten Controverspredigten gehalten, und darinn unter vielen Ausschweifungen mehrentheils absurde und unanständige Dinge vorgetragen werden, die, anstatt die Zuhörer zu erbauen, nur lediglich unter den verschiedenen Religionsverwandten Haß und Widerwillen zu verursachen abzwecken: Ich aber des Sentiments bin, daß Leute, die einmal in einem Lande und unter einer Regierung wohnen, auch unter sich in einem guten Vernehmen und Einigkeit stehen, und von beyden Seiten alles vermieden werden müsse, was unter selbigen einigen Aigreur [Verbitterung] *und Widerwillen verursachen kann:*

So habe ich vor gut gefunden, Ew. Liebden dieses Mein Sentiment, und zugleich Meine darunter führende Willensmeynung dahin zu erkennen zu geben, daß nemlich Dieselben Dero Orts die Veranlassung an die dortige Geistlichkeit catholischer Religion dahin thun, und das Nöthige deshalb besorgen, auch darauf mit Effect halten, damit von nun an und künftighin alle dergleichen Controverspredigten überall durch ganz Schlesien, Meiner Hoheit, in den catholischen Kirchen und Klöstern gänzlich abgestellet und vermieden werden müssen, dergestalt, daß zwar den römischcatholischen Unterthanen die Sätze ihrer Religion und Thesi [Theses] *in den Predigten von der Geistlichkeit vorgetragen und expliciret werden, letztere aber sich dabey aller Ausschweifungen und unanständigen Scheltens und Lästerns, so nur zum Aigreur und Vermehrung des Widerwillens unter den verschiedenen Religionsverwandten gereichet, gänzlich und bey Vermeidung deshalb sträflich zu werden, enthalten müssen. Ich bin von Ew. Liebden und Dero Penetration, auch wohlgemeinten patriotischen Gesinnung versichert, daß dieselben sich hierunter Meiner Willensmeynung und landesväterlichen Absicht völlig, und auf das exacteste confirmiren, auch sothaner zufolge das Nöthige deshalb veranlassen werden. Wohergegen Ich denenselben zugleich bekannt mache, daß Ich dem Departement der geistlichen Affairen aufgegeben habe, die Verfügung zu thun, damit von der Geistlichkeit der evangelischen Religionsverwandten in Schlesien ein Gleiches geschehen und beobachtet werden müsse.*

Am selben Tag schickte er dem Minister des Geistlichen Departements eine Abschrift des Briefes und befahl, die Oberamtsregierungen und Konsistorien in Schlesien anzuweisen, daß auch die protestantische Geistlichkeit in Schlesien sich *alles Scheltens, Schmähens und Verketzerns gänzlich enthalten* und *ihren Zuhörern vielmehr durch Lehr und Wandel mit guten Exempeln zur Moderation und guten Verträglichkeit vorgehen* solle.

1783 diktierte er anläßlich des Streits zwischen einer lutherischen und einer reformierten Gemeinde:

Meine Willensmeynung ist, daß alle die Religionen, die ihren Gottesdienst hier im Lande haben, sollen das so haben, wie sie wollen, ohne sie zu stören; die Lutheraner auf ihre Weise, und die Reformirten eben so gut, wie die andern; überdem ist diese ja die Familienreligion.

Friedrich wandte sich nicht nur gegen die Streitigkeiten der verschiedenen Konfessionen untereinander, sondern auch gegen das Eifern von Predigern gegen Gemeindemitglieder mit abweichenden Meinungen, wie aus einem Schreiben vom 12. August 1749 zu ersehen ist:

Seine königl. Maj. in Preußen haben in Erfahrung gebracht, daß das geistliche Ministerium in Stargard, und in solchem vornehmlich der lutherische Prediger Essart, sich zeithero unternommen, einige daselbst wohnende ehrliche Bürgersleute, wegen ihrer besonderen Religions-

meynungen, nicht allein bey aller Gelegenheit zu verfolgen, und wider selbige auf eine höchst unanständige Weise fast in allen Predigten zu poltern und zu schimpfen, sondern auch sogar dieselben, wenn sie sterben, einen Platz auf den ordentlichen Kirchhöfen zu versagen, und die Leichen an schändliche Oerter zu verweisen. Gleichwie aber höchstgedachter Sr. kön. Maj. dergleichen ganz unchristliches und höchst unvernünftiges Betragen der oberwähnten Geistlichkeit zu recht grossem Mißfallen gereichet; solches auch um so schändlicher und strafbarer ist, da es nicht allein den Grundregeln des Christenthums selbst, sondern zugleich Deroselben wegen Verstattung der Gewissensfreyheit so vielfältig declarirter allergnädigster Willensmeynung schnurstrack entgegen läuft: also haben Sie auch derselben dieses grobe Vergehen wider Gott, die Obrigkeit, und die gesunde Vernunft, hierdurch aufs nachdrücklichste verweisen, ihr aber zugleich so gnädigst als ernstlichst anbefehlen wollen, von dergleichen ungeziemendem Verfahren inskünftige abzustehen, die Kanzeln nicht ferner zum Tummelplatz ihrer Affecten zu gebrauchen, alles Polterns und Schmähens auf solchen sich gänzlich zu enthalten, und überhaupt einem jeden bey seinem Religionssentiment und seiner Gewissensfreyheit ungestört und ungekränket zu lassen, insonderheit aber auch wegen des Begräbnisses dergleichen Leute auf den ordentlichen Kirchhöfen, zum Aergerniß und Spectakel der ganzen Stadt, unter keinerley Prätext weiter einige Schwierigkeit zu machen. Uebrigens haben Se. königl. Majest. zu den mehrerwehnten Predigern das gnädigste Vertrauen, daß sie insgesammt nach dieser positiven Ordre sich stricte richten, und durch Hintansetzung derselben Ihnen keinen Anlaß geben werden, sie Dero Ungnade, durch Statuirung eines eclatanten Exempels, empfinden zu lassen.

Eine Abschrift des Briefes schickte er am selben Tage an die Pommersche Regierung und das Konsistorium und ordnete an, daß seine Befehle über Stargard hinaus befolgt werden sollten *und ein jeder bey seiner Art Gott zu dienen, so lange dadurch die gemeine Ruhe nicht gestöret wird, ungekränket gelassen werden müsse.*

Die *gemeine Ruhe* sah der König gefährdet durch das oft von ihm gerügte *Proselytenmachen,* namentlich der Brüdergemeine. Warnend schreibt er 1746: *Ich will nicht, daß man die Gutherzigkeit und*

Leichtgläubigkeit der Menschen mißbrauchen soll, und liebe meine Untertanen zu sehr, um sie irre führen zu lassen.

Hart griff er nach dem Siebenjährigen Krieg ein, als er erfuhr, daß die Frau eines Landrats zahlreiche Bauernmädchen aus einem protestantischen Dorf ihren Eltern hatte wegnehmen und sie in dem im Ort gelegenen Nonnenkloster katholisch erziehen lassen.

Er befahl dem Kloster, die Mädchen unverzüglich frei zu lassen, und die Frau des Landrats mußte, unter Androhung der doppelten Strafe, jedem Mädchen zweihundert Taler für ihre Aussteuer zahlen.

Ich bin gewissermaßen der Papst der Lutheraner und von den Reformierten das Oberhaupt der Kirche, schreibt Friedrich im *Politischen Testament* von 1752. Damit stand ihm das Recht zu, über die Kirchen zu wachen, die Verwaltung der Kirchengüter zu kontrollieren, Pfarrer zu ernennen oder Ehedispense zu erteilen.

Diese Tätigkeit brachte einen regen Schriftverkehr mit sich, in dem Friedrich sich oft recht drastisch zu Fragen des Glaubens, der Kirchen und – vor allem – ihrer Diener äußerte.

1736 hatte Friedrich Wilhelm I. in den lutherischen Kirchen seines Landes die Abschaffung älterer, zum Teil vorreformatorischer Zeremonien befohlen. Nach seinem Regierungsantritt schränkte Friedrich das Edikt am 3. Juli 1740 in der Weise ein, daß er es den Predigern überließ, ob sie die abgeschafften Riten wieder einführen wollten. Zu denen, die bei der Abschaffung bleiben wollten, gehörte auch der Prediger von Großdedeleben, einem Dorf im Fürstentum Halberstadt. Die Gemeinde war jedoch anderer Ansicht; es kam zum Streit. Da man sich nicht einigen konnte, verklagte die Gemeinde den Prediger beim Konsistorium in Halberstadt, das den Diözesaninspektor Teuber mit einer Untersuchung beauftragte. Der fand zwar am Vorgehen des Predigers nichts auszusetzen, empfahl ihm aber dennoch, sich nach dem Willen der Gemeinde zu richten.

Darauf brachte dieser den Fall direkt vor den König, der an das Konsistorium schrieb: *Es ist mir zwar ganz gleichgültig, ob die Gemeinde zu Großdedeleben sich Gebete will absingen oder ablesen lassen und ob sie bei der Kommunion am hellen Tage Lichter anzünden will oder nicht: da aber der Prediger und auch der Inspektor Teuber solche vernünftigen Gründe angeben, warum er die alten Ritus will abgeschafft lassen: so muß er gegen das ungestüme Zudringen der Gemeinde geschützt und diese belehrt werden, daß es beim Christentum nicht auf äußere Gebräuche, sondern auf einen freundlichen, rechtschaffenen Lebenswandel ankomme.*

1780 hatte das Berliner Oberkonsistorium ein neues Gesangbuch zum gottesdienstlichen Gebrauch eingeführt, das auf den erbitterten Widerstand vieler Gemeinden stieß. Vier von ihnen wandten sich direkt an den König mit der Bitte, ihr gewohntes Porstensches Gesangbuch behalten zu dürfen. Darauf erging am 18. Januar 1781 folgender Bescheid:

S. Maj. unser allergnädigster Herr kennen den großen Wert einer vernünftigen Toleranz in Religionsbräuchen zu genau, um auf die von den hiesigen vier Gemeinden unter dem 14ten eingegebenen Neuerungen Rücksicht zu nehmen, noch weniger dagegen zu verordnen.

Höchstdieselben haben es sich vielmehr aus völliger Überzeugung, daß es die Pflicht eines jeden guten Landesherrn und Vaters ist, zum unveränderlichen Gesetz gemacht, jeden Dero Untertanen völlige Freiheit zu lassen, zu glauben und seinen Gottesdienst zu verrichten, wie er will, nur daß seine Lehrsätze und Religionsübungen weder der Ruhe des Staates noch den guten Sitten nachteilig sein müssen. Höchstdieselben wollen daher auch, daß in den Kirchen kein Zwang in Ansehung des Katechismi noch Gesangbuches herrschen, sondern jeder Glaube hierunter ganz freie Hände haben und behalten soll.

Vermutlich ist der neue Katechismus, so wie das neue Gesangbuch, verständlicher, vernünftiger und dem wahren Gottesdienste angemeßner, weil so viele andre Gemeinden, bei welchen so in allgemeinem Ruf stehende Männer sich befinden, ihm den Vorzug eingeräumt haben.

Gedachte vier Gemeinden haben daher sich gänzlich zu beruhigen, da, wie bereits gedacht, Ihnen sowohl als jedem Ihrer Untertanen, ganz frei steht zu glauben und singen, was er will.

Dazu schrieb der König eigenhändig:

Ein jeder kann bei mir glauben, was er will, wenn er nur ehrlich ist. Was die Gesangbücher angeht, so stehet einem jeden frei zu singen: ›Nun ruhen alle Wälder‹ oder dergleichen dummes und törichtes Zeug mehr. Aber die Priester müssen die Toleranz nicht vergessen, denn ihnen wird keine Verfolgung gestattet werden.

In einer katholischen Kirche in Neiße stellte man fest, daß wiederholt der Gottesmutter geopferte Silbermünzen gestohlen wurden. Der Verdacht des Küsters richtete sich gegen einen Soldaten, der bei den Gottesdiensten stets der erste und der letzte zu sein pflegte. Daraufhin wurde er beim Herausgehen angehalten, und man fand einige gestohlene Münzen bei ihm. Obwohl so überführt, leugnete er heftig, die Münzen gestohlen zu haben, und behauptete, die heiligste Jungfrau Maria, an die er sich in seiner Not gewendet hätte, brächte ihm die Silberstücke selbst nächtens in sein Quartier.

Trotz dieser Ausrede wurde er hart bestraft. Doch als das Urteil dem König zur Unterschrift vorgelegt wurde, unterschrieb er nicht. Vielmehr ließ er einige katholische Theologen fragen, ob nach der Lehre ihrer Kirche ein solcher Fall möglich sei. Sie antworteten, ein solches Wunder sei zwar selten, aber nicht völlig unmöglich. Nun schrieb Friedrich unter das Urteil:

Der vorgebliche Uebeltäter wird von der Strafe losgesprochen, da er zumal den Diebstahl zu leugnen beharrt und nach der Erklärung der Theologen seiner Kirche das gewirkte Wunderwerk nicht unmöglich ist. Allein für die Zukunft verbiete ich ihm bei harter Strafe, weder von der hl. Jungfrau noch von irgend einem anderen Heiligen etwas mehr anzunehmen.

Naturgemäß wurde Friedrich mit Angelegenheiten der katholischen Kirche weniger befaßt, was ihm wohl auch nicht unlieb war, hatte er doch bereits in den ersten Jahren seiner Regierung unangenehme Erfahrungen machen müssen. Nach dem Ende des Ersten Schlesischen Krieges hatte er dem aus der Verbannung in Wien nach Breslau zurückgekehrten Kardinal von Sinzendorff den damals sechsundzwanzig Jahre alten Kanonikus Gotthard von Schaffgotsch als Koadjutor an die Seite stellen wollen, damit dieser später Bischof von Breslau würde. Dieser Plan stieß bei Klerus und Volk wie in Rom auf lebhaften Widerstand, weil der aus einem der reichsten und vornehmsten Geschlechter Schlesiens stammende Kandidat des Königs sich mehr durch weltmännisch gewandtes Auftreten und einen freizügigen

Lebenswandel ausgezeichnet hatte als durch ein frommes, gottgefälliges Verhalten.

Am 17. Dezember 1743 schrieb Friedrich an Sinzendorff: *Der Heilige Geist und ich sind übereingekommen, daß der Prälat Schaffgotsch Koadjutor von Breslau sein soll, und die von Ihren Domherren, die sich dem widersetzen, sollen als Leute betrachtet werden, die dem Wiener Hofe und dem Teufel ergeben sind, und die den höchsten Grad der Verdammnis verdienen, weil sie dem Heiligen Geist Widerstand leisten.*

Schon am 25. Dezember antwortete der Kardinal, den der König auf seine Seite gezogen hatte: *Das große Einvernehmen zwischen dem Heiligen Geiste und Eurer Majestät ist eine große Neuigkeit für mich; ich wußte nicht einmal, daß die Bekanntschaft gemacht war. Ich wünsche, daß er dem Papste und den Domherren Eingebungen schicke, die unseren Wünschen entsprechen.*

Da das Domkapitel trotz der Drohungen standhaft blieb, nahm der König die Ernennung eigenmächtig vor. Schaffgotsch teilte dies der Kaiserin Maria Theresia und Papst Benedikt XIV. mit. Auf eine ungnädige Antwort aus Rom reagierte Friedrich in einem Schreiben an den Kardinal Tencin am 4. August 1744: *Gestatten Sie, daß ich Ihnen die Unwissenheit des römischen Hofes in betreff der schlesischen Angelegenheiten darlege. Sie müssen wissen, daß ein Teil des Bistums Breslau in dem Teile Schlesiens liegt, der der Königin von Ungarn verblieben ist. Deswegen habe ich es für schicklich gehalten, daß mein Koadjutor seine Wahl der Königin anzeigt – woran man in Rom nicht einmal gedacht hat. Ihr Heiliger Vater kennt das Alphabet nicht und will über die Orthographie entscheiden: das ist jämmerlich! Lehren Sie ihn Lebensart, lieber Kardinal, und bringen Sie ihm gleichzeitig die Überzeugung bei, daß Könige niemals für Ketzer gelten können, und daß die Päpste, wenn sie diese dafür nehmen wollen, gut tun würden, sich an die Geschichte Englands zu erinnern ...*

Der Streit mit Rom war noch nicht entschieden, als Sinzendorff 1747 starb. Im Jahr darauf erfolgte die Präkonisation (Namensverkündigung eines gewählten Bischofs im Kardinalskollegium) Schaffgotschs durch den Papst, ohne daß jedoch die königliche Nomination erwähnt wurde.

Vor der bereits 1747 auf Betreiben Friedrichs erfolgten Wahl

Schaffgotschs zum Fürstbischof durch das Domkapitel hatte Friedrich zu einer List gegriffen, um seinen Kandidaten trotz seines schlechten Rufes bei Klerus und Volk als für das Bischofsamt geeignet erscheinen zu lassen. In Schaffgotschs Hauskapelle, so hat der König selbst mehrfach die Anekdote erzählt, hing ein altes, von den Gläubigen hochverehrtes Kruzifix. Die Haare auf dem Haupt der Christusfigur waren im Laufe der Zeit sehr schütter geworden, aber plötzlich wuchsen sie – mit Hilfe eines von Friedrich gedungenen Friseurs – und wurden von Tag zu Tag dichter.

In Windeseile sprach sich das »Wunder« beim gläubigen Volk herum, das nun Schaffgotsch in einem neuen, besseren Licht sah: Er mußte doch schon sehr fromm sein, wenn in seinem Hause solche Wunder geschahen.

Später hielt sich Friedrich aus innerkirchlichen Streitigkeiten der Katholiken heraus. Als sich 1785 der schlesische Franziskanerpater Pitzner in einer persönlichen Angelegenheit an ihn wandte, erklärte er sich für nicht zuständig und verwies ihn an den Weihbischof von Rothkirch zu Breslau, *denn allhier können dergleichen katholische Sachen, wie die seinige, nicht abgemacht werden, und wie können auch Ketzer davor urteilen, was er mit dem Franziskanerkloster wegen übertretener Gelübde für Streit habe. Es bleibt für ihn also weiter nichts übrig, als bei dem Weihbischof von Rothkirch zu Breslau sich zu melden, wohin die Sache auch bereits gegangen ist.*

Häufig wurde der König mit der Besetzung von Pfarrersstellen befaßt. In der Regel überließ er es den Gemeinden, ihre Pfarrer selbst zu wählen. Dann wandten diese sich teils an das Oberkonsistorium, teils an ihn, um einen bestimmten Kandidaten zu erbitten. Lehnte das Oberkonsistorium einen Vorschlag ab und beschwerten sich die Gemeinden darüber bei ihm, bezeichnete er das Vorgehen seiner Kirchenbehörde meist als Schikane.

Zahlreiche Kabinettsbefehle lauten in diesem Sinne. Am 20. November 1772 schreibt er: *Guhte mores ist das 1te vohr ein Dorf prister, und wan er die Bauern gefält, so mus man Sie nicht chicaniren.*

Unter dem 17. Juli 1784 lesen wir: *Se. königl. Majestät wollen den Gemeinen gar nicht verwehren, wenn sie den einen Prediger lieber haben wollen, wie den andern, daß sie sich den wählen, zu dem sie das meiste Vertrauen haben, denn er prediget vor sie. Nur muß das ein ordentlicher Mensch seyn, gegen dessen Leben und Wandel nichts zu sagen ist.*

Oft allerdings kam es vor, daß sich in den Gemeinden zwei oder drei Parteien bildeten, die jeweils ihren eigenen Kandidaten durchbringen wollten und sich getrennt an den König wandten. Dann geschah es mehrfach, daß Friedrich jeder der Parteien ihren Kandidaten bewilligte. Wenn er dann durch das Oberkonsistorium auf seinen Fehler hingewiesen und gebeten wurde, zu entscheiden, wer denn nun die Pfarrei bekommen sollte, schrieb er als Antwort *den die Gemeinen zum liebsten haben will; der beste; der beste, ich kenne die Chekers nicht* oder *den Fafen, welchen sie haben wollen.*

In einem anderen Falle hatte er durch einen Kabinettsbefehl einem Prediger eine Stelle zugesagt; doch sollte der alte Stelleninhaber ihn bis zu seinem Tode bezahlen. Da dieser aber von seinen Einkünften nicht so viel missen konnte, daß es für den Nachfolger und dessen Familie gereicht hätte, schickte das Geistliche Departement für den Übergang einen Kandidaten in die Gemeinde, der den Emeritus bis zu seinem Tode unterstützen sollte.

Dieser Kandidat gefiel der Gemeinde so gut, daß sie sich an den König wandte mit der Bitte, ihm nach dem Ableben ihres alten Predigers die Stelle zu geben. Friedrich willigte ein und erteilte dem Departement einen entsprechenden Befehl. Das jedoch schrieb zurück, Seine Majestät habe selbst bereits einen anderen Prediger zum Nachfolger bestellt.

Friedrich aber blieb bei seiner letzten Entscheidung: *Mag sein, vox populi vox dei, B.* [der neue] *soll die Stelle haben.*

In einigen Fällen erbaten sich die Gemeinden die Söhne ihrer Prediger als deren Adjunkten (Gehilfen) und Nachfolger aus, so daß manche Pfarreien seit über einem Jahrhundert gewissermaßen im Familienbesitz waren. Diese Praktik allerdings lehnte der König ab. Am 18. Mai 1743 schrieb er eigenhändig auf einen solchen Antrag: *Die Söhne Müssen die Vähter nicht adjungiret werden, Sonst werden die Pfarren Hereditaire* [erblich].

Manchmal stieß der König auch auf Widerstand bei seinen Entscheidungen. Die Stände von Valangin im damals zu Preußen gehörenden schweizerischen Kanton Neuenburg hatten einen reformierten Prediger abgesetzt, weil er gegen die Ewigkeit der Höllenstrafen gepredigt hatte. Darauf wandte sich der Prediger an den König, der in einer Kabinettsordre befahl, mehr Toleranz zu üben und den Mann wieder einzusetzen. Dagegen wiesen die Stände, im Ton ehrfurchtsvoll, aber in der Sache hart, auf ihre Gerechtsame hin und weigerten sich, den Prediger wieder einzusetzen.

Friedrich lenkte ein und entschied: *Wenn meine Untertanen von Valangin durchaus ewig verdammt sein wollen, so habe ich nichts dagegen.*

Dagegen setzte er sich in einem anderen Fall über die Bedenken der Gemeinde hinweg. Das Oberkonsistorium hatte den Theologen Eberhard aus Halle zum Prediger in Charlottenburg berufen. Die Bürgerschaft protestierte dagegen, weil er eine *Apologie des Sokrates* geschrieben habe. Als ihr Einspruch zurückgewiesen wurde, wandten sich die Bürger direkt an den König und schrieben, sie könnten ihre Seelsorge keinem Mann anvertrauen, der in einem seiner Werke behauptet habe, daß der verfluchte Heide Sokrates selig wäre.

Der König schrieb: *Ich will daß Socrates selig seyn, und Eberhardt Euer Prediger werden soll.*

Viele der Entscheide Friedrichs zu kirchlichen Angelegenheiten sind besser zu verstehen, wenn man seine abgrundtiefe Geringschätzung der Theologen berücksichtigt, von der die Randbemerkungen ein beredtes Zeugnis geben. So sehr er die Philosophen schätzte, so sehr verachtete er die Theologen.

Ein Teologus ist leicht zu finden, das ist ein Thier Sonder Vernunft, schreibt er am 7. Februar 1783 anläßlich der Besetzung der dritten theologischen Professur in Königsberg. Er *approbiert* [billigt] *keineswegs,* wie er in einem Kabinettsbefehl vom 6. April 1753 schreibt, bei Theologen *den geistlichen Hochmuth und die vanité* [Eitelkeit] *mit grossen Tituln zu prangen.* Als in einem Gespräch mit Berliner Gelehrten die Rede auf die Geistlichen und ihren Ornat kam, sagte Friedrich: *Ich habe nichts wider die Prediger, nur das kann ich nicht leiden, daß sie sich durch besondere Kleidung von anderen Menschen unterscheiden wollen, und daß sie sich für Statthalter Gottes ausgeben. Denn was ist der Mensch gegen Gott? Ein Tropfen im Ozean!*

Als man ihm den Brief eines Kapuziners zeigte, den dieser nach der Gewohnheit seines Ordens unterzeichnet hatte mit *Unwürdiger Kapuziner*, meinte Friedrich: *Nun, wenn der Mensch nicht einmal würdig ist, ein Kapuziner zu sein, so möchte ich doch wissen, wessen er würdig wäre.*

Ein etwas schlichter Geistlicher widmete dem König eine Abhandlung mit dem Titel *Die Sünden wider den heiligen Geist*. Friedrich antwortete: *Seine Sünden wider den heiligen Geist habe ich richtig erhalten, und ich bitte Gott, daß er Seinen Verstand in seine gnädige Obhut nehmen möge.*

Häufig wirft er den Theologen eine zu weltliche Haltung vor. Als er das Kloster Leubus besichtigte und dort in den sogenannten Fürstensaal geführt wurde, rief er im Anblick von so viel weltlicher Pracht: *Mein Gott, Leute! Sagt mir doch, was ihr mit all den Sachen macht.*

Das auf Kosten des Königs gebaute Prediger- und Schulhaus in Potsdam erhielt einen neuen Eingang. Inspektor und Diakon ersuchten den König schriftlich, für jeden Prediger einen gesonderten Eingang machen zu lassen. Friedrichs eigenhändiger Bescheid: *Es gibt nur eine Tür zum Himmel.*

Zu den Geistlichen, die Friedrich seine Abneigung spüren ließ, zählte der ehemalige magdeburgische Konsistorialrat und Generalsuperintendent und spätere Abt des Klosters Bergen bei Magdeburg, Hähn. Am 8. April 1764 hatte ihm der König noch versichert: *Unser vollkommenes Vertrauen in eurer gewissenhaften Beförderung der Wohlfahrt des Klosters, und des Endzwecks guter Erziehung der Jugend, ist in einigen . . . zu Unserem höchsten Wohlgefallen dargelegten Proben eures redlichen Fleisses und Eifers gegründet.*

In der Folge jedoch änderte Friedrich seine Meinung gründlich und schrieb am 11. Juni 1770 auf einen Bericht des Ministers von Münchhausen: *Der Abt Tauget nichts Man Mus Einen Andern in der Stelle haben Kein Mensch wil jetzo Seine Kinder dahin Schicken weil der Kerel ein übertriebener pietistischer Narr ist.*

Als ihm darauf als Nachfolger der Direktor des Coburger Gymnasiums, Frommann, vorgeschlagen wurde, entschied Friedrich am 22. Mai 1771: *guht, wo er nuhr kein Muker ist.*

Ein Abt dieses Klosters Bergen hatte einem Fischer das Recht für die Erbfischerei genommen, das schon seit Generationen in dessen Familie war, und es an Bauern verpachtet. Als Friedrich 1759 im Winterquartier bei Leipzig war, ging der Fischer mit einem besonders großen Lachs dorthin und überreichte ihn mit einer Bittschrift, in der er den König bat, er möchte ihm zu seinem Recht verhelfen. Der las das Schreiben, ließ den Fischer bewirten und ihm dreißig Taler für den Lachs geben. Auf die Bittschrift schrieb er als Antwort für den Abt: *Der Abt muß beten, die Bauern pflügen, der Fischer fischen.*

Der Abt eines anderen reichen Klosters beschwerte sich beim König, daß der Ortspfarrer zu streng sei und mehr von seinen Schäflein verlange, als sie eigentlich tun müßten. Friedrich antwortete: *Sein Pfarrer ist ein rechtschaffener Mann; er will keine Tagediebe, sondern fleißige Leute haben. Geh Er und lese Er den Spruch in der Bibel: Ein jeder sei untertan der Obrigkeit, die Gewalt über ihn hat.*

Wie der König sich einen Theologen wünschte, geht aus einem Kabinettsbefehl vom 26. Februar 1753 hervor. Darin ordnet er an, der für eine freigewordene Konsistorialstelle in Frage kommende Kandidat sollte *zuvorderst gründlich examiniret* werden, ob er *auch ein stiller, frommer und ruhiger Theologus, und nicht von der unruhigen und herrschsüchtigen Art sey, als der* [von Friedrichs Vater hochgeschätzte] *bekannte Schulze und seines gleichen*...

Es gab allerdings auch eine Reihe von Theologen, die der König schätzte. Zu diesen zählte der Probst Johann Gustav Reinbeck, den er als Kronprinz kennengelernt und 1740 mit der Aufgabe betraut hatte, den von Friedrich Wilhelm I. verbannten Philosophen Wolff zurückzuholen.

Besondere Wertschätzung erfuhr der katholische Abbé Johann Battista Bastiani, ein Mann von gewaltiger Körpergröße und ebensolcher Schlagfertigkeit. Er war der Sohn eines Schneiders aus Venedig, wurde Franziskaner und später Domprobst in Breslau und Berlin. Kardinal von Sinzendorff hatte ihn mit zum König nach Berlin genommen, wo er Friedrich so gefiel, daß er ihn nach Rom schickte, um die oben erwähnte Ernennung Schaffgotschs zum Koadjutor zu erwirken. Die kluge Art, wie er seinen Auftrag ausführte, erwarb ihm die Gunst des Königs, der ihn gern in seine Nähe zog. Hin und wieder beschenkte er ihn, so einmal mit einer kostbaren Tabaksdose. Dazu schrieb er: *Ungeachtet der katholischen Geistlichkeit der Gebrauch jeder Sinnlichkeit verboten ist, so wird doch der Geruch davon ausgenommen sein.*

Bastiani seinerseits hing mit einer tiefempfundenen Treue am König und erklärte in Wien, wohin er im Siebenjährigen Krieg als österreichischer Gefangener gebracht worden war, er habe keinen Tropfen Blut, der nicht seinem König gehöre. Dieser erwirkte bald die Freilassung Bastianis und sagte ihm, als er ihn wiedersah, sein Name würde im Martyrologium Borussicum bewahrt bleiben.

Eines Tages meinte der König bei der Tafel scherzend, Bastiani könne es mit seinem frommen Lebenswandel ebenso gut zum Papst bringen wie Sixtus V. (1521–1590), der vorher nur Schweinehirt gewesen sei. *Wie würden Sie mich denn empfangen, wenn ich nach Rom käme, um Ihnen meine Aufwartung zu machen?*

Sire, antwortete der Abbé, *ich würde sagen: »Laßt den schwarzen Adler herein, er soll mich mit seinen Flügeln schützen, aber mit seinem Schnabel verschonen!«*

Ein anderes Mal stand auf der Tafel ein künstlicher, mit einem Duftwasser gefüllter Springbrunnen, der allerdings trotz aller Bemühungen des Hofkonditors nicht sprudeln wollte. Der König schickte den Mann fort; niemand dachte mehr daran, als der Brunnen plötzlich doch noch zu sprudeln begann.

Nicht wahr, fragte der König Bastiani, *wenn das in einem katholischen Lande geschehen wäre, würde man es für ein Mirakel erklärt haben?*

Schlagfertig erwiderte der Abbé: *In Ew. Majestät Gegenwart schwerlich.*

Später fiel Bastiani für einige Zeit in Ungnade, ohne daß er sich einer Schuld bewußt war. Er führte es auf seine zunehmende Schwerhörigkeit zurück, die eine Unterhaltung mit ihm mühsam machte.

Bei einem Empfang fragte ihn der König: *Seid Ihr noch taub?*

Sire, entgegnete Bastiani schnell, *gegen Eure Befehle bin ich es nie gewesen,* wodurch er Friedrichs Gunst wieder gewann.

Gern sprach der König auch mit dem Bischof von Ermland, der 1772 durch die Teilung Polens einen beträchtlichen Teil seiner Einkünfte verlor. Als er im folgenden Jahr in Potsdam seine Aufwartung machte, fragte ihn Friedrich: *Sie können mich wohl unmöglich lieb haben?*

Der Bischof antwortete: *Ich werde nie die Pflichten eines Untertanen gegen meinen Monarchen vergessen.*

Ich bin Ihr Freund, fuhr Friedrich fort, *und rechne sehr auf Eure Freundschaft. Sollte mir Petrus einst den Eingang ins Paradies versagen, so werden Sie, wie ich hoffe, die Güte haben, mich unbemerkt unter Ihrem Mantel hineinzutragen.*

Das wird schwerlich gehen, erwiderte der Bischof, *Ew. Majestät haben ihn zu sehr beschnitten, als daß man noch Kontrebande* [Schmuggelgut] *darunter verstecken könnte.*

Bei einem anderen Gespräch fragte Friedrich ihn, ob es wahr sei, daß sowohl die konföderierten wie die nicht konföderierten Polen ihn zu hunderttausend Teufeln wünschten. Der Bischof zögerte und sagte, als Friedrich weiter in ihn drang: *Was die hunderttausend Teufel betrifft, Sire, so kann ich das nicht mit Bestimmtheit sagen. Aber daß sie von tausend Teufeln reden, kann ich beim Agnus Dei beschwören.*

Auch der Feldprobst Dekker stand in der Gunst des Königs und durfte sich, wenn der König guter Laune war, einige Freiheiten herausnehmen.

Bei einem Spazierritt fiel Dekker dem König auf, weil er gedankenverloren und ganz in sich gekehrt daherging. *Wo kommt er denn her?* fragte Friedrich.

Von einem Krankenbesuch, Ew. Majestät.

O, dann besuch er doch auch einmal meine Stute, sie fühlt sich nicht wohl.

Aber gern, Ew. Majestät, erwiderte der Probst und ging sogleich in den Stall. Er erkundigte sich, wie es dem Leibpferd des Königs ging, fragte, was ihm fehle und gab dem Stallmeister einige Ratschläge, wie er das Tier behandeln solle.

Danach meldete er sich beim Zahlmeister und legte ihm folgende Rechnung for: *Hundert Taler hat Endesunterzeichneter dato für einen Besuch bei der kranken Stute seiner Majestät und für einen bei dieser Gelegenheit erteilten guten und heilsamen Rat aus der königlichen Kasse richtig erhalten, worüber hierdurch mit untertänigstem Dank quittiert wird, Dekker, Feldprobst.*

Der Zahlmeister stutzte und ging mit der vorbereiteten Quittung zum König. Der runzelte zunächst die Stirn, lachte dann aber und sagte: *Diesmal mags sein; bezahlt ihm nur das Geld. Aber er soll mir nicht noch einmal so kommen.*

Für Witz und Schlagfertigkeit war Friedrich immer empfänglich. Bei der Taufe eines Sohnes des Prinzen Ferdinand von Preußen war er Pate. *Nun fange Er an, aber mache Er es kurz,* sagte er zum Oberhofprediger August Friedrich Sack.

Dieser predigte ohnehin sehr kurz, aber auch das war dem König zu lang, so daß er sich mit dem neben ihm stehenden Vater des Täuflings unterhielt. Sack sprach noch eine Weile weiter, dann brach er mitten im Satz ab.

Fehlt Ihm was? fragte Friedrich verwundert.

Nein, Ew. Majestät, mir ist ganz wohl.

Warum hört Er dann auf zu sprechen?

Wenn Ew. Königliche Majestät reden, erwiderte Sack etwas gereizt, *dann ist es des Untertanen Pflicht zu schweigen.*

Nun brumm Er nicht und bring Er die Sache zu Ende, lenkte Friedrich ein.

Darauf konnte der Prediger ungestört bis zu Ende reden.

Bei der Taufe selbst kam Friedrich, der den Täufling über das Becken hielt, den Wachskerzen der Pagen zu nahe, so daß die Spitzen des Taufgewandes Feuer fingen, das aber sofort gelöscht werden konnte.

Sieht Er, sagte der König nach der Taufe, um dem Oberhofprediger einen Seitenhieb zu geben, *Er hat mit Wasser getauft, ich aber habe getauft mit Feuer!* (Mat 3,11)

Freilich, Ew. Majestät, gab dieser zurück, *aber nicht mit dem Feuer des Heiligen Geistes!*

Als die Festung Silberberg gebaut wurde, hatte der König den Prälaten von Grissau bei sich zu Tisch, mit dem er wie mit anderen schlesischen Klosteroberen gern scherzte. *Herr Prälat,* meinte Friedrich, *in der Schrift steht: »Wenn Ihr Glauben habet...«. Ich bin nun ein Sünder und obendrein ein Ketzer, habe einen sehr kleinen und schwachen Glauben und kann also keine Wunder tun. Er aber als Prälat muß einen Glauben wenigstens so groß wie ein Hühnerei haben und folglich große Wunder wirken können. Er wird mir deshalb einen Gefallen tun, wenn er die mir im Wege stehenden Berge auf eine andere Stelle versetzt.*

Ew. Majestät, antwortete der Prälat, *mit unserem Glauben und unseren Seelenmessen, womit wir eigentlich Wunder tun sollten, hat es ungefähr dieselbe Bewandtnis wie mit Ihren Kanonen. Alle Kugeln treffen nicht, und unsere Gebete und Seelenmessen erzielen nicht allemal die von uns gewünschte Wirkung.*

Während eines Feldzuges sah der König einen Feldprediger zu Pferd. *Das ist wider die Regel,* sagte er, *es heißt ja: »Gehet hinaus«..., und Er reitet?*

Behüte, entgegnete der Prediger schnell, *im Urtext steht: »Seht zu, daß ihr fortkommt!«*

Nach dem Siebenjährigen Krieg kam Friedrich auf einer Inspektionsreise nach Kleve, wo er sich vom Kammerpräsidenten von Bessel den Etat vorlegen ließ. Dabei entdeckte er einen größeren jährlichen Posten für das Minoritenkloster.

Auf seine Frage erklärte der Präsident, bei der Summe handele es sich um ein Vermächtnis der verstorbenen Herzöge, das für Seelenmessen gedacht sei, die aus der Forstkasse zu zahlen seien.

Friedrich wollte der Sache auf den Grund gehen und ritt in das Kloster, wo ihn die in zwei Reihen aufgestellten Mönche mit dem Ambrosianischen Lobgesang begrüßten. Der König fragte den Guardian, was es mit dem Legat für eine Bewandtnis habe.

Sire, es ist ein Vermächtnis der verstorbenen Herzöge, und wir müssen ihnen dafür Seelenmessen lesen, damit sie aus dem Fegefeuer kommen.

Die armen Vettern, sagte Friedrich, *sie sind ja schon so lange drin. Kommen sie nicht bald heraus? Ich möchte es gern wissen.*

Das läßt sich nicht mit Bestimmtheit sagen, erwiderte der Guardian höflich, *aber sobald es geschehen sollte, werde ich unverzüglich eine Stafette an Ew. Majestät nach Berlin schicken!*

Darauf mußte Friedrich lachen und meinte zum Präsidenten von Bessel: *Mit dem Mann ist nichts zu machen. Er hat bestimmt bei den Jesuiten studiert.*

Seiner Schlagfertigkeit verdankte es auch ein einfacher, dem König unbekannter Prediger, daß dieser ihm in einer finanziellen Notlage half. Den Vorfall berichtet der Geheime Rat von Reckert im Oktober 1783 in einem Brief an den Landgrafen Adolph von Hessen-Philippsthal-Barchfeldt:

Als der alte gnädigste Monarch, auf der Reise nach Schlesien bey einem Dorfe ohnferne Croßen, seinen Wagen zerbrach, ging Er ganz allein zu Fuße ins Dorf, und gerade nach der Wohnung des Predigers. Der Pastor der die Landstraße aus seinem Hause wahr nehmen konnte, stand eben am Fenster im Schlafrokke, sah den König kommen und befahl seinen beiden Töchtern, den Monarchen in der Stube zu empfangen, während er in Nebenzimmer lief, sich geschwind den Rock anzog und die Perüke aufsetzte. Nun trat der König in die Stube, fand die eine Tochter am Spinnrade, und die andere am Näheramen.

Der König: Wohnet hier der Prediger und ist er zu Hause?

Antwort: Ja Ihro Majestät!

Der König: Wer spielet denn von Ihnen den Flügel?

Antwort: Wir alle beide, Sire!

Der König: Wer hat ihnen darauf unterrichtet?

Antwort: Unser alter Vater!

Der König: Das ist hübsch, laß Sie sich doch hören!

Antwort: Wie Ihro Majestät befehlen.

Gleich setzte sich die ältere hin sang und spielete entzükkend. Und nun trat der alte Prediger mit einer ehrfurchtsvollen Stellung und Verbeugung herein, und der König frug ihn so sondervoll als auffallend: Herr Pastor kann Er auch seelig werden?

Antwort: Nein Ihro Majestät!

Der König: Warum nicht? Er ist ja ein Prediger.

Antwort: Es stehet geschrieben: Es kömt niemand von dannen, bevor

Des Königs Majestät, so wie das ganze Königl. Haus erfreuen sich des besten Wohlergehens. Der Monarch arbeitet ungewöhnlich stark im Cabinette und haben höchstselbst in verwichener Woche 3 Couriers nach Wien und Petersburg abgefertiget.

Der Danziger Magistrat, stehet noch beständig mit dem hiesigen höchsten Hofe in Unterhandlungen, und verharret noch fortdauernd auf seine Regalgerechtigkeit, wovon man aber hier nichts hören noch wissen will; sondern vielmehr die ganze freie Schiffahrt verlangt. Wie diese Geschichte sich endlich endigen wird, darüber wird hier vielfältig raisonniret. Der Königl. Preuß. Resident, welcher verschiedentlich vom Volke insultiret worden, hat sich wirklich aus Danzig begeben müssen. Nachstehender an die hiesige Direction der Seehandlungs Compagnie eingegangener Bericht besagt folgendes:

Neufahrwasser vom 20 Oct: 1783.

Wegen der Danziger Angelegenheit, muß ich noch folgendes melden: Nachdem der Rath und die Bürgerschaft zu Danzig, bis den 16. dieses die freie Fahrt auf der Weichsel dem Blockhause vorbey zuzugestehen sich nicht entschließen, und keinen einzigen von denen, von des Königs von Preußen Majestät verlangten Puncten, die alle dahin einschlagen nicht eingehen wollen; auch dieses nicht zu thun, durch einen in derselben Nacht von Warschau angekommenen Estafette, mit welcher ihnen aller Schutz und Beistand von der Crone Pohlen überschrieben, und dadurch in ihrem Stolze unterstützet worden; so ließ der Preuß. Resident von Lindenowsky den 17. sein Schild abnehmen, verließ die Stadt, und zog aufs Preuß. Territorio.

Am Nachmittage um 2 Uhr marschirte der Herr General Major v. Egloffstein mit dem versammleten Corps, bestehend in dem Füsilier Regimente v. Thunenthal, einigen Escadrons Dragoner v. Finkenstein

[Oktober 1783]

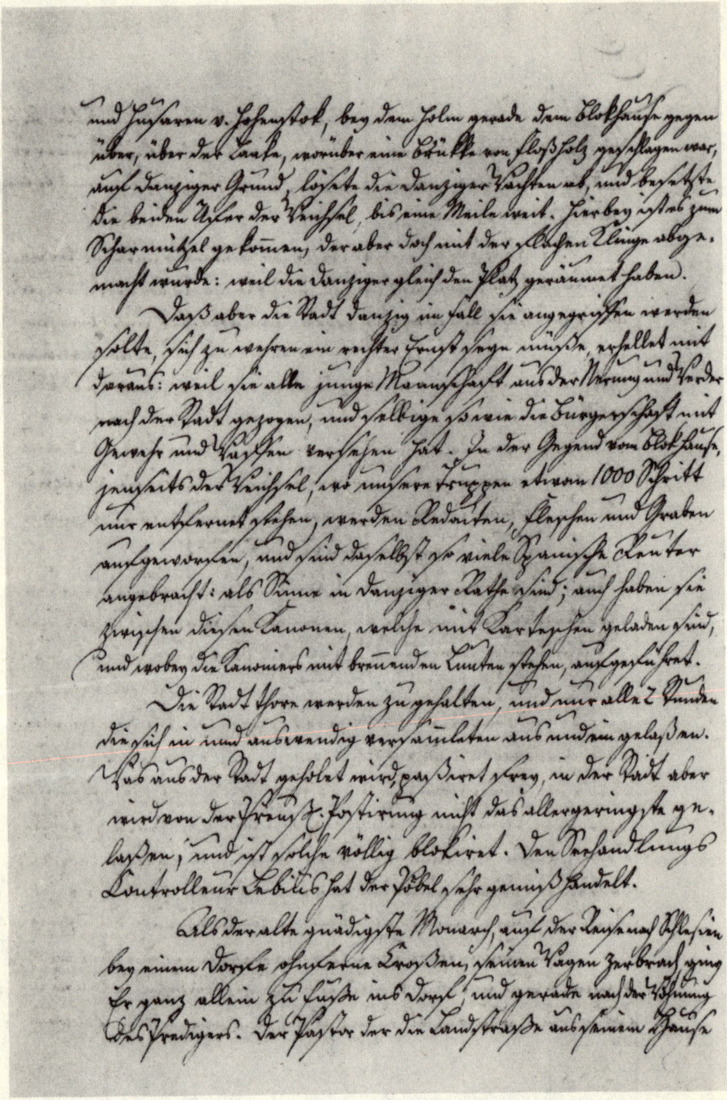
und Husaren v. Hohenstock, bey dem Holm gerade dem Blockhause gegen
über, über die Lacke, worüber eine Brücke von Flößholz geschlagen war,
auf Danziger Grund, lösete die Danziger Posten ab, und besetzte
die beiden Ufer der Weichsel, bis eine Meile weit. Hierbey ist es zum
Scharmützel gekommen, der aber doch mit der gleichen Klinge abge-
macht wurde: weil die Danziger gleich den Platz geräumet haben.

Daß aber die Stadt Danzig im Fall sie angegriffen werden
sollte, sich zu wehren im rechten Ernst sorge machte, erhellet mit
daraus: weil sie alle junge Mannschaft aus der Nähe und Werder
nach der Stadt gezogen, und selbige sowie die Bürgerschaft mit
Gewehr und Waffen versehen hat. In der Gegend vom Blockhause,
jenseits der Weichsel, wo unsere Truppen etwan 1000 Schritt
nur entfernet stehen, werden Redouten, Flechen und Graben
aufgeworfen, und sind daselbst so viele Spanische Reuter
angebracht: als Bäume in Danziger Wälder sind; auch haben sie
zwischen diesen Canonen, welche mit Cartetschen geladen sind,
und wobey die Canoniers mit brennenden Lunten stehen, aufgeführet.

Die Stadt thore werden zu gehalten, und nur alle 2 Stunden
die sich ein und auswendig versammleten aus und ein gelassen.
Was aus der Stadt geholet wird, passiret frey, in der Stadt aber
wird von der Preuß. Fortirung nicht das allergeringste ge-
lassen, und ist solche völlig blokiret. Den Handlungs
Controlleur Labilie hat der Pöbel sehr gemein behandelt.

Als der alte gnädigste Monarch, auf der Reise nach Schlesien
bey einem Dorfe ohnweit Crossen, seinen Wagen zerbrach ging
Er ganz allein zu Fuße ins Dorf, und gerade nach der Wohnung
des Predigers. Der Pastor der die Landstraße aus seinem Hause

mehr nehmen konnte, stand aber am Fenster im Schlafrocke, sah den König kommen und befahl seinen beiden Töchtern, den Monarchen in der Stube zu empfangen, während er im Nebenzimmer sich geschwind den Rock anzog und die Perücke aufsetzte. Nun trat der König in die Stube, fand die eine Tochter am Spinnrade, und die andere am Nährahmen.

Der König: Wohnt hier der Prediger und ist er zu Hause?
Antwort: Ja Ihro Majestät!
Der König: Wer spielt denn von Ihnen den Flügel?
Antwort: Wir alle beide, Sire!
Der König: Wer hat ihnen darauf unterrichtet?
Antwort: Unser alter Vater!
Der König: Das ist hübsch, laßt Sie sich doch hören!
Antwort: Wie Ihro Majestät befehlen.

Gleich setzte sich die ältere hin sang und spielte entzückend. Und nun trat der alte Prediger mit einer ehrfurchtsvollen Stellung und Verbeugung herein, und der König frug ihn so sondervoll als auffallend: Herr Pastor kann Er auch selig werden?

Antwort: Nein Ihro Majestät!
Der König: Warum nicht? Er ist ja ein Prediger
Antwort: Es stehet geschrieben: Es kömt niemand von dannen, bevor er nicht den letzten Heller bezahlet habe, und ich bin noch 400 rh. schuldig! –

Der König sah sich hierüber in einiger Verlegenheit, sprach aber gleich zur zweiten Tochter des Predigers: Meine liebe Jungfer, sie hat mir ja noch nichts vorgespielt.

Hierauf trat der Page mit der Nachricht herein: daß der Wagen wieder in Stande wäre, und vor der Thüre stehe. Der König ließ den Mädchen 20 Pistolen reichen und bedankte

Ruh, und der Prediger blieb wegen seiner biblischen Allegirung vor der Hand in Verlegenheit.

Kaum aber war der Monarch in Dresden eingetroffen, als Er den dasigen Beamten zu Sich kommen ließ, und ihm sogleich befahl dem erwähnten Prediger 400 rh. gegen Quitung auszuzahlen, und mir die Sache selbst zu überbringen, wobey der Beamte nachstehendes eigenhändiges höchstes Schreiben dem Prediger zugleich übermachen mußte:

Mein lieber Herr Prediger!

Deine mir heute früh gegebene unvermuthete Antwort, hat mir gefallen. Damit Er nun selig werden, und seine Schulden bezahlen kan; so schicke Ich ihm durch meinen Dresdenschen Beamten die 400 rh., worüber Er denselben quitiren muß, und verbleibe übrigens

des Herrn Predigers

wohlaffectionierter

Des Königs von Schweden Majestät sollen in dem allerstrengsten Incognito in bürgerlicher Kleidung, und in Begleitung des regierenden Herrn Herzogs v. Braunschweig neulich eine Nacht zu Potsdam gewesen, und erst den folgenden Morgen retourniret seyn. — Man weiß hier von den eigentlichen Vorgängen nichts mit Gewißheit, und selbst die klügsten und einsichtsvollsten Männer irren im Finstern. Glaublich sagen sie: wird unser großer Monarch dem Russischen Systeme vorlängst beygetreten seyn, und schon alles auf die Zukunft bestimmt haben. Frankreich könne nun um geringere Händel machen: als demselben Friedrichs Größe, und seine weisen Maßregeln, und vor der Hand genommene Neutralität bekannt, und jenes Reich durch den langjährigen Krieg sehr entkräftet sey. Das ist das allgemeine Raisonnement und das Resultat der hiesigen Politiker, womit sie alle Contradictionen ableitet. Wie aber wenn der König dem Systeme des Hauses Bourbon folgete? Doch das sind lauter Meinungen. Die Schlüssel bleiben in höheren Händen. ich schließe mit dem Wunsch: daß das liebe teutsche Vaterland mag beständig Ruhe behalten, und daß der beste der Monarchen, unser glorreich und verehrter König, noch lange seinen ihn liebenden Unterthanen als eine Sonne glänzen möge. —

I. HA Rep. 94 Nr. 1534, 2, Acc. 77/83, 2)

er nicht den letzten Heller bezahlet habe, und ich bin noch 400 rt schuldig! –

Der König sah sich hierüber in einiger Verlegenheit, sprach aber gleich zur zweiten Tochter des Predigers: Meine liebe Jungfer, sie hat mir ja noch nichts vorgespielet.

Hierauf trat der Page mit der Nachricht herein: daß der Wagen wieder in Stande wäre, und vor der Thüre stehe. Der König ließ den Mädchens 20 Pistolen [Goldmünzen] *reichen und bedankte Sich, und der Prediger blieb wegen seiner Biblischen Allegierung* [Heranziehen einer Bibelstelle als Beweis] *vor der Hand in Verlegenheit.*

Kaum aber war der Monarch in Croßen eingetroffen, als Er den dasigen Beamten zu Sich kommen ließ, und ihm so gleich befahl, dem vorerwehnten Prediger 400 rt gegen Quitung aus zu zahlen, und noch vor Tische selbst zu überbringen, wobey der Beamte nachstehendes eigenhändiges höchstes Schreiben dem Prediger zu gleich übermachen mußte:

Mein lieber Herr Prediger!

Seine mir heute früh gegebene unvermuthete Antwort, hat mir gefallen. Damit Er nun seelig werden, und seine Schulden bezahlen kan; so schicke Ich ihm durch meinen Croßenschen Beamten die 400 rt, worüber Er demselben quitiren muß, und verbleibe übrigens

des Herrn Predigers *wohlaffectionirter*

Wie beim Militär konnte auch bei der Geistlichkeit Einfallsreichtum die Laufbahn fördern. Ein fähiger Kandidat hatte sich, da er ohne Beziehungen war, jahrelang vergeblich um eine Predigerstelle bemüht und sich kümmerlich mit Privatunterricht über Wasser gehalten. Nachdem ihm immer wieder Vettern oder andere Verwandte prominenterer Bürger vorgezogen worden waren, entschloß er sich, dem König selbst sein Anliegen vorzutragen.

Der Geheime Rat von Reckert berichtet dem Landgrafen Adolph von Hessen-Philippsthal-Barchfeldt, wie Friedrich auf einer Reise nach Schlesien einem schlagfertigen verschuldeten Dorfprediger zur ewigen Seligkeit verhilft (s. S. 367-370)

Zu diesem Zweck fuhr er nach Potsdam, stellte sich auf den Paradeplatz, wo der König die Wachtparade verfolgte und musterte auffällig jeden Offizier. Natürlich fiel das dem König auf, der durch einen Flügeladjutanten fragen ließ, wen er suche: *Einen Vetter.* Wie der denn heiße, ließ Friedrich weiter fragen. Das wisse er nicht, lautete darauf die Antwort. Nun war die Neugierde des Königs so weit geweckt, daß er den Kandidaten kommen ließ. Der erzählte Friedrich von seinem vergeblichen Bemühen um eine Stelle, die wohl ohne einen angesehenen Vetter offensichtlich nicht zu bekommen sei. Deshalb bemühe er sich eben, einen solchen zu finden.

Der König lachte, bestellte ihn aufs Schloß und zog einen bekannten Prediger hinzu. Dem befahl er: *Examinire Er mir doch einmal hier meinen Vetter. Ich will hören, ob er Prediger werden kann.*

Als diese Frage nach erfolgreicher Prüfung bejaht werden konnte, beschied der König: *Nun, so will ich, daß man diesen meinen Vetter, der die Fähigkeit hat, ein Predigtamt zu bekleiden, die erste convenable Vacance* [passende freie Stelle] *erteile.*

Ebenfalls wie bei seinen Soldaten liebte Friedrich bei den Predigern Kürze. Bei der Taufe eines Generalskindes, bei der er als Taufpate anwesend war, beschränkte sich der Prediger, statt mit einer langen Rede glänzen zu wollen, auf wenige Worte: *Da es die Notwendigkeit erfordert, die Kinder der Christen zu taufen, so will ich hiermit diese heilige Handlung verrichten, dem Kind den Namen Friedrich beilegen und es taufen im Namen des Vaters, des Sohnes und des Hl. Geistes, Amen.*

Der König war davon so angetan, daß er zu ihm sprach: *Er gefällt mir wegen seiner beliebten Kürze: ich werde an Ihn denken.* – Und bald schon erhielt der Prediger eine gute und einträgliche Stelle.

Daß Friedrich aber auch spezifischere geistliche Tugenden schätzte, bewies er bei einem Besuch in der Neumark, wo er bei der Einkehr in ein Predigerhaus mit großen Buchstaben auf einer Tafel an der Wand geschrieben sah: *Wer zehn hat Zähne gegeben, wird ihnen auch zu essen geben.* Nach dem Sinn gefragt, sagte der Prediger, er habe die Witwe des verstorbenen Predigers mit zehn Kindern geheiratet, und diese hätten, Gott sei Dank, noch nicht zu hungern brauchen.

Als Friedrich ihn fragte, ob seine Stelle einträglich sei, mußte er verneinen; sie reiche gerade, das Leben zu fristen. *Nun, er hat ein gutes Werk getan, ich will für ihn sorgen.* Bald darauf wies der König ihm eine sehr einträgliche Stelle in Westfalen zu. Da aber seine Mittel für den Umzug für sich und seine große Familie nicht reichten, hielt der Prediger in einem Bittschreiben um Vorspann an.

Vorspann, antwortete Friedrich, *kann ich euch nicht geben, aber wohl 20 Füchse* [Friedrichsdor], *die eben so gut ziehen werden.*

Friedrich als Herrscher und Soldat

Denken Sie nicht, das Land Württemberg sei für Sie geschaffen, schrieb Friedrich 1744 in seinem *Fürstenspiegel* für den jungen Herzog Karl Eugen von Württemberg, *sondern glauben Sie, daß die Vorsehung Sie auf die Welt hat kommen lassen, um dieses Volk glücklich zu machen. Ziehen Sie sein Wohl immer Ihren eigenen Annehmlichkeiten vor, und, wenn Sie... Ihre Wünsche dem Wohle Ihrer Untertanen zu opfern wissen, so werden Sie nicht nur deren Entzücken, sondern auch die Bewunderung der ganzen Welt sein.*

Diese Gedanken führte der König weiter in seiner Abhandlung *Regierungsformen und Herrscherpflichten* von 1777, wo es heißt: *Der Regent muß sich in die Lage eines Landmanns oder eines Handwerkers versetzen und sich dann fragen: Wenn du in dieser Klasse von Menschen geboren wärst, deren ganzes Kapital in ihren Händen besteht, was würdest du von dem Regenten verlangen? Was dann die gesunde Vernunft ihm antwortet, das muß er tun, wenn er seine Pflicht erfüllen will.... Um sich nie von seinen Pflichten zu entfernen, muß sich der Fürst häufig in die Erinnerung zurückrufen, daß er ein Mensch ist wie der geringste seiner Untertanen. Wenn er der erste Richter, der erste General, der erste Finanzmann, der erste Minister des Staates ist, so soll er dies alles nicht bloß vorstellen, sondern er soll auch alle damit verbundenen Pflichten erfüllen. Er ist nur der erste Diener des Staates mit der Verpflichtung, mit Rechtschaffenheit, Weisheit und vollkommener Uneigennützigkeit zu handeln, als wenn er jeden Augenblick seinen Mitbürgern über seine Staatsverwaltung Rechenschaft abzulegen hätte.*

Der König hat sich stets bemüht, diesem hohen Anspruch gerecht zu werden, und er war, besonders in Notzeiten, immer für seine Untertanen da.

Als ein Wolkenbruch in einem Teil Ostpreußens große Verwüstungen angerichtet hatte und die Bewohner dem König ihre Not schilderten, antwortete er: *Ich habe Euren Schaden vernommen. Selbiger Kommt von Gott. Ich will diesen bei Heller und Pfennig aus meiner Kasse ersetzen und Euch nächstens einen ehrlichen und redlichen Mann senden, der alles untersuchen und Euch den Verlust bar ersetzen soll. Ich bin Euer gnädiger König, F.*

Besonders intensiv widmete der König sich seiner neuerworbenen Provinz Schlesien, deren Verwaltung ihm unmittelbar unterstellt war. Bei der Huldigung boten ihm die Landstände traditionsgemäß ein Geschenk von 100000 Talern an. Doch Friedrich lehnte mit dem Hinweis ab, das Land sei durch den Krieg zu erschöpft, als daß er eine solche Summe annehmen könne.

Als Abgeordnete der im Krieg abgebrannten Stadt Greiffenberg sich beim König für seine Wiederaufbauhilfe bedanken wollten, wehrte er ab: *Ihr habt gar nicht nötig, mir deswegen zu danken. Es ist meine Schuldigkeit, meinen in Not geratenen Untertanen wieder aufzuhelfen. Dafür bin ich da.*

1779 fiel dem König bei der Rückreise von Schlesien nach Berlin auf, daß entlang der preußisch-sächsischen Grenze weite Strecken Land brachlagen. Als er nach der Ankunft in Berlin den Geheimen Finanzrat Michaelis nach dem Grund dafür fragte, erwiderte dieser, daß die Bauern zu arm seien, das Land zu bestellen.

Warum hat man mir das nicht gesagt? empörte sich Friedrich und wies sofort 300000 Taler an: *Wenn das nicht reicht, will ich mehr geben.*

Dann belehrte er Michaelis: *Wenn etwas über die Kräfte meiner Untertanen geht, obliegt es mir, die Kosten auf mich zu nehmen. Merk Er sich das!*

Wie sehr sich der König auch in persönlichen Belangen seinen Untertanen verpflichtet fühlte, kann ein Vorspannreglement zeigen: *Die vorspannenden Untertanen sollen nicht schuldig sein, weiter zu fahren, als ihre Station geht, auch nicht geschwinder, als in zwei Stunden 1½ deutsche Meile; auch sollen die Pferde nicht übertrieben und nicht mit Gepäck überladen werden, viel weniger soll dem Reisenden erlaubt sein, durch seinen Bedienten fahren oder die Pferde schlagen zu lassen. – Wenn der Reisende 12 Stunden später anlangt, als die Pferde für ihn bestimmt sind, so brauchen diese nicht länger zu warten, sondern der Inhaber des Passes muß alsdann auf eigene Kosten sich weiter fortschaffen.*

In seiner landesväterlichen Sorge gab Friedrich sich gern als Sachwalter des kleinen Mannes gegenüber den Behörden. 1744 hatte er im ganzen Land verkünden lassen, jeder seiner Untertanen dürfe sich mit Beschwerden direkt an ihn wenden. In der Folgezeit wurde von dieser Möglichkeit so ausgiebig Gebrauch gemacht, daß jeder Beamte fürchten mußte, eine falsche Entscheidung von ihm würde sogleich dem König gemeldet.

Häufig waren die Beschwerden über die Beamten ungerechtfertigt. So teilte der König in einem Schreiben an den Großkanzler Freiherrn von Fürst vom 22. Februar 1774 über einen Rechtsstreit in einer Gemeinde der Priegnitz dessen Meinung, daß die Vorwürfe eines Kossäten (Kätner, Häusler) unbegründet seien. Dennoch wollte er ihn wegen seiner mutwilligen Bittstellerei nicht bestrafen: *Es ist meiner Gesinnung zuwider, dergleichen arme Bauersleute deshalb gleich ins Gefängnis werfen zu lassen; und ob sie schon öfters Unrecht haben, so kann ich ihnen doch als Landesvater das Gehör nicht versagen.*

In einem anderen Falle hatte ein Stettiner dem König gemeldet, bei der Stadtkasse ginge es nicht mit rechten Dingen zu. Eine sofort angeordnete Untersuchung brachte jedoch keinen Beweis für diese Beschuldigung, weshalb die Stadt eine strenge Bestrafung des Verleumders verlangte. Darauf erging folgender Kabinettsbefehl:

Euer Gesuch vom 26ten v. M., den Denunzianten der Stettiner Kassen-Unrichtigkeiten auf ein ganzes Jahr zur Festung zu kondemnieren, finde ich in aller Absicht unbillig und kann ich selbigem nicht willfahren. Ich bin arm wie Hiob, bin von dem von Goerne [Minister Friedrich von Goerne von der Domänenverwaltung] *betrogen, und von anderen werde ich belogen und hintergangen, dabei muß ich so viele meiner Untertanen erhalten; wenn ich nun hierzu sehr vieles Geld gebrauche und jemand sich findet, der mich für Betrügereien, die mir so vieles Geld wegnehmen, warnet und mir solche entdecket, so würde ich gegen diesen meinen Freund ungerecht sein, wenn ich seinen gut gemeinten Willen so undankbar erwidern wollte. Inzwischen damit auch ihr keinen Grund zu Beschwerden habt, will ich ihn bestrafen, doch wird ein leidlicher Arrest von 14 Tagen hinreichend sein. Wornach ihr Euch zu achten . . .*

Es blieb nicht aus, daß diese Haltung des Königs von vielen mißbraucht wurde. Ein eklatantes Beispiel ist der Fall eines Kolonisten, der ein Gehöft zu bestimmten Bedingungen übernommen, seinen Kontrakt aber nicht eingehalten hatte, so daß er endlich nach einem Gefängnisaufenthalt sein Gut verlor. Unverfroren wandte er sich an den König, und zwar im ganzen zwölfmal. Jedesmal stellte er die Sachlage völlig entstellt dar; jedesmal ließ der König gleichwohl die Kurmärkische Kammer den Fall untersuchen; jedesmal stellte sich heraus, daß dem Mann kein Unrecht zugefügt worden war. Zu guter Letzt befahl Friedrich dennoch, daß er wieder in das Gut eingesetzt werden solle; dadurch entstand, weil der inzwischen Eingesetzte entschädigt werden mußte, ein Schaden von mehreren Tausend Talern.

Achselzuckend meinte der König dazu: *Der Mensch tritt mich so oft und so dreist an; er kann doch nicht ganz Unrecht haben.*

Die manchmal übertriebene Nachsicht des Königs entsprang seinem Streben nach Gerechtigkeit und der Achtung vor dem Gesetz, dem er selbst sich unterworfen fühlte. Das zeigt sich in einer Episode, die der Geheimrat von Reckert am 7. Februar 1784 dem Markgrafen Adolph von Hessen-Philippsthal-Barchfeldt mitteilte. Wenige Tage vorher hatte der König beobachtet, wie es vor dem Schloß zu einem kleinen Menschenauflauf gekommen war, weil eine Bettlerin von den Bettelvögten zum Armenhaus gebracht werden sollte. Spontan ließ der König der Bettlerin vier Louisdor herunterbringen und den Bettelvögten befehlen, die Frau laufen zu lassen. Der gerade anwesende Generalleutnant von Möllendorf wies nun den König darauf hin, daß die Bettelvögte – die einerseits Rechtsvertreter der nicht rechtsfähigen Bettler, andererseits aber für die rechtmäßige Durchführung der städtischen Almosenverordnungen zuständig waren – nur die ihnen gesetzlich auferlegte Pflicht erfüllt hätten, woran er selbst sie

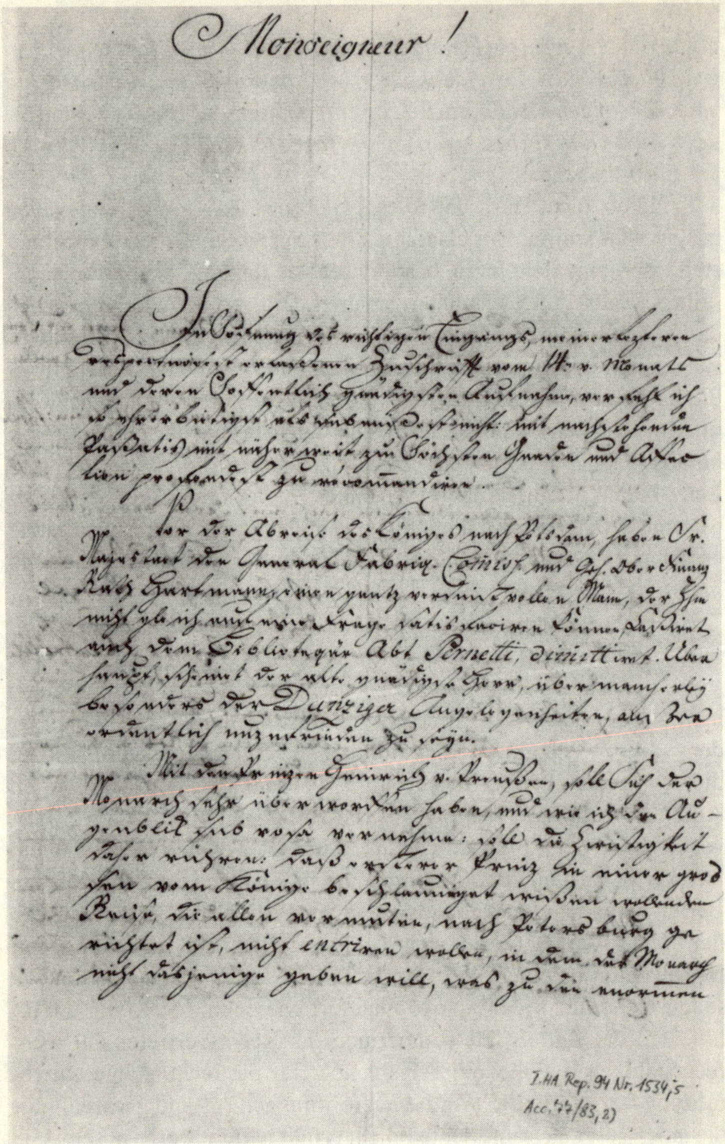
Monseigneur!
I. HA Rep. 94 Nr. 1534, 5
Acc. 47/83, 2)

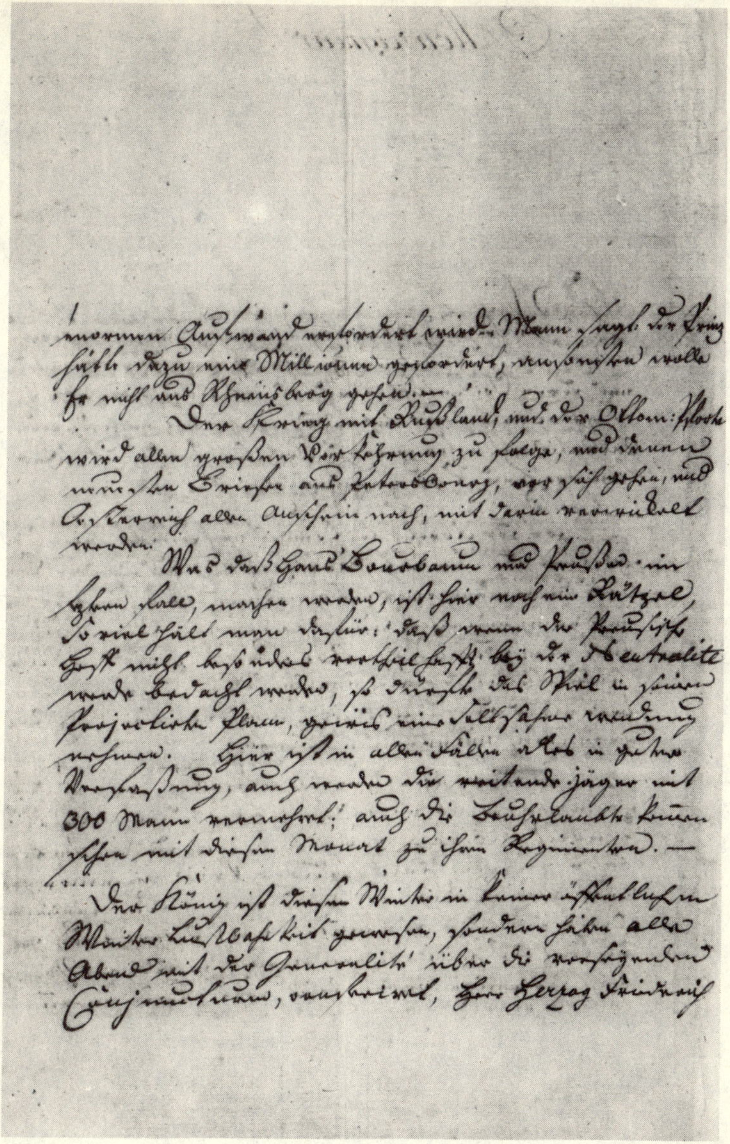
enormen Aufwand erfordert wird. Man sagt der Prinz
hätte dazu eine Millionen gefordert, widrigenfalls wolle
er nicht nach Rheinsberg gehen.—
Der Krieg mit Rußland, und der Ottoman: Pforte
wird allen grossen Vorkehrungen zu folge, und denen
neuesten Briefen aus Petersburg, vor sich gehen; und
Österreich allem Ansehen nach, mit darin verwickelt
werden.
Was das Haus Bourbon und Preußen . in
diesem Falle, machen werden, ist hier noch ein Rätzel,
So viel hält man dafür: daß wenn der Preußische
Hof nicht besonders vortheilhaft bey der Neutralität
werde bedacht werden, so dürfte das Spiel in seinem
projectirten Plan, gewiß eine seltsame Wendung
nehmen. Hier ist in allen Fällen alles in guter
Verfassung, auch werden die reitende Jäger mit
300 Mann vermehrt; auch die Beurlaubte kommen
schon mit diesem Monat zu ihren Regimentern.—
Der König ist diesen Winter in keiner öffentlichen
Winter Lustbarkeit gewesen, sondern hätte alle
Abend mit der Generalität über die vorseyenden
Conjuncturen, conferirt, Herr Herzog Friedrich

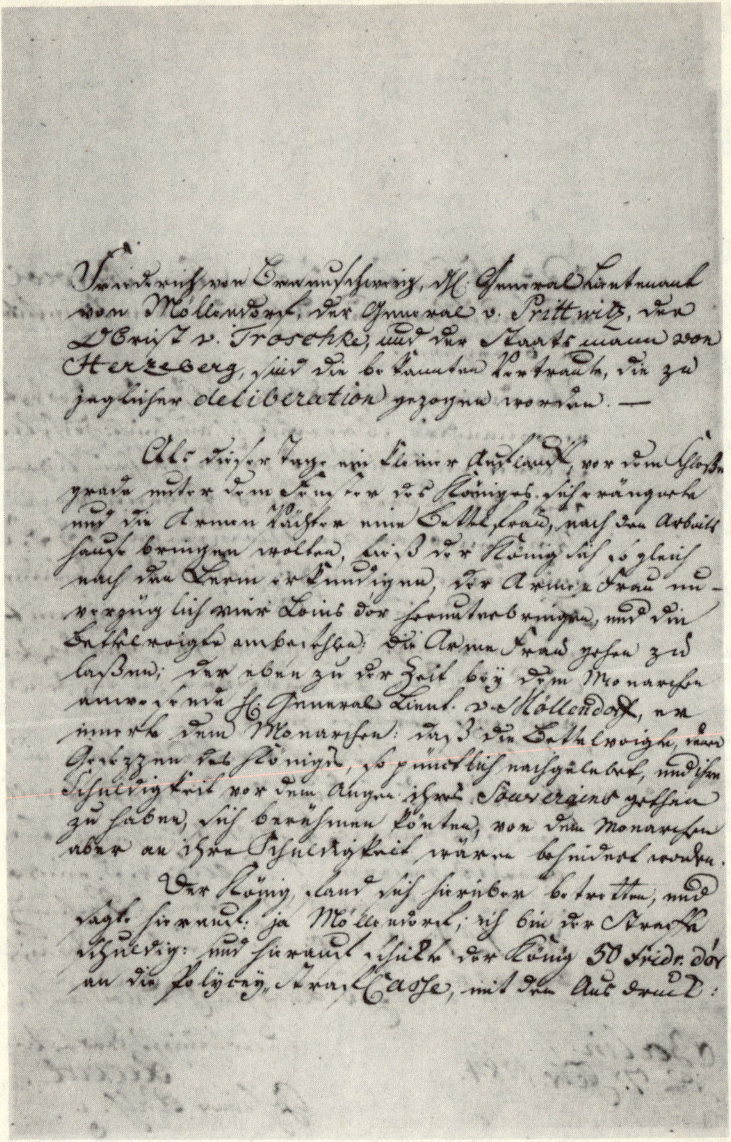
Friedrich von Braunschweig, H. General Lieutenant von Möllendorf, der General v. Prittwitz, der Obrist v. Troschke, und der Staatsmann von Herzberg, für die bekannten Vertraute, die zu jeglicher deliberation gezogen worden. —

Als dieser Tage ein kleiner Auflauf, vor dem Schloßgraben unter den Fenstern des Königs sich drängerte und die Armen Wächter eine Bettelfrau, nach dem Arbeitshause bringen wollten, ließ der König sich sogleich nach dem Lärm erkundigen, der Armen Frau unvergnüglich einen Louis dor herunterbringen, und die Bettelvoigte anbefehlen: die Arme Frau gehen zu lassen; der eben zu der Zeit bey dem Monarchen anwesende H. General Lieut. v. Möllendorf, erinnerte dem Monarchen: daß die Bettelvoigte, den Gesetzen des Königs, so pünctlich nachzuleben, und ihre Schuldigkeit vor den Augen ihres Souverains gethan zu haben, sich berühmen könten, von dem Monarchen aber an ihrer Schuldigkeit wären behindert worden.

Der König fand sich hierüber betretten, und sagte hierauf: ja Möllendorf, ich bin der Strafe schuldig: und hierauf schickte der König 50 Friedr. dor an die hiesige Armen Casse, mit dem Ausdruck:

Ausdrück Ihm besonders im Staats-Protocoll
nicht zuzuschreiben, und die Gelder dann sic justitute
zu berechnen.

Und wie ich mich zu höchsten Gnaden devotest
recommandire, so versichere ich auch nicht: Höchstdie
selben gehorsamst zu benachrichtigen:
wie des Herrn Herzogs Eugenii von
Würtemberg, zu Mömpelgard. H. F. D.
mich dieser Tagen, zu Höchstdero Geheimen
Rath aus eigener Bewegung, ernannt
und mir das Patent, in den gnädigsten
Ausdrücken zu ertheilen zu lassen,
gnädigst geruhet haben.

Schließlich bitte ich Ew. Landgräfliche und
Hochfürstliche Durchl. so ehrfurchtsvoll:
um das gnädigste Remboursement, der
bereits unterm 1t. Decbr. v. J. einge-
sandten Auslagen d. Tractaments Rechnung
ad 124 rth. 6 gl. u. ersterbe in der tiefsten
Devotion eigenst. Ew. Landgräfl. Durchlauchten

unterthänigst devotester
Reccert.
Geheimer Rath. etc.

Berlin,
den 7. Febr. 1784.

aber gehindert habe. Friedrich war sehr betroffen und schickte, als Strafe gewissermaßen, die im Protokoll festzuhalten war, fünfzig Friedrichsdor an die *Policey-Strafcasse* mit dem Befehl, die Gelder dem *Pio jnstituto* zu berechnen.

Friedrich nahm seine Pflichten als Herrscher gern auf sich, empfand sie aber auch manchmal als Last. Er glaube, schrieb er 1742 an Voltaire, *Gott hat die Esel, die dorischen Säulen und uns Könige dazu geschaffen, die Lasten dieser Welt zu tragen ...*

Es war nicht immer nur Belangvolles, was den König klagen ließ. Auf einen Brief an seinen Lieblingsgeneral von Winterfeldt vom 8. April 1757 schrieb er eigenhändig als Zusatz: *Es hatte mihr jemandt zum Essen gebetten, ich Kam hin und fandt nichts, So Sagte er mihr ich hette dem Tag unrecht verstanden, So verschwuhr ich mihr mein tage bei Keinn Eßen zu gehen der nicht den Tag und die Stunde hilt quot bene Notandum.*

Es wäre allerdings falsch, nach dem bisher Geschilderten anzunehmen, daß der König all die zahllosen treuherzigen bis unverschämten Bittbriefe seiner Untertanen positiv beschieden hätte. Das hätte nicht nur seinem Sinn für Recht und Billigkeit widersprochen, sondern wäre auch nicht finanzierbar gewesen.

Häufig waren die Betteleien in Art und Ton geradezu unglaublich. So schrieb 1768 ein Mann an den König, er sei unverschuldet durch verschiedene Unglücksfälle um sein Vermögen gebracht worden. Nun aber böte sich ihm die Gelegenheit, sein Schicksal zu wenden, wozu ihm jedoch 6000 Taler fehlten. Er hoffe, der König, der als reicher und gnädiger Herr gerühmt werde, werde ihm das Geld bewilligen. Von der Gewährung seiner Bitte sei er so überzeugt, daß er gleich eine Quittung über 6000 Taler beifüge.

Friedrich schrieb darauf an den zuständigen Minister von Hagen: *Mein lieber Etatsminister von Hagen, Ihr werdet aus beiliegender Vorstellung eines Mannes ersehen, daß es mit seinem Verstande nicht gut steht. Ist es möglich, ihn davon zu überführen, so wird es mir lieb sein. Ich wollte nicht gern, daß mehrere meiner Untertanen so närrisch werden und glauben möchten, ich habe solche Summen zu verschenken, die dieser Narr von mir verlangt. Will er nicht glauben, daß er ein*

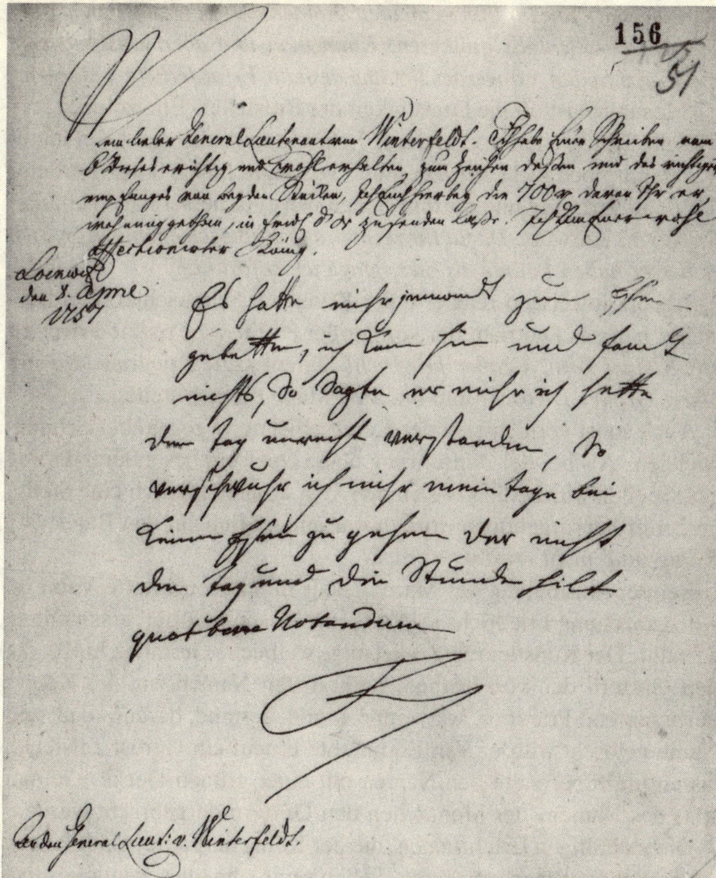

156

51

Loewitz den 8. April 1757

An den General Lieut: v. Winterfeldt.

Der Geheime Rat von Reckert berichtet, wie Friedrich aus Mitleid einer Bettlerin hilft, dadurch die Arbeit der Bettelvögte behindert und freiwillig als Strafe 50 Louisdor in die Polizeikasse zahlt (s. S. 378-381)

Friedrich teilt von Winterfeldt mit, künftig keine Einladungen zum Essen anzunehmen bei jemandem, der Termine vergißt

Narr ist, so könnt Ihr ihm in meinem Namen darüber die Versicherung geben, und allenfalls quittieren. Kann man ihm aber sonst auf eine solide Art helfen, so werdet Ihr das deshalb Erforderliche besorgen.

Erstaunlich ist oft die Dreistigkeit der Bittsteller. Ein Kolonist, der wie alle Haus, Vieh und anderes Lebensnotwendige erhalten hatte, war damit noch nicht zufrieden und verlangte mehr. Sonst werde er das Land verlassen und dorthin ziehen, wo er es besser haben könnte. Friedrichs Antwort: *Da tut Ihr recht dran! Wüßte ich einen Ort, wo ich es besser haben könnte als hier, ginge ich sofort hin.*

Schroff abweisend reagierte der König auf Schmeichler. Ein Bittsteller namens Dietrich, der von großer Statur war, redete Friedrich an: *Kleiner Gott, Großer Friedrich!* Darauf sagte Friedrich: *Kleiner Narr! Großer Dietrich!* und ließ den Mann einfach stehen.

Auch sonst verhielt sich der König ablehnend gegenüber Schmeicheleien. Als bei der Aufführung einer Oper ein besonderer Prolog geschrieben wurde, ließ er sich den Text kommen, strich eine Stelle, an der er hervorgehoben worden war und schrieb auf den Rand: *Der König muß nicht erwähnt werden!*

Bei der Ausmalung des Marmorsaals in Sanssouci hatte Van Loo auf Anordnung Friedrichs als Deckenstück eine Götterversammlung gewählt. Der Künstler fügte nun einige weibliche Gestalten hinzu, die den Göttern den von Lorbeer umkränzten Namenszug des Königs darbrachten. Friedrich war empört und bestand darauf, daß sein Name gelöscht würde. Van Loo mußte erneut ein Gerüst aufstellen lassen und übermalte den Namen mit einer grünen Decke, die nun statt des Namens des Monarchen den Göttern dargebracht wurde.

Die vielfältigen Erfahrungen, die der König im Laufe seiner langen Regierungszeit machen mußte, ließen seine ohnedies wenig positive Meinung über die menschliche Natur nicht besser werden. In einem Gespräch mit dem Philosophen und Pädagogen Johann Georg Sulzer, der seit 1775 Direktor der philosophischen Klasse der Akademie war, hatte dieser die Ansicht geäußert, der Mensch habe von Natur aus weniger Neigung zum Bösen als zum Guten. Darauf meinte der König lächelnd: *Ich sehe wohl mein lieber Sulzer. Er kennt nicht so wie ich das verwünschte Geschlecht, zu dem wir gehören.*

Als ein Gast sich einmal sehr emphatisch über die Liebe seiner Untertanen zu ihrem Herrscher äußerte, dichtete Friedrich aus dem Stegreif:

Croyez-moi, les humains que j'ai trop su connaître,
Méritent peu, Monsieur, qu'on daigne être leur maître.

(Glaubt mir, die Menschen, die ich nur zu sehr kennengelernt habe, verdienen es wenig, mein Herr, daß man sie würdigt, ihr Herrscher zu sein.)

Ebenso wenig Illusionen gab Friedrich sich bezüglich seines Nachruhms hin. Als er sich in seiner letzten Krankheit weigerte, ein Medikament zu nehmen, bestand der Arzt darauf: *Ew. Majestät müssen; Sie sind Ihre Erhaltung Ihrem Lande und den Untertanen schuldig.*

Meinen Untertanen? O, die werden mich bald vergessen.

Gewiß keiner Ihrer rechtschaffenen Untertanen, in deren Andenken Sie unvergänglich sind!

Und doch, entgegnete Friedrich nach einer Weile, *hat man Friedrich Wilhelm vergessen, der größer war als ich.*

Der Teil seiner Untertanen, der dem Herzen des Königs besonders nahe stand, waren seine Soldaten. Er selbst, der im Alter von vier Jahren die vierundfünfzig Regeln des preußischen Exerzierreglements gelernt und mit sechs eine eigene Kadettenkompanie bekommen hatte, war mit dreizehn Jahren Hauptmann, mit vierzehn Major und mit sechzehn Oberstleutnant geworden. Dennoch – oder deswegen – haßte er in seiner Jugend alles Militärische und nannte die ihm von seinem Vater aufgezwungene Uniform verächtlich *Sterbekittel.* Erst in seiner Rheinsberger Zeit änderte er seine Einstellung, bejahte das Militär, das zu einer tragenden Säule seiner späteren Politik wurde, und nach dem Siebenjährigen Kriege wurde die Uniform des Königs ausschließliche Kleidung.

Eine kennzeichnende Eigenschaft Friedrichs als Soldat war sein mit Kaltblütigkeit gepaarter ungewöhnlicher Mut, den er zum ersten Mal 1734 als Zweiundzwanzigjähriger während des Feldzugs am Rhein bewies. Auf einem Erkundungsritt in einem Wald in der Nähe von

Philippsburg geriet er mit seiner Begleitung in ein schweres Artilleriefeuer, das ringsum die Bäume zerfetzte. Dennoch führte Friedrich sein Pferd ruhig weiter, und seine Hand, die die Zügel hielt, zeigte nicht die geringste Bewegung. Zugleich setzte er unbeirrt das Gespräch mit seinen Begleitern fort, bei denen die Haltung des Kronprinzen einen starken Eindruck hinterließ.

Später, während seiner eigenen Feldzüge, hat Friedrich ungezählte Male solche Kaltblütigkeit bewiesen, die ihn seinen Soldaten zum Vorbild machte.

Während der Schlacht von Hochkirch, in der ihm ebenso wie in denen von Chotusitz, Hohenfriedberg, Kunersdorf, Liegnitz und Torgau das Pferd unter dem Leibe zusammengeschossen wurde, beobachtete der König inmitten eines schweren Artilleriebeschusses die Bewegungen des Feindes. Eine Kanonenkugel schlug dicht links neben ihm ein, so daß er mit Erde bespritzt wurde und sein Pferd zur Seite sprang. Kaum hatte er es wieder unter Kontrolle gebracht, als erneut eine Granate, dieses Mal rechts von ihm, einschlug und das Pferd wieder scheute.

Nun drängten die Adjutanten den König, sich zurückzuziehen, doch der erwiderte: *Wie ich sehe, schießen die Feinde rechts und links ebenso wie hier. Ich kann also hier wie da und dort getroffen werden; und hinter meiner Armee bin ich überflüssig.*

Während dieses Krieges machte der König an einem Herbstmorgen früh in der Dämmerung einen Erkundigungsritt, nur in Begleitung einiger Adjutanten. Es war so neblig, daß man nur wenige Schritte weit sehen konnte, und so geriet der Trupp hinter die feindlichen Vorposten. Plötzlich sprengte ihnen ein österreichischer Husar entgegen, der ihre Stimmen gehört hatte.

Friedrich ritt auf ihn zu und fragte: *Husar! Wo geht dieser Weg hin?*

Obwohl der Österreicher sofort erkannte, daß er Preußen vor sich hatte, war er durch Ton und Blick des Fragenden so aus der Fassung gebracht, daß er einen Augenblick wie erstarrt stehenblieb. Darauf sagte Friedrich gelassen zu seinen Begleitern: *Messieurs, kommen Sie, der Husar weiß es nicht.* Worauf er mit seinen Leuten im Nebel verschwand.

Bei einem anderen Zusammentreffen mit gegnerischen Husaren hatte einer bereits die Pistole auf ihn gerichtet, als der König ihm zurief: *Halt, Husar, Du hast kein Pulver auf der Pfanne!*

Der Österreicher war so verblüfft, daß er seine Waffe herunternahm und prüfte, wobei ihn zwei preußische Gardisten gefangennahmen.

Während der Belagerung von Schweidnitz mußte der König zur Ader gelassen werden. Er ließ einen Feldscher kommen, stieg vom Pferd, legte seinen Rock ab und setzte sich.

Die Operation hatte gerade begonnen, als neben ihnen eine Granate einschlug und ihn mit Erde bespritzte. Der Feldscher stürzte erschreckt weg, Friedrich blieb ruhig sitzen und befahl ihm, weiterzumachen. Der faßte sich nur langsam und brachte seine Arbeit mit zitternden Händen zu Ende. Friedrich aber saß auf und ritt ruhig weiter.

Im Bayerischen Erbfolgekrieg hielt Friedrich vor einem Gefecht beim Erkunden gerade unter einem Baum und beobachtete den Feind durch sein Fernglas, als eine feindliche Granate in den Baum einschlug, daß die Äste auf ihn herabfielen.

Das muß man lassen, meinte der König ungerührt, *sie tun mir doch wirklich die Ehre an, den ersten Schuß auf mich abzufeuern.*

Oft setzte Friedrich sein Leben so ungestüm aufs Spiel, daß selbst seine einfachen Soldaten ihn drängten, nicht so leichtsinnig zu sein. *Ihr habt recht, liebe Kinder,* pflegte er dann zu sagen; doch nach wenigen Minuten begab er sich erneut in die größte Gefahr.

Mit seinen Soldaten, die der König als seine Kameraden ansah, verband ihn ein geradezu familiäres Verhältnis. Wenn er morgens an ihnen vorbeiritt, pflegte er zu grüßen: *Guten Morgen, Kinder,* und als Antwort erklang ein: *Guten Morgen, Fritz.*

Kurz vor der Schlacht bei Leuthen ritt Friedrich einmal gedankenverloren an einem Regiment vorbei, ohne zu grüßen. Darauf rief ihm ein Grenadier *Guten Morgen, Fritz* zu, was der König überhörte. Der Soldat wiederholte seinen Gruß noch einige Male, bis er Friedrich erbost seine Mütze in den Rücken warf. Der König fuhr auf und fragte unwirsch: *Was soll das? Ist er besoffen?*

Es ist so, antwortete der Kommandeur, *daß er Ew. Majestät schon mehrfach einen »Guten Morgen« geboten hat.*

Der Kerl ist ein Narr, meinte Friedrich, *man soll ihm zwei Gulden geben.*

Während der Märsche munterte der König seine Soldaten öfters mit den Worten auf: *Grad uut, Kinder! Grad uut!*

Fritz ooch grat uut! erwiderten die Soldaten, und einer ergänzte einmal: *Unn die Stiefeln in die Höhe gezogen!*

Vor der Schlacht von Leuthen ritt der König abends durch das Lager und unterhielt sich mit den Mannschaften.

Nun, Kinder, wie wird es morgen aussehen? Der Feind ist doppelt so stark wie wir, sagte er zu einigen pommerschen Infanteristen.

Das laß nur gut sein, antwortete einer treuherzig, *es sind doch keine Pommern drunter.*

Ja, freilich, lächelte Friedrich, *sonst könnte ich die Bataille nicht wagen. Nun schlaft gut; morgen haben wir den Feind geschlagen oder sind alle tot.*

Während all seiner Feldzüge teilte der König das Leben seiner Soldaten, wärmte sich gemeinsam mit ihnen am Feuer und aß und trank mit ihnen. Dafür waren sie ihrerseits bereit, ihr Letztes mit ihm zu teilen. Nach der Schlacht von Soor, in der seine gesamte Bagage verloren ging, hatte er am Abend nicht einmal mehr etwas zu essen. Er schickte einen Offizier los, wenigstens ein Stück Brot aufzutreiben. Dieser fand nach einigem Suchen einen Soldaten, der noch etwas Brot besaß. Der Offizier bot ihm einen Dukaten dafür; doch wollte der Soldat nichts hergeben. Als er jedoch hörte, es sei für den König, ging er gleich und brachte selbst dem König die Hälfte seines Brotes.

Nachdem er bei einer anderen Gelegenheit in ähnlicher Weise die Zuneigung eines einfachen Soldaten erfahren hatte, sagte der König eines Tages zu seinen Adjutanten: *Es gibt keinen glücklicheren König auf Erden als mich!*

Da Friedrich bei seinen Soldaten keine Frauen duldete, verkleideten sich manche von ihnen und zogen als Männer mit. Vor Torgau stieg eine von ihnen, die Frau eines Husaren, vom Pferd, ging in eine Scheune und gebar einen Knaben.

Sofort nach der Niederkunft packte sie ihr Kind und ihre Sachen zusammen, schwang sich aufs Pferd und kam in die Nähe des Königs.

Ew. Majestät, erklärte sie, *hier ist ein junger Fritz, den ich eben in der Scheune geboren hab.*

Ist er schon getauft?

Nein, aber er soll Fritz heißen!

Gut; habt Sorge für ihn, und wenn es Frieden wird, meldet Euch bei mir, und ich werde für den Jungen sorgen!

Natürlich machte die persönliche Zuwendung des Königs seinen Soldaten gegenüber das preußische Militärwesen nicht zur Idylle. Friedrich hatte früh erkannt, daß er zur Durchsetzung seiner politischen Ziele eines schlagkräftigen Heeres bedurfte. Deshalb bestimmte er den größeren Teil der Staatseinkünfte für den Ausbau und den Unterhalt seiner Armee. Er sah seine Macht auf das Militär gegründet, und als man ihm von den Anfeindungen eines ihn ablehnenden Menschen berichtete, fragte er gelassen: *Hat er 100000 Mann?*

Im Herbst 1740, als er seine Gedanken bereits auf Schlesien richtete, fragte Friedrich bei einer Truppenparade den Alten Dessauer, was er an den Soldaten am meisten bewundern müsse.

Dieser überlegte, leicht irritiert, dann nannte er die Haltung der Truppe und die Exaktheit ihrer Bewegungen.

Nein, lächelte der König, *für mich ist das Wunderbarste, daß wir unter diesen Kerls in Sicherheit sind.*

Dann fuhr er fort: *Jeder dieser Burschen ist sowohl Ew. Liebden wie mein Feind, und doch hält sie die Subordination und der Geist der Ordnung in Schranken.*

Zum Geist der Ordnung zählte für den König, daß die Offiziere ganz in ihrem Dienst aufgingen. Die meisten waren unverheiratet; Heiratsgenehmigungen wurden selten und widerstrebend erteilt.

Alles, was die Offiziere wirklich oder vermeintlich von ihrer eigentlichen Aufgabe fernhielt, war suspekt. Ein Hauptmann hatte eine wissenschaftliche Abhandlung über ein maritimes Thema geschrieben und bat, sie für einen Wettbewerb der Königlich Englischen Akademie der Wissenschaften einsenden zu dürfen. Friedrich antwortete: *Das kann geschehen. Ich werde aber das Frühjahr Eure*

Compagnie revidiren, und wenn ich euch dann mit den Gedanken auf dem Meere, und nicht auf dem Lande, wo ihr zu Hause seyn sollt, treffe; so werdet ihr es mit mir, und nicht mit der Londner Akademie zu thun haben.

Ich rathe euch übrigens wohlmeynend, euch nicht ferner mit dergleichen Dingen, die nicht zu eurem Ressort gehören, zu beschäftigen, sondern einzig euch nur dasjenige angelegen seyn zu lassen, was euer eigentlicher Beruf ist; und ich verbleibe Euer wohlaffectionirter König Friedrich.

Schon die Neigung eines Offiziers zum Kartenspiel nahm den König gegen diesen ein. Bei einer Parade im Jahre 1775 sagte er zu einem ihm als Spieler bekannten Oberst, als dessen Regiment aufmarschierte: *Ihr Regiment marschiert nicht gerade in Reih und Glied, Monsieur; und das ist kein Wunder: Sie spielen zu viel Karten!*

Sofort ließ der Oberst sein Regiment halten und sagte: *Haben Sie die Güte, Ew. Majestät, zu prüfen, ob mein Regiment nicht Linie hält!*

In der Tat stand die Truppe schnurgerade, und Friedrich ritt, ohne ein weiteres Wort zu verlieren, weiter.

Friedrich ließ Widerspruch gelten, wo er berechtigt war, und duldete, daß man seinen Befehlen zuwiderhandelte, vorausgesetzt, es war sachlich richtig.

Bei einem Herbstmanöver stellte er einen Artillerieoffizier mit seinen Geschützen auf eine Anhöhe und befahl, nicht eher zu feuern, bis er selbst den Befehl erteile.

Der Offizier wartete eine Weile, doch als er sah, daß die Kavallerie auf ihn zuritt, kommandierte er Feuer. Sofort sprengte Friedrich heran und rief: *In des Teufels Namen, was macht Er?*

Ew. Majestät kommen zu spät, erwiderte der Offizier gefaßt, *die Kavallerie kam so schnell, daß ich mich wehren mußte.*

Er hat recht, entschied Friedrich und ritt davon.

Wie in allen Bereichen behielt sich der König auch im militärischen alle Entscheidungen vor und nahm die Verantwortung dafür auf sich. Als bei der Verteidigung Küstrins schwerwiegende Fehler gemacht worden waren und der Kommandant sich entschuldigte, antwortete

Friedrich: *Der Fehler liegt an mir selbst; warum habe ich Ihn auch zum Kommandanten gemacht?*

Um Ordnung und Disziplin im Heer aufrecht zu erhalten, bediente sich der König drakonischer Mittel. Insubordination wurde mit dem Tode bestraft, leichtere Vergehen mit Spießrutenlaufen. Ganze Truppeneinheiten wurden bei mangelnder Tapferkeit mit einer Ehrenstrafe belegt. Als das Infanterieregiment Bernburg 1759 bei der Belagerung Dresdens bei einem Ausfall der Belagerten gewichen war, verloren die Offiziere ihre Huttressen, die Soldaten ihre Bandlitzen, und die Tambours durften nicht mehr den Grenadiermarsch schlagen. Erst nach dem bravourösen Einsatz des Regiments in der Schlacht bei Liegnitz am 15. August 1760 nahm der König diese von den Soldaten als schändliche Schmach empfundene Maßnahme zurück.

Trotz seiner harten Haltung war Friedrich kein Soldatenschinder. Als er eines Tages sah, wie eine Kanone in einem morastigen Hohlweg steckenblieb und der wütende Kommandeur auf einen Soldaten einprügelte, beschied er diesen zu sich und sagte: *Da meine Armee aus Menschen besteht, Ihr aber ein Unmensch seid, so seid Ihr hiermit entlassen. Dem Soldaten zahlt Ihr 50 Taler Schmerzensgeld. Und nun schert Euch zum Teufel!*

Friedrich hat seine Soldaten, vom General bis zum Gemeinen, stets als seine Kameraden betrachtet und sich auch nach den Kriegen rührend um sie gesorgt. Nach Jahren, oft nach Jahrzehnten, erinnerte er sich ihrer. Er half den adligen Gutsbesitzern unter seinen Offizieren, ihre Güter zu halten; er bedachte Generale und Obristen mit Pensionen oder Geldzuwendungen; er gab älteren oder verwundeten Offizieren Stellungen in nichtmilitärischen Einrichtungen und sorgte dafür, daß Unteroffiziere und Mannschaften wirtschaftlich nicht in Not gerieten.

Deshalb schrieb er auf einen Brief des Ministers von Werder, in dem dieser seine Bedenken vortrug, eine offene Stelle bei der General-Salzkasse mit einem invaliden Feldwebel zu besetzen, eigenhändig:

aber nuhr keine alten Soldaten verstoßen er ist Selber Soldat gewesen ich bin es noch und ich mus vohr meine Komoraten sorgen.

Friedrich im Urteil seiner Zeit und der Nachwelt

Überwiegend positiv urteilen die Zeitgenossen über Friedrich. Voltaire nennt ihn vor dem Zerwürfnis einen *Helden, der Philosoph und Dichter ist,* und schreibt: *Der ist aus anderem Stoffe als alle Welt.* Lord Chesterfield findet: *Sein Ruhm bedarf poetischer Erfindungsgabe nicht.*

1749 schrieb Friedrich Gottlieb Klopstock sein *Kriegslied* auf Friedrich, das er erst später, als sich seine persönlichen Erwartungen nicht erfüllten, umdichtete. Darin heißt es in Strophe eins:

Es führet uns der beste Mann
Im ganzen Vaterland.

Und in der fünften Strophe nennt der Autor Friedrich *Der Schlachten Gott und Herr.*

Kritisch dagegen äußert sich Gotthold Ephraim Lessing *(An Mäzen): Dort der Regent* [Friedrich] *ernährt eine Menge schöner Geister und braucht sie des Abends, wenn er sich von den Sorgen des Staats durch Schwänke erholen will, zu seinen lustigen Räten. Wieviel fehlt ihm, ein Mäzen zu sein!*

Nimmermehr werde ich mich fähig fühlen, eine so niedrige Rolle zu spielen, und wenn auch Ordensbänder zu gewinnen stünden.

Ein König mag immerhin über mich herrschen; er sei mächtiger, aber besser dünke er sich nicht. Er kann mir keine so starke Gnadengelder geben, daß ich es für wert halten sollte, Niederträchtigkeiten darum zu begehen.

Doch das Gedicht *Unter das Bild des Königs von Preußen* hat einen anderen Ton:

Wer kennt ihn nicht?
Die hohe Miene spricht

Dem Denkenden. Der Denkende allein
Kann Philosoph, kann Held, kann beides sein.

Andrew Mitchell, der geistreiche, von Friedrich sehr geschätzte englische Gesandte am Berliner Hof, der den König im Siebenjährigen Krieg begleitete, rühmte in den schweren Tagen des Juli 1757 in Briefen Friedrichs *unbeschreibliche Seelengröße, denn ich sah den König von Preußen groß im Glück, aber noch größer im Unglück.*

Zu den größten Bewunderern zählt Johann Wilhelm Ludwig Gleim, der am 30. November 1758 an Ewald Christian von Kleist schreibt: *Er ist Gott, oder christlicher: Gott ist mit ihm.*

Sein Epigramm *Seine Grabschrift* lautet:

Auf Ihn die Grabschrift? – kurz und klug? –
»Hier liegt der Einzige!« das, mein' ich, ist genug.

1786 verfaßt er das Gedicht *An unsere Dichter:*

Singt Ihn, den Einzigen!
Den Unersetzlichsten!
Den Nichtgestorbenen!
Den Ewiglebenden!

In dem Gedicht Christoph Martin Wielands *Auf ein Bild des Königs von Wille* aus dem Jahre 1758 lesen wir:

. . .
Ein glückliches Gestirn gab dich [Wille] *der goldnen Zeit,*
Da Friedrich die Welt mit seinen Wundern füllet
. . .
Der Held, der Menschenfreund, der ganze Friederich!
. . .
Du Friedrich, den die Vorsicht auserkoren,
Der Schutzgeist dieser Welt, die jener [Alexander der Große] *einst verheert,*
Zu sein: weit mehr als er bist du Homere wert
. . .
Du Stolz der Menschheit und der Erden

Kritischer allerdings heißt es in einem Brief Wielands vom 16. Juni 1780 aus Weimar an Johann Heinrich Merck:

Es ist schon lange, daß die Welt mit einem minimo sapientiae [mit einem Minimum an Weisheit] *regiert wird, und so albern die Dinge dabei gehen, so ist's doch für uns andre Leute, qui aiment leurs aises* [die ihre Behaglichkeit lieben], *besser, als wenn sie mit dem Stock regiert wird. Daher ist mir König Friedrich zwar ein großer Mann, aber vor dem Glück, unter seinem Stock* (*sive* [oder]) *Szepter zu leben, bewahr uns der liebe Herrgott!*

In der anonym erschienenen Schrift Friedrich Karl von Mosers *Der Herr und der Diener, geschildert mit patriotischer Freiheit* von 1759 heißt es:

Wer kennet den nicht, welchen man mit Gustav Adolfen, dem Erretter der teutschen Freiheit, in gleichem setzet? Man kann ihm, diesem unzubeschreibenden Geist, Bewunderung und Ehrfurcht nicht versagen: er ist der König unter den Helden, er hat Verstand vor mehr als eine Erde, er dreht sich wie die Sonne in seiner eigenen Achse und glänzt in seinem eigenen Licht, er hat ihre Hitze und ihre Flecken, er hat das Maß eines großen Geistes, Jahrhunderte nach uns werden seine Höhe, Größe und Natur noch mit Sorgfalt erforschen.

Doch wandte sich Moser später gegen das *militär-despotische* Regierungssystem Friedrichs und trat auf die Seite Österreichs.

Friedrich Melchior von Grimm, seit 1748 in Paris lebender Publizist und Diplomat, urteilt 1760 über den »Philosophen von Sanssouci«: *Schwerlich findet sich in der Geschichte ein Mann, der diesem philosophischen König vergleichbar wäre.*

Am 8. Februar 1762 schreibt der englische Politiker William Pitt d. Ä. dem abberufenen preußischen Gesandten Dodo Heinrich von Knyphausen: *Sie werden das Glück haben, einen König wiederzusehen, der die Bewunderung aller Zeiten bilden wird...*

Verständlich ist die negative Beurteilung durch Friedrichs große Gegenspielerin Maria Theresia, die 1766 an ihren Sohn, Joseph II., über den *bösen Mann,* wie sie Friedrich stets zu nennen pflegte, schreibt: *Hat dieser Heros, der so viel von sich reden machte, hat dieser Eroberer einen einzigen Freund? Muß er nicht aller Welt mißtrauen? Welch ein Leben, aus dem die Menschlichkeit verbannt ist!*

Der Sohn jedoch kann sich der Wirkung der Persönlichkeit Friedrichs nicht entziehen. Nach seinem Treffen mit dem Preußenkönig in

Neiße im Jahre 1769 berichtet er der Mutter: *Der König überhäufte uns mit Höflichkeit und Freundlichkeit. Er ist ein Genie und ein Mann, der wunderbar spricht, aber er sagt kein Wort, dem man nicht den Schelm anmerkt. Ich glaube, er wünscht den Frieden, nicht aus Herzensgüte, sondern weil er einsieht, daß er beim Kriege nichts gewinnen kann.*

Von tiefer Abneigung dagegen ist das Bild gekennzeichnet, das der italienische Dichter Vittorio Graf Alfieri entwirft, der im selben Jahr 1769 Berlin besuchte:

Beim Betreten des Staates des großen Friedrich, der mir wie eine einzige große Wachtstube erschien, fühlte ich, wie sich in mir der Abscheu vor dem ruchlosen Soldatenhandwerk verdoppelte und verdreifachte. Ist dies ruchlose Handwerk doch die einzige und ruchloseste Grundlage der willkürlichen Macht, die stets die notwendige Frucht so vieler tausend besoldeter Trabanten ist. Ich wurde dem König vorgestellt. Als ich ihn sah, empfand ich keinerlei Regung von Bewunderung und Ehrfurcht, sondern vielmehr Entrüstung und Wut, Gefühle, die in mir jeden Tag stärker und mannigfacher wurden, als ich so viele Dinge aller Art erblickte, die nicht sind, wie sie sein sollten, und die, da sie falsch sind, sich nur das Ansehen und den Ruf von Wahrem anmaßen... Der König sprach mit mir die paar üblichen Worte; ich beobachtete ihn scharf, blickte ihm respektvoll fest in die Augen und dankte dem Himmel, daß ich nicht als sein Sklave geboren bin. Gegen Mitte November verließ ich die große Kaserne Preußen mit gebührendem Abscheu.

Das Entgegengesetzte wiederum berichtet der englische Gesandte Hugh Elliot 1777:

Sie können sich nicht vorstellen, wie das Volk sich freute, den König zu Pferde zu sehen. Alles Klubgeschwätz von einem Lande, das unter dem Druck seiner Lasten stöhnt, von einer Nation, die mit eiserner Rute beherrscht wird, verschwand vor dem aufrichtigen Zuruf aller Stände, die einmütig ihre Begeisterung für ihren großen Monarchen bezeugten.

Johann Gottfried Herder schreibt 1774 in seiner Abhandlung *Auch eine Philosophie der Geschichte zur Bildung der Menschheit:*

Ein Monarch, dessen Namen unsre Zeit mehr trägt und zu tragen verdient als das Zeitalter Ludwigs...! Welche neue Schöpfung Europas hat er von seinem Flecke her in dreißig kurzen Jahren bewirkt! In Kriegs- und Regierungskunst, in Behandlung der Religion und Einrichtung der Gesetze, als Apollo der Musen und als Privatmann unter der Krone – dem allgemeinen Scheine nach das Muster der Monarchien – welch ein Gutes gestiftet! Aufklärung, philosophischen Geist und Mäßigung vom Throne ringsum verbreitet! Orientalische, dumme Pracht, Schwelgerei und Luxus, der vormals oft das einzige Goldgehänge der Höfe war, wie erschrecklich zertrümmert und verjaget! Fette Unwissenheit, blinden Eifer und Aberglauben überall wie tief verwundet! Sparsamkeit und Ordnung, Regelmäßigkeit und Fleiß, schöne Künste und einen sogenannten Geschmack, frei zu denken – wie hoch erhoben! Das Jahrhundert trägt sein Bild, wie seine Uniform: Jahrhundert ohne Zweifel die größte Lobrede seines Namens.

Und in den *Briefen zur Beförderung der Humanität* von 1793 heißt es: *Wir sind darüber einig, daß, wenn ein großer Name auf Europa mächtig gewirkt hat, es Friedrich gewesen. Als er starb, schien ein hoher Genius die Erde verlassen zu haben; Freunde und Feinde seines Ruhms standen gerührt; es war, als ob er auch in seiner irdischen Hülle hätte unsterblich sein mögen.*

Karl Wilhelm Ramler dichtete 1778 einen *Schlachtgesang*, der beim Ausmarsch des Infanterieregiments Nr. 19 am 10. April 1778 gesungen wurde und in dem es in der ersten Strophe heißt:

Auf, tapfre Brüder, auf ins Feld!
Gerecht ist unser Krieg;
Uns führet Deutschlands größter Held:
Uns folget Ehr' und Sieg.

Goethe hat sich mehrfach über Friedrich geäußert. Nachdem er 1778 mit Herzog Karl August von Sachsen-Weimar-Eisenach in Berlin gewesen war, schreibt er am 5. August 1778 an Merck:

Aber du weißt, wie ich im Anschaun lebe; es sind mir tausend Lichter aufgegangen. Und dem Alten Fritz bin ich recht nah worden, da ich hab sein Wesen gesehn, sein Gold, Silber, Marmor, Affen, Papageien und zerrissene Vorhänge und hab über den großen Menschen seine eigenen Lumpenhunde räsonnieren hören.

Im April 1781 schreibt Goethe an Lavater:

Wenn ich von dem alten König höre, ist mir's, als wenn mich der Prediger auf einen hohen Berg führte und mich dort einen Trauerblick auf die Menschen und ihre Herrlichkeit tun ließe.

In der *Italienischen Reise* schildert Goethe unter dem 28. April 1787 aus Caltanisetta auf Sizilien, wie weit Friedrichs Ruhm gedrungen war:

Wir mußten von Friederich dem Zweiten erzählen, und ihre Teilnahme an diesem großen Könige war so lebhaft, daß wir seinen Tod verhehlten, um nicht durch eine so unselige Nachricht unsern Wirten verhaßt zu werden.

Am 25. Oktober 1788 schreibt er an Karl Ludwig von Knebel, den preußischen Offizier und Prinzenerzieher in Weimar:

Den ersten Band der hinterlassenen Werke des großen Alten habe ich gelesen. Es ist doch was einziges um diesen Menschen.

Mehrfach spricht Goethe in *Dichtung und Wahrheit* von Friedrich. Er bekennt für seine Kindheit und Jugend: *Und so war ich denn auch preußisch, oder um richtiger zu reden, Fritzisch gesinnt, denn was ging uns Preußen an. Es war die Persönlichkeit des großen Königs, die auf alle Gemüter wirkte.*

An späterer Stelle schreibt er aus der Leipziger Studienzeit: *Friedrich der Zweite stand noch immer über allen vorzüglichen Männern des Jahrhunderts in meinen Gedanken,* und es kam ihm *befremdend* vor, daß er *ihn so wenig vor den Einwohnern von Leipzig als sonst in meinem großväterlichen Hause loben durfte.* Letztere Kritik allerdings brachte es mit sich, daß er *nach und nach die unbedingte Verehrung erkalten fühlte, die ich diesem merkwürdigen Fürsten von Jugend auf gewidmet hatte.*

Doch bleiben die Äußerungen über Friedrich auch für die später geschilderte Zeit positiv. Als 1771 bei den Tischgesprächen im Elsaß die Rede auf Sprache und Staatsverhältnisse kam, heißt es:

Blickten wir hingegen nach Norden, so leuchtete uns von dort Friedrich, der Polarstern, her, um den sich Deutschland, Europa, ja die Welt zu drehen schien.

Vergleichbar lesen wir später: *Friedrich hatte die Ehre eines Teils der*

Deutschen gegen eine verbundene Welt gerettet, und es war jedem Gliede der Nation erlaubt, durch Beifall und Verehrung eines großen Fürsten teil an seinem Siege zu nehmen . . . und: *Friedrich II., auf seiner Kraft ruhend, schien noch immer das Schicksal Europens und der Welt abzuwiegen.*

Der Marchese Girolamo Lucchesini, der zwei Jahre lang in der unmittelbaren Nähe Friedrichs gelebt und darüber detailliert in seinen *Gesprächen* berichtet, nennt Friedrich 1781 den *größten Mann unseres Jahrhunderts.*

In der berühmten, 1784 erschienenen Abhandlung *Beantwortung der Frage: Was ist Aufklärung?* urteilt Immanuel Kant:

Ein Fürst, der es seiner nicht unwürdig findet, zu sagen: daß er es für die Pflicht *halte, in Religionsdingen den Menschen nichts vorzuschreiben, sondern ihnen darin volle Freiheit zu lassen, der also selbst den hochmütigen Namen der* Toleranz *von sich ablehnt: ist selbst aufgeklärt und verdient von der dankbaren Welt und Nachwelt als derjenige gepriesen zu werden, der zuerst das menschliche Geschlecht der Unmündigkeit, wenigstens von Seiten der Regierung, entschlug und jedem freiließ, sich in allem, was Gewissensangelegenheiten ist, seiner eigenen Vernunft zu bedienen.*

Graf Mirabeau, von der französischen Regierung als Geheimagent nach Berlin gesandt, um die dortigen politischen Verhältnisse zu beobachten, schreibt einen Tag nach Friedrichs Tod, am 18. August 1786, an den Abbé de Périgord:

Einer der größten Charaktere, der je auf dem Throne gesessen hat, ist zerbrochen, mit ihm eine der schönsten Formen, die die Natur je geschaffen hat.

Doch trotz großer persönlicher Verehrung blieb Mirabeau das Zwiespältige in Friedrichs Wesen nicht verborgen. In seinem 1788 erschienenen Werk *Über die preußische Monarchie unter Friedrich dem Großen* schreibt er:

Nie war ein Sterblicher so zum Befehlen geboren wie er. Er wußte es. Er schien sich als Weltseele zu fühlen und gestand den übrigen Menschen nur irgendeine sensitive Seele, einen mehr oder minder schlauen animalischen Instinkt zu. Daher verachtete er sie, und doch arbeitete er nach Maßgabe seiner Einsicht unermüdlich an ihrem Glück. So trug seine außerordentliche Urteilskraft mehr dazu bei, ihn gerecht und wohltätig zu machen, als es die zweideutige Güte empfindsamer Herzen vermocht hätte. Er kannte nur eine Leidenschaft, den Ruhm, und war doch ein Feind der Lobreden. Er hatte nur eine Neigung, die für sich selbst, und sein ganzes Leben war den anderen gewidmet. Er hatte nur eine Beschäftigung, seinen edlen Königsberuf. Ihm lag er mit unnachahmlichster Ausdauer 46 Jahre lang ununterbrochen ob, bis zu dem Tage, der seinem philosophischen und schlichten Tode voranging, nach 18 Monaten voller Schmerzen und Ängste, die ihm nicht eine Klage entlockt hatten. Friedrich hörte am 17. August auf zu leben, zu regieren indessen erst am Tage vorher.

Aber es ist Aufgabe der Geschichte, Friedrich den Großen zu schildern. Es ist ihres Amtes, seine Großtaten, seine blendenden Erfolge, seine unbegreiflichen Hilfsmittel, die Größe seiner Herrschaft, die Schlichtheit seines Lebens und seines Todes zu buchen. Es liegt ihr ob zu sagen, was er für die Hebung seines Volkes, für die Aufklärung der Menschheit getan hat.

Christian Friedrich Daniel Schubart nennt Friedrich in seiner *Vaterlandschronik* von 1788 einen *unsterblichen Monarchen,* einen *unsterblichen Verfasser* und *unseren ersten Mann.*

Schiller hingegen meint in einem Brief an Körner vom 28. November 1791:

Friedrich II. ist kein Stoff für mich, und zwar aus einem Grunde, den Du vielleicht nicht für wichtig genug hältst. Ich kann diesen Charakter nicht lieb gewinnen; er begeistert mich nicht genug, die Riesenarbeit der Idealisierung an ihm vorzunehmen.

Gleichwohl spricht er im Gedicht *Die deutsche Muse* aus dem Jahre 1803 von Friedrich als *Von dem größten deutschen Sohn.*

Jean Paul als letzter der genannten Zeitgenossen urteilt in einem 1795 entstandenen, später überarbeiteten Text: *Es ist leichter, ein großer als ein rechtschaffener König zu sein; er war beides. Es ist leichter, bewundert als gerechtfertiget zu werden; ihm ist beides zuteil geworden.*

So widersprüchlich wie das Urteil der Zeitgenossen ist auch das der

Nachwelt. Bald nach Friedrichs Tod schlägt die weitgehende Bewunderung ins Gegenteil um. In der Zeit der Romantik und der Befreiungskriege wirft man Friedrich vor, es habe ihm eine höhere Staatsidee gefehlt. Kennzeichnend für diese Auffassung ist die von Ernst Moritz Arndt, der 1803 in *Germanien und Europa* schreibt:

Welch hohe politische Rücksichten haben seine Verehrer ihm nicht angedichtet! Wie haben sie ihm das Interesse des deutschen Vaterlandes zunächst am Herzen liegen lassen, eines Landes, dessen Volkscharakter er nicht kannte und dessen Wohl er in die Vergrößerung der preußischen Monarchie und in die Schwächung des österreichischen Hauses setzte! Von einer deutschen Nation, wie sie hätte eins sein und eins werden können, hatte er wohl nie eine reine Idee gefaßt, es sei denn, daß sein Haus endlich Österreich in der Zukunft besiegen und so aus dem Geteilten ein Eins werden ließ ...

Den siebenjährigen Krieg, ein Werk der Notwendigkeit, haben deutsche Philosophen und Poeten, oder die sich so nennen, zu einer herrlichen Nationaltrophäe Deutschlands machen wollen und Friedrich häufig den Retter und Befreier des Vaterlands genannt, weil der große Mann mit seltener Standhaftigkeit den Riesenkampf bestand. Aber man muß ihn dabei nur als Menschen und Regenten bewundern; als Deutsche müssen wir weinen, daß er nicht erlag und daß Maria Theresia nicht erliegen konnte! Kein Krieg geschah mehr auf Kosten des deutschen Volkes, und keiner legte den Grund des deutschen Elends, der Vielherrschaft, bleibender fest und bereitete die lange Schwäche des Vaterlandes ewiger vor als gerade dieser ...

Selbst von jener althergebrachten Staatengerechtigkeit und dem Gleichgewicht hatte der große Friedrich keine so gewissenhafte Idee, als man uns gern einbilden möchte; er war nach allem, was wir bis jetzt wissen, die nächste Ursache der ersten Teilung Polens, die, auf diese Art durchgesetzt, noch ohne Beispiel war: alles, weil es seine höchste Idee war, aus einem kleinen Staate etwas Großes zu machen.

Aber er machte mit diesem kleinen Staate auf eine andere Weise etwas Großes, und darin ist er uns mit Recht, für seine Zeit betrachtet, der Große, der einzige Friedrich ... Disziplin und Subordination ... trieb er in hoher Geistigkeit genommen auf das Höchste, unbekümmert, wie ein König es oft sein soll, ob auch einzelne ächzten und ob manche liebliche Blüten der Kunst und Humanität bei dieser Gepreßtheit und Anspannung verwelkten oder gar nicht aufgingen. Der König hatte volles Recht für seine Zeit; für die unsrige würde er es nicht haben, für die in den nächsten 50 Jahren wohl noch weniger. Alles übersehend, berechnete er im Geiste, ließ selbst das Ungerechte und Ungleiche stehen, wenn es seinen großen Plan nicht aufhielt, und sah die einzelnen Menschen nur als Hölzchen und Stiftchen in seiner großen Maschinerie an, die nach Gefallen zerschnitten und zerbrochen werden mochten, wenn die Maschine nur dadurch ihren stetigen Gang behielt.

Wie Arndt selbst im Alter wieder positiver urteilt, wandelt sich ebenso das Bild Friedrichs in der historischen Literatur der folgenden Jahrzehnte, für die so klangvolle Namen wie Preuß, Ranke, Droysen, Treitschke, Sybel oder Koser stehen. Für sie mag die Beurteilung Friedrichs durch Ranke in der *Allgemeinen Deutschen Biographie* stehen: *Ein Heldenleben, von großen Gedanken durchzogen, voll von Waffenstreit, Anstrengungen und schicksalsvollem Wechsel der Ereignisse, unsterblich durch die Erhebung des preußischen Staates zu einer Macht, unschätzbar durch das, was er begründete für die deutsche Nation und die Welt.*

Von größerer Breitenwirkung als die Werke dieser Historiker von Rang war jedoch die volkstümliche Darstellung von Kugler mit den Zeichnungen von Menzel, die das Bild des »alten Fritz« im Bewußtsein weiterer Kreise ganz entscheidend beeinflußt hat.

Gegen die eben genannten »kleindeutschen« Geschichtsschreiber, die einen deutschen Bundesstaat unter preußischer Führung bei gleichzeitigem Ausschluß Österreichs anstrebten, wandten sich die »großdeutschen«, die eine Vereinigung aller Deutschen in einem Nationalstaat wollten. Für sie kann stellvertretend Onno Klopp stehen, gebürtiger Oldenburger und später in Wien Geschichtslehrer des Kronprinzen Franz Ferdinand, der in seinem Werk *Der König Friedrich II. von Preußen und seine Politik* von 1860 (^{2}1867) die schärfsten Angriffe gegen den Preußenkönig richtete, die je geschrieben wurden. Bei ihm heißt es:

Denn daß wir es kurz und mit einem Worte sagen: der König

Friedrich II. hat nicht bloß das tausendjährige Reich zertrümmert: er hat den Frieden der Deutschen unter sich unmöglich gemacht. Nicht die Kirchenspaltung des 16. Jahrhunderts hat das vermocht, nicht der 30jährige Krieg und der Westfälische Friede. Sie konnten das Reich lockern. Der entsetzliche Krieg und der traurige Frieden konnten Wohlstand und bürgerliche Freiheit vernichten, die Stände und Corporationen dem Willen der Territorialfürsten opfern, das Recht und die Macht des obersten Richters im Reiche verkümmern; aber noch blieben die Formen, die unter günstigeren Umständen ein neu erwachender Geist wieder erfüllen und beleben konnte. Mit dem Auftreten Friedrich II. war das vorbei. Was von einem deutschen Reiche noch vorhanden war, das opferte dieser Mann, dessen Seele früh sich gelöst hatte von allen heiligen Banden der Pietät, dem Phantome seines hohlen Ruhmes. Er allein. Er zerspaltete das Reich. Er schuf den Dualismus...

Fridericianismus, das ist das Prinzip endloser Eroberung. Friedrich hatte die unglücklichen Länder, die das Geschick seinem Willen unterworfen, den Staat Preußen, wie er aus seinen Händen hervorging, zu einer Eroberungsmaschine gemacht. Er hatte beinahe ein halbes Jahrhundert gewaltet in diesem Sinne und fünfmal die Maschine zu diesem Zwecke angespannt, überhaupt so oft, als er die Mittel vorhanden glaubte, die den Krieg ihm möglich machten. Dieses halbe Jahrhundert hatte, zumal durch den Erfolg, seinem Staate den Charakter unaustilglich eingeprägt. Der Fridericianismus, das Prinzip der Eroberung, des Herstürzens in voller Rüstung über den nicht gerüsteten Nachbar, konnte fortan schlummern oder doch scheinbar schlummern; aber er lebte. Friedrich war alt. Von ihm war in den letzten Jahren ein Ausbruch nicht mehr zu befürchten. Aber wenn auch selbst die Persönlichkeit seines Nachfolgers die volle Garantie gab, daß er zum aktiven Fridericianismus nicht die erforderliche Energie besaß: so war das kein Grund zu hoffen, daß mit Friedrich auch sein Prinzip ins Grab gelegt werden würde. Ebenso wie physische Krankheiten: so können auch moralische eine und selbst mehrere Generationen überspringen.

Das Werk wurde von der wissenschaftlichen Forschung zwar nicht akzeptiert, doch wirkte es stark, u. a. auf marxistische, Friedrich ablehnend gegenüberstehende Autoren, wie Marx, Lassalle oder Mehring.

Ungleich bedeutenderer Vertreter der großdeutschen Geschichtsschreibung war in unserem Jahrhundert Heinrich Ritter von Srbik, der 1935 in seinem Werk *Deutsche Einheit. Idee und Wirklichkeit vom Heiligen Reich bis Königgrätz* allerdings inhaltlich zum selben Ergebnis wie Klopp kommt: *Friedrich II. ist der große Zerstörer des Reichs und seiner habsburgisch-österreichischen Spitze geworden.*

Gegen die namentlich durch Kosers Biographie positiv geprägte Sicht Friedrichs zu Beginn unseres Jahrhunderts wandte sich Thomas Mann mit einer in den ersten Kriegwochen 1914 verfaßten Schrift *Friedrich und die große Koalition.* Sie gibt ein einseitig negatives Bild Friedrichs, der als böser, schuldhaft vereinsamter, seelisch anomaler Mensch geschildert wird:

Ausgebrannt, öde und bös, liebte er niemanden und niemand liebte ihn. – Ja, seine Niederlagen nicht weniger als seine Siege beschäftigten nah und fern die Herzen der Menschen, das Groteske, das Donquichottehafte seines Daseins trug dazu bei, seine Figur zu vergrößern und volkstümlich zu machen, sein Bild mit dem hinuntergezogenen Mund, den glanzblauen Augen und dem dreieckigen Hut, mit Krückstock, Stern, Fangschnur und Kanonenstiefeln hing in Hütte und Haus; er wurde legendär bei lebendigem Leibe. Von nun an hieß er »Der alte Fritz« – ein schauerlicher Name, wenn man Sinn fürs Schauerliche hat; denn es ist wirklich im höchsten Grade schauerlich, wenn der Dämon populär wird und einen gemütlichen Namen erhält.

Auch seither ist die weitere Auseinandersetzung mit Friedrichs Leben und Werk kontrovers geblieben, wobei aufgrund der Vereinnahmung des Königs durch die Machthaber des Dritten Reiches nach 1945 gerade in der außerwissenschaftlichen Literatur oft die Auffassung vertreten wurde, die von Friedrich begründete Eroberungspolitik habe geradewegs in die Katastrophe des Zweiten Weltkriegs geführt. Dagegen wendet Hans-Joachim Schoeps 1966 in *Preußen. Geschichte eines Staates* ein:

Der Meinungswandel nach dem Ende des Zweiten Weltkrieges

bestand fast folgerichtig darin, in dem skrupellosen Machtpolitiker Friedrich den geistigen Urheber des deutschen Zusammenbruchs zu sehen. Aber die Schmähworte wie »Raubpolitiker«, »Militarist«, »Imperialist« greifen bei diesem Menschen großer Spannungen und Gegensätze ebenso zu kurz und treffen daneben wie die patriotischen Verherrlichungen ohne Maß und Perspektiven. Deshalb ist es auch ein fundamentaler Fehler geschichtlicher Deutung, eine Linie von Friedrich dem Großen über Bismarck zu Hitler ziehen zu wollen. Friedrich und Bismarck gehören in eine ganz andere Welt ... Preußen, das von allen modernen Staaten mit die wenigsten Kriege geführt hat, für die zentrale Brutstätte des Militarismus zu halten, ist eine geschichtsferne Legende.

Schon kurz nach Kriegsende, 1948, hatte Gerhard Ritter *(Europa und die deutsche Frage)* betont:

Es war ihm voller Ernst damit, durch ein aufgeklärtes Regiment seinem Volk geistige Freiheit, ein gesichertes Recht auf der Basis fortschrittlich-humanitärer Grundsätze und ein möglichst hohes Maß wirtschaftlicher Wohlfahrt zu verschaffen. Er wollte nicht bloß Feldherr, sondern zugleich humanitärer Philosoph von Sanssouci sein – nicht bloß Cäsar, sondern auch Marc Aurel nachstreben. Die Schwierigkeit, das eine mit dem andern zu vereinigen, macht die Problematik und das innerste Geheimnis seines Lebens aus.

Doch wie auch immer man zu Friedrich stehen mag, es gilt das Wort von G. P. Gooch: *Deutsche und Nichtdeutsche, Bewunderer und Tadler, Fachleute und Freunde der Geschichte stimmen jedenfalls darin überein, daß die europäische Geschichte der letzten zwei Jahrhunderte kaum verständlich ist ohne ein Wissen um den Charakter, die politischen Mittel und die Leistungen des Übermenschen, der Preußen auf die blutbefleckte Bahn wies, die zu seiner kurzen und niemals ungefährlichen Vorherrschaft über Mitteleuropa führte.*

Zeittafel

1712 24. Januar: Friedrich als Sohn des Kronprinzen Friedrich Wilhelm und der Prinzessin Sophie Dorothea von Hannover geboren

1713 25. Februar: Tod Friedrichs I., Regierungsantritt Friedrich Wilhelms I.

1728 Januar/Februar: Besuch Friedrichs am Dresdner Hof

1730 5. August: Fluchtversuch Friedrichs in Steinsfurt bei Heilbronn. Nach kurzer Inhaftierung Arbeit als Auskultator in Küstrin

1732 29. Februar: Friedrich zum Oberst des Goltz'schen Infanterieregiments in Ruppin ernannt

1733 12. Juni: Vermählung Friedrichs mit Prinzessin Elisabeth Christine von Braunschweig-Bevern auf Schloß Salzdahlum bei Wolfenbüttel

1734 Teilnahme am Rheinfeldzug des Prinzen Eugen im Polnischen Thronfolgekrieg

1736 August: Übersiedlung des Kronprinzenpaares nach Schloß Rheinsberg

1738 *Considérations sur l'état présent du corps politique de l'Europe (Betrachtungen über den gegenwärtigen Zustand des Staatenkörpers in Europa),* veröffentlicht 1788 aus dem Nachlaß

1739 *Réfutation du prince de Machiavel (Widerlegung des Fürsten Machiavell);* in der von Voltaire überarbeiteten Fassung im September 1740 anonym in Den Haag als *L'Antimachiavel* erschienen

1740 31. Mai: Tod Friedrich Wilhelms I., Regierungsantritt Friedrichs II.

1740	20. Oktober: Regierungsantritt Maria Theresias
	16. Dezember: Einmarsch in Schlesien, Beginn des Ersten Schlesischen Krieges
1740–1742	Erster Schlesischer Krieg
1740–1748	Österreichischer Erbfolgekrieg
1740–1743	Erste Besuche Voltaires in Rheinsberg
1741	3. Januar: Einzug in Breslau
	8. März: Leopold von Anhalt-Dessau erobert Glogau
	10. April: Schwerin siegt bei Mollwitz
	4. Juni: Breslauer Vertrag. Bündnis mit Frankreich
	26. Oktober: Geheimkonvention von Klein-Schnellendorf
	26. November: Prag von Friedrichs Verbündeten erobert
1742	24. Januar: Kurfürst Karl Albrecht von Bayern als Karl VII. zum Kaiser gewählt
	17. Mai: Preußischer Sieg bei Chotusitz/Böhmen über Karl von Lothringen
	11. Juni/28. Juni: Friede von Breslau/Berlin. Schlesien fällt an Preußen
1742/43	*Histoire de mon temps (Geschichte meiner Zeit)* begonnen
1744	25. Mai: Ostfriesland durch Erbfall an Preußen
	August: Friedrich marschiert in Böhmen ein und erobert Prag. Rückzug wegen Versorgungsschwierigkeiten
1744–1745	Zweiter Schlesischer Krieg
1745	20. Januar: Tod Kaiser Karls VII.
	4. Juni: Sieg Friedrichs über Karl von Lothringen bei Hohenfriedberg
	30. September: Sieg bei Soor
	15. Dezember: Sieg Leopolds von Anhalt-Dessau bei Kesselsdorf über die Sachsen
	25. Dezember: Friede von Dresden. Friedrich wird der Besitz Schlesiens bestätigt; er erkennt Franz I., den Gemahl Maria Theresias, als Kaiser an
	Friedrich erhält den Beinamen »der Große«

1745–1747 Schloß Sanssouci bei Potsdam erbaut; Einweihung Mai 1747
1746/47 *Histoire de mon temps* überarbeitet und weitergeführt
1748 18. Oktober: Friede von Aachen beendet Österreichischen Erbfolgekrieg
1750 10. Juli: Eintreffen Voltaires an Friedrichs Hof
1751 *Mémoires pour servir à l'histoire de la maison de Brandebourg (Denkwürdigkeiten zur Geschichte des Hauses Brandenburg)*
1752 Erstes *Politisches Testament* Friedrichs
1756 16. Januar: Konvention von Westminster zwischen England und Preußen beendet französisch-preußisches Bündnis und führt zur Allianz zwischen Frankreich und Österreich
1. Mai: Erster Versailler Vertrag
29. August: Preußen marschiert in Sachsen ein. Beginn des Siebenjährigen Krieges
1. Oktober: Sieg der Preußen über die Österreicher bei Lobositz
16. Oktober: Kapitulation der Sachsen bei Pirna
1757 11. Januar: Beitritt Rußlands zur französisch-österreichischen Allianz
1. Mai: Zweiter Versailler Vertrag. Frankreich unterstützt Österreich im Krieg gegen Preußen
6. Mai: Schlacht bei Prag. Preußischer Sieg über Karl von Lothringen; Schwerin fällt
18. Juni: Schlacht bei Kolin. Preußische Niederlage durch den österreichischen Feldmarschall Daun
7. September: Sieg der Österreicher im Gefecht von Moys. Friedrichs Lieblingsgeneral Winterfeldt wird tödlich verwundet und stirbt am folgenden Tag. Die Russen fallen in Ostpreußen, die Schweden in Pommern und die Österreicher in Brandenburg ein
5. November: Schlacht bei Roßbach. Friedrich besiegt Reichstruppen und Franzosen

1757	5. Dezember: Schlacht bei Leuthen. Friedrich besiegt die Österreicher
1758	11. April: Englisch-preußischer Subsidienvertrag
	25. August: Schlacht bei Zorndorf. Friedrich besiegt die Russen
	14. Oktober: Schlacht bei Hochkirch. Friedrich von Daun besiegt
	Tod des Bruders und präsumtiven Nachfolgers Friedrichs, des Prinzen August Wilhelms, seiner Mutter sowie seiner Lieblingsschwester Wilhelmine, der Markgräfin von Bayreuth
1759	23. Juli: Schlacht bei Kay. Die Russen besiegen von Wedell
	12. August: Schlacht bei Kunersdorf. Friedrich von Russen und Österreichern geschlagen
	21. November: General Finck wird von Daun bei Maxen zur Kapitulation gezwungen
1760	15. August: Schlacht bei Liegnitz. Friedrich besiegt Laudon
	Oktober: Berlin von Russen und Österreichern besetzt und geplündert
	3. November: Schlacht bei Torgau. Friedrich besiegt Daun; wird verwundet
1761	Nach dem Sturz von William Pitt d. Ä. scheidet England aus dem Krieg aus. Der am 12. Dezember auslaufende Subsidienvertrag wird nicht erneuert
1762	5. Januar: Zarin Elisabeth von Rußland stirbt. Ihr Nachfolger Peter III. schließt am 5. Mai Frieden mit Preußen, der auch nach dem Sturz und der Ermordung des Zaren am 17. Juli von seiner Nachfolgerin Katharina II. eingehalten wird
	22. Mai: Friedensschluß mit Schweden
	21. Juli: Schlacht bei Burkersdorf. Friedrich besiegt die Österreicher
	9. Oktober: Rückeroberung von Schweidnitz

1762	29. Oktober: Schlacht bei Freiberg. Prinz Heinrich besiegt Österreicher und Reichstruppen
1763	15. Februar: Friede von Hubertusburg. Friedrich behält Schlesien
	Beginn des *Retablissement,* des Wiederaufbaus
	Histoire de la guerre de sept ans (Geschichte des Siebenjährigen Krieges)
1763–1766	Bau des Neuen Palais bei Potsdam
1764	11. April: Preußisch-russisches Verteidigungsbündnis
1765	17. Juli: Gründung der Preußischen Staatsbank
	18. August: Maria Theresias ältester Sohn wird als Joseph II. Kaiser und Mitregent
1766	14. Juli: Einführung der französischen Akzise-Verwaltung *(Régie)* in Preußen
1767	4. Mai: Geheimkonvention Preußens mit Rußland
1768	Zweites *Politisches Testament* Friedrichs
1769	25.–28. August: Treffen Friedrichs mit Joseph II. in Neiße/ Schlesien
1770	3.–7. September: Friedrich besucht Joseph II. in Neustadt/ Mähren
1772	5. August: Erste Teilung Polens. Preußen erhält das Ermland und Westpreußen ohne Danzig und Thorn
1778	5. Juli: Beginn des Bayerischen Erbfolgekrieges
1779	13. Mai: Friede von Teschen
1780	29. November: Tod Maria Theresias
	De la littérature allemande (Über die deutsche Literatur)
1785	Gründung des Deutschen Fürstenbundes
1786	17. August: Tod Friedrichs. Beisetzung in der Potsdamer Garnisonskirche

Literaturhinweise

Werke Friedrichs

Œuvres de Frédéric le Grand, hsg. v. J. D. E. Preuß. 30 Bde, Berlin 1846–1856
Die Werke. In deutscher Übersetzung hsg. v. Gustav Berthold Volz. 10 Bde, Berlin 1912–1914
Der König. Friedrich der Große in seinen Briefen und Erlassen, sowie in zeitgenössischen Briefen, Berichten und Anekdoten, hsg. v. Gustav Mendelssohn-Bartholdy, Ebenhausen 1923
De la littérature allemande. Kritische Ausg. v. Christoph Gutknecht u. Peter Kerner, Hamburg 1969
Gespräche mit Henri de Catt. Hsg. u. übers. v. Willy Schüßler, München 1981
Politische Testamente: Richard Dietrich (Hsg.): Politische Testamente der Hohenzollern. München 1981
Die Randbemerkungen. Ges. u. erl. v. Georg Borchardt, 2 Bde; Bd. 1: 12. Aufl., Potsdam 1942, Bd. 2: 7. Aufl., Potsdam 1942. – Neubearbeitung v. Erich Murawski: Ihr Wintbeutel und Erzschäker, Bad Nauheim 1963

Sekundärliteratur

Ahrens, Wilhelm: Der große König. Aus Werken und Wirken. Sentenzen und Anekdoten. Berlin 1912
Anekdoten und Karakterzüge aus dem Leben Friedrich des Zweiten. 19 Sammlungen, Berlin 1786–1789

Beyträge zu den Anecdoten und Charakterzügen aus dem Leben Friedrichs des Zweiten. 4 Hefte, Berlin u. Frankfurt/O. 1788f.

Braubach, Max: Vom Westfälischen Frieden bis zur Französischen Revolution. In: Bruno Gebhardt: Handbuch der deutschen Geschichte, 9. Aufl., hsg. v. Herbert Grundmann, 2. Nachdr., Stuttgart 1981

Büsching, Anton Friederich: Character Friederichs des zweyten, Königs von Preussen. Halle 1788

Ders.: Zuverläßige Beyträge zu der Regierungs-Geschichte Friederich II. von Preußen. Hamburg 1790

Bussmann, Walter: Friedrich der Große im Wandel des europäischen Urteils. In: Deutschland und Europa. Festschrift für Hans Rothfels. Düsseldorf 1951, 375–408

Ellwein, Thomas – Waldemar Brückmann: Friedrich der Große im Spiegel der Nachwelt. In: Zs. f. Religions- und Geistesgeschichte 1 (1948) 222–244

Gaxotte, Pierre: Friedrich der Große. Frankfurt/M. – Berlin – Wien 1973

Gooch, G(eorge) P(eabody): Friedrich der Große. Herrscher – Schriftsteller – Mensch. München, 5. Aufl. 1981

Koser, Reinhold: Geschichte Friedrichs des Großen. 4 Bde, Stuttgart – Berlin, Bd. 1–3, 6.–7. Aufl. 1921–1925; Bd. 4, 4.–5. Aufl., 1914

Kugler, Franz: Geschichte Friedrichs des Großen. Leipzig 1840

Lavisse, Ernest: Die Jugend Friedrichs des Großen 1712–1740. 2 Teile, 6.–10. Tsd., Berlin 1925

Mann, Thomas: Friedrich und die große Koalition. Berlin 1915

Müchler, Karl: Friedrich der Große. Zur richtigen Würdigung seines Herzens und Geistes. Berlin 1834

Neue Sammlung von Anekdoten und Karakterzüge aus dem Leben Fridrichs des Zweiten Königs von Preussen. 6 Stücke, Küstrin 1789f.

Nicolai, Friedrich: Anekdoten von König Friedrich II. von Preussen und von einigen Personen, die um Ihn waren. 6 Hefte, Berlin-Stettin 1788–1792

Preuß, J. D. E.: Friedrich der Große. Eine Lebensgeschichte. 4 Bde; Urkundenbuch 5 Bde, Berlin 1832–1834

Schieder, Theodor: Friedrich der Große. Ein Königtum im Widerspruch, Frankfurt/M. – Berlin – Wien 1983
Steinmetz, Horst (Hsg.): Friedrich II., König von Preußen, und die deutsche Literatur des 18. Jahrhunderts. Texte und Dokumente. Stuttgart 1985
Syben, Friedrich: Preußische Anekdoten nach Memoiren und Biographien. Berlin 1942
Volz, Gustav Berthold: Friedrich der Große im Spiegel seiner Zeit. 3 Bde, Berlin 1926
Wilhelmine, Markgräfin von Bayreuth: Memoiren. 2 Bde, Berlin o. J. (um 1920)
Zimmermann, Johann Georg v.: Über Friedrich den Großen und meine Unterredungen mit ihm kurz vor seinem Tode. Leipzig 1788

Bitte beachten Sie
die folgenden Seiten

Peter Lill (Hrsg).

Friedrich der Große
Anekdoten

Ullstein Buch 34865

Wohl kaum ein Herrscher in der deutschen Geschichte stand und steht für so viele Klischees – positiv und negativ – über das, was man Preußen nennt.

Die Anekdoten dieser erweiterten Ausgabe, angereichert und ergänzt durch Briefe und Randbemerkungen, stellen den Jüngling Friedrich vor, der unter dem Exerzierstock seines Vaters litt, den Kronprinzen, den reformerischen jungen Regenten, den Kriegsherrn und schließlich den legendären »Alten Fritz«.

Ullstein Sachbuch

Wolfgang Venohr

Der Soldatenkönig

Revolutionär auf dem Thron

Ullstein Buch 34672

Ullstein Sachbuch

Treffender ist er nie geschildert worden: Friedrich Wilhelm I., der preußische Soldatenkönig und Vater Friedrichs des Großen, in dessen Schatten er bis heute zu Unrecht steht.

»... Es zeigt den zweiten preußischen König ... als Urheber einer ›pädagogischen Revolution‹. Venohr sieht einen ›Staatssozialisten‹ am Werke, dem es gelingt, alle Stände gleichermaßen zum Dienst für die Krone, also für den Staat, zu erziehen ...« (FAZ)

Sebastian
Haffner
Wolfgang
Venohr

Preußische Profile

Ullstein Buch 34618

Ullstein Sachbuch

Bis in die heutige Zeit scheiden sich die Geister am »Phänomen Preußen«: Für die einen ist Preußen ein nationaler Mythos, für die anderen ein nationales Verhängnis. Haffner und Venohr, zwei profunde Preußenkenner, suchen nach der historischen Wahrheit, dargestellt an einzelnen herausragenden Personen, die die Entwicklung Preußens maßgeblich bestimmt haben; u. a. Bismarck, Engels, Wilhelm II., Friedrich II., Moltke und Ludendorff.

»... der bisher eigenwilligste Beitrag zur gegenwärtigen Preußenliteratur.«
(Süddeutsche Zeitung)